हिन्दी नाटक

[आलोचना]

हिन्दी नाटक

[संशोधित संस्करण]

डॉ. बच्चन सिंह

राधाकृष्ण प्रकाशन

पहला संस्करण 1958 में साहित्य भवन प्राइवेट लिमिटेड, इलाबाबाद से प्रकाशित

ISBN : 978-81-7119-345-5

हिन्दी नाटक

पहला राधाकृष्ण संस्करण : 1989
छठा संस्करण : 2024

मूल्य : ₹895

प्रकाशक

राधाकृष्ण प्रकाशन प्राइवेट लिमिटेड
जी-17, जगतपुरी, दिल्ली-110 051
शाखाएँ : अशोक राजपथ, साइंस कॉलेज के सामने, पटना-800 006
पहली मंजिल, दरबारी बिल्डिंग, महात्मा गांधी मार्ग, प्रयागराज-211 001
1, अनमोल सोराबजी संतुक लेन, धोबी तलाव, मरीन लाइंस, मुम्बई-400 002
वेबसाइट : www.radhakrishnaprakashan.com
ई-मेल : info@radhakrishnaprakashan.com

मुद्रक

बी.के. ऑफसेट
नवीन शाहदरा, दिल्ली-110 032

HINDI NATAK
Criticism by Dr. Bachchan Singh

श्रद्धेय आचार्य नन्ददुलारे वाजपेयी
की
पुण्य स्मृति में

क्रम

वक्तव्य

प्रस्तुत पुस्तक में हिन्दी नाटक के अन्तरंग का विवेचन-विश्लेषण लेखक का प्रमुख उद्देश्य रहा है। ऐसा करने में उसके बहिरंग को छोड़ा नहीं जा सका है, क्योंकि दोनों में कोई मौलिक पार्थक्य नहीं है। अन्तरंग के इस विवेचन में एक-एक नाटक को अलग-अलग न लेकर एक प्रकार के नाटकों को समवेत रूप में लिया गया है। इससे लाभ यह हुआ है कि प्रवृत्तियों की तुलनात्मक छानबीन और एक ही तरह की टेकनीक की तुलनात्मक विवेचना की जा सकी है और लेखक नाटकों की लम्बी तालिका तैयार करने तथा उनके स्थूल वर्गीकरण से बच गया है।

टेकनीक की विवेचना के सम्बन्ध में हिन्दी नाट्यालोचन पर प्रसाद के नाटकों के शास्त्रीय अध्ययन का बुरा प्रभाव पड़ा। प्रसाद के नाटकों में तो घूम-फिरकर वही अर्थ-प्रकृतियाँ, कार्यावस्थाएँ और पंच सन्धियाँ दिखाई पड़ने लगीं। कुछ लोग अन्य नाटकों में भी इनकी तलाश में दौड़ पड़े। इसके परिणामस्वरूप नाट्यालोचन एक पूर्व निर्दिष्ट घेरे में ही चक्कर लगाने लगा। अनुकरण सर्वदा बुरा होता है। इस घेरे में तो संस्कृत के भी कई नाटक नहीं बँध सके हैं, फिर हिन्दी नाटकों को उसमें क्यों बन्द किया जाए? अत: मैंने अलग पद्धति अपनाई है और प्रसाद की टेकनीक की परख भी उसी के आधार पर की है।

लेकिन यहाँ पर यह कहना सच्चाई को स्वीकार करना है कि इस पुस्तक के लिखा लेने का सारा श्रेय भाई नर्मदेश्वर चतुर्वेदी को है। नर्मदेश्वर जी इस पुस्तक के आदि, मध्य और अन्त तीनों में अन्तर्वर्ती प्रेरणा-स्रोत के रूप में विद्यमान हैं। शास्त्रीय शब्दावली में सूत्रधार कहे जा सकते हैं, यद्यपि आज के नाटकों में सूत्रधार नहीं होते। ऐसे व्यक्ति के प्रति कृतज्ञता न ज्ञापित करना अन्याय है। किन्तु अपने निकटवर्ती बन्धु के प्रति उसे प्रकाशित करना भी कहीं का न्याय है!

—बच्चन सिंह

हिन्दी विभाग
काशी हिन्दू विश्वविद्यालय
वाराणसी

पाँचवाँ संस्करण

इस संस्करण को अद्यतन बनाने के साथ-साथ कुछ नाटकों पर अलग से लिखा गया है। नाटक हैं—भारतेन्दु के 'भारत-दुर्दशा' और 'अन्धेर नगरी'; प्रसाद के 'स्कन्दगुप्त' और 'ध्रुवस्वामिनी', जगदीशचन्द्र माथुर के 'कोणार्क' और 'पहला राजा'। मोहन राकेश के दो नाटकों—'आषाढ़ का एक दिन' और 'आधे-अधूरे'—पर पूर्ववर्ती संस्करण में विस्तार से लिखा जा चुका था। इन पर अलग से लिखने का अभिप्राय यह है कि हिन्दी की धरती से उपजे नाटकों और उनकी अपनी रंग-परम्परा को पहचानने में सुविधा हो।

पुस्तक के अन्त के अन्त में कुछ उन नाटकों की भी विवेचना है (साठोत्तरी नाटकों की) जो पुस्तक में पहले विवेचित नहीं थे।

—बच्चन सिंह

निराला निवेश
रथयात्रा
वाराणसी
22-7-89

हिन्दी नाटकों के उद्भव के पूर्व

संस्कृत-नाटकों की परम्परा

हिन्दी के उपन्यास, कहानी तथा निबन्ध संस्कृत-साहित्य की क्रमागत परम्परा से बहुत कम प्राप्त कर सके हैं। किन्तु काव्य और नाटक सीधे उसके विकास-क्रम में पड़ते हैं। भारतेन्दु तथा उनका मंडल संस्कृत की नाट्य-प्रणाली से बहुत कुछ प्रभावित रहा; संस्कृत नाटकों के काव्यात्मक वातावरण, रूमानियत तथा टेकनीक की छाप प्रसाद के नाटकों पर स्पष्ट देखी जा सकती है। प्रसाद के परवर्ती नाटककारों की कृतियाँ भी किन्हीं अंशों में संस्कृत-नाटकों से अनुप्राणित हैं। ऐसी स्थिति में संस्कृत-नाटकों का संक्षिप्त विश्लेषण केवल शृंखला की कड़ियाँ मिलाने का औपचारिक कार्य नहीं माना जा सकता बल्कि समग्र नाट्य-साहित्य के नैरन्तर्य तथा नवीन परिवर्तनों को समझने-समझाने में विशेष उपयोगी सिद्ध हो सकता है।

संस्कृत नाटकों की उत्पत्ति के सम्बन्ध में अनुमान और कल्पना के आधार पर ही कुछ कहा जा सकता है। नाट्यशास्त्र में उल्लिखित दैवी उत्पत्ति तर्क से पुष्ट न होने के कारण मान्य नहीं हो सकती। लेकिन 'न वेद व्यवहारोऽयं संश्राव्यः शूद्रजातिषु। तस्मात्सृजापरं वेदं पंचमं सार्ववणिकम्' से यह ध्वनि अवश्य निकलती है कि नाटक अत्यन्त लोकप्रिय साहित्य था। सभी वर्णों के स्त्री-पुरुष समान रूप से इसका रसास्वादन कर सकते थे। ऋग्वेद में पाए जानेवाले सूक्तों (जो संख्या में लगभग पन्द्रह हैं) के संवाद-तत्त्व से नाटक की उत्पत्ति का सम्बन्ध जोड़ लेना कम भ्रमपूर्ण नहीं है। मैक्समूलर और लेवी ने इन्हें यज्ञ के समय गाए जानेवाले सूक्त कहा है। किन्तु दासगुप्ता और डे के मतानुसार यज्ञों से इनका कोई सम्बन्ध नहीं है। यम-यमी, इन्द्र-इन्द्राणी आदि के संवाद परम्परानुकूल धार्मिक गीत भी नहीं कहे जा सकते। इनके विषय पौराणिक और निजन्धरी कथाएँ हैं। ऋग्वेद के मंत्रों को, धार्मिक गीतों और नृत्यों से सम्बद्ध कर, नाटकों के मूल में स्वीकार कर लेना तर्कसंगत नहीं है। ऋग्वेद में सभी कुछ उत्सवों और धार्मिक संस्कारों से सम्बद्ध नहीं माना जा सकता। फिर, ऋग्वेद के मंत्र पाठ्य हैं, गेय नहीं।

नाटक की दैवी उत्पत्ति सम्बन्धी धारणा की प्रतिक्रिया के फलस्वरूप लौकिक उत्पत्ति का सिद्धान्त सामने आया। पिशेल ने पुत्तलिका और छाया नाटक को संस्कृत नाटक का पूर्व रूप निश्चित किया, किन्तु दासगुप्ता और डे ने दोनों को नाटक का परवर्ती रूप मानकर पिशेल की मान्यता को स्वीकार नहीं किया है। महाभारत में पुत्तलिका का जो निर्देश मिलता है उसकी तिथि के सम्बन्ध में कुछ कहा नहीं जा सकता। छाया नाटक के ठीक-ठीक अर्थ के सम्बन्ध में विद्वानों में मतभेद हैं। पतंजलि महाभाष्य में भी इसका अर्थ स्पष्ट नहीं हो पाया है। संस्कृत रूपकों के अनेक भेदों में इसका उल्लेख न होना इसको और भी सन्दिग्ध बना देता है।

यद्यपि उपलब्ध तथ्यों के आधार पर संस्कृत नाटकों की उत्पत्ति के सम्बन्ध में हम किसी निर्णय पर नहीं पहुँच सकते फिर भी इसमें कोई सन्देह नहीं कि संस्कृत नाटक धर्म तथा उसके विभिन्न सम्प्रदायों से बराबर प्रेरणा ग्रहण करते रहे हैं। राम-कृष्ण के कथा-स्रोतों से नाटकीय विषय-वस्तु का ग्रहण किया जाना, अभिनय के पूर्व कुछ धार्मिक कृत्यों का होना, भरत के नाट्यशास्त्र का शिव का तांडव और लास्य नृत्य का पुरस्कर्ता स्वीकार करना, नाटक के प्रारम्भ में नान्दी का प्रवेश आदि नाटकों को धार्मिक प्रभावों से बहुत कुछ सम्बद्ध कर देते हैं। जैन और बौद्ध धर्मों के नाटक सम्बन्धी दृष्टिकोण के आधार पर भी हम इसी निष्कर्ष पर पहुँचते हैं। रामायण-महाभारत के पाठों के सम्बन्ध में सन्देह होने के कारण उनके अभिनेता और अभिनेयता सम्बन्धी सन्दर्भों को प्रामाणिक नहीं माना जा सकता। फिर भी नाटक पर इनके गहरे प्रभाव को अस्वीकार करना असंगत है।

अनुमान और कल्पना को छोड़ देने पर संस्कृत नाटकों की उत्पत्ति के सम्बन्ध में कुछ निश्चित रूप से नहीं कहा जा सकता, किन्तु इतना तो निर्विवाद है कि कविता की अपेक्षा नाट्यकला का विकास कुछ पहले हो चुका था। इसके प्रमाण-स्वरूप संस्कृत के काव्यशास्त्र के आचार्यों के उस कथन को उद्धृत किया जा सकता है, जिसमें उन लोगों ने रस-सिद्धान्त को नाट्यशास्त्र से ग्रहण करने की बात स्वीकार की है।

संस्कृत के नाटकों में प्रयुक्त यवनिका शब्द के सहारे बेवर और कीथ आदि विद्वानों ने उन पर यवनानी प्रभाव देखने का जो प्रयास किया है वह आधुनिक खोजों के आधार पर मूलतः भ्रामक सिद्ध हो जा चुका है। यवनानी नाटकों में यवनिका का न तो कहीं प्रयोग मिलता है न तो भारतीय नाटकों का परदा ही यूनान का बना हुआ होता था। भारतीय विट और यवनानी 'पैरासाइट' की संस्कृति में कोई मेल नहीं है। यवनानी नाटकों के किसी पात्र से शकार की समानता नहीं की जा सकती। संस्कृत नाटकों में यह खल पात्र के रूप में प्रयुक्त हुआ है। टेक्नीक और प्रवृत्तियों की दृष्टि से भी इन दोनों देशों के नाटकों में कोई समानता नहीं है। यवनानी नाटकों के समय और स्थान की अन्वितियाँ संस्कृत नाटकों में प्रायः नहीं पाई जातीं। दोनों

के रंगमंचों में कोई उल्लेखनीय साम्य नहीं है। अधिकांश संस्कृत नाटक रोमैंटिक हैं तो यवनानी नाटक क्लासिकल।

संस्कृत साहित्य की अति दीर्घ और व्यापक नाटकीय परम्परा पर किसी विदेशी नाटकीय परिपाटी का प्रभाव ढूँढ़ना अपूर्वग्रहपूर्ण, निर्लिप्त और स्वस्थ दृष्टिकोण का परिचायक नहीं है। संस्कृत नाटकों की यह परम्परा अश्वघोष (ईसा की प्रथम सदी) से आरम्भ होकर बीसवीं शताब्दी तक कभी त्वरित तो कभी मन्थर गति से गत्यात्मक रही है। अश्वघोष के ताड़-पत्र पर लिखित कुछ नाटक मध्य एशिया में मिले हैं। इससे पता चलता है कि इस समय तक संस्कृत नाटक पूर्ण रूप से विकसित हो चुके थे। संस्कृत नाटक की जिस परम्परा का पता अश्वघोष के नाटकों में दिखाई पड़ता है उसका चरम विकास कालिदास के नाटकों में हुआ। कालिदास ने स्वयं भास, सोमिल और कविपुत्र नाटककारों का नामोल्लेख किया है। सोमिल और कविपुत्र की रचनाएँ अभी तक नहीं प्राप्त हो सकी हैं किन्तु भास की अनेक रचनाओं का पता लग चुका है।[1] भास के कुछ नाटकों के कथानक निजन्धरी कथाओं से लिये गए हैं और कुछ रामायण और महाभारत के आख्यानों पर आधारित हैं। भास के नाटक संस्कृत नाटकों की परम्परा के सर्वथा अनुकूल नहीं पड़ते। संस्कृत नाटकों की काव्यात्मकता, रूमानियत और अलंकृति पर भास ने उतना ध्यान नहीं दिया है। किन्तु ये नाटक क्रिया-क्षिप्रता, उलझन रहित चरित्र और सरल रूप-विन्यास के कारण केरल में काफी प्रसिद्ध रहे हैं।

आधुनिक आलोचकों की दृष्टि में कालिदास कवि पहले हैं और नाटककार बाद में। किन्तु सच पूछिए तो नाटककार कालिदास का महत्त्व कवि कालिदास से कम नहीं आँका जा सकता। 'अभिज्ञानशाकुन्तलम्' उनकी प्रतिभा का उत्कृष्टतम विकास है। इस नाटक में उनके कवि और नाटककार का अद्‌भुत मिश्रण दिखाई पड़ता है। उनकी काव्य-प्रतिभा उनके नाटकों को त्रुटिपूर्ण न बनाकर नाटकीय चरित्रों और क्रियाओं को काव्यात्मक संवेगों से समन्वित करती है। काव्यात्मकता के कारण उनके नाटकों के सन्तुलन और नियंत्रण में कोई विक्षेप नहीं आ पाया है। किन्तु उनके नाटकीय वस्तु-विन्यास, रंगीन घटनाओं और सूक्ष्म मानवीय चरित्रों की अपेक्षा काव्यानुभूति की गहरी मर्मस्पर्शिता कहीं अधिक प्रभावोत्पादक है। उन्होंने भावुकता को प्रश्रय दिया है किन्तु उनके ऊपर वह स्वयं हावी नहीं है। रोमांस उनके नाटकों का प्राणतत्त्व है किन्तु उनका सन्तुलन कहीं बिखरा नहीं है।

कालिदास के परवर्ती काल (शूद्रक से भवभूति तक) में अनेक प्रकार के रोचक और उत्कृष्ट नाटकों की सृष्टि हुई। शूद्रक का 'मृच्छकटिक' संस्कृत नाटकों में अप्रतिम है। 'मृच्छकटिक' उन थोड़े से संस्कृत नाटकों में है जिनमें संस्कृत की शास्त्रीय परिपाटी का अतिक्रमण कर अधिक व्यापक और गहरे जीवन की खोज

1. भास के 13 नाटकों का सम्पादन और प्रकाशन त्रिवेन्द्रम् से गणपति शास्त्री ने किया है।

की गई है। वस्तु-विन्यास की स्वाभाविक गतिशीलता, वैदग्ध्यपूर्ण कथोपकथन, सामान्य जीवन के विविध चरित्र इस नाटक को आधुनिकों की रुचि के अनुरूप बना देते हैं। 'प्रियदर्शिका', 'नागानन्द' और 'रत्नावली' के रचयिता हर्ष मुख्य रूप से अलंकृति-प्रिय रचनाकार हैं। किन्तु इनकी अलंकरण-प्रियता में एक प्रकार की रोचकता दिखाई पड़ती है। ये अपने समय के विख्यात नाटककारों में हैं, लेकिन ख्याति के मूल में इनकी प्रतिभा का उतना योग नहीं है जितना इनकी चेतनता (Consciousness) का।

नवीन दृष्टि से विचार करने पर संस्कृत नाटकों की लम्बी सूची में विशाखदत्त के 'मुद्राराक्षस' का स्थान अद्वितीय दिखाई पड़ता है। कथानक, विषय-प्रतिपादन तथा शैली की दृष्टि से संस्कृत के अन्य नाटकों के वर्ग से इसका कोई साम्य नहीं है। हृदय की कोमलता, रोमांस, धार्मिक प्रतिबन्धों के प्रति आदर की भावना आदि के लिए इसमें कोई स्थान नहीं है। राजनीति के क्षेत्र में जिस हृदयहीनता, कठोरता का परिचय मिलता है, 'मुद्राराक्षस' उसका जीवन्त उदाहरण है। संस्कृत नाटकों में यथार्थवादी दृष्टिकोण उपस्थित करनेवाला यह अत्यन्त उच्च कोटि का नाटक है। वस्तु-संघटन, चरित्र-चित्रण और क्रिया-व्यापार की दृष्टि से भी यह संस्कृत के नाटकों को काफी पीछे छोड़ देता है। भट्ट नारायण के 'वेणी-संहार' का आधा नाटकीय है तो आधा काव्यात्मक। किन्तु भट्ट नारायण न तो उच्च कोटि की काव्य-प्रतिभा का परिचय दे सके हैं और न श्रेष्ठ नाटकीय कौशल का। भवभूति को भारतीय आचार्यों ने कालिदास के अनन्तर दूसरा स्थान दिया है। भवभूति मानवीय संवेदनाओं के अद्भुत पारखी थे। कालिदास के अनन्तर उनकी स्थापना का मुख्य कारण उनकी काव्य-सम्पदा है, नाटकीय कौशल नहीं।

भट्ट नारायण और भवभूति में जिस ह्रासोन्मुखता के बीज मिलते हैं, उनका विकास सन ईस्वी की दशवीं शताब्दी के पश्चात लिखे गए संस्कृत नाटकों में साफ परिलक्षित होता है। परिणाम की दृष्टि से नाटकों की रचना जितनी अधिक संख्या में हुई गुण की दृष्टि से श्रेष्ठ नाटकों की संख्या उतनी ही कम दिखाई पड़ती है। इन शतियों में लिखे गए अधिकांश नाटक शास्त्रीय अनुबन्धों से विजड़ित पूर्व नाट्यकृतियों की विकृत अनुकृतियाँ मात्र हैं। इस ह्रासोन्मुखी काल के प्रतिनिधि नाटककारों में मुरारि, राजशेखर, जयदेव और क्षेमीश्वर का नाम लिया जाता है। मुरारि के 'अनर्घराघव' का महत्त्व केवल कविता की दृष्टि से आँका जाता है। इसके कवित्व में भी प्रभातकालीन ऊष्मा नहीं है, अस्तोन्मुखी सूर्य की पीत आभा है। राजशेखर का महाकाय 'बाल रामायण' कविताओं से भरा पड़ा है। अपने कथानक के अनगढ़पन तथा अनुपात के अनौचित्य के कारण यह काफी कुख्यात हो चुका है। जयदेव का 'प्रसन्न राघव' (13वीं शताब्दी ईस्वी) मुरारि के 'अनर्घराघव' की भाँति काव्योपजीवी, क्रियान्विति-हीन और शिथिल है। क्षेमीश्वर का 'चंड कौशिक'

अनेक करुण परिस्थितियों की सृष्टि करते हुए भी नाटकीय विशेषताओं से रिक्त है। हिन्दी नाटकों को संस्कृत की इसी क्षयशील परम्परा की विरासत मिली।

लोक-नाटक

इधर लोकगीतों के अध्ययन से अनुप्राणित होकर अन्वेषकों ने हिन्दी नाटकों के मूलस्रोत को लोक-नाटकों में खोजने का प्रयास किया है। इस सम्बन्ध में डॉ. दशरथ ओझा ने लोक-नाटक के बिखरे हुए सूत्रों को जोड़ने का उपक्रम किया है, किन्तु उनके सभी निष्कर्ष प्राय: अनुमानाश्रित हैं। स्वाँग-नाटक की परम्परा का संक्षेप में उल्लेख करते हुए वे यह नहीं बता सके हैं कि हिन्दी नाटकों से इसका क्या सम्बन्ध है? नाट्य रासक, रासक और रास का कोई तर्कपूर्ण सम्बन्ध नहीं जुड़ पाता। संस्कृत के रूपकों में सट्टक और रासक को डॉ. हजारीप्रसाद द्विवेदी ने लोक-नाटकों से गृहीत माना है।[1] प्रमाणों के अभाव में इसे अन्तिम रूप से स्वीकार करना कठिन है। संस्कृत के नाट्य रासकों और अपभ्रंश के रासक-ग्रन्थों में कोई उल्लेखनीय साम्य नहीं है। अपभ्रंश के रासकों को हिन्दी का आदि नाटक-साहित्य स्वीकार करते हुए ओझा जी हिन्दी नाटकों का उत्पत्ति-काल विक्रम की 13वीं शताब्दी निश्चित करते हैं। 'सन्देश-रासक' को केन्द्र मानकर ओझा जी ने रासकों को दृश्य-काव्य मानने का जो आग्रह किया है वह तर्क-संगत नहीं प्रतीत होता। अब्दुल रहमान के कथन के आधार पर बहुरूपिये कथोपकथन के रूप में रासकों को प्रदर्शित करते थे। लेकिन बहुरूपियों से इसका सम्बन्ध मात्र इसे नाटकीय गुणों से पूर्ण नहीं बनाता। डॉ. द्विवेदी ने रासकों को गेय काव्य माना है और सन्देश-रासक को एक उत्कृष्ट विरह-काव्य स्वीकार किया है। सच पूछिए तो सन्देश-रासक विषय तथा शैली दोनों दृष्टियों से दूत-काव्य की परम्परा के अधिक मेल में दिखाई पड़ता है।

धार्मिक आन्दोलनों से रासलीला और रामलीला के रूप में लोक रंगमंच की जो स्थापना हुई उसकी परम्परा आज भी चल रही है। इसका आविर्भाव कब हुआ, ठीक-ठीक नहीं कहा जा सकता। इसे गीत नाट्य का पूर्व रूप भी कहा जा सकता है। लेकिन लीला-मंचों का प्रभाव हिन्दी रंगमंच पर नहीं पड़ा और न तो भक्ति-भावना से ओत-प्रोत संवादों से ही हिन्दी नाटकों ने कुछ ग्रहण किया।

'नौटंकी' उत्तर-भारत का अत्यन्त लोकप्रिय नाट्य है। डॉ. बाबूराम सक्सेना ने इसे उर्दू की कविता और लोक-गीत से उद्भूत बतलाया है। 11वीं-12वीं शताब्दी में 'हीर राँझा' की कथा को नौटंकी का रूप दिया गया, ऐसा कहा जाता है; किन्तु इसके समर्थन में कोई प्रमाण नहीं उपलब्ध है। 18वीं शताब्दी तक नौटंकी समस्त

1. 'लोक में इन मनोरंजक विनोदों को देखकर संस्कृत के नाट्यशास्त्रियों ने इन्हें (सट्टक एवं रासक) रूपकों में स्थान दिया था।' —हिन्दी साहित्य का आदिकाल, पृ. 99-101

उत्तर भारत में व्याप्त हो चुकी थी। नौटंकी में नगाड़े की ध्वनि पर खेल नियंत्रित किया जाता है। यह रात्रि में काफी देर से आरम्भ होकर प्रात:काल तक चलती रहती है।

रासलीला और रामलीला शुद्ध धार्मिक कथानकों को लेकर चलती हैं। इनके मूल में भक्ति-भावना का गहरा पुट है। लेकिन स्वाँग और नौटंकी में इहलौकिक प्रवृत्तियाँ इस सीमा तक बढ़ती गई हैं कि इनसे लौकिक रुचि अत्यधिक विकृत और फूहड़ हो गई। यद्यपि उपलब्ध सामग्री की कमी के कारण से स्वाँग और नौटंकी के विकास-क्रम की कोई रूप-रेखा नहीं खींची जा सकती फिर भी यह नहीं कहा जा सकता कि फूहड़पन की विकृतियाँ इनमें पहले से ही विद्यमान थीं। कबीर की बानियों और सन्त तुकाराम के अभंगों के आधार पर इनके फूहड़पन को नहीं सिद्ध किया जा सकता, क्योंकि इन सन्तों का वैराग्यमूलक दृष्टिकोण इस तरह के मनोरंजक कार्यों के प्रतिकूल पड़ता था। पंजाब में प्रचलित संगीत या नौटंकी के कथानक जो गोपीचन्द, पूरनभक्त और हकीकत राय के लोकप्रिय जीवन से ग्रहण किए गए थे, इस बात को प्रमाणित करते हैं कि नौटंकियों द्वारा सर्वदा कुरुचिपूर्ण वातावरण की ही सृष्टि नहीं होती थी। रीतिकालीन श्रृंगार की अतिशयता और सामन्तीय जीवन की विलासिता से जन-जीवन का असम्पृक्त रह जाना सम्भव नहीं था। धीरे-धीरे इनकी मंडलियों में भी विकृतियाँ आईं क्योंकि उनकी पेशेवर मनोवृत्ति के लिए जनता का सस्ता मनोरंजन करना अनिवार्य हो गया था।

अब प्रश्न यह उठता है कि इन लोक-नाटकों का प्रभाव हिन्दी नाटकों पर क्या पड़ा? वस्तुत: लोक-नाटकों से हिन्दी नाटकों को सीधे प्रभावित नहीं कहा जा सकता। इन लोक-नाटकों और हिन्दी नाटकों के बीच पारसी थिएटर कम्पनियों का समय आता है। पारसी कम्पनियों पर लोक-नाटकों के कुरुचिपूर्ण वातावरण का प्रभाव अवश्य पड़ा और इन कम्पनियों का जो कुछ थोड़ा-बहुत प्रभाव हिन्दी नाटकों पर पड़ा उसके सम्बन्ध में कोई विवाद नहीं रह गया है।

आज के हिन्दी नाटकों को इन लोक-नाटकों से क्या ग्रहण करना चाहिए? इस प्रश्न पर यहाँ विचार कर लेना अप्रासंगिक नहीं है। जहाँ तक विषय-वस्तु का सम्बन्ध है आज का नाटक लोक-नाटकों से कुछ विशेष उपलब्ध नहीं कर सकता, लेकिन लोक से पा सकता है। उनकी पद्यबद्ध संवाद-शैली के सम्बन्ध में आज का वस्तुवादी युग विचार करना भी पसन्द नहीं करेगा। हाँ, इन लोक-नाटकों के रंगमंच से बहुत कुछ प्रेरणा ग्रहण की जा सकती है।

व्यवसायी नाटक मंडलियाँ

व्यवसायी नाटक मंडलियों का अभिप्राय है—पारसी नाटक मंडलियाँ। इनकी स्थापना के बहुत पहले प्लासी की लड़ाई के बाद, अंग्रेजों ने कलकत्ते में 'प्ले हाउस' और

'कैलकटा थिएटर' दो रंगमंचों की नींव डाल रखी थी। इन मंचों पर बँगला नाटकों का अभिनय भी होता था। अंग्रेजों की देखा-देखी कलकत्ते में 'बंगाल थिएटर'; 'ओरिएंटल थिएटर' आदि की स्थापना की गई।

रंगमंच पर नाटक के अभिनय की ओर झाँसी के महाराज गंगाधरराव और लखनऊ के नवाब वाजिदअली शाह की दृष्टि भी गई। वाजिदअली शाह ने 'किस्सा राधा कन्हैया' स्वयं लिखा। सन 1853 ई. में अमानत ने 'इन्दर सभा' नाटक लिखा। यह सही अर्थ में ओपेरा था। यह काफी लोकप्रिय हुआ। पारसी रंगमंचों को 'इन्दर सभा' की परम्परा से जोड़ा जा सकता है।

1853 में पहली 'पारसी नाटक मंडली' की स्थापना हुई। इस मंडली के प्रधान थे श्री फराम जी गुस्ताद जी दलाल। सन 61 तक लगभग 20 नाटक मंडलियाँ जनमी और मरीं। 'पारसी नाटक मंडली' बीच-बीच में बन्द हो जाती थी लेकिन उसका कार्य बन्द नहीं हुआ। प्रारम्भ में जो नाटक प्रस्तुत किए गए उनके रंगशिल्प पर विदेशी रंग का गहरा प्रभाव है।

उन्नीसवीं शताब्दी के उत्तरार्ध में पारसी थिएटरों की खूब धूम रही। अंग्रेजों की व्यावसायिक दृष्टि से प्रेरणा प्राप्त कर बम्बई के पारसी पूँजीपतियों ने धनोपार्जन का नया ढंग निकाला। सेठ पेस्टन जी फ्रेम ने सन 1870 के लगभग 'ऑरिजिनल थिएट्रिकल कम्पनी' खोली। पेस्टन जी स्वयं अच्छे अभिनेता थे। खुरशेद जी बल्लीवाला, सोहराब जी और जहाँगीर जी इस थिएटर के कुशल अभिनेताओं में से थे। इसके मंच पर 'खुदा दोस्त', 'चाँदबीबी', 'इशरत सभा', 'लैला-मजनू' आदि नाटक खेले गए।

सन 1872 में खुरशेद जी बल्लीवाला ने 'विक्टोरिया थिएट्रिकल कम्पनी' दिल्ली में खोली। बल्लीवाला अच्छे हास्य अभिनेता के रूप में प्रसिद्ध थे। इसके प्रमुख नाटककार थे मुंशी विनायक प्रसाद 'तालिब', 'लैलो-निहार', 'दिलेर दिलशेर' आदि उर्दू नाटकों के अलावा इस कम्पनी ने 'विक्रम-विलास', 'गोपीचन्द' आदि हिन्दुस्तानी नाटक भी खेले। बम्बई में एक दूसरी कम्पनी भी खुली—1898 में 'अल्फ्रेड थिएट्रिकल कम्पनी'। इसके संस्थापक थे कावस जी खटाऊ। इस कम्पनी ने नारायण प्रसाद बेताब, मेहदी हसन 'अहसन' को अपना नाटककार नियुक्त किया। उन्होंने 'फरेबे मुहब्बत', 'महाभारत', 'रामायण', 'पति-पत्नी', 'कृष्ण-सुदामा' आदि नाटकों की रचना की।

सन 1914 के बाद न्यू अल्फ्रेड कम्पनी स्थापित हुई। सोहराब जी इसके प्रबन्ध-निर्देशक थे। वे मँजे हुए अभिनेता भी थे। इस कम्पनी ने दो और नाटककार दिये—आगा हश्र तथा राधेश्याम कथावाचक।

प्रारम्भ में पारसी कम्पनियों पर अंग्रेजी नाटकों और मंचीय विधि का खासा प्रभाव था। मंच पर प्राय: अंग्रेजी के—मुख्यत: शेक्सपियर के अनूदित नाटक

ही खेले जाते थे। पर बेताब, आगा हश्र तथा राधेश्याम कथावाचक ने इसे नई दिशा दी।

'बेताब' के 'महाभारत' नाटक से हिन्दी रंगमंच का समारम्भ मानना चाहिए। यह नाटक सर्वप्रथम कावस जी पालन जी खटाऊ की कम्पनी ने संगम थिएटर देहली में खेला। "इसकी अपूर्व सफलता देखकर नाटक कम्पनियों के मालिकों ने अपना रुख बदल दिया, लेखकों ने इसका अनुकरण कल्याणकारक समझा। अश्लील नाटकों से घृणा करके जिन सुशील सज्जनों ने नाटक न देखने की प्रतिज्ञा कर रखी थी, उनकी प्रतिज्ञा टूट गई। ...देवियों ने तो इसका इतना आदर किया कि सेठ जी को विशेष रूप से केवल स्त्रियों के लिए प्रति सप्ताह एक नाटक करना पड़ता था...।"

आगा हश्र थे तो कश्मीरी पर उनके पिता बनारस में बस गए थे। अत: उन पर बनारस का गहरा असर था। प्रारम्भ में उन्होंने डेढ़ दर्जन उर्दू नाटक लिखे। पर बाद में 'बेताब' और 'राधेश्याम' की ख्याति देखते हुए वे भी हिन्दी नाटक लिखने लगे। उर्दू का 'रुस्तम सोहराब' और हिन्दी का 'सीता बनवास' उनके प्रसिद्ध नाटक हैं।

राधेश्याम कथावाचक के पौराणिक नाटक अत्यन्त प्रशंसित और चर्चित रहे—विशेष रूप से 'वीर अभिमन्यु' और 'प्रह्लाद'। 'प्रह्लाद' में राष्ट्रीय चेतना की अभिव्यक्ति कुशलतापूर्वक की गई थी। 'प्रह्लाद' में हिरण्यकशिपु अंग्रेजों का प्रतीक था। 'मेरा नाटक-काल' में राधेश्याम ने लिखा है, "कम्पनी के उस समय के एक मैनेजर मि. माणिकशाह बल्सरा ने मुझसे कहाँ कि यहाँ तक खुफिया पुलिस का बड़ा अफसर दो बार अपनी डायरी लेकर आया कि कहीं से भी नाटक को हुकूमत के विरुद्ध पकड़ूँ और बन्द कराऊँ, पर वह फेल रहा। प्रह्लाद और प्रमोद निश्चय ही हुकूमत के विरुद्ध खूब खुल-खुलकर उस नाटक में बोलते थे; पर आड़ यह थी कि किस हुकूमत के विरुद्ध...?'

विश्वम्भरनाथ शर्मा कौशिक, गणेशशंकर विद्यार्थी, बालकृष्ण शर्मा 'नवीन' ने प्रह्लाद की राष्ट्रीयता को सराहा।

पारसी नाटक कम्पनियों का रंगमंच अंग्रेजी मंच की बाह्य रूमानियत से बहुत प्रभावित था। इश्क, मारधाड़, मेलोड्रैमैटिक क्रिया-कलाप, उछल-कूद आदि से यह दर्शकों का मनोरंजन करता रहा। सनसनीखेज दृश्यों की प्रस्तुति और वृत्तग़न्धी संवादों का प्रयोग इनकी मुख्य विशेषताएँ थीं।

इन कम्पनियों ने खूब धन कमाया और नाटक के प्रति लोगों की रुझान भी पैदा की। पर जनजीवन से इनका सम्पर्क तब स्थापित हुआ जब इनके मंच पर पौराणिक-धार्मिक नाटक खेले जाने लगे। हिन्दी नाटकों में ऐतिहासिक-पौराणिक नाटकों की परम्परा का विकास बहुत कुछ पारसी नाटकों से प्रभावित है। खेद है कि हिन्दी नाटककार इस मंच से घृणा करते रहे। इस मंच के प्रति सामान्य जन के उत्साह का उन्होंने लाभ नहीं उठाया। यद्यपि भारतेन्दु हरिश्चन्द्र ने इसकी प्रतिक्रिया

में शौकिया मंचों की स्थापना की फिर भी उनके युग के रोमैंटिक नाटकों तथा जयशंकर प्रसाद के नाटकों पर पारसी रंगमंच का स्पष्ट प्रभाव देखा जा सकता है।

हिन्दी नाटकों का प्रारम्भ

संस्कृत की जिस ह्रासोन्मुखी परम्परा का उल्लेख पीछे किया गया है उसके मेल में प्राणचन्द चौहान के 'रामायण महानाटक' (सं. 1667), बनारसीदास के 'समय सार' (सं. 1693), रघुराज नागर के 'सभासार' (सं. 1757) और लछिराम के 'करुणाभरण' (सं. 1772) को रखा जाएगा। नाटकीय गुणों से रिक्त इन छन्दोबद्ध ग्रन्थों को नाटक की श्रेणी में नहीं रखा जा सकता है। काव्य की दृष्टि से भी इनका कोई विशेष मूल्य नहीं है। अनेक त्रुटियों के बावजूद रीवाँ नरेश विश्वनाथ सिंह (सं. 1846-1911) के 'आनन्द रघुनन्दन' को हिन्दी का प्रथम मौलिक नाटक मान लेने में कोई आपत्ति नहीं है। भारतेन्दु हरिश्चन्द्र के पिता गोपालचन्द्र का 'नहुष' (सन 1841) 'आनन्द रघुनन्दन' की भाँति ब्रजभाषा में लिखा हुआ है। खड़ी बोली में नाटक लिखने का सूत्रपात वस्तुतः हरिश्चन्द्र ने ही किया। अतः आज के हिन्दी नाटकों के जन्मदाता हरिश्चन्द्र ही ठहराए जाएँगे।

भारतेन्दु का जन्म (1850 ई.) जिस राजनीतिक, सांस्कृतिक और साहित्यिक उथल-पुथल के समय हुआ वह इतिहास में चिरस्मरणीय रहेगा। उन्नीसवीं शताब्दी संसार के इतिहास को एक जबरदस्त मोड़ देनेवाली शताब्दी है। यूरोप के वैज्ञानिक आविष्कारों और औद्योगिक क्रान्तियों के प्रभाव से हमारा देश अछूता नहीं बचा। अंग्रेजों के सम्पर्क में आने पर हमारे देश को भी इन नए ज्ञान-विज्ञानों का परिचय मिला और इसके फलस्वरूप जीवन के प्रति उसे एक नया दृष्टिकोण प्राप्त हुआ।

अंग्रेजों ने अपने साम्राज्यवाद की जड़ें मजबूत बनाने के लिए देशी उद्योग-धन्धों, आचार-विचारों, संस्कृति-शिक्षा आदि पर जो सांघातिक प्रहार किए उनसे अनजान में इस देश का काफी हित हुआ। प्राचीन जर्जर रूढ़ियों से चिमटे हुए भारतवासियों को नए ढंग से सोचने के लिए बाध्य होना पड़ा।

अंग्रेजी साम्राज्यवाद को और भी अधिक दृढ़ बनाने के संकल्प ने देश में अंग्रेजी शिक्षा का जो सूत्रपात किया उससे हमारे देश में पढ़े-लिखे व्यक्तियों का एक नया मध्यवर्ग पैदा हुआ। देश में नई राष्ट्रीय चेतना उत्पन्न करने का श्रेय इसी वर्ग को है। परम्परायुक्त रूढ़ियों के दलदल में फँसे हुए देशवासियों को दिशा-निर्देशन का जो क्रान्तिकारी 'रोल' इस वर्ग ने अदा किया उसे भुलाया नहीं जा सकता। भारतेन्दु-मंडल के अधिकांश व्यक्ति इसी वर्ग के थे।

इस पढ़े-लिखे वर्ग में कुछ ऐसे लोग भी थे जो पाश्चात्य संस्कृति के सामने भारतीय संस्कृति को अत्यन्त हीन दृष्टि से देखने के अभ्यासी हो गए थे। दूसरी

ओर भारतीय संस्कृति की रूढ़ियों का दामन पकड़नेवाले ऐसे लोग भी थे जो नवीन विचारों के लिए अपने घर का कपाट बन्द कर चुके थे। दोनों वर्ग अति के दो छोरों पर थे। यदि पहला ईसाइयत का झंडा उड़ानेवाला, हिन्दू धर्म का निन्दक और पाश्चात्य संस्कृति का दास था तो दूसरा अपनी संस्कृति के बाहर सब कुछ 'अछूत' समझ रहा था। राजा राममोहन राय तथा उनके मित्रों ने एक समन्वय स्थापित किया और इसके फलस्वरूप कलकत्ते में 'ब्राह्मसमाज' नामक संस्था की नींव डाली। इस सांस्कृतिक पुनर्जागरण में 'आर्य समाज', 'थियोसोफिकल सोसाइटी' और 'रामकृष्ण मिशन' का भी अत्यन्त महत्त्वपूर्ण योग रहा है। देश में वैचारिक क्रान्ति का बहुत कुछ दायित्व इन संस्थाओं तथा इनके पुरस्कर्ताओं को ही है। रीतिकाल की जो काव्य-परम्परा उन्हें विरासत के रूप में मिली थी उससे सर्वथा मुक्त होना किसी भी दृष्टि से सम्भव न था। नाटक के क्षेत्र में भारतेन्दु हरिश्चन्द्र को हिन्दी की कोई उल्लेखनीय परम्परा नहीं मिली। कई दृष्टियों से इसे सौभाग्य ही माना जाना चाहिए। यदि भारतेन्दु को ब्रजभाषा काव्य-परम्परा की तरह ब्रजभाषा की कोई नाट्य परम्परा भी मिली होती तो कदाचित उनके समय के नए ढंग के नाटकों का (वह भी खड़ी बोली में लिखे गए नाटकों का) प्रादुर्भाव न हो पाता। उन्होंने अंग्रेजी और बँगला की नवीनताओं से प्रेरणा ग्रहण कर हिन्दी में भी नए ढंग के नाटक लिखने का उपक्रम किया।

जिस समय भारतीय समाज राजनीतिक, सांस्कृतिक और सामाजिक परिवर्तनों के मोड़ से गुजर रहा था उस समय भारतेन्दु हरिश्चन्द्र ने उसकी ऊर्ध्वोन्मुखी शक्ति को पहचाना और उसे विकासमान बनाने में अपनी सारी शक्ति लगा दी। रूढ़ियों को प्रबल झटका देकर युगानुकूल मानों की जो अचूक परख उनको प्राप्त थी उसकी अभिव्यक्ति उनके नाटकों में सर्वत्र दिखाई पड़ती है। पारसी थिएटर की ह्रासोन्मुख कुत्सित प्रवृत्तियों के विरोध में भारतेन्दु ने नए नाटकों की सृष्टि तथा नवीन रंगमंच की स्थापना की। भारतेन्दु की प्रतिभा उस समय और भी श्रेष्ठतर और सूक्ष्मतर दिखाई पड़ने लगती है जब हम उन्हें स्वतंत्र रूप से नवीन सांस्कृतिक जागरण में योग देते हुए देखते हैं। कई सांस्कृतिक संस्थाएँ तो भारतेन्दु के जीवन के उत्तरार्ध में पैदा हुईं, पल्लवित और पुष्पित तो वे और भी बाद में हुईं।

भारतेन्दु ने इस बात को अच्छी तरह समझ लिया था कि सामाजिक वास्तविकता की सबसे यथार्थ अभिव्यक्ति नाटकों में ही हो सकती है। ऐसी स्थिति में छन्दोबद्ध नाटकों की अनुपयुक्तता को ध्यान में रखते हुए उन्होंने गद्य का प्रवर्तन किया। आचार्य रामचन्द्र शुक्ल ने इस पर आश्चर्य प्रकट करते हुए लिखा है कि, "विलक्षण बात यह है कि आधुनिक गद्य साहित्य की परम्परा का प्रवर्त्तन नाटकों से हुआ।" लेकिन सच तो यह है कि विलक्षण बात तब होती जब हिन्दी गद्य-परम्परा का प्रवर्तन नाटकों से न होता। तत्कालीन परिस्थितियों में यही स्वाभाविक था। नाटक

भौतिक जगत से घनिष्ठतम रूप से सम्बद्ध है। राष्ट्रीय चेतना की अभिव्यक्ति की दृष्टि से भी यह सर्वोत्तम रचना-विधान है। दृश्य-काव्य होने के कारण भावों और विचारों को सामाजिकों तक प्रेषणीय बनाने का यह अत्यधिक समर्थ साधन है। विभिन्न देश-काल के व्यक्तियों तथा परिस्थितियों की अवतारणा जितनी अच्छी तरह नाटक में की जा सकती है, साहित्य के किसी अन्य रचना-प्रकार के माध्यम से उतनी अच्छी तरह नहीं की जा सकती। भारतेन्दु हरिश्चन्द्र तथा उनके मंडल के लेखक अपनी समसामयिक सामाजिक, आर्थिक तथा राजनीतिक गतिविधि के प्रति पूर्ण जागरूक थे। इनकी अभिव्यंजना के लिए, नाटक से बढ़कर और कौन रचना-प्रकार अपनाया जाता?

भारतेन्दु हरिश्चन्द्र

भारतेन्दु के नाटकों का उचित मूल्यांकन करने के लिए उनके युग की संक्रमणात्मक स्थिति की गहराई में पैठना अत्यन्त आवश्यक है। हाल में प्रकाशित कतिपय पुस्तकों में भारतेन्दु के नाटकों पर विचार करते समय या तो भारी-भरकम तथा बेडौल सामाजिक पृष्ठभूमि दी गई है या फिर उनके नाटकों का सार देकर कुछ अधकचरे निष्कर्ष निकाले गए हैं। उनके वैचारिक अन्तर्विरोधों को भी समझने का प्रयास प्राय: कम ही हुआ है। उनके अनूदित नाटकों के सम्बन्ध में कुछ चलती हुई बातें कहकर उन्हें छोड़ा नहीं जा सकता और न तो उनके मौलिक नाटकों की मौलिकता को विष्कम्भक, अंकावतार के न रखने में ही सीमित किया जा सकता है। सच तो यह है कि भारतेन्दु के नाटकों के रूप-विन्यास तथा विषय-वस्तु दोनों पर संक्रमणकालीन परिवर्तनशीलता की गहरी छाप है। भारतेन्दु की देन को उचित महत्त्व देने के लिए इस परिवर्तनशीलता को उनके नाटकों के सम्बन्ध में देखना बहुत आवश्यक है। किन्तु उनकी ठीक-ठीक परख तभी सम्भव है जब परिवर्तनशीलता के मरणोन्मुख, अनुन्मेषशील तत्त्वों तथा ऊर्ध्वमुखी जीवनोन्मुख उपकरणों का नीर-क्षीर विवेक किया जाए।

अनुवाद करने के लिए भारतेन्दु के जिन नाटकों का चयन किया, उसके मूल में उनकी एक विशेष दृष्टि परिलक्षित होती है। एक ओर उन्होंने 'रत्नावली' का अनुवाद करना अधिक पसन्द किया तो दूसरी ओर 'मुद्राराक्षस' का। जहाँ 'कर्पूरमंजरी' का अनुवाद उनकी रुचि के अनुकूल पड़ा वहीं 'प्रबोध चन्द्रोदय' के एक खंड-दृश्य को 'पाखंड-विडम्बन' के नाम से अनूदित करना उनके प्रतिकूल नहीं प्रतीत हुआ। इन्हीं नाटकों का अनुवाद भारतेन्दु ने क्यों किया? केवल नाटिका-नाटक का उदाहरण प्रस्तुत करने के लिए ये अनुवाद नहीं किए गए। 'रत्नावली' के सम्बन्ध में उन्होंने स्वयं लिखा है, "शकुन्तला के सिवाय और सब नाटकों में रत्नावली बहुत अच्छी और पढ़नेवालों को आनन्द देनेवाली है।" प्रकृति से ही सहृदय और रसिक होने के कारण उदयन की प्रेम-कहानी में रुचि प्रदर्शित करना उनके लिए अस्वाभाविक नहीं है। रीतिकालीन परम्परा से सर्वथा मुक्त न होने से

भी यह दरबारी नाटक (Court play) उन्हें प्रिय मालूम हुआ। व्यक्तिगत संस्कारों को जल्दी से उतार फेंकना किंचित कठिन कार्य है। अर्थ प्रकृतियों, कार्यावस्थाओं और पंचसन्धियों की दृष्टि से यह नाटक संस्कृत के नाट्य-साहित्य में अप्रतिम है। कदाचित हिन्दी नाटकों में इन प्रकृतियों आदि को समेटने की आकांक्षा से भी उन्होंने इसका अनुवाद-कार्य हाथ में लिया हो। लेकिन जब भारतेन्दु ने समझ लिया कि आज के युग के लिए रूढ़िग्रस्त परिपाटी सर्वथा अयोग्य है तब उन्होंने आधुनिक दृष्टि से संस्कृत के सबसे प्रौढ़तम नाटक 'मुद्राराक्षस' का अनुवाद प्रस्तुत किया। शास्त्रीय व्यवधानों को निर्बाध रूप से अतिक्रमित कर जाने के कारण संस्कृत के रूढ़िग्रस्त पंडितों की दृष्टि में यह अधिक ऊँचा नहीं उठ पाया। फिर भी भारतेन्दु ने नवागत युग के लिए इसे अधिक श्रेयस्कर समझा। यह उनकी यथार्थोन्मुखता का परिचायक है। इस नाटक के उपसंहार (क) में रंगशाला में समय-समय पर गाए जानेवाले जिन गीतों के निर्देश किए गए हैं वे उनकी राष्ट्रीय चेतना के द्योतक हैं।[1] शेक्सपियर के 'मरचेंट ऑफ वेनिस' के अनुवाद के मूल में उक्त नाटक की श्रेष्ठता के प्रति उनका उतना आग्रह नहीं है जितना उसके द्वारा प्राप्त नीतिमत्ता के प्रति। इन अनुवादों द्वारा उन्होंने हिन्दी को संस्कृत, बँगला और अंग्रेजी नाटकों के जिस मार्ग पर चलने का निर्देश किया उस पर चलकर हिन्दी इतने अल्पकाल में ही इतनी विकसित और प्रौढ़ हो गई।

'विद्या सुन्दर' नाटक जो बँगला का छायानुवाद है, एक विशेष दृष्टिकोण के कारण ही गृहीत हुआ है। कुछ शोधकों ने इस पर व्यर्थ में ही प्रतीकात्मकता का लबादा उढ़ाया है। वह उनका आत्म-प्रक्षेपण (Self-projection) है। विद्या न तो बुद्धि (Wisdom) है और न सुन्दर तरुण तपस्वी। वास्तव में 'चौरपंचाशिका' के लेखक का नाम चोर अथवा सुन्दर है और बँगला नाटक में निश्चय ही उसी आधार को ग्रहण किया गया होगा। इस नाटक के अनुवाद या छायानुवाद का मुख्य कारण है इसमें उठाई गई समस्या की सामयिक उपयोगिता। प्रेम-विवाह (Love marriage) को माता-पिता द्वारा अनुमोदित ब्राह्म विवाह की अपेक्षा अधिक श्रेयस्कर मानकर भारतेन्दु ने आज के बहुत पहले इस अधुनातन समस्या के सम्बन्ध में अपना मन्तव्य प्रकट कर दिया था। इसके नायक के इसे 'बुरे कर्म' कहने तथा नायिका को इसे 'अपराध' मानने के मूल में सामाजिक बन्धनों का तकाजा ही समझना चाहिए।

---

1. जग में घर की फूट बुरी।
घर के फूटहिं सों बिनसाई सुबरन लंकपुरी॥
× × ×
जग में तेई चतुर कहावै।
छल में पातक होत जदपि यह शास्त्रन मैं बहु गायो।
पै अरि सों छल किए दोष नहिं मुनियन यहै बतायो।

'सत्य हरिश्चन्द्र' की सृजन-प्रेरणा को किसी-न-किसी बाह्य सामाजिक स्रोत में ढूँढ़ निकालने का दावा करना दूर की कौड़ी लाना है। इसे छायानुवाद माना जाए या मौलिक कृति—यह विवाद भी कोई महत्त्व नहीं रखता। सच तो यह है कि जहाँ भारतेन्दु ने अपने समाज की अनेक त्रुटियों को नाटक के माध्यम से हमारे सम्मुख रखा वहाँ वे कुछ उच्च आदर्शों को भी सामने ले आए। 'सत्य हरिश्चन्द्र' सत्य के आदर्शों से ही अनुप्राणित है।

भारतेन्दु के मौलिक नाटक सर्वत्र प्रेम की कोमल-परुष रागिनी से प्रतिध्वनित हैं। 'चन्द्रावली' में ईश्वरोन्मुख प्रेम है और 'सती-प्रताप' में पति-प्रेम का अनुकरणीय उज्ज्वल आदर्श। शेष मौलिक नाटक राष्ट्रीय चेतना की प्रभातकालीन ऊष्मा से आपूरित हैं। उनमें किसी स्थान पर देशवासियों को व्यंग्य के कशाघात के उद्बुद्ध किया जा रहा है तो किसी स्थान पर ऐतिहासिक घटनाओं में प्राण-प्रतिष्ठा कर उन्हें जगाया जा रहा है। कहीं प्रतीकों के आधार पर देश की तत्कालीन अवस्था का करुण चित्र खींचकर देशवासियों में संवेगात्मक अनुभूति जगाई जा रही है तो कहीं माँ की असहायता और विपन्नता का नग्न दृश्य उपस्थित कर अत्यन्त मनोवैज्ञानिक ढंग से उनके मर्म का स्पर्श किया जा रहा है। इस तरह विविध विषयों और शैलियों द्वारा भारतेन्दु ने राष्ट्रीय जागरण का जो शंख फूँका उसकी गूँज दूर तक फैल गई।

भारतेन्दु की राष्ट्रीय चेतना के सम्बन्ध में प्रायः यह प्रश्न उठाया जाता है कि महारानी विक्टोरिया तथा कतिपय उच्चपदस्थ अंग्रेज अधिकारियों के प्रति उनके मन में जो अटूट विश्वास दिखाई पड़ता है वह उनकी राष्ट्रीय भावना को थोड़ा-बहुत स्खलित कर देता है। किन्तु इस प्रकार की असंगति का सामंजस्य उस काल के वातावरण में ही खोजा जाना चाहिए। समयानुकूल देश की राष्ट्रीय चेतना में अपेक्षित परिवर्तन होता रहा है। भारतेन्दु के अनन्तर भारतीय राष्ट्रीय कांग्रेस के प्रस्तावों में भी अंग्रेजों के प्रति बरावर विश्वास प्रकट किया जाता रहा।[1]

जब अंग्रेजी राज्य का सूर्य अपनी पूर्ण तेजस्विता के साथ तप रहा था तव राष्ट्रीय जागरण का कार्य कितना साहसपूर्ण तथा खतरनाक था, इसे राजनीति का साधारण विद्यार्थी भी अनुभव कर सकता है। फिर भी भारतेन्दु का अव्याहत व्यक्तित्व और भी द्रुतगति से निरन्तर अग्रसर होता गया। भारतेन्दु के नाटकों की यह ऊर्ध्वोन्मुखता उनकी सबसे बड़ी विशेषता है। इस संक्रान्ति-काल में अपने परिवेश की डाँवाँडोल

1. 'कांग्रेस के पहले पच्चीस सालों में जिनके ऊपर कांग्रेस की राजनीति का दारोमदार रहा वे सरकार के दुश्मन नहीं थे। यह बात न केवल उन घोषणाओं से सिद्ध होती है जो समय-समय पर उनके द्वारा की जाती थीं, बल्कि स्वयं सरकार भी उनके साथ रियायतें करके जब-जब हिन्दुस्तानियों को ऊँचे पद या स्थान देने का मौका पाया तब-तब उन्हीं को उसके लिए चुनकर यही सिद्ध करती रही।'

—पट्टाभि सीतारमैया, 'कांग्रेस का इतिहास', भाग 1, पृ. 59

स्थिति का पूर्ण पर्यालोचन करते हुए भारतेन्दु ने जो नव्यतर दृष्टि दी, उससे हिन्दी साहित्य नव-नव उन्मेषशील विचारों को आत्मसात करता हुआ नित्य नूतन शैलियों से अपना श्रृंगार करने लगा।

वस्तु-विन्यास, चरित्र-चित्रण, अभिनेयता आदि की दृष्टि से भारतेन्दु के उन्हीं नाटकों पर विचार किया जा सकता है जो उनकी मौलिक कृतियाँ हैं। इस कोटि में 'वैदिकी हिंसा हिंसा न भवति', 'सत्य हरिश्चन्द्र' (?), 'प्रेमयोगिनी', 'विषस्य विपमौषधम', 'चन्द्रावली', 'भारत-दुर्दशा', 'भारत जननी',[1] 'नीलदेवी', 'अन्धेर नगरी' और 'सती प्रताप' नाटक आते हैं। इनमें 'प्रेम योगिनी', 'विषस्य विषमौपधम' और 'सती प्रताप' अधूरे हैं। अतः पूर्ण रूप से उन पर विचार नहीं किया जा सकता। अपने नाटकों को भारतेन्दु ने नाटक के जो प्रकार माने हैं उनसे सर्वत्र सहमत होना भी कठिन है। शास्त्रीय कसौटी पर कसे जाने पर 'सती प्रताप' को नाटक नहीं माना जा सकता और न तो 'भारत-दुर्दशा' नाट्य रास की श्रेणी में आता है। 'सत्य हरिश्चन्द्र' नाटक, 'चन्द्रावली' नाटिका, 'अन्धेर नगरी' प्रहसन, 'भारत-दुर्दशा' अन्यापदेशिक एकांकी हैं। गीति की प्रधानता के कारण 'भारत-जननी' को भारतेन्दु ने ओपेरा और 'नीलदेवी' को गीतरूपक कहा है। बँगला के 'भारतमाता' को कदाचित ओपेरा कहा गया होगा। इसलिए भारतेन्दु ने भी इसे ओपेरा का नाम दिया; 'नीलदेवी' आज के अर्थ में गीति-नाट्य नहीं है। उसे भी पुराने ढंग का ओपेरा ही समझना चाहिए।

सत्य हरिश्चन्द्र की मौलिकता के सम्बन्ध में हिन्दी में एक विवाद चल पड़ा है।[2] डॉ. सोमनाथ गुप्त ने इसके सम्बन्ध में लिखा है, "अपनी सम्पूर्ण स्थिति में 'सत्य हरिश्चन्द्र' न तो एकदम मौलिक ही है न बिलकुल अनुवाद ही।" बीच के कुछ कथोपकथनों और श्लोकों के अनुवादों को निकाल दिया जाए तो नाटक बहुत कुछ मौलिक हो जाता है। आचार्य क्षेमीश्वर के संस्कृत नाटक 'चंडकौशिक' (जैसा इसके नाम से ही प्रकट है) का नायक विश्वामित्र है और 'सत्य हरिश्चन्द्र' का हरिश्चन्द्र। ऐसी स्थिति में कथा को अपेक्षित मोड़ देना स्वाभाविक था 'सत्य हरिश्चन्द्र' की पौराणिक कथा सरल और इकहरी है। चार अंकों में जिन चार दृश्यों की योजना की गई है, वे परस्पर पूर्ण रूप से सम्बद्ध है। प्रथम अंक में इन्द्रसभा की योजना की गई है जिसमें नारद हरिश्चन्द्र की सत्य-निष्ठा का परिदय देते हैं। यह सुनकर इन्द्र में ईर्ष्या उत्पन्न होती है और वे विश्वामित्र के सहारे हरिश्चन्द्र को

---

1. इसका आधार बँगला का कोई नाटक 'भारत माता' है।
2. (क) दे., ब्रजरत्न दास, 'हिन्दी नाट्य साहित्य', दूसरा संस्करण, पृ. 62
   (ख) डॉ. सोमनाथ गुप्त, 'हिन्दी नाटक साहित्य', पृ. 42-50
   (ग) डॉ. दशरथ ओझा, 'हिन्दी नाटक : उद्‌भव और विकास', पृ. 212-13
   प्रथम और तृतीय सज्जनों ने 'सत्य हरिश्चन्द्र' को मौलिक तथा द्वितीय ने रूपान्तरित नाटक माना है।

अपने व्रत से च्युत करने का उपक्रम करते हैं। किन्तु विश्वामित्र के अकारण क्रोध तथा दूसरे अंक के कार्यों से कोई तार्किक संगति नहीं बैठ पाती। यदि प्रथम अंक में विश्वामित्र के सिद्धिपाश से हरिश्चन्द्र द्वारा तीन महाविद्याओं के बचाए जाने का उल्लेख कर दिया जाता तो विश्वामित्र की प्रतिशोध-भावना और दूसरे अंक की घटनाओं से कारण-कार्य का सम्बन्ध स्थापित हो जाता है। दूसरे अंक में हरिश्चन्द्र स्वप्न के फलस्वरूप अपना समस्त राज्य विश्वामित्र को दान कर देते हैं। इतने बड़े दान के उपलक्ष में दक्षिणा देने के लिए पुष्कल धनराशि की आवश्यकता थी। यह समस्या कथा को स्वाभाविक ढंग पर आगे बढ़ाती है। तृतीय अंक द्वितीय अंक से पूर्णतया सम्बद्ध है। इसमें काशी के बाजार में हरिश्चन्द्र के बिकने का दृश्य अंकित किया गया है। इस अंक में लेखक ने कई मार्मिक स्थितियों (Situations) की सृष्टि की है, जो नाटक के वातावरण को अत्यन्त करुण बना देती हैं। नाटक में इन स्थितियों की परिकल्पना का उतना महत्त्व नहीं है, जितना उनके निर्वाह का है। हरिश्चन्द्र की दयनीय दशा और विश्वामित्र की हृदयहीन भयानक क्रूरता को एक स्थिति में चित्रित कर लेखक सामाजिकों की संवेगात्मक अनुभूति जगाने में पूर्ण सफल होता है। शैव्या का विक्रय और बटुक के धक्के से शिशु राजकुमार का गिरना दूसरी मार्मिक स्थिति है, जो नाटक की कथा-वस्तु में घनीभूत करुणा भर देती है। चौथे अंक में सम्पूर्ण नाटकीय घटनाओं को एक स्थान पर केन्द्रित कर दिया गया है। यह केन्द्र स्थल है—श्मशान। श्मशान में हरिश्चन्द्र का शैव्या से आधा कफन माँगना इस नाटक की सर्वाधिक महत्त्वपूर्ण किन्तु करुणतम स्थिति है। इसी चरम सीमा पर नाटक, देवताओं के वरदान तथा रोहिताश्व के पुनर्जीवन के साथ, परिसमाप्त होता है। काशी का विस्तृत वर्णन और श्मशान का लम्बा विवरण वस्तु-विन्यास की गतिशीलता में विक्षेप डालता है। फिर भी समग्र रूप से इसका वस्तु-विन्यास सुलझा हुआ, सुसम्बद्ध और गतिशील है। 'प्रेमयोगिनी' में चार दृश्य ही पूर्ण हो सके हैं। किन्तु इनमें भी केवल इतनी ही सुसम्बद्धता दिखाई पड़ती है कि काशी के चार विभिन्न स्थानों पर जुटनेवाले व्यक्ति अपनी विभिन्नता में भी कुत्सित विचारों में एकता रखते हैं। 'चन्द्रावली' नाटिका में नाटिका के सारे लक्षण[1] (कथा कल्पित, अंक चार, पात्र प्रायः स्त्री, नायक धीर ललित, नायिका नवानुरागिनी कन्या) पाए जाते हैं। कथा स्वाभाविक गति से विकसित होती है। चन्द्रावली प्रथम अंक में अपना स्नेह व्यक्त करती है। द्वितीय में प्रिय का अन्वेषण करती है। तृतीय में विरह से विक्षिप्त दिखाई पड़ती है और चौथे अंक में प्रिय को

---

1. नाटिका क्लृप्तवृत्ता स्यात्स्त्रीपात्रा चतुरंकिका।
प्रख्यातो धीर ललितस्तस्यान्नायको नृपः।
स्यादन्तःपुरसम्बद्धा संगीत व्यापृताथवा।
नवानुरागा कन्यात्र नायिका नृपवंशजाः। —साहित्य दर्पण 6-269-70

प्राप्त करती है। चन्द्रावली का अनुराग पुष्ट से पुष्टतर होता हुआ अपने चरम लक्ष्य तक पहुँचता है। लम्बे कथोपकथनों तथा कतिपय अनावश्यक दृश्यों के कारण कथा की गति शिथिल हो जाती है। चन्द्रावली की पूर्ण मानसिक स्थिति को व्यक्त करने के लिए कदाचित नाटककार ने उनका सन्निवेश उचित समझा है। 'भारत-दुर्दशा' अन्यापदेशिक नाटकों की कोटि में आता है, जिसमें वस्तु-विन्यास का उतना महत्त्व नहीं होता, जितना लेखक के दृष्टिकोण का। 'भारत-जननी' ओपेरा है और इसमें वस्तु प्राय: नहीं है। 'नीलदेवी' का वस्तु-विन्यास अत्यन्त ऋजु पद्धति पर चलता हुआ दिखाई पड़ता है। घटनाओं का कार्य-कारण सम्बन्ध कथा-वस्तु को आगे बढ़ाता है और नाटक को गति प्रदान करता है। पहले और दूसरे दृश्यों में विरोधी वातावरणों (Contrasting atmosphere) का सृजन दो विरोधी संस्कृतियों का सुन्दर चित्र अंकित करता है। चौथा दृश्य कथा को आगे बढ़ाने में कोई योग नहीं देता किन्तु तत्कालीन मुसलमानों की प्रकृति को अवश्य चित्रित करता है। पागल का दृश्य भी उसी प्रकार कथा का अंग नहीं हो सका है। शेष दृश्य एक-दूसरे से अच्छी तरह सम्बद्ध हैं। व्यापारों में सर्वत्र एक अन्विति दिखाई पड़ेगी। 'अन्धेर नगरी' एक व्यंग्यमूलक प्रहसन है। इसके सारे पात्रों और समस्त घटनाओं का केन्द्र-बिन्दु राजकीय अव्यवस्था है। इसी केन्द्रीय बिन्दु के चारों ओर सारा नाटकीय वातावरण घूमता रहता है। अपने उद्‌देश्य की व्यंजना में ही इसका गौरव निहित है। 'वैदिकी हिंसा हिंसा न भवति' में 'अन्धेर नगरी' का तीखा व्यंग्य नहीं है। 'धर्म वंचकों' तक ही कथा को सीमित रखने के कारण यह धार्मिक प्रहसन (Religious farce) उतना प्रभावोत्पादक नहीं हो सका है।

भारतेन्दु के नाटकों का वस्तु-विन्यास सम्बन्धी विश्लेषण करते समय अर्थप्रकृति, कार्यावस्थाओं और पंचसन्धियों को मैंने अपने विवेचना-क्रम में स्थान नहीं दिया है। इसलिए भारतेन्दु के नाटकों में इन्हें न पाकर कुछ लोग निराश हो सकते हैं। स्वयं भारतेन्दु इस प्राचीन परिपाटी के बहुत दूर तक समर्थक नहीं थे। नाटक[1] निबन्ध में ही नहीं बल्कि 'प्रेम योगिनी' के पारिपाश्विक का यह कथन, "उसके खेलने से लोगों को वर्तमान समय का ठीक नमूना दिखाई पड़ेगा और वह नाटक भी नई पुरानी दोनों रीति मिल के बना है।"[2] पुरानी रीति से उनका तात्पर्य थोड़ी-सी

1. अब नाटक में कहीं आशी: प्रभृति नाट्यालंकार, कहीं प्रकरी, कहीं विलोभन, कहीं सम्फेट, कहीं पंचसन्धि वा ऐसे ही अन्य विषयों की कोई आवश्यकता नहीं रही। संस्कृत नाटक की भाँति हिन्दी नाटक में इनका अनुसन्धान करना, वा किसी नाटकांग में इनको यत्नपूर्वक रखकर हिन्दी नाटक लिखना व्यर्थ है, क्योंकि प्राचीन लक्षण रखकर आधुनिक नाटकादि को शोभा सम्पादन करने से उल्टा फल होता है और यत्न व्यर्थ हो जाता है।

—सभा, भारतेन्दु ग्रन्थावली, पहला खंड, पृ. 722

2. सभा, भारतेन्दु ग्रन्थावली, पहला खंड, पृ. 324

बाह्य औपचारिकता—विष्कम्भक, अंकावतार, भरत वाक्य आदि से है। नई रीति के अनुसार उन्होंने देश-काल, पात्र आदि के साथ ही वस्तु-विन्यास की गति और व्यापारान्विति पर भी विशेष ध्यान दिया है। यह उनकी नवीन दृष्टि का परिचायक है।

हिन्दी नाटक की प्रारम्भिक अवस्था में चरित्रों का सम्यक विकास नहीं देखा जा सकता। चारित्र्य-सृष्टि के सम्बन्ध में भारतेन्दु की जो देन है वह है संस्कृत की परम्परा (Convention) को अतिक्रमित करना। सत्य हरिश्चन्द्र, सत्यवान ऐसे पौराणिक तथा राधा सूर्यदेव जैसे ऐतिहासिक पुरुष पात्रों की सर्जना कोरा आदर्शवाद नहीं है! एक ओर जहाँ इन कर्तव्यनिष्ठ धार्मिक पात्रों की अवतारणा की गई है वहाँ मल्हारराव, 'वैदिकी हिंसा हिसा न भवति' के राजा, मंत्री तथा 'अन्धेर नगरी' के राजा को भी उपस्थित किया गया है। दोनों कोटि के राजाओं में कितना अन्तर हो गया है। इन राजाओं-महाराजाओं, महन्तों-पुजारियों के अतिरिक्त सामान्य जीवन के विविध पात्रों—दलाल, गंगापुत्र, भड़ेरिया, कुंजड़िन, कवि, एडिटर आदि को उनके नाटकों में स्थान मिला है। यह संस्कृत की पिटी हुई परम्परा को पीछे छोड़ कर एक क्रान्तिकारी कदम माना जा सकता है।

सत्य हरिश्चन्द्र के रूप में केवल सिद्धान्तों का आच्छादन नहीं है बल्कि उन्हें मानवीय भूमि पर उतारने का प्रयास किया गया है। शैव्या और रोहित को देखकर उनकी आँखें अश्रु-जल से आर्द्र हो जाती हैं, हृदय ममता से पिघल जाता है। किन्तु सत्य में भी अचल निष्ठा रखनेवाले हरिश्चन्द्र धैर्यपूर्वक सब कुछ सहन करते हैं। दास होने पर स्वामी के कल्याण के लिए भगवती से वरदान माँगना हरिश्चन्द्र के चरित्र के ही अनुकूल है। महाविद्याओं को विश्वामित्र के सिध्यर्थ उनके पास भेज देना उन्हें ही शोभा दे सकता है। रोहित की मृत्यु पर हरिश्चन्द्र के मरने का उपक्रम मानवीय स्वभाव के अनुरूप है। इस तरह के मनोवैज्ञानिक क्षणों में मानसिक अस्थिरता का अंकन भारतेन्दु की कुशलता और निरीक्षण-शक्ति का परिचायक है। राजा सूर्यदेव का चरित्र सतीत्व का आदर्श उपस्थित करता है, यद्यपि उसके चरित्र को विकसित नहीं किया जा सका है। 'सती प्रताप' में सत्यवान एक टाइप है, पौराणिक सीमाओं के बाहर वह अंकित नहीं हो पाया है। अन्य नाटकों के सामान्य पात्रों के चरित्र-चित्रण पर भारतेन्दु की दृष्टि कभी नहीं रही। उनके माध्यम से सामाजिक कुरीतियों पर व्यंग्य करना उनका प्रधान लक्ष्य था।

स्त्री पात्रों में शैव्या, सावित्री और नीलदेवी पतिव्रता स्त्रियों का आदर्श उपस्थित करती हैं। शैव्या पति को सत्यनिष्ठ प्रमाणित करने के लिए अपने को बेच देती है और अनेक प्रकार की विपत्तियों को सहन करने के लिए सन्नद्ध रहती है। एक विशेष मानसिक अवस्था में शास्त्रों को असत्य और देवताओं और ब्राह्मणों को पाखंडी कहना उसके दिव्य चरित्र को बहुत कुछ स्वाभाविक बना देता है। नीलदेवी मध्यकालीन राजपूत रमणियों के शौर्य का प्रतिनिधित्व करती है। चन्द्रावली की

रचना एक विशेष धार्मिक दृष्टि से हुई है। वह माधुर्य-भाव से कृष्ण की उपासना करनेवाली रमणी है।

चारित्र्य-सृष्टि की दृष्टि से भारतेन्दु का विशेष महत्त्व नहीं आँका जा सकता। इनके नाटकों के चरित्रों में उतार-चढ़ाव नहीं दिखाई पड़ता, न नाटककार के व्यक्तित्व से उनका व्यक्तित्व अलग हो पाता है। अनेक वर्गों, जातियों और पेशों के लोगों को उनकी प्रधान विशेषताओं के साथ रंगमंच पर ले आना एक ऐतिहासिक कदम है जो भारतेन्दु के व्यापक दृष्टिकोण का परिचायक है।

पारस नाटक की कुरीतियों के विरोध में भारतेन्दु ने कई नाटक कम्पनियों की स्थापना कराई और जनता की रुचि को परिष्कृत करने का प्रयास किया। उनके नाटकों की अभिनेयता में कतिपय त्रुटियाँ अवश्य मिलेंगी, किन्तु रंगमंत्र की दृष्टि से विचार करने पर साफ दिखाई पड़ता है कि वे जनता के समीप पहुँचना चाहते हैं। भाषा की सरलता, जनोपयोगी कथोपकथन, लोकप्रिय गीति-ध्वनियाँ सभी कुछ इसी के परिचायक हैं।

यह सब कुछ लिखने के पश्चात भी भारतेन्दु की वास्तविक देन क्या है, इसका पुरा-पूरा आकलन नहीं हो पाया है। भारतेन्दु ने हिन्दी साहित्य को एक मौलिक दृष्टिकोण दिया। उनके दृष्टिकोण की व्याप्ति में साहित्य के विविध रूप और अनेक विषय सन्निविष्ट हो जाते हैं। उनका मौलिक दृष्टिकोण जातीय जीवन की यथार्थता के नवीन पक्षों को उद्घाटित करता है और विकासोन्मुख नई प्रवृत्तियों को सतर्कतापूर्वक चित्रित करता है। भारतेन्दु के समय में नवीन-प्राचीन का जो संघर्ष चल रहा था उसमें भारतेन्दु ने उत्थानमूलक नवीन मान्यताओं को अपनाया, साथ ही भारतीय संस्कृति की मूल विचारधारा का कभी तिरस्कार नहीं किया और न अविचारित ढंग से नवीन विचारणाओं को प्रश्रय दिया।

अपने समय, समसामयिक व्यक्ति, उनकी रुचियों और विशेषताओं को जब तक कोई साहित्यकार अच्छी तरह आत्मसात नहीं कर लेता है तब तक अपनी कृतियों में मौलिकता नहीं ले आ सकता। अपने अधिकांश नाटकों में राष्ट्रीय चेतना के नए पौधे को सप्राण बनाने की जो चेष्टा भारतेन्दु ने की है, वह उनके ऐतिहासिक व्यक्तित्व का कृतित्व है। 'भारत-दुर्दशा' में पढ़े-लिखे मध्य वर्ग का एकत्र होकर आगत संकट से देश की रक्षा का उपक्रम करना उसी दिशा की ओर संकेत करता है। साथ ही वे कवि को सरल, सुबोध और राष्ट्रीय कविता करने का संकेत देकर, एडिटर को व्यावहारिक सुझाव देकर तथा अन्य व्यक्तियों को उनकी त्रुटियों की ओर उनका ध्यान आकृष्ट कर भारत-दुर्दशा को दूर करने की मंत्रणा देते हैं। कांग्रेस की स्थापना के कई वर्ष पूर्व अपने महाराष्ट्र पात्र के मुख से राष्ट्रोद्धार का उपाय बतलाते हुए वे लिखते हैं, "तो सार्वजनिक सभा का स्थापन करना। कपड़ा बीनने की कल मँगानी। हिन्दुस्तानी कपड़ा पहिनना। यह भी सब उपाय हैं।" इस नाटक के गीतों

में एकता की ओर हमारा बार-बार ध्यान आकृष्ट किया जाता है और पारस्परिक कलह, पुट, मदिरापान आदि कुटेवों को 'भारत-दुर्दशा' का प्रधान कारण बतलाया जाता है। भारत दुर्दैव के रंग निर्देश से जो आधा 'क्रिस्तानी और आधा मुसलमानी वेश में है, भारतेन्दु के वास्तविक लक्ष्य का पता लग जाता है। 'भारत जननी' में भी एकता पर बल दिया गया है। 'अन्धेर नगरी' के घासीराम और पाचकवाला चूरन बेचने के बहाने हाकिमों के द्विगुणित कर लगाने, अमलों के घूस लेने, महाजनों के अत्यधिक लाभ उठाने, अंग्रेजों के सारे भारत को उदरस्थ कर जाने, पुलिस के अनियमित कार्य करने की जो चर्चा करते हैं उससे उस समय के अधिकारी और धनीवर्ग की मनोवृत्ति परिलक्षित होती है। इस तरह लूट-खसोट से आक्रान्त राज्य में सामान्य जनता को क्या सुख प्राप्त हो सकता है?

अपने उद्देश्य की पूर्ति के लिए साहित्यकार एक विशेष साहित्यिक रूप-विन्यास (Form) का सहारा लेता है। रंगमंच की प्रभावोत्पादकता को समझते हुए भारतेन्दु ने देश की राष्ट्रीय चेतना को जगाने के लिए नाटक का सहारा लिया। उन्होंने अपने ढंग से जीवन और राष्ट्र की अनेक समस्याओं को परखा और जनता को एक दिशा-विशेष की ओर मोड़ा। उनके व्यक्तित्व की छाप केवल उनकी कृतियों पर ही नहीं दिखाई पड़ती बल्कि उनके समसामयिक तथा परवर्ती साहित्यकारों की रचनाओं पर भी दिखाई पड़ती है।

भारत-दुर्दशा

'भारत-दुर्दशा' हिन्दी का पहला राजनीतिक नाटक है। लम्बे गीतों के होते हुए भी यह विचार प्रधान है। इसमें भारतेन्दु ने उन तत्त्वों को खोजने की कोशिश की है जो भारत-दुर्दशा के कारण हैं। उन्होंने भारत-दुर्दशा का मानवीकरण करते हुए उसके सहायकों का भी उल्लेख किया है। 'भारत-दुर्दशा' अपनी फौज के साथ भारत पर आक्रमण करता है और उसे मुमूर्ष बना देता है। और अन्त में भारत-भाग्य आत्महत्या कर लेता है। इतना ही है इस नाटक का मूल कथ्य।

किन्तु इससे पता चलता है कि औपनिवेशिक भारत में 'भारत-दुर्दशा' के बारे में लेखकों-विचारकों का क्या सोच था। स्मरण रखना चाहिए कि बंगाल में नवजागरण का प्रादुर्भाव धर्म और दर्शन से होता है तो हिन्दी भाषा-भाषी क्षेत्र में साहित्य से—भारतेन्दु के साहित्य से। सच पूछिए तो 'भारत-दुर्दशा' में भारतेन्दु के राष्ट्रीय विचार केन्द्रीभूत हैं। 'भारत-दुर्दशा' का सामना करने के लिए हिन्दी भाषा-भाषी 'भद्रलोक' (मध्यवर्ग) की भूमिका का जो मखौल भारतेन्दु ने उड़ाया है वह उनकी जिन्दादिली का ही प्रमाण नहीं है बल्कि पढ़े-लिखे वर्ग का यथार्थ भी है।

आरम्भ में एक योगी लावनी गाता हुआ आता है। वह भारत के अतीत और वर्तमान का एक तुलनात्मक पर्यवेक्षण करता है। वह महात्मा गौतम बुद्ध, हरिश्चन्द्र, नहुष, राम, युधिष्ठिर, वासुदेव कृष्ण, अर्जुन, भीम, कर्ण की याद द्वारा अतीत का गौरवपूर्ण पृष्ठ खोलता है। मध्यकाल की यवन सेना के बुलाने का भी उल्लेख है। अब देखिए वर्तमान काल यानी भारतेन्दु का अपना समय—

अँगरेज सुख साज सजे सब भारी
पै धन विदेस चलि जात इहै मतिख्वारी।

औपनिवेशिक भारत का जो कुछ आधुनिकीकरण—रेल, तार, डाक, प्रेस आदि की व्यवस्था—हुआ उसके मूल में भारतीय धन की लूट थी। भारतेन्दु ने ठीक दुखती हुई रग पर उँगली रख दी।

दूसरे अंक में भारत दुर्योधन का सुप्रसिद्ध कथन याद करता है, "सूच्याग्रं नैव दास्यामि बिना युद्धेन केशव।" किन्तु अंग्रेज व्यापारियों ने तो व्यापार के बहाने सारा देश हड़प कर लिया। भारतेन्दु ने दुर्योधन को वीरोत्तम कहा है। वह आगे कहता है, "अरे यहाँ की योग्यता, विद्या, सभ्यता, उद्योग, उदारता, धन, बल, मान, दृढ़चित्तता, सत्य सब कहाँ गए?—हाय, अब मुझे कोई शरण देनेवाला नहीं। (रोता है) मातः, राजराजेश्वरि, विजयिनी! मुझे बचाओ। अपनाए की लाज रक्खो।" इसके बाद एक गीत है जिसमें भगवान से उबारने की बात कही गई है।

नेपथ्य से भारत-दुर्दशा का कर्कश स्वर सुनकर भारत को मूर्च्छा आ जाती है। भारत-दुर्दशा है कौन? 'क्रूर, आधा क्रिस्तानी, आधा मुसलमानी वेश, हाथ में नंगी तलवार लिये।' भारतेन्दु ने अपनी अवधारणा को बड़े ही ठोस ढंग से प्रत्यक्षीकृत किया है। इस वेशभूषा से भारत की पराधीनता का एक नाटकीय बिम्ब उजागर हो उठता है। यह कितनी मौलिक रंगयुक्ति है! भारत-दुर्दशा कहता है, "कहाँ गया मूर्ख! जिसको अब भी परमेश्वर और राजराजेश्वरी का भरोसा है।" यह व्यंग्य कितना मारक और उद्‌बोधक है! आगे चलकर स्वयं भारत ने देख लिया कि न परमेश्वर काम आए और न राज-राजेश्वरी।

भारत-दुर्दशा का कहना है, "ऐसा कौन कह सकता है कि अँगरेजी अमलदारी में भी हिन्दू न सुधरें! लिया भी तो अँगरेजों से औगुन...! कुछ लिखे-पढ़े देश सुधारा चाहते हैं। हहा हहा। एक चने से भाड़ फोड़ेंगे। ऐसे लोगों का दमन करने को मैं जिले के हाकिमों, न हुक्म दूँगा कि इनको डिसलायल्टी में पकड़ो और ऐसे लोगों को हर तरह से खारिज करके जितना जो बड़ा मेरा मित्र हो उसको उतना ही बड़ा मेडल और खिताब दो। हैं! हमारी पालिसी के विरुद्ध उद्योग करते हैं, मूर्ख!"

एक ओर अंग्रेजी राज्य की प्रशंसा, दूसरी ओर उसका विरोध। इस प्रकार का विरोधाभास भारत के प्रत्येक अंचल के नवजागरण में मिलेगा। तत्कालीन ऐतिहासिक परिवेश में यही सम्भव था। स्मरण रखना चाहिए कि अंग्रेजों के मित्र राजा शिवप्रसाद सितारेहिन्द को मेडल और खिताब मिल चुका था। भारतीय उद्योगधन्धे को अंग्रेजों ने नष्ट किया यह तो सही है पर इसके लिए हमारी अकर्मण्यता कम उत्तरदायी नहीं है।

भारत-दुर्दशा की फौज में एक-से-एक महारथी हैं—आलस्य, धर्म, अतिवृष्टि, अनावृष्टि, अपव्यय, अदालत, अनैक्य रोग, मदिरा, अन्धकार आदि। ऐसे बाँके जवानों के सामने उसके अन्य वीर चंगेज खाँ, नादिरशाह आदि तो अदने सिपाही थे।

भारत-दुर्दशा के सबसे बड़े वीर आलस्य और अनैक्य हैं। जीवन्त आलस्य को तो उन्होंने अपने शहर में ही देखा होगा। 'अजगर करे न चाकरी' अपने यहाँ का ही मंत्र है। इतिहास इसका साक्षी है कि देश की गुलामी का कारण मूलतः अनैक्य रहा है। हिन्दी भाषा-भाषी प्रदेश का आलस्य तो अभी भी नहीं गया है।

इस नाटक का दो-तिहाई भाग अन्यापदेशिक और एक-तिहाई यथार्थ है। यथार्थ वाले अंश में पात्र प्रतीकात्मक न होकर पढ़े-लिखे लोग हैं—सम्पादक, कवि, वक्ता, प्रबुद्ध महाराष्ट्र और बंगाली। यह औपनिवेशिक भारत का ही प्रबुद्ध वर्ग नहीं है, स्वतंत्र भारत का भी है। ऐसे सम्पादकों की कमी नहीं है जो दो-चार सम्पादकीय लिखकर सामाजिक व्यवस्था में क्रान्तिकारी परिवर्तन ले आने का दम भरते हैं। आज भी ऐसे क्रान्तिकारी कवि हैं जिनका दावा है कि उनके शब्द बुलेट का काम करते हैं। ऐसे लोगों को 'भारत-दुर्दशा' का पारायण करना चाहिए। उनके सुझाव भारतीय बुद्धिजीवियों को नंगा कर देते हैं।

बुद्धिजीवी वर्ग की त्रासदी यह है कि वह जनसामान्य से कटा हुआ है। हाथीदाँत की मीनारों में बन्द बुद्धिजीवी न तो कोई सांस्कृतिक आन्दोलन पैदा कर सकता है और न जनता की रहनुमाई। ऐसी स्थिति में जनान्दोलन और राष्ट्रीयता के नए प्रतीकों से उनका जो सम्बन्ध स्थापित होता है वह बहुत ही सतही होता है। आजकल के बुद्धिजीवी का आत्मनिर्वासन इसी का परिणाम है।

भारत-भाग्य एक बार भारत को जगाने की चेष्टा करता है, "देखो, विद्या का सूर्य पश्चिम से उदय हुआ चला आता है। अब सोने का समय नहीं है। अंग्रेजों का राज्य पाकर न जगे तो कब जागोगे। मूर्खों के प्रचंड शासन के दिन गए, अब राजा ने प्रजा का सत्त्व पहिचाना। विद्या की चर्चा फैल चली, सबको सब कुछ कहने-सुनने का अधिकार मिला, देश-विदेश से नई-नई विद्या और कारीगरी आई। तुमको उस पर भी वही सीधी बातें, भाँग के गोले, ग्रामगीत, वही बाल्य-विवाह, भूत-प्रेत की पूजा, जन्मपत्री की विधि। वही थोड़े में सन्तोष...।" संक्षेप में यहाँ पर उन बातों की पुनः याद दिला दी गई है जिनके कारण भारत का पराभव हुआ है।

भारत-भाग्य, जो भारत का मित्र है, भारत की दुर्दशा देखकर आत्महत्या कर लेता है। इसके कारण सामान्यतः आलोचकों ने इसे दुखान्त नाटक मान लिया है। किन्तु जल्दबाजी में लिया गया यह निर्णय लेखक के मन्तव्य से अन्यथा सिद्ध होता है। वस्तुतः भारत-भाग्य की आत्महत्या द्वारा भारतेन्दु भाग्यवाद पर गहरा प्रहार करते हैं। भारत-भाग्य कहता है, "मुझसे वीरों का कर्म नहीं हो सकता।" ऐसे समय में तो वीरों की ही अपेक्षा है, वीर-कर्म की आवश्यकता है। भाग्यवाद भारत का मित्र कैसे हो सकता है? वह तो प्रच्छन्न शत्रु है। भाग्यवाद के विदा होने पर भारत के जागने की सम्भावनाएँ बनती हैं।

भारतेन्दु ने अनेक नाट्य-प्रयोग किए हैं। वे स्वयं रंगकर्मी थे, नाटक में अभिनय करते थे। अतः अपने अभिप्रेत को सम्प्रेषित करने के लिए उन्हें संस्कृत नाट्य विधाएँ अधूरी मालूम पड़ीं, पश्चिमी नाट्य का अनुकरण उनकी देशी भावना के अनुरूप नहीं था। अतः उन्होंने लोकनाट्य का सहारा लिया। इसके माध्यम से वे अपनी भावनाओं को लोक तक पहुँचा सकते थे। इस पर नौटंकी का प्रभाव विशेष

रूप से दिखाई पड़ता है। गीतों और गजलों द्वारा वे दर्शकों को नाट्य-व्यवस्था में सम्मिलित कर लेते थे। इनके कारण प्रतीक पात्रों की रूक्षता धुल जाती है। उनके माध्यम से नाटक का जो ढाँचा खड़ा किया गया वह एक ओर तत्कालीन समाज की आन्तरिक दुर्बलताओं को उद्घाटित करता है तो दूसरी ओर कल-कारखानों, उद्योगधन्धों की ओर संकेत करते हुए भारत के आधुनिकीकरण पर बल देता है।

भाषा पर बनारसी बोली का स्पष्ट प्रभाव देखा जा सकता है—मुहावरे, ध्वनियाँ, पद्य के लोकप्रिय टुकड़े, कथांश आदि। इससे दर्शक उसके साथ सहज अपनापा जोड़ लेता है। प्रतीकात्मक शैली के कारण इसमें संघर्ष का अभाव हो गया है। इस अभाव की पूर्ति वह गीतों और बोलचाल की प्रवहमान भाषा के माध्यम से करता है। इसमें न सूत्रधार है और न भरतवाक्य। इससे भी स्पष्ट है कि वे एक देशी रंगमंच की स्थापना की ओर उन्मुख थे।

अन्धेर नगरी

'अन्धेर नगरी' भारतेन्दु का सर्वाधिक सफल नाट्य-प्रयोग है। इसे 'भारत-दुर्दशा' की अगली कड़ी मानना चाहिए। 'भारत-दुर्दशा' का रूपबन्ध भी इससे मिलता-जुलता है, पर इसकी व्यंग्यात्मकता अधिक गहरी और चोट अधिक मार्मिक है। भारत-दुर्दशा की तरह यह भी राजनीतिक नाटक है, किन्तु अपनी व्यंजनात्मकता में पहले को बहुत पीछे छोड़ देता है। यह आज भी पूरी तरह प्रासंगिक है।

इस नाटक के लिखे जाने की अपनी कहानी है। इसे उन्होंने बनारस की एक नाट्य-संस्था 'द इंडियन नेशनल थिएटर' के लिए लिखा था। इस थिएटर से वे सक्रिय रूप से जुड़े हुए थे। इसके रंगकर्मियों की इच्छा हुई कि वे भी पारसी और महाराष्ट्रीय नाटक मंडलियों की तरह अन्धेर नगरी जैसा लोकप्रिय प्रहसन खेलें। पर भारतेन्दु उन मंडलियों को 'अन्धेर नगरी' खेलने के पक्ष में नहीं थे। उन्होंने उसे नया संस्कार दिया और तत्कालीन परिवेश से जोड़कर एक नई अन्धेर नगरी बना डाली। यह 'अन्धेर नगरी' मुख्यत: अंग्रेजी राज्य-व्यवस्था के प्रति गहरा व्यंग्य है। अंग्रेजों के प्रकोप से बचने के लिए प्रचारित किया गया कि यह बिहार के एक राजा के सुधार के लिए लिखा गया है।

प्रारम्भ में एक महन्त जी गीत गाते हुए अपने दो शिष्यों के साथ मंच पर आते हैं। वे अपने दोनों शिष्यों को सात्त्विक भिक्षाटन के लिए दो दिशाओं में भेज देते हैं। एक शिष्य गोबरधनदास शहर के बाज़ार में जा पहुँचता है जहाँ हर वस्तु टके सेर बिकती है। गोबरधनदास भिक्षा में ढेर की मिठाई लाता है। महन्त इस प्रकार के अव्यवस्थापूर्ण नगर से दूर चला जाता है। किन्तु भिक्षाटन की सुविधा से गोबरधनदास वहीं रह जाता है। इसके बाद राजसभा का अद्‌भुत न्याय-दृश्य है। अपराध कोई करता है, दंड किसी को भी मिल सकता है। एक बकरी के मरने के कारण गोबरधनदास को पकड़कर फाँसी पर चढ़ा देने की राजाज्ञा प्राप्त कर ली जाती है। गोबरधनदास को केवल इसलिए पकड़ा जाता है कि फाँसी का फन्दा केवल उसी के गले में बैठ सकता है। अन्त में अपने गुरु की उक्ति से वह फाँसी से बच जाता है और उसकी जगह राजा स्वयं फाँसी के फन्दे को अपने गले में डालकर मर जाता है। यह है 'अन्धेर नगरी' का संक्षिप्त कथा-सूत्र।

इस नाटक में बाजार का दृश्य सबसे अधिक रोचक और व्यंग्य-गर्भित है। तत्कालीन राज्य-व्यवस्था का दृश्य बहुत कुछ छन्दोबद्ध है। छन्द के कुछ टुकड़ों से अन्धेर नगरी का निहितार्थ स्पष्ट हो जाता है—

हिन्दू चूरन इसका नाम। बिलायत पूरन इसका काम॥
चूरन अमले लोग जो खावैं। दूनी रिश्वत तुरत पचावैं॥
चूरन साहेब लोग जो खाता। सारा हिन्द हजम कर जाता॥

आगे चलकर गोबरधनदास गाते हैं—

ऊँच नीच सब एकहि ऐसे। जैसे भड़ुए पंडित तैसे॥
वेश्या जोरू एक समाना। बकरी गऊ एक करि जाना॥
अन्धाधुन्ध मच्यौ सब देसा। मानहु राजा रहत बिदेसा॥

इन छन्दों में विदेशी साम्राज्यवाद की मनमानी और नैतिक मूल्यों के ह्रास के अनेक ही अर्थगर्भ संकेत गुम्फित हैं। टके यानी पैसा इतना महत्त्वपूर्ण हो गया है कि टके के वास्ते ब्राह्मण धोबी हो सकता है और उसी के बल पर धोबी ब्राह्मण बन सकता है। "टके के वास्ते जैसी कहो वैसी व्यवस्था दें।...टके के वास्ते ब्राह्मण से मुसलमान और हिन्दू से क्रिस्तान।..." यह अवस्था आरम्भिक पूँजीवाद की है। पूँजीवादी अर्थव्यवस्था में टके के वास्ते आज लोग कौन कुकर्म नहीं करते।

न्याय-व्यवस्था का नमूना राजसभा है, "एक कोतवाल को फाँसी का हुक्म हुआ था। जब फाँसी देने को उसको ले गए तो फाँसी का फन्दा बड़ा हुआ, क्योंकि कोतवाल साहब दुबले हैं। हम लोगों ने महाराज से अर्ज किया, इस पर हुक्म हुआ कि एक मोटा आदमी पकड़कर फाँसी दे दो, क्योंकि बकरी मारने के अपराध में किसी-न-किसी को सजा होनी जरूर है, नहीं तो न्याय न होगा। इसी वास्ते तुमको ले जाते हैं कि कोतवाल के बदले तुमको फाँसी दें।" लेकिन अन्धविश्वास इतना कि बैकुंठ जाने के लोभ से राजा स्वयं फाँसी पर झूल जाता है।

पुरानी फूहड़ 'अन्धेर नगरी' को समाज की जीवन्त समस्याओं से जोड़कर इसे अत्यन्त धारदार व्यंग्यात्मक प्रहसन बना दिया गया है। यह प्रहसन इतना लोकप्रिय हुआ कि इसके अनुकरण पर विजयानन्द ने 'महा अन्धेर नगरी' (1892) लिखी और देवदत्त शर्मा ने 'अति अन्धेर नगरी।' पर 'महा' तथा 'अति' विशेषण का कोई प्रभाव नहीं पड़ा। 'न हुआ पर न हुआ मीर का अन्दाज नसीब, लोगों ने बहुत जोर गजल में मारा।' भारतेन्दु की 'अन्धेर नगरी' को कौन सी विशेषता है जो आज भी ताजा और अनेक सम्भावनाओं से संयुक्त करती है?

रंगमंच की दृष्टि से देखने पर कोई इसे प्रहसन और कोई हास्यरस प्रधान प्रहसन कहता है। किसी की दृष्टि में इस पर नौटंकी का प्रभाव है तो किसी की दृष्टि में

लोक-नाट्य का। इस तरह से किसी भी रचना को किसी सुनिश्चित साँचे पर नहीं कसा जा सकता। रचना बने-बनाए साँचों को तोड़कर अपना मौलिक साँचा तैयार करती है। यह साँचा भी रचना-प्रक्रिया में ही तैयार होता है। अत: इसकी रंग-चेतना को कथ्य के सन्दर्भ में देखना ही तर्क-संगत है।

यह हास्यरसात्मक प्रहसन नहीं है। इसकी कोई रसात्मक परिणति नहीं है। दूसरे शब्दों में यह ऐसा नाटक नहीं है जिसमें दर्शन को शुद्ध रसानुभूति या सौन्दर्यानुभूति प्राप्त होती है। इसे जनजागरण के लिए हथियार के रूप में इस्तेमाल किया गया है, पर कलात्मक चेतना को छोड़कर नहीं। इसके अभाव में यह उपदेशपरक होकर न तो प्रभावशाली बन सकता था और न भावी नाट्य-सम्भावनाओं को उजागर कर सकता था।

इसमें बाजार का जो दृश्य प्रस्तुत किया गया है उसे भारतेन्दु ने सीधे बाजार से उठा लिया है। कुछ ही दिन पूर्व इधर के हर शहर में यह आवाज सुनाई पड़ती थी—'चना जोर गरम बाबू लाया हूँ मजेदार।' आज यह आवाज गुम हो गई है। पर इस नाटक में 'चना जोर गरम' और पाचक वाला दृश्य में जान डाल देते हैं। हर व्यक्ति की आवाज अलग, टोन अलग। हलवाई बोलता है, "कचौड़ी कचाका हलुआ नरम चमांका।" मुगल कहता है, "हिन्दुस्तान का आदमी लकलक हमारे यहाँ का आदमी बुम्बक-बुम्बक।" जातवाला एक टुकड़ा गोस्वामी तुलसीदास से उठा लेता है और एक टुकड़ा अपनी ओर से मिला लेता है—'वेद धर्म कुल-मरजादा सच्चाई-बड़ाई सब टके सेर।' गोबरधनदास ने संवादों के टुकड़ों से मुहावरा बना लिया, "अन्धेर नगरी चौपट राजा, टका सेर भाँजी टका सेर खाजा।" नाट्यमान भाषा का इससे बेहतर नमूना कहाँ मिलेगा?

बाजार राज्य-व्यवस्था का प्रतिबिम्ब है। मूल बिम्ब है राजसभा। इसमें राजा, मंत्री, सेवक आदि के संवाद ऊलजलूल (एब्सर्ड) मालूम पड़ते हैं। वास्तविकता तो यह है कि फाँसी वाला समूचा प्रसंग बंगाल में प्रचलित एक लोककथा पर आधारित है। यह कथा उन्हें मल्लिका द्वारा प्राप्त हुई थी। इस कथा में लोककथा का भी रस मिलता है और नाट्य का भी। बाजार का दृश्य लोककथा का पूर्वाभास है। दोनों एक-दूसरे के पूरक हैं। किन्तु दोनों के नाट्य-बिम्ब अपनी भाषा और रंग में अलग हैं। बाजार अपनी ध्वनियों में मुखर और रंग में चटकीला है, राजसभा ऊलजलूल प्रश्नों से भरी है और रंग में फीकापन लिये हुए है। पर सब मिलकर एक ऐसा बिम्ब बनाते हैं जिसका निहितार्थ राजनीतिक हो जाता है।

'भारत-दुर्दशा' अपनी प्रतीकात्मकता में बहुत कुछ 'मोरैलिटी प्ले' बन जाता है। उसके गीतों में अतीतोन्मुखता और असहनीय दयनीयता भी परिलक्षित होती है। 'अन्धेर नगरी' में केवल वर्तमान है—वर्तमान। वर्तमान को रूपायित करने के लिए नाट्य का रूपबन्ध भी वर्तमान का होना चाहिए। चूँकि इसके माध्यम से

नाटककार अंग्रेजी उपनिवेशवाद के विरुद्ध जनता में नवजागरण पैदा करना चाहता था इसलिए उसने लोक प्रचलित नाट्यरूपों का सहारा लिया। हिन्दी भाषा-भाषी प्रदेश में नवजागरण ले आने का कार्य पहले-पहल भारतेन्दु ने किया। इसमें पत्र, पुस्तक, व्याख्यान आदि जिन उपकरणों का प्रयोग किया गया उनमें नाटक सबसे अधिक प्रभावशाली उपकरण था।

भारतेन्दु-युग : नाटक की विविध दिशाएँ

जिस तरह के नाटकों का सूत्रपात भारतेन्दु ने किया, उनका सिलसिला बराबर जारी रहा। यद्यपि प्रसाद के आगमन तक कोई एक व्यक्तित्व ऐसा नहीं हुआ है जो नाट्य-रचना में भारतेन्दु के समकक्ष बैठाया जा सके फिर भी समग्र रूप से नाटक की स्थिति विकासोन्मुखी रही। रोमांटिक प्रेम को विषय-वस्तु के रूप में स्वयं भारतेन्दु ने ग्रहण नहीं किया, पर उनके परवर्ती नाटककारों ने इसे भी अपना प्रतिपाद्य बनाया। शेष नाट्य-दिशाएँ वही थीं, जिनकी ओर भारतेन्दु ने इंगित किया था : सामाजिक, ऐतिहासिक, पौराणिक, राष्ट्रीय और व्यंग्यात्मक (प्रहसन)। यहाँ पर सबसे अधिक ध्यान देने की बात यह है कि इस काल के अधिकांश नाटक नीतिपरक हैं। नीतिपरक नाटकों का अभिप्राय अंग्रेजी के मोरैलिटी नाटकों का नहीं है। बालकृष्ण भट्ट के एक कथन से इस तरह की गलतफ़हमी पैदा हो सकती है। उन्होंने एक स्थान पर लिखा है, "उदार चरितानान्तु वसुधैव कुटुम्बकम्"—इस तरह के सैकड़ों-हजारों चोखे से चोखे, जिनके एक-एक पद में 'मारल्स' टपका पड़ता है, विलायत के किसी साहब ने उन्हें (भारतीय ऋषिगण को) आकर सिखाया था। तब यह कहना कि "मोरैलिटी' अंग्रेजी की तालीम के साथ गिरी है, निरा बड़बोल और हिमाकत है।" भट्ट जी के इस कथन को भारतेन्दुयुगीन नाटकों पर चस्पाँ नहीं किया जा सकता। अंग्रेजी के 'मोरैलिटी' नाटकों की मुख्य विशेषता थी सैद्धान्तिकता का प्रचार और उनके चरित्र भी सिद्धान्तों के ही मानवीकरण होते थे। उनमें से बहुत-से नाटक तो सत्ताधारी वर्ग (Aristocratic society) के लिए लिखे गए थे। पर इस काल में कुछ ही ऐसे नाटक होंगे जिनमें सिद्धान्तों का मानवीकरण किया गया है। सत्ताधारियों के प्रीत्यर्थ इनके लिखे जाने का कोई प्रश्न ही नहीं उठता, क्योंकि सामान्यत: नाटककार प्रगतिशील मध्यवर्ग के थे। कुछ नाटकों में सत्ताधारी प्रभुओं का उल्लेख या उनके बड़प्पन का चित्रण देखकर ऐसी धारणा बनाना कि उनका सृजन प्रभुसत्ता वर्ग के प्रीत्यर्थ हुआ था, अत्यन्त भ्रान्तिपूर्ण है। इसको ठीक-ठीक समझने के लिए तत्कालीन समाज के अन्तर्विरोध को समझना होगा। भारतेन्दु के नाटकों का विश्लेषण करते समय, इस पर थोड़ा-बहुत प्रकाश डाला जा चुका है।

इस काल के नाटकों की प्रवृत्तिगत विवेचना करने पर इस अन्तर्विरोध का और भी अधिक उद्घाटन हो सकेगा।

जैसा ऊपर कहा जा चुका है, इस काल के नाटकों को कई कोटियों में विभाजित किया जा सकता है—रोमांटिक, सामाजिक, ऐतिहासिक, पौराणिक, राष्ट्रीय और व्यंग्यात्मक (प्रहसन)। इन विविध नाटकों के सृजन के पीछे तत्कालीन सामाजिक परिस्थितियों का विशेष योग था। रोमांटिक नाटकों पर रीतिकालीन परिवेश और परवर्ती प्रेमाख्यानकों का स्पष्ट प्रभाव परिलक्षित होता है। सामाजिक, पौराणिक और व्यंग्यात्मक (प्रहसनों) नाटकों का मुख्य उद्देश्य था—समाज का सुधार-परिष्कार। वास्तविकता यह थी कि पाश्चात्य संस्कृत के अन्धड़ को रोकने के लिए वाल-विवाह, वृद्ध-विवाह के करुण दृश्य और विधवा-विवाह के समर्थन के चित्र अंकित किए गए। राम-कृष्ण की लीलाओं द्वारा अपनी विस्मृत संस्कृति को याद किया गया। पौराणिक चरित्रों की अवतारणा से सत्य, दान, पतिव्रत आदि के आदर्श उपस्थित किए गए। देश-दुर्दशा-सम्बन्धी नाटकों द्वारा राष्ट्रीय भावना के जगाने का प्रयत्न हुआ! प्रहसनों द्वारा समाज के भ्रष्टाचारियों पर तीव्र कशाघात किया गया।

रोमांटिक नाटक

परम्परा से चली आती हुई साहित्यिक धारा से विच्छिन्न होकर साहित्य में सहसा किसी नई धारा का प्रादुर्भाव नहीं होता। एक युग की विशेषताएँ कुछ समय तक दूसरे युग में भी चलती रहती हैं। रीतिकाल की शृंगारिक प्रवृत्ति इस काल की कविताओं में ही नहीं, नाटकों में भी दिखाई देती है। इन नाटकों के कथानकों पर परवर्ती प्रेमाख्यानकों का प्रभाव भी देखा जा सकता है—नायिका को प्राप्त करने में वही अलौकिक साहस और वियोग में विरहाग्नि की वही ज्वाला। पर इन रोमांटिक नाटकों का मुख्य उद्देश्य भी लोगों को शिक्षा देना ही था। इस काल के दो प्रतिनिधि रोमांटिक नाटकों की प्रस्तावनाओं में इनके उद्देश्यों का वर्णन किया गया है। लाला श्रीनिवासदास के 'रणधीर प्रेममोहिनी' की भारतेन्दु लिखित प्रस्तावना में सूत्रधार कहता है, "...सचमुच नाटक के प्रचार से इस भूमि का बहुत कुछ भला हो सकता है, क्योंकि यहाँ के लोग कौतुकी बड़े हैं, दिल्लगी से इन लोगों को जैसी शिक्षा दी जा सकती है वैसी और तरह से नहीं, तो मैं भी क्यों न कोई ऐसा नाटक खेलूँ जो आर्य लोगों के चरित्र का शोधक हो..."[1] किशोरी लाल गोस्वामी की 'मयंक मंजरी' की नटी, सूत्रधार के यह पूछने पर कि इसी नाटक के खेलने पर इतना आग्रह क्यों है, उत्तर देती है, "यही कि इसमें मयंक मंजरी ने स्वयंवरा हो के सती धर्म की मर्यादा रखी है..."[2]

1. श्रीनिवास ग्रन्थावली, सभा, पृ. 9
2. मयंक मंजरी, पृ. 3

'रणधीर प्रेममोहिनी' में स्थान-स्थान पर अनेक उपदेश भरे पड़े हैं। जहाँ कहीं लेखक को अवसर मिला है वहाँ कोई-न-कोई उपदेश जड़ दिया गया है। प्रत्येक बात को परीक्षा के उपरान्त ही स्वीकार करना, मैत्री का निर्वाह, मितव्ययिता, समय का सदुपयोग, वेश्या से घृणा, छोटे-बड़े के भेद की व्यर्थता, भाग्यवाद में विश्वास आदि अनेक बातों का सन्निवेश इस नाटक में हुआ है।

'मयंक मंजरी' में भी बीच-बीच में उपदेश मिलेंगे पर श्रीनिवासदास की भाँति किशोरीलाल गोस्वामी अवसर-अनवसर सर्वत्र उपदेश देने के लिए कमर कसे हुए बैठे नहीं प्रतीत होते। वे भी उपयुक्त अवसर आने पर प्रसंग-गर्भित उपदेश की चर्चा करने में नहीं चूकते पर इन दोनों रोमांटिक नाटकों के उपदेश देने की विधि में एक अन्तर और है। 'रणधीर प्रेममोहिनी' का लेखक दुनिया-भर के उपदेशों को एक ही स्थान पर एकत्र कर देना चाहता है पर 'मयंक मंजरी' के लेखक ने पातिव्रत धर्म को ही अपने उपदेश का केन्द्र माना है। वीरेन्द्र, सुकेशी आदि अनेक पात्रों का प्रतिनिधित्व करते हुए जाबालि ऋषि कहते हैं, "...देखो बेटा, त्रैलोक्य में किसी की भी सामर्थ्य नहीं है कि तुम्हारी-सी सती पतिपरायणा का सतीत्व नाश कर सके।"

इन उपदेशों के रहते हुए भी दोनों नाटक विषय और विधान की दृष्टि से रोमांटिक हैं। रणधीर और वीरेन्द्र अद्‌भुत साहसी, वीर और पराक्रमी हैं। अपनी प्रेमिकाओं के लिए ये जिस तरह साहस का परिचय देते हैं वह मध्यकालीन शौर्य की याद दिलाता है। रीतिकाल के परवर्ती नायक-नायिका भेद की छाया में घिरे रहने के कारण सभी प्रमुख पात्रों में छिछोरापन भी आ गया है। 'रणधीर प्रेममोहिनी' को हम रोमांटिक दुखान्तकी और 'मयंक मंजरी' को रोमांटिक सुखान्तकी कह सकते हैं।

'रणधीर प्रेममोहिनी' का ऐतिहासिक मूल्य चाहे जो आँका जाए पर कला की दृष्टि से वह अत्यन्त त्रुटिपूर्ण है। कथा-वस्तु के संघटन की दृष्टि से यह बहुत शिथिल और अगतिपूर्ण है। बीच-बीच में उपदेशों की भरमार ने नाटक की गति को अत्यन्त मन्द और विकर्षक बना दिया है। प्रथम अंक और द्वितीय अंक में घात-प्रतिघात का कोई विशेष सम्बन्ध नहीं स्थापित हो पाता। चौबे, सरोजनी, सुखवासी लाल, नाथूराम की वार्ताओं और कथाओं ने नाटक को अनावश्यक रूप से लम्बा तथा प्रवाहच्युत कर दिया है। इसकी अपेक्षा 'मयंक मंजरी' की कथा-वस्तु अधिक गठी हुई है। प्रथम अंक की घटनाएँ दूसरे अंक की घटनाओं से कारण-कार्य के रूप में जुड़ी हुई हैं। इस तरह दूसरे, तीसरे और चौथे अंकों की घटनाओं को परस्पर सम्बद्ध समझना चाहिए। पर इसका पाँचवाँ अंक व्यर्थ में जोड़ा हुआ प्रतीत होता है; वस्तुतः नाटक चौथे अंक में ही समाप्त हो जाता है। इस नाटक की सबसे बड़ी त्रुटि है कविताओं की भरमार, जिससे कथानक के प्रवाह में काफी बाधा पड़ती है।

चरित्र-चित्रण की दृष्टि से इन नाटकों में व्यक्तित्व खोजना आवश्यक नहीं है, क्योंकि वह युग ही इस तरह की चारित्रिक सृष्टि के अनुकूल नहीं था;

रणधीर धीरोदात्त नायक है, पर आंशिक रूप में रीतिकालीन सामन्तों से भी मिलता-जुलता है। 'मयंक मंजरी' का वीरेन्द्र तो रीतिकाल के पिछले खेवे की कविताओं में वर्णित नायकों का रोल अदा करता हुआ दिखाई देता है। अन्तर इतना है कि जहाँ पहला एकनिष्ठ नायक है तो वहाँ दूसरा बहुनिष्ठ। पर अपने कथोपकथनों द्वारा वीरेन्द्र बहुत कुछ शोहदा प्रतीत होने लगता है। प्रेममोहिनी और मयंक मंजरी दोनों नायिकाएँ टिपिकल रीतिकालीन हैं, जो तत्कालीन चुहलबाजी, छेड़छाड़, तीरे-नजर और इशारेबाजी की कला में प्रवीण हैं। फिर भी इनका प्रेम ऐकान्तिक और एकनिष्ठ है।

अपनी त्रुटियों के बावजूद उस युग के ये महत्त्वपूर्ण प्रयत्न हैं। 'रणधीर-प्रेम-मोहिनी' हिन्दी का पहला दुखान्त नाटक है। 'मयंक मंजरी' के उस कलागत वैशिष्ट्य का उल्लेख अत्यन्त आवश्यक है, जिसकी ओर अभी तक किसी की दृष्टि नहीं गई है। पश्चिमी नाटकों की देखा-देखी एक अंक में एक दृश्य की योजना का जो श्रेय लक्ष्मीनारायण मिश्र को दिया जाता है वह किशोरीलाल गोस्वामी को मिलना चाहिए। 'मयंक मंजरी' में यही पद्धति अपनाई गई है और कदाचित यह अंग्रेजी की नकल नहीं है। श्रीनिवास दास का 'तप्तीसंवरण' और अमान सिंह गोठिया का 'मयंक-मंजरी' नाटक भी रोमांटिक नाटक हैं।

ऐतिहासिक रोमांस

ऐतिहासिक नाटकों की दृष्टि से भारतेन्दु-काल सम्पन्न नहीं कहा जा सकता। भारतेन्दु की 'नीलदेवी' की परम्परा में कुछ नाटक लिखे अवश्य गए, पर राधाकृष्ण दास के 'महाराणा प्रतापसिंह' के अतिरिक्त एक भी अन्य नाटक उल्लेखनीय नहीं है। श्रीनिवासदास का 'संयोगिता स्वयंवर', काशीनाथ खत्री का 'सिन्धु देश की राजकुमारियाँ' 'और 'गुन्नौर की रानी', शालिग्राम का 'पुरुविक्रम', राधाकृष्णदास का 'महारानी पद्मावती' आदि केवल नाममात्र के ऐतिहासिक नाटक हैं। इनमें कुछ लघु ऐतिहासिक रूपक हैं, कुछ अर्ध ऐतिहासिक आख्यान।

इन नाटकों का मुख्य उद्देश्य था—भारतीय महापुरुषों के विस्मृत गौरव का स्मरण दिलाकर देश के आत्म गौरव को पुनर्जागरित करना। 'महारानी पद्मावती' के उपक्रम में राधाकृष्ण दास ने लिखा है, "पूज्यपाद भाई साहब बाबू हरिश्चन्द्र जी भारतेन्दु ने जब 'नीलदेवी' लिखा, मुझसे आशा की कि भारतवर्ष में अब ऐसे ही नाटकों की आवश्यकता है जो आर्य सन्तानों को अपने पूर्व-पुरुषों का गौरव स्मरण करावें अतएव तुम कोई नाटक इस चाल का लिखो...।" अन्य ऐतिहासिक नाटकों का मूल उद्देश्य भी यही है।

'महाराणा प्रतापसिंह' अपने समय का अत्यन्त लोकप्रिय नाटक रहा है। इसकी लोकप्रियता का सबसे बड़ा प्रमाण यही है कि यह कई बार रंगमंच पर अवतरित

किया गया। पर वस्तु-योजना, नाटकीय परिस्थितियों की सर्जना आदि की दृष्टि से इसमें कई खामियाँ भी हैं। जैसे, नाटक का द्वितीय अंक किसी भी तरह कथावस्तु का अंग नहीं हो पाया है। इसके निकाल देने से नाटक में किसी प्रकार की त्रुटि नहीं आती। इसी तरह चौथे अंक का पहला गर्भांक निरर्थक है। इस तरह कुछ व्यर्थ के गर्भांकों का समावेश और भी हुआ है।

मूल कथावस्तु के अतिरिक्त, जिसे शास्त्रीय शब्दावली में आधिकारिक कथावस्तु कह सकते हैं, गुलाब सिंह और मालती का कथानक प्रासंगिक कथावस्तु के रूप में आता है। पर यह मूलकथा को गति देने में किसी भी प्रकार सहायक सिद्ध नहीं हो सका है। अन्त तक इसकी स्वतंत्र सत्ता बनी रहती है। पर मालती और गुलाब सिंह के प्रेम-व्यापारों द्वारा नाटकीय वातावरण को रसमय जरूर बना दिया गया है।

चरित्र-चित्रण की दृष्टि से सभी प्रमुख पात्र उदात्त आदर्श प्रस्तुत करते हैं। महाराणा उत्कट देश-प्रेम की बलिवेदी पर अपना सब कुछ उत्सर्ग कर देनेवाले महापुरुष हैं। भामाशाह का अभूतपूर्व त्याग इतिहास का एक अविस्मरणीय अध्याय है। गुलाब और मालती आदर्श देशभक्त और सच्चे प्रेमी हैं। पृथ्वीराज जात्याभिमानी राजपूत है तो अकबर गुणग्राही मुसलमान।

भाषा की दृष्टि से मुसलमान पात्र सलीस उर्दू का प्रयोग करते हैं, जो सामान्यत: सामाजिकों को सहज बोधगम्य नहीं है। हिन्दू पात्रों की भाषा कहीं पर शुद्ध हिन्दी है तो कहीं पर बोलचाल की हिन्दी।

अपनी त्रुटियों के बावजूद अपने युग के नाटकों में इसका विशिष्ट स्थान है। लेकिन यहीं पर इस प्रश्न को भी सुलझा लेना आवश्यक है कि क्या अनभिनेय होने पर कोई नाटक उच्च कोटि का नहीं हो सकता? अथवा उच्च कोटि के नाटकों के लिए अभिनेय होना क्या अनिवार्य है? इस प्रश्न का उत्तर देने के लिए उच्च कोटि के नाटकों और अभिनेयता के सम्बन्ध पर भी विचार कर लेना चाहिए।

प्रथम श्रेणी के नाटक और अभिनेयता के सम्बन्ध में पूर्व की अपेक्षा पश्चिम में अधिक विवाद हुए हैं। स्वयं अरस्तु ने इस विवाद का श्रीगणेश किया था। उसने बतलाया है कि दुखान्तकी का प्रभावोत्पादक ढंग से अभिनय किया जा सकता है, लेकिन अभिनय, वेश-भूषा आदि का दुखान्तकी के औदात्य से कोई सम्बन्ध नहीं है। रंगमंच द्वारा जो प्रभावोत्पादन किया जाता है उसका दायित्व नाटककार की अपेक्षा अभिनेताओं पर अधिक है। उसने स्पष्ट स्वीकार किया है कि महान नाटकों को रंगमंच पर उतारने की आवश्यकता नहीं है, क्योंकि पढ़ने मात्र से भी वे हमें प्रभावित करते हैं। 17वीं शताब्दी के एक फ्रांसीसी विद्वान दैसियर ने लिखा है कि रंगमंचीय अलंकृति नाटक के सौन्दर्य में अभिवृद्धि करती है लेकिन स्वयं नाटक को अपने-आपमें अच्छा अथवा बुरा नहीं बनाती। लेसिंग का कहना है, "There is no real relation between elaborate scenery or splendid theatrical edifices and great drama itself."[1] लैम्ब ने तो यहाँ तक कह डाला है कि "महान कृतियाँ रंगमंच पर कदाचित ही उतनी सफलता से अभिनीत हो सकती हैं जितनी सफलता से कवि-नाटककार की लेखनी से निर्मित होती हैं।"[2]

भारत ने अपने नाट्यशास्त्र में अभिनय के सम्बन्ध में काफी लम्बी चर्चा की है। भारतीय साहित्य-परम्परा (यूरोपीय साहित्य-परम्परा भी इसी के मेल में है) में नाटक को सर्वोत्तम काव्य-प्रकार कहा गया है। वामन इसे 'सर्व विलसित' की संज्ञा देता है। भारतीय आचार्यों ने पूर्ण रस-साक्षात्कार के लिए नाटक का अभिनय आवश्यक माना है। एक विलक्षण बात यह है कि नाटक की इतनी प्रशंसा करते हुए भी संस्कृत के आचार्यों ने इसकी पृथक श्रेणी न निर्धारित करके इसे काव्य के ही अन्तर्गत रखा। इसकी विशेषता प्रकट करने के लिए उन्होंने इसके साथ 'दृश्य' शब्द अवश्य जोड़ दिया है। इससे स्पष्ट है कि दृश्यकाव्य में काव्यत्व प्रमुख है और दृश्यत्व गौण। यहाँ यह ध्यान रखना होगा कि भारतीय आचार्यों ने नाटक को सर्वजन सुलभ पंचम वेद माना है। यूरोप की भाँति वैयक्तिकता पर यहाँ कभी उतना जोर नहीं दिया गया। रस-चर्वणा तो पूर्ण निर्वैयक्तिकता पर ही सम्भव हो सकती है। दृश्यत्व को गौण स्वीकार करते हुए भी उसे बहिष्कृत न करना सामूहिक चेतना में उनकी आस्था का द्योतक है। यूरोपीय विद्वानों की मान्यताओं को स्पष्ट करते हुए अभिनव गुप्त ने लिखा है कि काव्याभ्यास और प्राक्तन पुण्य के बल पर सहृदयों को काव्य से ही प्रतीति उत्पन्न हो जाती है। उनके लिए अभिनेयता अनपेक्षित है।

ऊपर के विवेचन से हम इस निष्कर्ष पर पहुँचते हैं कि नाटक में मुख्य है काव्यत्व अर्थात विषय-वस्तु। इसकी इस प्रमुखता पर पूर्व और पश्चिम दोनों स्थानों में समान बल दिया गया है। अभिनेयत्ता की दृष्टि से त्रुटिपूर्ण होने पर भी विषय-वस्तु की संवेदनीयता के आधार पर किसी नाटक को उच्च कोटि का माना जा सकता है। किन्तु इस युग का कोई भी नाटक इस दृष्टि से श्रेष्ठ नहीं कहा जा सकता।

प्रहसन

इस काल में प्रहसन काफी संख्या में लिखे गए। सांस्कृतिक दृष्टि से जो संक्रान्ति इस समय उपस्थिति थी वह प्रहसनों की सर्जना के बहुत अनुकूल थी। प्राच्य और पाश्चात्य संस्कृति की टकराहट से एक ओर जहाँ नवजागरण का आलोक फैला वहाँ दूसरी ओर भारतीय संस्कृति की रक्षा का प्रयत्न भी होने लगा। अत: तत्कालीन प्रहसनों में नवीन वैचारिक आलोक के फलस्वरूप प्राचीन रूढ़ियों,

1. डॉ. राघवन के Bhoja's Srangar Prakash, Vol. I, part I के पृष्ठ 75 से उद्धृत।
2. A masterpiece is rarely as well represented as it is written, one mediocrity always fares better with the actors.—वही, पृ. 85

घिसी हुई परम्पराओं और अन्धविश्वासों पर व्यंग्य किया गया तथा समाज के परिपन्थियों को प्रहसनों का आलम्बन बनाया गया। भारतीय संस्कृति की रक्षा के निमित्त पाश्चात्य विचारों के अन्धड़ में उड़ने वाले लोग व्यंग्य के आधार तथा हास्य के पात्र बने। इस काल के लेखकों की जिन्दादिली के कारण भी प्रहसनों की रचना में सहायता मिली।

आलम्बन की दृष्टि से विचार करने पर इस समय मुख्य रूप से दो प्रकार के प्रहसन लिखे गए। पहले प्रकार के प्रहसनों के आलम्बन हुए अन्धविश्वासी, रूढ़िवादी, धर्म की ओट में अपना उल्लू सीधा करनेवाले पंडे, पुरोहित, धर्मगुरु, वेश्यागामी पुरुष आदि और दूसरे प्रकार के प्रहसनों के मुख्य आलम्बन हैं पाश्चात्य संस्कृति में डूबे हुए नवशिक्षित। इनके अतिरिक्त इन प्रहसनों द्वारा तत्कालीन समाज की कुछ अन्य खामियों तथा आर्थिक स्थितियों पर भी प्रकाश डाला गया है।

देवकीनन्दन के 'जयनार सिंह की' का विज्ञापन है—"इस प्रहसन के बनाने और छापने का केवल इतना ही प्रयोजन है कि नौतिहा (ओझा) आदि बंचकों की धूर्तता और जो लोग उन पर विश्वास करके वैद्यक शास्त्र को तुच्छ समझते हैं, उनकी अज्ञानता का प्रकाश होवै। यह बात गुप्त नहीं है कि इस भारतवर्ष में उक्त बंचकों की दुष्टता और उन पर विश्वास करनहारों की मूर्खता से प्रतिदिन कितने जीव नष्ट होते हैं—आश्चर्य तो यह है कि बहुत-से पढ़े-लिखे मनुष्य इनके जाल में फँस जाते हैं, फिर भला बेपढ़ों की कौन कहे!" राधाचरण गोस्वामी के 'तन मन धन श्री गोसाईं जी के अर्पण' में धर्मगुरुओं के व्यभिचारों का उद्घाटन किया गया है। वेश्यागामी या परतियगामी पुरुषों को एक ओर जहाँ हास्य का पात्र बनाया गया है वहाँ स्त्री के पातिव्रत की प्रतिष्ठा भी की गई है। राधाकृष्ण दास के 'बूढ़े मुँह मुँहासे' में परनारीगमन का दुष्परिणाम चित्रित किया गया है। 'देशी कुतिया विलायती बोल' एक दूसरी धारा का प्रतिनिधित्व करता है, जिसमें पाश्चात्य संस्कृति में ढले व्यक्तियों को हास्य का आलम्बन बनाया गया है। इसके निष्कर्ष के रूप में भगवती कहता है, "अब मैं कान ऐंठता हूँ अपने किए का अच्छा फल पाया। अब मैं और किसी को अपने लड़के को विलायत भेजना तो दूर रहा, अंग्रेजी पढ़ाने तक को न कहूँगा, (दर्शकगण से) महाशयगण, देखा न, यही तो लड़के को विलायत भेजने का फल है—बोए पेड़ बबूल का आम कहाँ से होय..." पर यहीं पर नाटक समाप्त नहीं होता। विलायत से लौटे मि. सहाय को कुत्ते का मुँह लगाया जाता है तथा पाश्चात्य सभ्यता में पली मिसेज प्रसाद की नाक काट ली जाती है।

इनके अतिरिक्त सहकारी अहलकारों, पुलिस, पोस्टमैन आदि की धाँधली को भी व्यंग्य का लक्ष्य बनाया गया है। खड्गबहादुर मल्ल के 'भारत आरत' और गोपालराम गहमरी के 'देश-दशा' में उन्हें देखा जा सकता है। अम्बिकादत्त व्यास की 'देशी घी और चर्बी' व्यावसायिक कुरूपता का अच्छा नमूना है।

इन प्रहसनों में प्रसंगात कुछ ऐसी बातों का सन्निवेश हुआ है जो तत्कालीन समाज के कुछ अन्य पहलुओं पर भी प्रकाश डालते हैं। उदाहरण के लिए खड्गबहादुर मल्ल के 'भारत आरत' के दो उद्धरण देखिए। पहले उद्धरण में एक बंगाली बाबू के मनस्ताप का चित्रण है जो अपनी वैयक्तिक उन्नति के लिए अपने धर्म और भाषा को छोड़ देता है—(बहुत रोकर गद्गद स्वर से) "हा, हम इंगरेजी पड़ा। हम क्रिशचियन बना। हम कोट-पतलून पहरा। हम बूट पहर के रोटी खाया। हम ब्रांडी पिया। हम अपना धर्म छोड़ के ब्रह्मो हुआ। हम गवर्नमेंट का शच्चा शुभचिन्तक हुआ! हम अंग्रेजों को एतना मदद दीआ। हम मोहरानी का प्यारा प्रजा होना माँगा। हम स्वप्न में भी दूसरा राजा का मूख देखना नहीं माँगता। सो हमारा ऐसा दशा? हमारा सब अधिकार छीना गेआ।"

दूसरा उद्धरण उन लोगों के मुँह पर आज भी करारा तमाचा जड़ता है जो मौके-बे-मौके विदेशी भाषा बोला करते हैं। इसमें एक बंगाली बाबू को अदालत में अंग्रेजी बोलते सुनकर अंग्रेज मजिस्ट्रेट गाली देता हुआ कहता है, "शूअर! हम तुमसे अँगरेजी बोलना नई माँगटा। अपना मुलक का बोली बोले।" अपनी भाषा के प्रति इस प्रकार की चेतना सन 1885 ई. में तथा इसके पहले भी दिखाई पड़ती है, पर आज भी ऐसे लोगों की कमी नहीं है जिन पर अंग्रेज मजिस्ट्रेट की उस गाली का कुछ असर नहीं है।

'अति अन्धेर नगरी' (1895 ई.) में टके की महिमा का वर्णन करते हुए जातिवाला कहता है—

लावो हमको एक टका, तुमको अभी बनावें कका।
एक टके पर छोड़ैं जात, कलवारन घर खावैं भात।
एक टके पर आरज होंय, जाति-पाँति से खारिज होंय।
टका मिले तो चोरी करैं, चाहे नर्क करोरी परैं।
माता पिता अरु बहनो भैया, सबको बेचा टके सवैया।

आज जिन पूँजीपतियों, सरमायादारों आदि के विरुद्ध आवाज उठाई जा रही है उसकी क्षीण ध्वनि भारतेन्दु-काल में भी सुनाई पड़ती है। इस काल के प्रहसनों की छानबीन करने पर समाज-विरोधी कार्य करनेवाले वही लोग दिखाई पड़ते हैं, जो धनी-मानी या जमींदार हैं। जमींदारों के मनमानेपन, तुनकमिजाजी और अत्याचार का संकेत करते हुए खड्गबहादुर मल्ल ने उन्हें 'वृश्चिक राशि का कहा है।

टेकनीक की दृष्टि से इन प्रहसनों का विशेष महत्त्व नहीं आँका जा सकता पर तत्कालीन समाज की दृष्टि से वे मूल्यवान रचनात्मक कृतियाँ हैं। आगामी युगों के प्रहसनों की इमारतों के लिए ये प्रहसन नींव के पत्थर का काम करते हैं।

सामाजिक नाटक

इस काल के सामाजिक नाटकों का केन्द्र-बिन्दु 'नारी-समस्या' है। नारी-समस्या का अर्थ वर्तमान युगीन मनोवैज्ञानिक और आर्थिक समस्या नहीं है। इस तरह की समस्याओं का सन्निवेश उस समय के नाटकों में हो भी नहीं सकता था, क्योंकि ये समस्याएँ उस युग की परिधि के बाहर आती हैं। तत्कालीन नाटकों में चित्रित नारी-समस्या के मूल में सुधारवादी दृष्टिकोण है, जो मुख्यत: प्राचीन आदर्शों और नवीन भावनाओं से समन्वित है। प्राचीन आदर्शों के अनुरूप उनमें पति-निष्ठा की प्रतिष्ठा की गई और नवीन भावनाओं के फलस्वरूप बाल-विवाह, पर्दा-प्रथा आदि का निषेध तथा विधवा-विवाह, स्त्री-शिक्षा आदि का समर्थन किया गया। बालकृष्ण भट्ट के 'जैसा काम वैसा परिणाम', राधाकृष्णदास के 'दुखिनी बाला' आदि नाटक ऐसे ही हैं।

बालकृष्ण भट्ट के 'जैसा काम वैसा परिणाम' में एक ओर जहाँ नारी के पातिव्रत्य को रखा गया है वहीं पुरुष के वेश्यागमन का कुपरिणाम भी चित्रित किया गया है। इसके साथ ही नारी-जीवन के कतिपय अन्य पहलुओं को भी उसी के भीतर समेटने का प्रयास हुआ है। 'जैसा काम वैसा परिणाम' की मालती का कथन तत्कालीन नारी-जीवन के कतिपय रूढ़िग्रस्त पक्षों को सामने रखता है, "कभी हमसे बोलते नहीं, इस बात का हमें कुछ दुख नहीं है, जो कुछ बदा था सो भया, जी से सुखी रहैं जो भावै सो करैं...। नारी के समान घिनौना जन्म किसी का न होगा; जिसने पुर्बले में बड़े-बड़े पाप कर रखे हैं, वही स्त्री का जन्म पाते हैं। पराधीन, तिस पर भी अनेक यातना जैसे पिंजरे में बन्द पखेरू हो। सूर्यदेव भी जिसका मुख कभी न देखते हों, न हवा अंग-स्पर्श कर सकती हो, वही नारी सती कलावती, पतिव्रताओं में मुखिया समझी जाती है जिसने बाहर कभी पाँव न रखा हो। लिखने-पढ़ने से चरित्र बिगड़ जाता है, इस कुसंस्कार के कारण उन्हें लिखना-पढ़ना नहीं सिखलाया जाता...। आठ ही वर्ष में हमें ब्याह देते हैं सो भी बिना देखे-भाले; बहुधा एक ऐसे के साथ कि जन्म ही नष्ट हो जाता है।" इस उद्धरण में पर्दा-प्रथा, बाल-विवाह, अशिक्षा आदि पर व्यंग्य किया गया है पर अभी नारी की ऐसी स्थिति नहीं कि वह इन परिस्थितियों के प्रति विद्रोह कर सकती। अभी उसके जीवन की सार्थकता इसी में निहित है कि "अपना आदमी जो तन दे तो तिरिया जात को और चाही का! उसके समान और भाग्यवान और कौन होगा!"

मालती का पति भयंकर शराबी और वेश्यागामी है फिर भी मालती प्राचीन रीति के अनुसार उसके प्रति अत्यधिक निष्ठावान है। प्रकारान्तर से इस नाटक में जादू-टोना, तंत्र-मंत्र का भी विरोध किया गया है, जिनके चकमे में अशिक्षित और भावुक स्त्रियाँ सहज में ही आ जाती हैं।

'दुखिनी बाला' की सरला अपने भाग्य को कोसती हुई कहती है, "हाय! हमारी यह दशा क्यों हुई? जन्म-पत्र और बाल्य विवाह से! यदि जन्म-पत्र न होता तो क्यों ऐसे मूर्ख से मेरा विवाह होता! यदि बाल्य विवाह न होता तो क्यों न मैं स्वयं अपनी भलाई-बुराई को समझकर अपने इच्छानुसार पति करती...!" सरला स्वयं विधवा-विवाह करने पर प्रस्तुत है। इसके समर्थन में वेद शास्त्र आदि का हवाला देकर वह अपने पक्ष को पुष्ट भी करती है। पर रूढ़िग्रस्त समाज में उसकी दलीलों को सुननेवाला कौन है!

'दुखिनी बाला' का नाम पहले 'विधवा-विवाह-नाटक' रखा गया था। इसकी नायिका श्यामा शरीर के स्वाभाविक धर्म का समुचित नियंत्रण न कर सकने के कारण अपनी सहेली के परपुरुष-सम्बन्धी सुझाव को स्वीकार कर लेती है। पर सामाजिक भय की अवहेलना करने की शक्ति अभी नारी में नहीं आ पाई थी और इसके फलस्वरूप उसे भ्रूणहत्या करनी पड़ती है। किन्तु बाद में उस नाटक को किंचित परिवर्तन के साथ दूसरे नाम से प्रकाशित कराया गया। इसमें 'सरला' विषपान द्वारा अपनी इहलौकिक लीला समाप्त कर देती है।

एक नाटक को तुरन्त दूसरे रूप में परिवर्तित कर देने के मूल में जो वैचारिक अन्तर्विरोध है उसके विश्लेषण का विशेष महत्त्व है। 'विधवा-विवाह-नाटक' में जो यथार्थवादी दृष्टिकोण दिखाई पड़ता है वह बाद में आदर्शवाद में बदल दिया गया है। लगता है कि आदर्श और सुधार के इस युग में घोर यथार्थ के प्रति लेखक जागरूक होने लगे थे, पर सामाजिक रूढ़ियों के खुले तिरस्कार की शक्ति उनमें अभी नहीं आई थी।

इस परम्परा में और बहुत-से नाटक लिखे गए। पहले ही कहा जा चुका है कि नारी के पातिव्रत्य पर विशेष बल देते हुए परस्त्रीगमन का निषेध किया गया। भट्ट जी ने 'जैसा काम वैसा परिणाम' के प्रारम्भ में एक संस्कृत श्लोक का पद्यानुवाद करते हुए लिखा है—

पर-तिय-गमन समान, नहिं कुकर्म कोउ आन जग।
सुख ज्यों ग्रीषम भान, हरत आयु यह नरन के।

लाला जवाहरलाल वैद्य ने परस्त्रीगमन छोड़ने के निमित्त 'कमल मोहिनी भँवर सिंह नाटक' (1896 ई.) लिखा। उसकी भूमिका में उन्होंने प्रार्थना की है, "देखिए, नव धर्मशास्त्र में यह लिखा है तब तो आपको अवश्य करना चाहिए, क्योंकि यदि आप लोग करोगे तो आपको अत्यन्त पुण्य होगा और आपका यश जगत में फैलेगा, सो आप लोगों को चाहिए कि मेरी इस प्रार्थना को सफल करो कि हम कभी परस्त्रीगमन नहीं करेंगे।"

बाबू गोपालराम गहमरी ने 'विद्या विनोद' में तत्कालीन अनेक सामाजिक समस्याओं को समाहित करते हुए कहा है, "यह नाटक किसी भाषा का अनुवाद नहीं

है, केवल कल्पना मात्र है। इसमें ओझाई-देवाई पर विश्वास करनेवाले, पुत्रोत्पादन की अभिलाषा से दस, पाँच ब्याह कर स्त्रियों का जीवन भार करनेवाले मूर्खों की मूर्खता और केवल टिप्पणी की तुलना और गणना करके अनमेल तथा बेजोड़ ब्याह करनेवालों की निष्फलता, वर-कन्या के परस्पर प्रबल और उचित प्रेम एवं एक विद्वान और नीति निपुण स्त्री की विद्वत्ता से प्रण और साहस द्वारा उसके सतीत्व और पातिव्रत धर्म का निर्वाह प्रभृति भलीभाँति दिखलाने का उद्योग किया गया है..."

नारी-जीवन की समस्याओं के अतिरिक्त गो-संकट की आवाज भी उठाई गई। गो-संकट को दूर करने के लिए गाय की आर्थिक और धार्मिक महत्ता का प्रतिपादन किया गया है। भारतेन्दु के 'भारत-दुर्दशा' के मेल में 'भारतोद्धार', 'भारत आरत', 'भारत-सौभाग्य', 'देश-रक्षा' आदि नाटकों की रचना की गई। इन नाटकों का स्वर भारतेन्दु के 'भारत-दुर्दशा' से भिन्न नहीं है।

पौराणिक नाटक

पौराणिक नाटकों की रचना दो दृष्टियों से की गई—एक तो अपने पूर्व पुरुषों की याद दिलाकर प्राचीन गौरव को उद्‌बुद्ध करने के लिए और दूसरे, पौराणिक चरित्रों के आधार पर उच्च भारतीय आदर्शों की पुन: प्रतिष्ठा तथा नवीन युग-चेतना को प्रतिभासित करने के लिए। प्रथम दृष्टि के अनुसार रामायण-महाभारत के अनेक आख्यानों को नाटक का रूप दिया गया। श्रीनिवासदास का 'प्रह्लाद चरित', शालिग्राम के कई नाटक, बालकृष्ण भट्ट का 'बृहन्नला' भारतीय संस्कृति के गौरव-बोध की दृष्टि से लिखे गए हैं, यद्यपि यह दृष्टि किसी भी रूप में दिखाई नहीं पड़ती है। भट्ट जी के ही दूसरे पौराणिक नाटक 'वेणु संहार' में राष्ट्रीय चेतना आवश्यकता से अधिक उभरी हुई दिखाई देती है, जो प्रत्यक्ष रूप से इतनी समसामयिक हो गई है कि पौराणिक वातावरण के मेल में नहीं कही जा सकती। प्राचीन आदर्शों को प्रमुखता देने के लिए 'अंजना-सुन्दरी' ऐसे पौराणिक नाटकों का सृजन हुआ। इसकी भूमिका में लेखक ने लिखा है, "Since the Publication of my primary work 'Shil Sauitri Natika' having found that it has met the appreciation of the men of leading and light as an instructive story for the young women of India, I have been cherishing innumerable new ideals for the betterment of the moral condition of the fair sex, and in order to lay them before the public in an interesting drama, I have selected this story so that it may be both novelty and didactic." भावार्थ यह कि भारतीय नारियों की नैतिकता को ऊँचा उठाने के लिए उन्होंने नवीन आदर्शों को प्रस्तुत किया।

नाट्यकला के विकास की दृष्टि से भारतेन्दु-मंडल द्वारा प्रस्तुत तथा इस मंडल के बाहर के लेखकों द्वारा लिखित नाटकों का विशेष महत्त्व नहीं है। ये समस्त नाटककार भारतेन्दु द्वारा निर्मित राजमार्ग का अनुसरण करते हुए अग्रसर हो रहे थे। बहुत-से नाटककारों से तो ठीक-ठीक अनुकरण भी नहीं हो सका। विषय-वस्तु की दृष्टि से वह समस्त युग पूरी तरह प्रगतिशील कहा जा सकता है। इस युग के नाटकों में युग की राष्ट्रीय, सामाजिक, आर्थिक आदि प्रवृत्तियों का जो आकलन किया गया है वह व्यंग्य, विनोद, करुणा, आशा-निराशा आदि के चित्रण से और भी प्रभावशाली हो गया है। यहाँ यह बात भी कह देनी चाहिए कि इन नाटकों के पीछे जो सोद्देश्यता छिपी हुई है वह अनेक स्थलों पर इस तरह स्पष्ट हो गए हैं कि कोई चाहे तो इन्हें उपदेशात्मक (डाइडेक्टिक) नाटक कह सकता है। उपदेशात्मकता की यह प्रवृत्ति द्विवेदी-युगीन नाटकों में स्पष्ट होकर आ गई है।

प्रसाद : नाटक की नई दिशा

प्रसाद का आविर्भाव हिन्दी नाट्य-साहित्य में एक नया अध्याय जोड़ता है। उनके पहले के नाटककारों ने वर्ण्य वस्तु को न तो श्रमपूर्वक उपलब्ध किया और न उनकी पुनर्रचना की। उन्होंने मुख्यत: नाटकों को विचारों या भावों की अभिव्यक्ति का माध्यम माना। फलस्वरूप नाटकों का साहित्यिक मूल्य नहीं बन पाया। नाटकीय तकनीक अधिकतर पुरानी ही रही। अपने रोमैंटिक दृष्टिकोण के कारण प्रसाद ने हिन्दी नाटकों का नया विन्यास किया।

रोमैंटिक दृष्टि

उनके प्रख्यात ऐतिहासिक इतिवृत्त को देखकर कुछ लोग उन्हें अतीतोन्मुखी मान बैठते हैं। उनके मत में प्रसाद सांसारिक समस्याओं के प्रति उदासीन थे। किन्तु उनके नाटक और कविताएँ दोनों उपर्युक्त मत के विरुद्ध हैं। भारतीय इतिहास के स्वर्णयुगीन पृष्ठों को नाटकों का उपजीव्य बनाने का अर्थ है कि उन्हें अपनी सांस्कृतिक विरासत पर गर्व था। किन्तु उनके रोमैंटिक दृष्टिकोण ने उन्हें नई अर्थवत्ता में पिरोया, ठीक उसी तरह जिस तरह भारतीय पुनर्जागरण ने अपनी गौरवशाली सांस्कृतिक परम्परा को युगानुरूप नया अर्थ दिया। मौर्यकालीन कथानक में उनका अपना युग बोलता है, गुप्तकालीन कथानक में उनके समय की प्रतिच्छवियाँ देखी जा सकती हैं। इन प्रतिच्छवियों में भारतीय संस्कृति का गत्यात्मक और आदर्शात्मक स्वरूप अंकित हुआ—गत्यात्मक इसलिए कि वह युग से बद्ध है, आदर्शात्मक इसलिए कि रोमैंटिक आदर्शवादी होता है।

वैयक्तिकता, आवेगमयता, जीवन के प्रति अमित उल्लास, साहस आदि रोमैंटिक आन्दोलन की विशेषताएँ थीं। प्रसाद का प्रत्येक नाटक उनके वैयक्तिक स्पर्श से प्रदीप्त है। उनके प्रत्येक पात्र में चारित्रिक विशेषताएँ दिखाई पड़ती हैं। यदि उनका दृष्टिकोण रोमैंटिक न होता तो कदाचित उनके पूर्ववर्ती नाटक के पात्रों की भाँति वे भी 'टाइप' होते। उनकी कविताओं की अपेक्षा उनके नाटकों में अधिक आवेग

है। यह आवेग रचना के समग्र तंत्र में देखा जा सकता है। कथाओं के संगुम्फन, पात्रों की क्रिया-प्रतिक्रिया, कथोपकथन, सब कहीं आवेग की निर्बन्धता मिलेगी। यह आवेग स्कन्दगुप्त जैसे उदासीन व्यक्ति में भी मिलता है। वह अकेले साम्राज्य की सुरक्षा के लिए सन्नद्ध है। व्यक्ति में इतनी गहरी आस्था रोमैंटिक दृष्टिकोण की अच्छाई भी है और कमजोरी भी है। स्कन्दगुप्त की उदासीनता और असफलताओं के अनेक कारणों में एक यह भी है। 'स्कन्दगुप्त' नाटक 'रोमैंटिक एगोनी' का अच्छा उदाहरण है।

'चन्द्रगुप्त' अपने विशृंखल संघटन के बावजूद (संघटन-विशृंखलता रोमैंटिक नाटकों की प्रमुख पहचान है) उच्छल जीवन की आवेगमयता से ओत-प्रोत है। विशाखदत्त का 'मुद्राराक्षस' यथार्थवादी है और द्विजेन्द्रलाल राय का 'चन्द्रगुप्त' लिजलिजी भावुकता से पूर्ण। प्रसाद का 'चन्द्रगुप्त' व्यष्टि और समष्टि की समन्वित चेतना से सम्पृक्त है। पर उसमें चित्रित सांस्कृतिक विचारों, देश-प्रेम, स्त्री-पुरुष की प्रणय-लीला में रोमैंटिक आवेग और आदर्श है।

संवादों पर भी रोमांस का प्रभाव प्रायः सर्वत्र देखा जा सकता है—"भाभी! सर्वात्मा के स्वर में, आत्मसमर्पण के प्रत्येक ताल में, अपने विशिष्ट व्यक्तित्व का विस्मृत हो जाना—एक मनोहर संगीत है! क्षुद्र स्वार्थ, भाभी, जाने दो; भइया को देखो—कैसा उदार, कैसा महान और कितना पवित्र!" यह देवसेना का कथन है। इसका स्वर यथार्थवादी नहीं, रोमैंटिक है। व्यक्तित्व के विसर्जन का अर्थ है आत्मप्रसार की कामना। स्वार्थों से ऊपर उठने से बढ़कर मानवतावादी दृष्टि क्या हो सकती है? उदारता, महानता और पवित्रता वे मूल्य हैं जिनमें रोमैंटिक कवियों की गहरी आस्था रही है।

जीवन के गहन द्रष्टा होने के कारण प्रसाद ने उसकी जटिल समस्याओं को आँकने में अधिक दिलचस्पी ली। जीवन के बिखराव को बिखरा हुआ नाट्य विधान ही अभिव्यक्त कर सकता था। मूलतः रोमैंटिक होने के कारण बाह्योपचार की उपेक्षा करना उनके स्वभाव के अनुकूल था पर भारतीय संस्कृति के प्रति अटूट आस्था ने उनके रोमानी दृष्टिकोण को एक सीमा तक नियंत्रित भी किया। इसलिए प्रसाद की नाट्य-कृतियों का आकलन करने के लिए किसी शास्त्रीय माप का प्रयोग गुनाहे बेलज्जत है।

उनके नाटकों की कथावस्तु, चरित्र-चित्रण, संवाद, अभिनेयता आदि को समझने के लिए उनकी रोमैंटिक रुझान को ध्यान में रखना आवश्यक है। वस्तु-योजना सामान्यतः कथा, इतिवृत्त और वस्तु के समान अर्थ में प्रयुक्त किया जाता है; किन्तु सूक्ष्म दृष्टि से विचार करने पर तीनों में थोड़ा अर्थ-भेद दिखाई पड़ता है। काल-क्रमानुरूप व्यवस्थित घटनाओं का कथन कथा है, साकांक्षता की योग्यता इसका अनिवार्य गुण है। इतिवृत्त में तथ्य का कथनमात्र होता है और इसमें रसार्द्रता नहीं पाई जाती। कथाओं के कालानुक्रम में अपेक्षित परिवर्तन करते हुए उन्हें नए

अनुक्रम में बाँधना वस्तु के अन्तर्गत आता है। पर नाटकीय वस्तु-योजना अन्य साहित्य-रूपों की वस्तु-योजना से बहुत कुछ भिन्न होती है। नाटक दृश्य-काव्य है। इसलिए रंग-मंच से पृथक इसकी वस्तु-कल्पना का कोई अस्तित्व ही नहीं हो सकता। कथा-वस्तु को मनोनुकूल रूप देने के लिए नाटककार रंगमंचीय सीमाओं को अनिवार्य रूप से दृष्टि में रखता है।

संस्कृत के शास्त्रीय ग्रन्थों में नाटकीय वस्तु-विन्यास पर विचार करते हुए उसे कुछ रूढ़ नियमों में बाँध दिया गया है। कथा-वस्तु की दृष्टि से इतिहास को पाँच भागों में बाँटा गया है—बीज, बिन्दु, पताका, प्रकरी तथा कार्य; और कार्य-शृंखला की दृष्टि से भी उसके उतने ही भेद किये गए हैं—आरम्भ, प्रयत्न, प्राप्त्याशा, नियताप्ति और फलागम। इन पाँच अर्थ-प्रकृतियों और अवस्थाओं के मिश्रण से पाँच सन्धियाँ बनती हैं। विभाजनोपजीवी शास्त्रकार यहीं तक नहीं रुके। उन्होंने चौंसठ सन्ध्यंगों और इक्कीस सन्ध्यन्तरों की भी कल्पना की। लेकिन स्वयं संस्कृत के नाटककारों ने इन बन्धनों में बँधना स्वीकार नहीं किया। किसी एक नाटक में इन प्रकृतियों, अवस्थाओं और सन्धियों को न प्राप्त करने के कारण भिन्न-भिन्न उदाहरण ढूँढ़ निकाले गए। इस सम्बन्ध में उपलब्ध सारे-के-सारे शास्त्रीय उदाहरण ले-देकर 'रत्नावली' और 'वेणीसंहार' के इर्दगिर्द चक्कर काटते रहते हैं। भट्टनारायण ने 'वेणीसंहार' में शास्त्रीय वस्तु-विन्यास को व्यावहारिक रूप देने का प्रयास अवश्य किया, किन्तु सिद्धान्तों की ठूँस-ठाँस नाटकीय वस्तु-योजना को बहुत कुछ विशृंखल बना देती है। ध्वन्यालोककार ने अपनी स्वतंत्र विचारणा के अनुसार रस की अपेक्षा के लिए ही सन्धि-सन्ध्यंगों की योजना का उल्लेख किया है।[1] कहने का तात्पर्य यह है कि कोई श्रेष्ठ नाटककार इन बन्धनों को स्वीकार नहीं कर सका। जब संस्कृत के नाटक इस साँचे में अपने को नहीं ढाल सके तब हिन्दी नाटकों पर इसका आरोप जबरदस्ती नहीं, तो और क्या है?

नाटकीय वस्तु-योजना में यवनानी अन्विति-त्रयी को खोजना कम भ्रामक नहीं है। जिस तरह अर्थ-प्रकृतियाँ, अवस्थाएँ और सन्धियाँ शास्त्रानुमोदित रूप में संस्कृत नाटकों में एक स्थान पर नहीं मिल पातीं, उसी तरह यवनानी नाटकों में अन्विति-त्रयी का नियमानुसार समावेश नहीं हो सका है। मोल्टन ने इसके सम्बन्ध में लिखा है कि तीन प्रसिद्ध अन्वितियों के सिद्धान्त ही नहीं बल्कि उनका खंडन भी काफी घिस गया है।[2] सत्रहवीं शताब्दी ईस्वी में यूरोप में जब राजतंत्र का जोर बढ़ा तब

---

1. सन्धि सन्ध्यंगघटनं रसाभिव्यक्त्यपेक्षया।
   न तु केवलया शास्त्र-स्थिति सम्पादनेच्छया॥ —ध्वन्यालोक, तृतीय उद्योत का 12
2. "As to the famous 'three unities', not only the principles themselves but even refutation of them has now become obsolete."
   —Shakespeare : A Dramatic Artist; P. 14

नाटकों की अन्विति-त्रयी पर पर्याप्त जोर दिया जाने लगा। फिर तो इसका आतंक ऐसा बढ़ा कि वोल्टेयर तक, जो रूढ़ियों और जर्जर परम्पराओं का कट्टर विरोधी था, आभिजात सौन्दर्यशास्त्रीय रूढ़ियों (Aesthetic conventions) का बराबर समर्थन करता रहा। उसकी दृष्टि से शेक्सपियर में एक विशेष नाटकीय प्रतिभा थी, लेकिन शिल्प-विधान के विचार से वह केवल गँवार था। पर यूरोप की रोमैंटिक साहित्य धारा में बहुत-सी परम्परायुक्त साहित्यिक रूढ़ियाँ (Conventions) अपने-आप बह गईं। भारतीय साहित्य-शास्त्र की रूढ़िबद्धता के मूल में भी अनेक प्रकार के सामाजिक प्रभाव क्रियाशील रहे हैं। एक समय की इन रूढ़ियों के आधार पर प्रसाद के रोमैंटिक नाटकों का आकलन करना अपने-आप में एक असंगति है।

किसी प्रकार की रूढ़िबद्ध शास्त्रीय यांत्रिकता को आलोचनात्मक मान स्वीकार कर लेने पर आलोचक अपने पांडित्य को अच्छी तरह उभार देता है, लेकिन वह रचनागत वैशिष्ट्य की गहराई में नहीं पैठ पाता। इसलिए एकेडेमिक आलोचना के खूँटे में न बँधकर यदि आलोचक स्वतंत्र विचारणा से काम लेता है, तो बहुत कुछ अपने चिन्तन को भी अभिव्यक्त करने में समर्थ होता है।

वस्तु-योजना नाटक का बाह्य ढाँचा अथवा यांत्रिक विधान नहीं है। यह नाटक की सम्पूर्ण बौद्धिक प्रक्रिया का अविच्छेद्य अंग है। इसके द्वारा नाटक की सारी घटनाओं, क्रिया-व्यापारों, नाटकीय स्थितियों (Dramatic situations) को इस प्रकार नियोजित करना पड़ता है कि उसकी प्रभावान्विति में किसी प्रकार का विक्षेप न पड़े। नाटक के चरित्रों का वस्तु-विन्यास से बड़ा घनिष्ठ सम्बन्ध है। एक ओर जहाँ पात्रों के क्रियात्मक प्रतिघात से कथावस्तु गतिशील होती है, वहाँ दूसरी ओर वस्तु-जन्य स्थितियों (Situations) से पात्रों का चरित्र निर्मित होता है। यदि इन तथ्यों को ध्यान में रखकर वस्तु को ठीक ढंग से नियोजित नहीं किया जाएगा, तो नाटक बहुत कुछ शिथिल और बिखरा-बिखरा दीख पड़ेगा।

वस्तु-योजना की दृष्टि से नाटककार को कथानक-योजना, व्यापारान्विति और गतिशीलता पर विशेष ध्यान देना पड़ता है। नाटक में प्रासंगिक कथावस्तुओं की नियोजना इस तरह होनी चाहिए कि वे आधिकारिक कथावस्तु के अनिवार्य अंग बनकर उसे गति प्रदान करें। आधिकारिक कथावस्तु अंगी है और अन्य कथाएँ अंग। इस अंगांगि भाव से वक्र गति से चलते हुए कथानक को एक लय मिल जाती है। जिन नाटकों में केवल इकहरी कथा होती है उसकी ऋजुता में भी एक संगीतात्मक उतार-चढ़ाव दिखाई देता है। व्यापारान्विति में घटना, दृश्य और क्रिया तीनों का समावेश होता है। बेमेल घटनाओं, जल्दी-जल्दी परिवर्तित होनेवाले दृश्यों और असम्बद्ध क्रिया-व्यापारों की अवतारणा नाटकीय शिल्प और विषय-वस्तु को असन्तुलित बना देती है। रंगमंच पर इनके सार-सँभाल का कार्य भी जटिल हो जाता है। एक घटना से दूसरी घटना का आविर्भाव, या उनका प्रत्यक्ष अथवा परोक्ष

सम्बन्ध-स्थापन, क्रिया-क्रिया की एकसूत्रता, घटना और क्रिया के बीच कार्य-कारण का प्रकृत लगाव, नाटक की प्रभावान्विति में सघनता और पूर्णता ले आते हैं। नाटक का प्रत्येक दृश्य, प्रत्येक अंक अलग-अलग गतिशील होता है, और समग्र रूप से नाटक की गति का अविच्छेद्य अंग होता है। एक लहर है तो दूसरा उसका कम्पन; एक वीणाजन्य रागिनी है, तो दूसरा उसकी झंकृति; एक संगीत की कोमल तान है तो दूसरा स्वर-लहरी; एक बरसात की झड़ी है तो दूसरा उसकी लघु बूँद। अनावश्यक दृश्यों की योजना नाटक की गति अवरुद्ध कर देती है। इसलिए दृश्य-संकलन में नाटककार को संग्रह और त्याग का विशेष खयाल करना चाहिए। वस्तुतः क्या दृश्य, क्या अंक, क्या घटना, क्या कार्य, सभी घात-प्रतिघात द्वारा नाटक को गति प्रदान करते हैं। भाग्य-विडम्बना, आश्चर्य-तत्त्व, मोड़ बिन्दु आदि के उपयोग से भी नाटक को गतिशील बनाया जाता है। आगे हम इन्हीं तत्त्वों को दृष्टि में रखते हुए प्रसाद के प्रमुख नाटकों की वस्तु-योजना पर विचार करेंगे।

'जनमेजय का नागयज्ञ' प्रसाद का एकमात्र पौराणिक नाटक है। इसका फलक काफी विस्तृत है। सम्पूर्ण विस्तृति को रंगमंच पर उतार लेने की आकांक्षा नाटकीय वस्तु-योजना को त्रुटिपूर्ण बना देती है। जातीय संघर्ष का विस्तार उपन्यास की निर्बन्ध सीमा के अधिक उपयुक्त है। इस नाटक की प्रासंगिक कथा—नागों की कथा—पारस्परिक बातचीत और गुप्त षड्यंत्रों के रूप में द्वितीय अंक के कई दृश्यों तक फैली हुई है, किन्तु जनमेजय की ओर से नागों के विरोध का कोई स्पष्ट निर्देश नहीं मिल पाता। इससे कथावस्तु में अंगांगि भाव नहीं आ सका है। फिर नागों के प्रतिरोध का श्रेय जनमेजय को उतना नहीं है, जितना उत्तंक के प्रतिशोधात्मक संवेगों को। इससे नाटकीय गति में आरोह-अवरोह की स्वाभाविकता कम हो गई है। दामिनी और उत्तंक की कथा मुख्य कथावस्तु को आगे बढ़ाती है। किन्तु दामिनी को बहुत दूर तक घसीटने से किसी नाटकीय प्रयोजन की सिद्धि नहीं होती। इस नाटक की अधिकांश घटनाएँ और क्रिया-व्यापार किसी प्रमुख व्यापार की ओर उन्मुख नहीं दिखाई पड़ते। सरमा का नागकुल से चले जाना, पुनः जनमेजय के यहाँ अपमानित होना, दामिनी का उत्तंक पर मोहित होना आदि घटनाओं का किसी केन्द्रीय व्यापार से अनिवार्य सम्बन्ध नहीं है। न तो इनसे अपेक्षित नाटकीय क्रियाएँ ही प्रादुर्भूत हुई हैं। अतः नाटकीय गतिशीलता में ये रोड़े का काम करती हैं। सरमा जातीय निरादर और अपमान का घूँट पीकर भी मानसिक सन्तुलन कभी नहीं खो पाती। इस तरह नाटककार एक महत्त्वपूर्ण नाटकीय स्थिति (Situation) का सदुपयोग नहीं कर पाता है। मणिकुंडल प्राप्त करने के लिए उत्तंक की हत्या करने की तक्षक की चेष्टा का परिणाम नागयज्ञ है। इस घटना का इस नाटक में सबसे अधिक नाटकीय महत्त्व है, लेकिन अन्य घटनाएँ इससे अच्छी तरह बँध नहीं पाई हैं। इस घटना को सर्वाधिक महत्त्व प्राप्त होने के कारण ब्रह्महत्या की घटना अपने में जड़ हो गई है।

इस घटना से मनसा के मानसिक उद्वेलन का सम्बन्ध स्थापित न करना नाटकीय स्थिति (Situation) की उपेक्षा का सूचक है। तपोवन के अनेक दृश्य, व्यास जनमेजय की वार्ता आदि के अनावश्यक जोड़ कथा को बहुत कुछ पंगु बना देते हैं। अन्त में व्यास की अवतारणा द्वारा नाटक की जो परिसमाप्ति की गई हैं, उससे नाटकीय 'क्लाइमेक्स' बहुत कुछ निष्प्रभ हो गया है।

'अजातशत्रु' प्रसाद का पहला महत्त्वाकांक्षापूर्ण ऐतिहासिक नाटक है। इसमें दूसरी तरह का (राजकीय) संघर्ष है। यह संघर्ष जातीय संघर्ष की भाँति व्यापक नहीं है। अतः यह अपेक्षाकृत अधिक नाटकीय विषय बन सका है। किन्तु इसकी कथा-वस्तु भी अपेक्षित ढंग से गुम्फित नहीं हो पाई है। बिम्बसार के पारिवारिक कलह की कहानी आधिकारिक कथावस्तु है। इसका केन्द्र मगध है। अन्य दो प्रासंगिक कथाओं—प्रसेनजित और उदयन से सम्बद्ध—के केन्द्र क्रमशः कोशल और कौशाम्बी हैं। मगध और कोशल के कथानक एक-दूसरे से कई दृष्टियों से सम्बद्ध हैं। दोनों राज-परिवारों में वैवाहिक सम्बन्ध होने के कारण मगध की घटना से कोशल का प्रभावित होना स्वाभाविक है। मगध की घटना को आगे बढ़ाने में कोशल की कथा का पूरा योग मिला है, लेकिन प्रासंगिक कथा-वस्तु आधिकारिक कथा-वस्तु पर इस तरह हावी हो गई है कि प्रासंगिक कथा-वस्तु आधिकारिक कथा को अपदस्थ-सा कर देती है। शैलेन्द्र की प्रणयलीला को इतना तूल न देकर यदि अजातशत्रु को उचित महत्त्व दिया गया होता तो यह त्रुटि न आ पाती। उदयन और मागन्धी सम्बन्धी कथा से नाटक की रोचकता तो बढ़ गई है, लेकिन मुख्य कथा को किसी भी अर्थ में यह आगे नहीं बढ़ाती। ऐसी स्थिति में इस कथा की व्यर्थता स्वयंसिद्ध है। गौतम और आम्रपाली की ऐतिहासिक घटना को सम्मिलित करने का लोभ नाटकीय वस्तु-योजना के लिए घातक सिद्ध हुआ है।

इस नाटक में मागन्धी और शैलेन्द्र का रोमांस प्रमुख व्यापार से एकदम अलग है। इससे नाटक की गतिशीलता में भारी अवरोध आ गया है। बाजिरा के प्रति कारायण की प्रेम-भावना भी अशक्त और क्रियाहीन है। कोशल की कथा को मल्लिका गतिशील बनाती है और मगध की कथा को देवदत्त। विरोधी पात्रों की सर्जना द्वारा नाटक में गत्यात्मक वक्रता आती है। मल्लिका के गरिमामय महान व्यक्तित्व से टकराकर बन्धुल दीर्घकारायण और कोशल के राजकुमार को जो मार्ग मिलता है उससे नाटक तेजी से परिसमाप्ति की ओर बढ़ता है। लेकिन मल्लिका के चरित्र पर अत्यधिक ध्यान केन्द्रित करने के कारण नाटककार अपनी मूल योजना से बहुत दूर जा पड़ा है।

अपनी कतिपय त्रुटियों के बावजूद 'स्कन्दगुप्त' का वस्तु-विन्यास अन्य बड़े नाटकों की अपेक्षा कहीं अधिक संघटित और सुसम्बद्ध है। आधिकारिक और प्रासंगिक कथाओं को इस प्रकार समन्वित किया गया है कि न तो वे बिखर सकी

हैं और न कोई कथा किसी पर हावी हो पाई है। मालवा से सम्बद्ध कथा प्रमुख कथा का अविच्छेद्य अंग हो गई है और प्रमुख कथा को आगे बढ़ाने में पूरा-पूरा योग देती है। इस कथा में ही ऐसे उपकरणों की योजना की गई है, जो स्कन्दगुप्त के वैयक्तिक जीवन की बड़ी ही मनोरम झाँकी प्रस्तुत करते हैं। शेक्सपियर के कतिपय नाटकों में वैयक्तिक क्रिया-व्यापार व्यापक सामाजिक महत्त्व के कार्यों की सृष्टि करते हैं। इसे आलोचकों ने Enveloping action कहा है। यहाँ पर राष्ट्रीय कार्यों को प्रमुखता दी गई है और उस सिलसिले में वैयक्तिक जीवन के विभिन्न पक्षों को भी अच्छी तरह उभार दिया गया है। इस नाटक में ऐतिहासिक तथ्यों और मानवीय संवेदनाओं का जो नीर-क्षीर मिश्रण हुआ है, उससे सामाजिकों का संवेगात्मक अनुकूलत्व (Emotional responsive) सहज में ही प्राप्त हो जाता है।

'स्कन्दगुप्त' की अधिकांश घटना-शृंखलाएँ प्रमुख व्यापार से इस प्रकार सम्बद्ध हैं कि केन्द्रीय कार्य से उनका साध्य और साधन का सम्बन्ध स्थापित हो जाता है। कुसुमपुर में चलने वाले समस्त पड्यंत्र स्कन्दगुप्त के राष्ट्रीय और वैयक्तिक जीवन में अनेक प्रकार के आरोह और अवरोह ले आते हैं। स्कन्द और विजया का प्रथम साक्षात्कार भी एक ऐसी घटना है, जिससे अन्य बहुत-सी घटनाएँ और क्रियाएँ प्रादुर्भूत होती हैं। 'स्कन्दगुप्त' का नाटकीय वस्तु-विन्यास विजया और देवसेना के वैयक्तिक चरित्र से इस तरह अनुशासित है (यद्यपि यह अनुशासन थोड़ा-बहुत शिथिल हो गया है) कि उससे राष्ट्रीय महत्त्व के कार्यों पर भी प्रभाव पड़ता है।

इस नाटक में पूर्वापर सम्बन्ध भी काफी गठा हुआ है। प्रथम अंक में जिन घटनाओं और क्रियाओं का उल्लेख किया गया है वे परवर्ती घटनाओं और क्रियाओं से अभिन्न रूप से जुड़ी हुई हैं। मातृगुप्त का प्रसंग, सिंहल के युवराज का प्रवेश, मुद्गल की चारित्रिक कल्पना चतुष्पथ के पास ब्राह्मणों और बौद्धों का वाक्युद्ध नाटक की गति में विक्षेप डालते हैं। लेकिन इस तरह के अनावश्यक स्थल इस नाटक में अपेक्षाकृत कम हैं। अतिप्राकृत (Supernatural) तत्त्वों के आधार पर इसमें जिस रहस्यमयता की सृष्टि की गई है, वह तत्कालीन धार्मिक विश्वासों और ऐतिह्य के सर्वथा अनुकूल है। नाटक को गति प्रदान करने में भी इन तत्त्वों का उपयोग किया गया है। नाटकीय गति के लिए जिस आकस्मिकता का सन्निवेश इस नाटक में किया गया है, वह आज के यथार्थवादियों की दृष्टि में बहुत औचित्यपूर्ण नहीं मानी जाती। लेकिन इसके द्वारा नाटकीय प्रवाह में गत्यात्मक मोड़ ले आने में लेखक की कुशलता सराहनीय है। देवकी की हत्या के अवसर पर स्कन्दगुप्त की आकस्मिक उपस्थिति भटार्क के षड्यंत्र को विफल बनाती है और इस घटना के आघात से नाटक में नई स्थितियाँ और नए मोड़ आते हैं। दो विरोधी मनोवृत्तियों वाले पात्रों की टकराहट से नाटक को जो गतिशीलता मिली है, उसमें गहरी मनोवैज्ञानिकता भी दिखाई पड़ती है। कथावस्तु को गत्यात्मक बनानेवाले गहन अन्तर्द्वन्द्वों की सृष्टि

जितनी सफलता से इस नाटक में की गई है, उतनी इनके अन्य नाटकों में नहीं दिखाई पड़ेगी। विजया का अन्तर्द्वन्द्व केवल मानसिक स्तर तक ही सीमित न रहकर विविध प्रकार की व्यावहारिक क्रियाओं तक फैल जाता है। उसका व्यवहार स्कन्दगुप्त को आश्चर्यचकित और भटार्क को भयंकर प्रतिशोधी बना देता है। नाटकीय गति की दृष्टि से विजया की अवतारणा देवसेना से अच्छी बन पड़ी है। कुभा की घटना इस नाटक परिवर्तन-बिन्दु उपस्थित करती है और नाटक दुखान्त पर्यवसान की ओर शीघ्रतापूर्वक मुड़ जाता है। बाद में उसे सुखान्त बनाने के प्रयास में भारतीयता का आग्रह ही समझना चाहिए।

अपने कथानक के विस्तार-भार से बोझिल 'चन्द्रगुप्त' सुसम्बद्ध नहीं हो पाया है। प्रसाद के नाटकों में, कुछ लोगों के विचार से यह सर्वोत्तम नाटक है; लेकिन आवयविक अन्विति (Organic unity) की दृष्टि से यह अत्यधिक बिखर गया है। गान्धार तथा उसके पार्श्ववर्ती प्रदेश में घटनेवाली घटनाएँ—आम्भीक का षड्यंत्र, सिकन्दर का आक्रमण, पर्वतेश्वर का विरोध, मालवों और क्षुद्रकों की पराक्रमपूर्ण वीरता आदि एक इकाई के अन्तर्गत आती हैं। मगध के नन्दवंश के उन्मूलन की कहानी से प्रथम कहानी प्राय: असम्बद्ध है। अलग-अलग इन दो स्थानों के परिव्याप्त संघर्षों को किसी एक केन्द्रीय संघर्ष में अन्तर्भुक्त नहीं किया जा सका है। विशाखदत्त के 'मुद्राराक्षस', डी. एल. राय के 'चन्द्रगुप्त' में सिकन्दर के आक्रमण की कथा गृहीत नहीं हुई है। अत: उन नाटकों के वस्तु-विन्यास में विशृंखलता नहीं आई है। लक्ष्मीनारायण मिश्र ने अपने नाटक 'वितस्ता की लहरें' में सिकन्दर के आक्रमण की कथा ग्रहण की है और मगध की कथा छोड़ दी है। इसके फलस्वरूप उनकी वस्तु-योजना में विक्षेप नहीं पड़ने पाया है। प्रसाद ने मगध और गान्धार में चलनेवाली कथाओं को चाणक्य और चन्द्रगुप्त के व्यक्तित्वों द्वारा एकसूत्रता प्रदान करने की चेष्टा की है, किन्तु यह एकसूत्रता जीवनीपरक उपन्यासों की विशेषता है, नाटकों की नहीं। 'शेखर : एक जीवनी' की घटनाएँ शेखर के व्यक्तित्व से बँधी रहने के कारण ही औपन्यासिक मानी जाती हैं। फिर भी कुछ आलोचक घटनाओं की पारम्परिक असम्बद्धता देखकर इसकी औपन्यासिकता पर प्रश्नचिह्न लगा देते हैं।

इतने विशाल नाटक की घटनाओं और क्रिया-व्यापारों को अन्विति न मिलने से स्थान-स्थान पर नाटकीय गति में भारी अवरोध उत्पन्न हो जाता है। प्रथम अंक की व्यापक घटनाएँ और क्रियाएँ द्वितीय अंक के व्यापारों से पूर्णतया सम्बद्ध नहीं की जा सकी हैं। दूसरे अंक के बाद एक कथा समाप्त हो जाती है, तीसरा अंक दूसरे अंक से जिस तन्तु से जुड़ा हुआ है वह अत्यन्त दुर्बल है। दूसरे अंक के विदेशी आक्रमण की कोई नाटकीय प्रतिक्रिया तीसरे अंक पर नहीं हो पाती। तीसरा अंक अपने-आपमें गतिशील और पूर्ण है, किन्तु जहाँ तक चौथे अंक से सम्बन्ध की बात है वह गतिशून्य और जड़ हो गया है। तीसरे अंक में दूसरी स्वतंत्र कथा

पुनः समाप्त हो जाती है। ऐसी स्थिति में चौथा अंक अनपेक्षित और व्यर्थ प्रतीत होता है। 'स्कन्दगुप्त' में व्यक्तिगत प्रेम-व्यापारों को सामाजिक महत्त्व के कार्यों से जोड़कर नाटक में जो रसात्मक प्रगाढ़ता, अन्विति और गत्यात्मकता ले आई गई है, वह 'चन्द्रगुप्त' में नहीं दिखाई पड़ती। अलका का देश-सेविका का रूप इतना अधिक उभार दिया गया है कि उसकी नारी-जनोचित सरसता बहुत कुछ कृत्रिम हो गई है। कार्नेलिया की सृष्टि एक ऐतिहासिक माँग की पूर्ति करती है, किन्तु नाटकीय गति की दृष्टि से उसका विशेष महत्त्व नहीं आँका जा सकता। मालविका का मूक बलिदान और कल्याणी की निरीह आत्माहुति के सम्बन्ध में भी बहुत कुछ वही बात कही जा सकती है। चाणक्य और सुवासिनी की प्रेमासक्ति बहुत कुछ औपचारिक प्रतीत होती है। नाटकीय वस्तु-योजना और चरित्र-निर्माण की दृष्टि से 'चन्द्रगुप्त' के आकस्मिकता का बाहुल्य नाटकीय दृष्टि से बहुत श्लाघ्य नहीं ठहराया जा सकता।

वस्तु-विन्यास की दृष्टि से प्रसाद की अन्तिम नाट्य-रचना 'ध्रुवस्वामिनी' काफी अच्छी बन पड़ी है। 'ध्रुवस्वामिनी' के तीनों अंक अपने में पूर्ण और गतिशील तो हैं ही, एक-दूसरे से कारण और कार्य के रूप में भी सम्बद्ध हैं। प्रथम अंक की प्रतिक्रिया के रूप में द्वितीय अंक और द्वितीय अंक की प्रतिक्रिया के रूप में तृतीय अंक की योजना नाटक को समग्रतः गतिपूर्ण बना देती है। 'ध्रुवस्वामिनी' का शकराज द्वारा माँगा जाना, रामगुप्त के साथ उसका शक-शिविर में जाना, सिंहासनारोहण के लिए परिषद की मंत्रणा ऐसी घटनाएँ हैं, जो अनेक क्रिया-व्यापारों से सहज रूप से सम्बद्ध हैं। जहाँ प्रसाद के अन्य नाटकों में उनके गीत नाटकीय वस्तु-स्थिति से थोड़ा-बहुत निःसंग होने के कारण वस्तु-योजना में अधिक सहायता नहीं पहुँचाते, वहाँ 'ध्रुवस्वामिनी' में कोमा का प्रसंग वस्तु-विन्यास में क्या योग देता है, यह विचारणीय है। कोमा की कहानी नारी-समस्या को बल देती है, शकराज के चरित्र पर प्रकाश डालती है, प्रेम की वेदी पर बलि चढ़कर एक अवसादपूर्ण वातावरण की सृष्टि करती है, किन्तु वह वस्तु-विन्यास का अनिवार्य अंग नहीं बन पाई है। फिर भी इस नाटक का वस्तु-विन्यास इतना गठा हुआ है कि नाटकीय प्रभावान्विति में किसी प्रकार की कमी नहीं आती।

प्रसाद के नाटकों की वस्तु-विन्यास सम्बन्धी जिन त्रुटियों का उल्लेख ऊपर किया गया है, उनसे नाटकीय ढाँचे में शिथिलता और विशृंखलता दिखाई पड़ती है, लेकिन इनके आधार पर उनकी महत्ता का आकलन नहीं किया जा सकता। शेक्सपियर के नाटकों की वस्तु-योजनापरक त्रुटियों का कम उल्लेख नहीं हुआ है। फिर भी उसकी ऊँचाई तक अन्य नाटककारों की रचनाएँ नहीं पहुँच पाईं। प्रसाद के कुछ परवर्ती नाटककारों में वस्तु-विन्यास सम्बन्धी त्रुटियाँ नहीं दिखाई पड़तीं लेकिन फिर भी वे प्रसाद के समकक्ष नहीं रखे जाते। प्रसाद की सहज गम्भीरता से अभिमंडित नाटकीय परिवेश, अपूर्व रसग्राही-चेतना का सन्निवेश तथा गुण-

दोष-समन्वित आरोह-अवरोहपूर्ण मांसल चरित्र-निर्माण उनके नाटकों को आज भी अप्रतिम बनाए हुए हैं। यदि उनके नाटकों में वस्तु-विन्यास सम्बन्धी त्रुटियाँ न होतीं तो निश्चय ही उनके नाटकों का और भी गौरवपूर्ण स्थान होता।

चरित्र-चित्रण

प्रसाद आधुनिक साहित्य की अप्रतिम सर्जनात्मक प्रतिभा थे। इनकी सर्जना का उत्कृष्टतम रूप चरित्रगत विशेषताओं के उद्घाटन में दिखाई पड़ता है। अभी तक हिन्दी-नाटकों के चरित्रों को स्वतंत्र व्यक्तित्व नहीं मिल पाया था, वे नाटककारों के व्यक्तित्वों से चिपटे रह गए थे। प्रसाद ने पहली बार उन्हें व्यक्तित्व प्रदान किया। उन्होंने अपने पात्रों को अधिक-से-अधिक सहानुभूति दी और उनके अन्तर्द्वन्द्वों और बाह्य संघर्षों को अत्यन्त मार्मिक ढंग से चित्रित किया। कहीं पर इनके चित्रों की रेखाएँ खूब पुष्ट और उभरी हुई हैं, जो पात्रों की सूक्ष्मातिसूक्ष्म भंगिमाओं को व्यक्त करने में पूर्ण समर्थ हैं और कहीं रेखाओं के हल्के स्पर्शों से पात्रों की सम्पूर्ण भावुकता को कुशलतापूर्वक अंकित किया गया है।

इनके नाटकों के पात्रों को धीरोदात्त या धीरोद्धत्त के बँधे-बँधाए स्थूल मापों से नहीं नापा जा सकता और न मानव, दानव आदि के कठघरे में ही डाला जा सकता है। ऊपर-ऊपर से एक विशेष ढंग के दिखाई देने पर भी वे परम्परायुक्त मान्यताओं और नाटकीय सिद्धान्तों का अतिक्रमण कर जाते हैं। अत: उनका उचित स्थान निर्धारित करने के लिए उनकी विविध परिस्थितियों तथा उनके प्रति उनकी मनोवैज्ञानिक प्रतिक्रियाओं की जाँच करनी पड़ेगी। उनके नाटकीय पात्रों की सामान्य विशेषताओं को देखते हुए सुविधा की दृष्टि से उन्हें कतिपय श्रेणियों में रखा जा सकता है—(1) महत्त्वाकांक्षी पात्र, (2) राष्ट्रीय एकता और स्वतंत्रता के लिए सब कुछ उत्सर्ग कर देनेवाले स्त्री-पुरुष, (3) कूटनीति के आचार्य, (4) भारतीय आध्यात्मिकता के प्रतीक महात्मा और ऋषि, (5) भारतीय नारीत्व का प्रतिनिधित्व करनेवाली करुण-तितिक्षा की जीवन्त मूर्ति नारियाँ, (6) अनेक गुण समन्वित अपनी परिस्थितियों में टूटने और निर्मित होनेवाली स्त्रियाँ और (7) संगीत की अन्तिम लहरदार तान छोड़ जानेवाले गीतिमय नारी पात्र।

महत्त्वाकांक्षी पात्र

'राज्यश्री' का विकटघोष, 'अजातशत्रु' का कुणीक (अजातशत्रु) और विरुद्धक; स्कन्दगुप्त का भटार्क—सभी महत्त्वाकांक्षी पात्र हैं। ये सभी जीवन में ऐश्वर्य, वैभव, शक्ति और प्रतिष्ठा प्राप्त करना चाहते हैं। इनके लिए वे समस्त सम्बन्धों, उपकारों

और नैतिक मानों की अवहेलना करने में कुछ भी संकोच नहीं करते। महत्त्वाकांक्षा इनके जीवन का साध्य है, इसे प्राप्त करने के लिए वे किसी भी साधन का उपयोग कर सकते हैं। ये मनोवैज्ञानिक अर्थ में अहंवादी (Egoist) नहीं हैं। महत्त्वाकांक्षा की मृगतृष्णा उन्हें एक के बाद दूसरे षड्यंत्रों और साहसपूर्ण कार्यों में संलग्न रखती है।

उपर्युक्त पात्रों को महत्त्वाकांक्षा-युक्त बनाने का बहुत कुछ दायित्व उनकी वैयक्तिक और सामाजिक परिस्थितियों पर भी है। बुद्धि और अवस्था की अपरिपक्वावस्था में ही प्रव्रज्या ग्रहण करने के कारण शान्तिदेव (विकटघोष) अपनी ऐहिक कामनाओं से विरक्त नहीं हो सका था। उस पर बलात लादी गई प्रव्रज्या उसे कुछ ही दिनों में असह्य हो गई। अपनी उपेक्षा करनेवाले संसार की उपेक्षा करने का दृढ़ निश्चय उसे डाकू बना देता है। अजातशत्रु को इस भयानक दिशा में ले जाने का श्रेय उसकी माता छलना को है। विरुद्धक से उसकी माँ ने कहा था, "महत्त्वाकांक्षा के प्रदीप्त अग्निकुंड में कूदने को प्रस्तुत हो जाओ, विरोधी शक्तियों का दमन करने के लिए काल-स्वरूप बनो, साहस के साथ उनका सामना करो, फिर या तो तुम गिरोगे या वे ही भाग जाएँगी।" प्रसेनजित का शक्तिमती को दासीपुत्री कहकर अपमानित करना विरुद्धक में एक क्रूर प्रतिशोध भर देता है। माता का आह्वान सुनकर वह अधिक देर तक कोशल में नहीं रुक सका। सम्राट के समक्ष भटार्क के ऊपर जो व्यंग्य-बाण बरसाए गए, उन्हीं से प्रतिहिंसा की कृत्या उत्पन्न हुई। अनन्त देवी और विजया के सम्पर्क ने उसकी महत्त्वाकांक्षा की अग्नि में आहुति का कार्य किया।

इन महत्त्वाकांक्षी व्यक्तियों में सामान्य समता होने पर भी इनके लक्ष्य भिन्न-भिन्न हैं। शान्तिदेव (विकटघोष) रूप और वैभव की चकाचौंध में आत्मविस्मृत होकर अपनी अकिंचनता के प्रति विद्रोही बन बैठता है। राज्यश्री की रूपासक्ति उसमें क्रूरतापूर्ण साहसिकता भर देती है। उसके रूप की भयंकर लपटों में जलता हुआ विकटघोष अनेक भयानक कार्य करता हुआ दिखाई पड़ता है। रूप की मदिरा से विवेकभ्रष्ट डाकू के रूप में जघन्य से जघन्य कार्य करने में उसे विषाद के स्थान पर हर्ष का अनुभव होता है। धर्म और शान्ति के नाम पर वह कहता है, "मूर्ख, शान्ति को मैंने देखा है, कितने शवों में वह दिखाई पड़ी। शान्ति को मैंने देखा है, दरिद्रों के भीख माँगने में।...धर्म को मैंने खोजा—जीर्ण पत्रों में, पंडितों के कूट तर्क में; उसे बिलखते पाया। मुझे उसकी आवश्यकता नहीं।" उद्दाम काम-वासना मनुष्य के जीवन को कितना उलट-पलट सकती है, विकटघोष इसका जीवित उदाहरण है। उन्नयन के अभाव में अनियंत्रित और अनवरुद्ध गति से वह अपनी दिशा में दौड़ता चला जाता है। मानवीय विकास के सरलतम सिद्धान्तों के अनुसार एक सीमा पर साधन स्वयं साध्य हो जाता है। ऐसी स्थिति में विकटघोष को हत्याओं में, रक्तपात में, एक अद्भुत आनन्द आने लगता है।

अजातशत्रु

प्रतिष्ठा, पद, राज्य-मर्यादा के प्रति तीव्र आकांक्षा अजातशत्रु को महत्त्वाकांक्षी बनाती है लेकिन अपनी आन्तरिक दुर्बलताओं के कारण वह पूर्ण रूप से इस श्रेणी में नहीं आ पाता। वास्तव में छलना अपनी महत्त्वाकांक्षा को और देवदत्त अपनी ईर्ष्याजन्य भावना को अजातशत्रु के माध्यम से प्रतिफलित देखना चाहते हैं। इनकी गहन छायाओं में उसका व्यक्तित्व पनप नहीं सका है। अजातशत्रु के ऊपर उद्दंडता और औद्धत्य का जो संस्कार पड़ा है उसे छलना और देवदत्त और भी पुष्ट करते हैं। लुब्धक की चमड़ी उधेड़ने की उसकी बाल-मनोवृत्ति बाद में पुष्ट होकर प्रजा के प्रति अपरूप उद्गार प्रकट करने के लिए उसे विवश करती है। काशी के विद्रोह का समाचार सुनकर वह कह उठता है, "प्रजा भी ऐसा कहने का साहस कर सकती है। चींटी भी पंख लगाकर बाज के साथ उड़ना चाहती है। राज-कर मैं न दूँगा। यह बात जिस जिह्वा से निकली, बात के साथ वह क्यों न निकाल ली गई...।"

उसका आदर्शशून्य आत्मकेन्द्रित जीवन अपने महत्त्व को अपनी माँ और अपने निःशक्त सहयोगियों तक ही सीमित रखता है। बहन पद्मावती की अवमानना, पिता बिम्बसार और सौतेली माँ वासवी का अकारण तिरस्कार, महात्मा गौतम के प्रति अशिष्टता उसके अनुचित संस्कार और त्रुटिपूर्ण शिक्षण के परिणाम हैं। मल्लिका के व्यक्तित्व से टकराकर वह दुर्धर्ष और क्रोधान्ध सर्प सहसा शान्त हो जाता है। फिर छलना के उकसा देने से वह युद्ध के लिए सन्नद्ध हो जाता है। सशक्त व्यक्तित्वों से टकराता हुआ उसका दुर्बल व्यक्ति गेंद की तरह उधर से इधर और इधर से उधर टकराता फिरता है। इस तरह स्वतंत्र विचारणा से शून्य और व्यक्तित्व की रिक्तता से पूर्ण अजातशत्रु नायकत्व की प्रतिष्ठा नहीं कर पाता।

विरुद्धक

शान्तिभिक्षु की भाँति विरुद्धक सच्चे अर्थ में महत्त्वाकांक्षी है, वह अजातशत्रु की भाँति परावलम्बी, आत्मकेन्द्रित अहंवादी (Egoist) नहीं है। वह भयानक साहसी, आत्मनिर्भर और अपने भाग्य का अपने-आप नियामक है। विरुद्धक शान्तिभिक्षु और अजातशत्रु से कई अर्थों में समान है। शान्तिभिक्षु को रूप और वैभव के लिए विकटघोष डाकू बनना पड़ा तो विरुद्धक को बहुत कुछ उसी कार्य के लिए शैलेन्द्र डाकू की भूमिका में उतरना पड़ा। एक संसार से उपेक्षित है, तो दूसरा पिता से तिरस्कृत। प्रतिशोध की भावना से दोनों ओत-प्रोत हैं। राज्यश्री के रूप की पिपासा शान्तिभिक्षु के सांसारिक जीवन में न बुझ सकी और न विरुद्धक मल्लिका के रूप लावण्य को भूल सका। अजातशत्रु की माता छलना और विरुद्धक की माता

शक्तिमती अपने-अपने पुत्रों को महत्त्वाकांक्षी बनाती हैं। दोनों अपने पिता के विरुद्ध हैं। समानधर्मी होने के कारण युद्ध-क्षेत्र में दोनों की सन्धि हो जाती है।

इन समस्त समानताओं के होते हुए भी विरुद्धक न तो शान्तिभिक्षु है और न अजातशत्रु। शान्तिभिक्षु की भाँति सच्चे अर्थ में महत्त्वाकांक्षी और विकट साहसी होते हुए भी उसके उद्‌देश्य और कार्य-पद्धति भिन्न हैं। शान्तिभिक्षु की अकिंचनता उसमें जिस भयंकर अन्धड़ और अविवेक की सृष्टि करती है, वह विरुद्धक में उतनी मात्रा में नहीं दिखाई पड़ती। अजातशत्रु की भाँति वह व्यक्तित्व-शून्य, परावलम्बी और खोखले अहंकार से पूर्ण नहीं है। उसमें अदम्य साहस, सुदृढ़ आत्मनिर्भरता और अडिग संकल्प-शक्ति है। अजातशत्रु और विरुद्धक की परिस्थितियों में भी अन्तर है। अजातशत्रु अपने पिता से सरलतापूर्वक सिंहासन प्राप्त कर लेता है और फिर समस्त राजकीय शक्तियों का उपयोग अपनी माता की महत्त्वाकांक्षा की पूर्ति और अपने अहं की तुष्टि में करता है। किन्तु प्रसेनजित दूसरी धातु का बना है। वह विरुद्धक को लांछित, अपमानित और निर्वासित करता है। विषम परिस्थितियाँ विरुद्धक को कर्मठ और उद्योगशील बनाती हैं। वह किसी अन्य व्यक्ति का मुखापेक्षी न होकर अपने बाहुबल से स्वत्व प्राप्त करना चाहता है। इस लक्ष्य की पूर्ति के लिए वह कोशल के सेनापति बन्धुल को अपनी ओर मिलाना चाहता है, किन्तु कृतकार्य नहीं होता। फिर अजातशत्रु को अपना मोहरा बनाकर वह अपना कार्य सिद्ध करना चाहता है। अजातशत्रु की दुर्बलता और आत्मकेन्द्रित प्रवृत्ति उसे विरुद्धक—के जाल में फँसा देती है।

श्यामा और विरुद्धक की प्रणय-लीला नाटक की गतिशीलता भले ही अवरुद्ध करती हो, लेकिन विरुद्धक के चारित्रिक उद्‌घाटन में सहायता ही पहुँचाती है। श्यामा के सौन्दर्य की ऊष्मा ने विरुद्धक को बहुत-से हिंस्र कार्यों से विरत कर दिया, विरुद्धक के साहसिक कार्यों के बीच यह अस्थायी शान्ति का समय दिखाई पड़ता है। उसे श्यामा का ऐकान्तिक प्रणय, मादकतापूर्ण यौवन, अक्षय विश्वास प्राप्त होता है। लेकिन महत्त्वाकांक्षा कोमल-से-कोमल सम्बन्धों का तिरस्कार और आत्मीय-से-आत्मीय व्यक्तियों का विश्वास मर्दन करती हुई अपने गन्तव्य तक पहुँचने का प्रयास करती है। श्यामा का गला घोंटने के पूर्व शैलेन्द्र में एक क्षणिक वेदना प्रादुर्भूत होती है, लेकिन उसके प्रतिशोध की दावाग्नि से वह अछूती नहीं बच सकी। महत्त्वाकांक्षा का पागलपन मनुष्य से क्या नहीं करा सकता?

श्यामा की प्रणय-भावना का तिरस्कार करके भी विरुद्धक मल्लिका के प्रति अपने प्रेम-भाव को विस्मृत न कर सका। मल्लिका ने उसे नि:स्वार्थ भाव से जीवन-दान दिया लेकिन विरुद्धक का उसका गलत अर्थ लगाना स्वाभाविक था। अन्ततोगत्वा मल्लिका के तप:पूत व्यक्तित्व से प्रभावित होकर वह श्यामा को अपनाने के लिए भी सन्नद्ध होता है, लेकिन श्यामा स्वत: प्रस्तुत न हो सकी।

भटार्क

भटार्क की महत्त्वाकांक्षा पूर्वोक्त अन्य पात्रों की महत्त्वाकांक्षाओं से भिन्न स्तर की है। उसकी महत आकांक्षा भी सारे नैतिक और अन्तर्वैयक्तिक मानों को कुचलती हुई अपने साध्य को प्राप्त करने के लिए ध्वंसात्मक साधनों का उपयोग करती है, किन्तु बीच-बीच में उसका अन्त:करण उसे रोकता-टोकता चलता है। कुछ समय के लिए वह अपने दुष्कृत्यों पर पश्चाताप करता हुआ वेदना से विकल हो उठता है। लेकिन अन्तरात्मा की पुकार के अनुकूल कार्य करने के लिए वह सन्नद्ध नहीं हो पाता। आखिर अन्त:करण की यह सात्त्विक प्रवृत्ति उसके जीवन को देश-हित की ओर मोड़ने में सफल होती है। विकटघोष जैसे बर्बर और आततायी का दिवाकर मित्र के उपदेश से पुन: प्रव्रज्या ग्रहण करना स्वाभाविक नहीं प्रतीत होता। इस प्रसंग को समाप्त करने के लिए यह अमनोवैज्ञानिक कल्पना की गई है। मल्लिका के सम्पर्क मात्र से विरुद्धक के स्वभाव का परिवर्तन भी कुछ इसी प्रकार का है। किन्तु भटार्क का अपने ध्वंसोन्मुख कार्यों से विरत होकर देशोद्धार के कार्य में उल्लासपूर्वक जुट जाना उसकी आत्मभर्त्सना और आत्मग्लानि का परिणाम है।

भटार्क गुप्त-साम्राज्य का अत्यन्त पराक्रमशील और शौर्यवान सेनानी था। साम्राज्य के अन्य अधिकारियों के न चाहते हुए भी अनन्तदेवी की कृपा से उसे महाबलाधिकृत का उच्च पद मिल गया था। अनन्तदेवी के प्रति कृतज्ञ होने के कारण उसके जीवन की दूसरी आकांक्षा हुई पुरुगुप्त को राजाधिराज के पद पर प्रतिष्ठापित करने की। इसके लिए उसने अनेक जघन्य कार्य किये। महाराजाधिराज कुमारादित्य की हत्या, महादेवी देवकी के वध का नीचतापूर्ण असफल षड्यंत्र और देवसेना को श्मशान भूमि में कापालिक के हाथ बलि चढ़ाने का खंडित प्रयास—उसी के कार्य थे। गुप्त सम्राट के सामने उस पर जो व्यंग्यवर्षा की गई, उसने उसके हृदय में प्रतिहिंसा का जो विष-बीज बोया वह अनन्तदेवी की कृतज्ञता और विजया के प्रतिशोध के खाद-पानी से निरन्तर बढ़ता गया। स्कन्दगुप्त की सदाशयता और उपकार की अवहेलना करके उसने कुभा के बाँध के साथ ही गुप्त-साम्राज्य की रीढ़ भी तोड़ दी।

जैसा ऊपर कहा जा चुका है, भटार्क का अन्त:करण उसके दुष्कर्मों की भर्त्सना बराबर करता रहा। पृथ्वीसेन और महाप्रतिहार की आत्महत्या के उपरान्त वह कहता है, "परन्तु भूल हुई। ऐसा स्वामिभक्त सेवक।" स्कन्दगुप्त से उपकृत होने के अनन्तर जब प्रपंचबुद्धि के प्रपंच में पड़कर वह पुन: दुरभिसन्धि में लिप्त होता है तब उसकी अन्तरात्मा बोल उठती है, "पाप-पंक में लिप्त मनुष्य को छुट्टी नहीं। कुकर्म उसे जकड़कर अपने नागपाश में बाँध लेता है। दुर्भाग्य!' कुभा की विभीषिका से आत्मविक्षुब्ध होकर अपने को धिक्कारता हुआ वह कहता है, "ऐसा

वीर, ऐसा उपयुक्त और ऐसा परोपकारी सम्राट! परन्तु गया। मेरी ही भूल से सब गया।" अपनी माँ के प्रति गहरा ममत्व रखते हुए भी वह अपनी महत्त्वाकांक्षा के आगे उसकी आज्ञा और भर्त्सना को अनसुनी कर देता है।

महत्त्वाकांक्षा की अन्तिम परिणति यही होती है जो भटार्क की हुई। वह खुद तो डूबता ही है, अपने साथ कुटुम्ब, मित्रमंडल, राष्ट्र सभी को डुबो देता है।

छलना, शक्तिमती, सुरमा, अनन्तदेवी और विजया

छलना और शक्तिमती प्रकृति से महत्त्वाकांक्षी हैं, किन्तु शक्ति और योजना की कमी के कारण उनकी सीमाएँ संकुचित हो गई हैं। राज्यश्री की सुरमा अपनी महत्त्वाकांक्षा के वशीभूत होकर कभी देवगुप्त और कभी विकटघोष की वासना-पूर्ति करती रहती है। अनन्तदेवी की महत्त्वाकांक्षा 'स्कन्दगुप्त' के सारे घटनाचक्रों, षड्यंत्रों और कथानक-विकास का केन्द्र बिन्दु है। वह अपना कार्य सिद्ध करने के लिए परिस्थितियों के अनुकूल क्रियाशील होने में अत्यन्त पटु है। कुमारगुप्त यौवन से भरी अनन्तदेवी के इशारों पर नाच रहे थे। भटार्क को आगामी खंड-प्रलय के लिए प्रस्तुत करना उसके बाएँ हाथ का खेल था। भटार्क के लिए वह बहुत दिनों तक अनबूझ पहेली बनी रही। भटार्क उसके सम्बन्ध में कहता है, "एक दुर्भेद्य नारी-हृदय में विश्व-प्रहेलिका का रहस्य बीज है। आह! कितनी साहसशीला स्त्री है! देखूँ, गुप्त-साम्राज्य की कुंजी यह किधर घुमाती है!" वह अच्छी तरह जानती है कि भटार्क को अपनी ओर मिलाना कितना जरूरी है। इसके लिए वह कभी अपने उपकारों का स्मरण दिलाती है और कभी प्रपंचबुद्धि की अतिमानवीय शक्ति से उसे आश्चर्य से अभिभूत कर देती है। स्त्रियों के दैन्य और आँसू की शक्ति का भी उसे पूरा भरोसा है। समय पड़ने पर वह इसका अवलम्ब भी ग्रहण करती है। विजया को अपने पद, प्रतिष्ठा और अधिकार के बल पर वह सहज में आतंकित कर देती है। भटार्क स्कन्दगुप्त आदि की कमजोरियों का उसे पता है और उनसे वह लाभ उठाती है। प्रसाद के नारी-पात्रों में इतना षड्यंत्रकारी और क्रूर कोई पात्र नहीं है। अपने वृद्ध पति कुमारादित्य के प्रति उसके मन में तनिक भी दया की भावना नहीं है, ह्रासोन्मुख गुप्त-साम्राज्य के प्रति कोई ममत्व नहीं है। यहाँ तक कि पुरुगुप्त उसकी महत आकांक्षाओं का एक हथियार मात्र मालूम पड़ता है। इसे प्रसाद की क्लियोपेट्रा कह सकते हैं।

विजया की मनोवृत्ति, मानसिक स्थिति, दृष्टिकोण, आशा-आकांक्षा का अध्ययन उसे महत्त्वाकांक्षी सिद्ध करता है। स्कन्दगुप्त जैसे उदासीन और कर्मठ राष्ट्रसेवी को भी आकृष्ट करनेवाला रूप और यौवन उसे प्राप्त है। प्रकृति ने उसे अपार सौन्दर्य और पिता ने अतुल धन दिया है। इन दोनों का उपयोग वह अपनी महत आकांक्षा की

सिद्धि में करना चाहती है। स्कन्दगुप्त के प्रति उसके अनुराग के मूल में स्कन्दगुप्त का युवराजत्व और उसके भावी जीवन की रंगीन कल्पना निहित है। देवसेना के सामने अनजान में वह अपने मन की आन्तरिक बात कह उठती है, "एक युवराज के सामने मन ढीला हुआ, परन्तु मैं उसे कुछ राजकीय प्रभाव भी कहकर टाल दे सकती हूँ।" चक्रपालित की ओर आकृष्ट होने पर देवसेना उसके मन की बात ताड़ जाती है और कह देती है कि "तुम समझती हो कि वह महत्त्वाकांक्षी है।" भटार्क गुप्त-साम्राज्य के महाबलाधिकृत के पद पर नियुक्त है और साथ ही प्रख्यात वीर भी है। विजया निस्संकोच उसका वरण कर लेती है। यद्यपि भटार्क के वरण के मूल में देवसेना के प्रति उसकी गलत धारणा की प्रतिक्रिया है तथापि स्वयं महत्त्वाकांक्षी भटार्क का व्यक्तित्व कम महत्त्व नहीं रखता। यह आत्मकेन्द्रित नारी अन्त में देश-सेवा की आड़ में स्कन्द को खरीदना चाहती है, किन्तु यह आत्म-प्रवंचना स्वयं उसको समाप्त कर देती है।

मनोवैज्ञानिक दृष्टि से वह दुर्बल भावुकतापूर्ण (Sentimental) नारी है। यह भावगत दौर्बल्य (Sentimentality) उसके समस्त व्यक्तित्व का अभिन्न अंग हो गया है। भटार्क के वरण तथा अन्त में स्कन्दगुप्त को धन से क्रय करने का दुस्साहस इसी मनोवृत्ति का फल है। लेकिन जहाँ तक अपने धन की रक्षा का प्रश्न है वह वणिक वर्ग का पूर्ण प्रतिनिधित्व करती है। यहाँ पर उसका भावुकतापूर्ण दौर्बल्य कुछ भी काम नहीं कर पाता।

रूपगर्विता मागन्धी की महत्त्वाकांक्षी प्रवृत्ति ने उसे जो रूप दिये उन्हें उसी के मुख से सुनना अधिक अच्छा है—"वाह री नियति! कैसे-कैसे दृश्य देखने में आए—कभी बैलों को चारा देते-देते हाथ नहीं थकते थे, कभी अपने हाथ से जल का पात्र तक उठाकर पीने से संकोच होता था, कभी शील का बोझ एक पैर भी महल के बाहर चलने में रोकता था और कभी निर्लज्ज गणिका का आमोद मनोनीत हुआ—अपनी परिस्थिति को संयत न रखकर व्यर्थ महत्त्व का ढोंग मेरे हृदय ने किया, काल्पनिक सुख-लिप्सा में पड़ी-उसी का परिणाम है। स्त्री-सुलभ एक स्निग्धता, सरलता की मात्रा कम होने जाने से जीवन में कैसे बनावटी भाव आ गए।"

मातृभूमि के उद्धारक पात्र

स्कन्दगुप्त

प्रसाद पराधीन भारत के हृदय की प्रत्येक धड़कन पहचानते थे और इसके अर्थ को ठीक ढंग से व्यक्त करने के लिए उन्होंने उत्कर्षमूलक ऐतिहासिक चरित्रों का सृजन किया। स्कन्दगुप्त मूलतः राष्ट्र का सैनिक और रक्षक है। उसे गुप्त-साम्राज्य

के नष्ट होने की उतनी चिन्ता नहीं है, जितनी आर्य-राष्ट्र के ध्वस्त होने की। उसका सारा आयोजन, क्रिया-प्रणाली, विपुल संघर्ष उसे एक कर्मठ किन्तु निस्पृह राष्ट्रीय सैनिक (नेता) सिद्ध करते हैं। महत्त्वाकांक्षा उसे छू तक नहीं गई है। इसके विपरीत वह अपने अधिकारों के प्रति उदासीन प्रतीत होता है, क्योंकि अधिकार-सुख मादक और सारहीन है। इससे व्यक्ति अपने को नियामक और कर्ता समझने लगता है। अधिकार-सुख की मनोवैज्ञानिक खामियों को देखकर उसके प्रति निर्लिप्त हो जाना उसकी मानसिक निर्मिति (Mental make-up) की विशेषता है। गुप्त-साम्राज्य के उत्तराधिकार का अस्थिर नियम भी उसकी इस दार्शनिक उदासीनता का एक कारण है।

लेकिन यह उदासीनता देश के प्रति उसके कठोर कर्तव्यों में बाधक नहीं बन पाती; बल्कि अधिकारों के व्यामोह में न पड़कर और भी तत्परता के साथ वह आर्य-राष्ट्र की रक्षा में जुट जाता है। सारे देश की आँखें इस निःस्वार्थ-कर्मी, वीर और पराक्रमी सेवक की ओर लगी रहती हैं। बन्धुवर्मा स्कन्द को आर्यावर्त का एकमात्र आशा-स्थल और उसी के कल्याण में आर्य-राष्ट्र का त्राण मानता है। मातृगुप्त, शर्वनाग, पर्णदत्त, चक्रपालित सभी उसी की ओर आँख लगाए हुए हैं। यहाँ तक कि विदेशी धातुसेन की दृष्टि में भी वह 'आशा का केन्द्र ध्रुवतारा' है। स्कन्दगुप्त मालव में मूर्धाभिषिक्त होने पर अपने राष्ट्रीय दृष्टिकोण को व्यक्त करता हुआ कहता है, "आर्य्यो! इस गुरू भार उत्तरदायित्व का सत्य से पालन कर सकूँ, और आर्य-राष्ट्र की रक्षा में सर्वस्व अर्पण कर सकूँ, आप लोग इसके लिए भगवान से प्रार्थना कीजिए और आशीर्वाद दीजिए कि स्कन्दगुप्त अपने कर्तव्य से, स्वदेश सेवा से, कभी विचलित न हो।" गुप्त-साम्राज्य को भी वह हरा-भरा देखना चाहता है। किन्तु उसकी क्रियात्मकता का मूलस्रोत देश-प्रेम है, साम्राज्य-प्रेम नहीं। भटार्क से इसीलिए उसने कहा था, "भटार्क, यदि कोई साथी न मिला तो साम्राज्य के लिए नहीं, जन्मभूमि के उद्धार के लिए मैं अकेला युद्ध करूँगा।" साम्राज्य से विरक्त होते समय भी वह देश की दुर्दशा के प्रति लोगों को सावधान करता है। वह अपने एकाकीपन पर क्षुब्ध होकर मातृभूमि को विस्मृत नहीं करता। उसका आत्मबल, स्वावलम्बन समस्त आपत्तियों के विरुद्ध उसे अकेला खड़ा रखता है। यदि वह चाहता तो अर्थपिशाच हूणों को धन देकर देश की रक्षा कर सकता था, क्योंकि उसे विजया का रत्नभंडार प्राप्त हो गया था। परन्तु यह नैतिकता के विरुद्ध था। अपने को बेचकर साम्राज्य की रक्षा करना उसका अभिप्रेत कभी भी नहीं रहा।

स्कन्दगुप्त के देवोपम आदर्श, उदात्त नैतिक मान्यताएँ और महान औदार्य आदि गुणों ने भटार्क जैसे प्रबल प्रतिपक्षी को प्रायश्चित करने के लिए बाध्य किया। लेकिन राजनीति के क्षेत्र में उसके ये ही गुण उसकी असफलताओं के लिए भी उत्तरदायी हैं। सच पूछिए तो अपने सदाचारों का वह स्वयं शिकार हो गया। यदि आन्तरिक विद्रोह में योग देनेवाले देशद्रोहियों को प्रारम्भ में ही वह बुरी तरह कुचल देता तो

कुभा की दर्दनाक घटना न घटती। किन्तु उसकी राजनीतिक असफलताएँ उसकी चारित्रिक सफलताओं की कोटि में ही परिगणित की जाएँगी।

माता के प्रति असीम श्रद्धा, विजया के भरे यौवन और मादक सौन्दर्य के प्रति सहज आसक्ति तथा देवसेना के तप:पूत अनौपचारिक प्रेम के प्रति कर्तव्यपूर्ण रुझान उसके वैयक्तिक जीवन की पूर्ण झाँकी प्रस्तुत करती है।

स्कन्दगुप्त के साथियों में गुप्त-साम्राज्य का वृद्ध सेनापति पर्णदत्त बिजली की भाँति चमककर अपनी कौंध की अमिट छाप छोड़ जाता है। कतिपय रेखाओं द्वारा इसका पूर्ण चरित्र अंकित कर लेखक ने एक भाव-प्रवण कुशल शिल्पी होने का अच्छा परिचय दिया है। कुभा की दुर्घटना के बाद विपर्यस्त देश को संगठित करना उसके चरित्र की सबसे बड़ी विशेषता है। इस अनुभवी सेनापति को जनबल में अटूट आस्था है। वह जानता है कि अवशिष्ट सैन्यबल से विदेशियों को निष्कासित करना टिटिहरी का पैरों के बल आकाश थामना है। इसलिए वह जनता से भीख माँगता है—प्राणों की भीख, "मुझे जय नहीं चाहिए, भीख चाहिए। जो दे सकता हो अपने प्राण, जो जन्मभूमि के लिए उत्सर्ग कर सकता हो जीवन, वैसे वीर चाहिए, कोई देगा भीख में?" देशभक्ति की बलिवेदी पर आत्माहुति देनेवाला बन्धुवर्मा राष्ट्र का बिना दाम का सेवक है। कवि मातृगुप्त अपनी कविता से देश में प्राण फूँक देने का कार्य करता है। इन सभी देशभक्तों के अमूल्य सहयोग से स्कन्दगुप्त हूणों को पराजित करने में समर्थ हो सका। लेकिन हूणों को पराजित करते-करते वह स्वयं पराजित हो जाता है, टूट जाता है। स्कन्दगुप्त 'रोमैंटिक एगोनी' का जीवन्त उदाहरण है।

चाणक्य

चाणक्य का चरित्र प्रसाद की सर्वोत्तम सृष्टि है। इतना सशक्त व्यक्तित्व, दृढ़ इच्छा-शक्ति, अदम्य उत्साह तथा प्राणवत्ता अन्यत्र नहीं मिलेगी। लेकिन चाणक्य बेचारे को ब्राह्मणत्व के आच्छादन से ढँककर आलोचकों ने उसे बहुत कुछ तेजहत कर दिया है। चन्द्रगुप्त के शब्दों में वह आर्य साम्राज्य का निर्माणकर्ता है। उसका ब्राह्मणत्व राष्ट्र की शुभचिन्ता में निहित है क्योंकि एक जीव की हत्या से डरनेवाले तपस्वी बौद्ध आर्यावर्त की रक्षा में असमर्थ थे। देश के कल्याण के लिए अनेक खंड-राज्यों को मिटाकर वह एक लोकप्रिय किन्तु शक्तिशाली केन्द्रीय राज्यसत्ता की स्थापना करना चाहता था। सिकन्दर जैसे आक्रामक के समक्ष देश में एकसूत्रता की स्थापना चाणक्य का असाधारण व्यक्तित्व ही कर सकता था। नन्द की सभा में उसका अपमान तो एक निमित्त बन गया।

सिंहरण को मालव और मगध का भेद मिटाकर आर्यावर्त का नाम लेने का उपदेश देना, तक्षशिला के गुरुकुल में ही यवनों की गतिविधि के प्रति जागरूक

रहना, पर्वतेश्वर को अपनी ओर मिलाने का उपक्रम करना, मालवों और क्षुद्रकों की बिखरी सैन्य-शक्तियों को चन्द्रगुप्त के सेनापतित्व में रखना उसकी कूटनीतिज्ञता और अप्रतिम प्रतिभा और विशाल आयोजन के प्रमाण हैं। इन समस्त आयोजनों के मूल में विदेशियों को देश से बाहर खदेड़ना और एक केन्द्रीय व्यवस्था की स्थापना एक ही सिक्के के दो पहलू हैं।

चाणक्य के विचार सुलझे हुए और मेधा अत्यन्त तीक्ष्ण और परिपक्व है। वह आत्यन्तिक रूप से आत्मविश्वासी और सतर्क है। सुवासिनी के प्रति उसके मन में कोमल भावना की सन्निहिति बहुत कुछ औपचारिक हो गई है। वस्तुतः वह लौहस्तम्भ के समान अप्रणत, अनबूझ पहेली की भाँति रहस्यमय, विपक्षियों के लिए यमराज की तरह क्रूर और निर्दय है। उसके शब्दकोश में असम्भव शब्द का कहीं पता नहीं है। उसकी प्रतिज्ञा है कि "दया किसी से न माँगूँगा, और अधिकार तथा अवसर मिलने पर किसी पर न करूँगा। क्या कभी नहीं? हाँ, हाँ, कभी-किसी पर नहीं। मैं प्रलय के समान अबाध गति और कर्तव्य में इन्द्र के वज्र के समान भयानक बनूँगा।" निरीह कल्याणी की आत्महत्या पर उसका यह कहना कि 'चन्द्रगुप्त, आज तुम निष्कंटक हुए' निष्ठुरता की चरम सीमा है। कुसुम की तरह कोमल और संगीत की तरह मधुर मालविका को बलिवेदी पर चढ़ा देना चाणक्य जैसे अद्भुत व्यक्ति का ही कार्य है। "चाणक्य सिद्धि देखता है, साधन चाहे कैसे ही हों।" कर्तव्य के पालन में भावावेग को वह कोई स्थान नहीं देता—यहाँ तक कि चन्द्रगुप्त के संवेगों को भी वह बार-बार चोट पहुँचाता है। उसके कार्य करने की एक विशेष प्रणाली है, जिसकी प्रखरता में कोमल भावों के कमलतन्तु छिन्न-भिन्न हो जाते हैं।

वह अपने प्रबल प्रतिद्वन्द्वी राक्षस की कमजोरियों को, चन्द्रगुप्त की भावुकतापूर्ण प्रवृत्तियों को, कार्नेलिया की आन्तरिक अभीप्सा को अच्छी तरह जानता है। उपयुक्त अवसर पर सभी से काम निकालता है। लेकिन चाणक्य के कंकाल में जो दिव्य ज्योति दिखाई पड़ती है, उसकी चमक से चन्द्रगुप्त के पात्रों की आँखें झप जाती हैं, पाठक भय-मिश्रित आश्चर्य से उसके रहस्यपूर्ण व्यक्तित्व को देखते रह जाते हैं। कर्तव्य की कठोरता से प्रदीप्त चाणक्य का व्यक्तित्व हमें प्रेरणा देता है, बल देता है, भाग्यवाद के विपरीत कर्मवाद में विश्वास जगाता है। उसके प्रति पाठकों के मन में आदर, प्रतिष्ठा आदि उच्च भाव जागरित होते हैं, किन्तु सहानुभूति नहीं उत्पन्न हो पाती। वह स्वयं सहानुभूति से घृणा जो करता है।

चन्द्रगुप्त मौर्य

चन्द्रगुप्त क्षात्र-तेज से संवलित, रणकुशल, स्वावलम्बी और आत्मसम्मान से ओत-प्रोत है। जिस समय आर्यावर्त त्रिदेशियों से विमंदित और आन्तरिक विग्रहों और

अव्यवस्थाओं से जर्जर हो रहा था, उस समय चाणक्य की देखरेख में चन्द्रगुप्त ने जो साहस और पराक्रम दिखाया उससे वह अत्यन्त उच्च कोटि का देश-सेवक सिद्ध होता है। देश को बेच और अपने सम्मान को ठुकराकर स्वार्थ-साधना उसका अभीष्ट नहीं है। इसलिए सिकन्दर की अयाचित सहायता वह ठुकरा देता है। विदेशियों की रणनीति से परिचित होने के कारण वह भारतीय युद्ध-प्रणाली में भी परिवर्तन करता है। उसके जीवन का एक बहुत बड़ा ध्येय है यवनों को देश की सीमा के बाहर हटाना। वह सिंहरण से कहता है, "यवनों को यहाँ से हटाना है, और उन्हें जिस प्रकार हो, भारतीय सीमा के बाहर करना है। इसलिए शत्रु की नीति से ही युद्ध करना होगा!"

चाणक्य के दूर होने पर और सिंहरण का पत्र प्राप्त होने पर उसका क्षात्र-तेज द्विगुणित हो जाता है और वह अकेले विदेशियों को निष्कासित करने के लिए चल पड़ता है। चाणक्य के सर्वग्रासी व्यक्तित्व की छाया उसे कुंठित नहीं कर पाती। प्रसाद के अन्य नाटकों की भाँति इसके जीवन में भी कई प्रेमिकाएँ आती हैं—यह इसके जीवन का कोमल पक्ष है। त्याग, क्षमा आदि आर्योचित गुणों से भी यह सम्पन्न है। फिर भी स्कन्दगुप्त के चरित्र की भाँति इसके चरित्र में उतार-चढ़ाव नहीं दिखाई पड़ता, इसलिए इसके चरित्र में थोड़ी-बहुत एकरसता भी आ गई है।

चन्द्रगुप्त का अभिन्न सखा सिंहरण अनन्य देशभक्त, वीर और कुशल सैनिक है। सिंहरण की प्रेमिका और बाद में पत्नी अलका देश की स्वतंत्रता का झंडा फहराने वाली नायिका के रूप में अधिक चित्रित हुई है। इसलिए उसके चरित्र के स्त्रीत्व को देखने का कम अवसर मिल पाता है। इतिहास-प्रसिद्ध पौरव वीर, जिसने एक बार अलक्षेन्द्र को भी युद्ध का पाठ पढ़ाया था, प्रसाद की सहानुभूति नहीं प्राप्त कर सका है। अपने स्वामी तथा मगध के प्रति अविचल भक्ति रखनेवाला 'मुद्राराक्षस' का राक्षस यहाँ कठिनाई से पहचाना जाता है। 'मुद्राराक्षस' का राक्षस यहाँ आकंठ मन्दिर में डूबा हुआ सचमुच का राक्षस हो जाता है।

अलका

स्त्री-पात्रों में अलका ही एक ऐसा पात्र है जो सक्रिय रूप से उस लड़ाई में योग देती दिखाई पड़ती है जो विदेशी आक्रमणकारियों को निकालने तथा देश को एकसूत्र में पिरोने के लिए की जा रही थी। उसके कार्य का महत्त्व इसलिए भी अधिक है कि वह एक देशद्रोही की बहिन है।

एक मानचित्र के सिलसिले में वह न्यायाधिकरण के सामने प्रस्तुत की जाती है। उस समय वह कहती है, "महाराज! मुझे दंड दीजिए, कारागार में भेजिए, नहीं तो मैं मुक्त होने पर भी यही करूँगी। कुल-पुत्रों के रक्त से आर्यावर्त की भूमि

सिंचेगी...। महाराज! आर्यावर्त के सब बच्चे आम्भीक जैसे नहीं होंगे। वे इसकी मान-प्रतिष्ठा और रक्षा के लिए तिल-तिल कट जाएँगे...! तब बचे हुए क्षतांग वीर गान्धार को-भारत के द्वार-रक्षक को—विश्वासघाती के नाम से पुकारेंगे और उसमें नाम लिया जाएगा मेरे पिता का!..."

आम्भीक को अपने कार्य से विरत करने में विफल होकर वह गान्धार छोड़ देती है। फिर तो वह जगह-जगह भटकती फिरती है—कभी दांडायन के आश्रम में, कभी पर्वतेश्वर के बन्दीगृह में। आवश्यकता पड़ने पर उसे स्वाँग रचना भी खूब आता है। अपनी इसी विशेषता के कारण वह सिंहरण को पर्वतेश्वर के चंगुल से छुड़ा पाती है।

जरूरत के वक्त वह तलवार भी उठाती है और घायलों की सेवा-शुश्रूषा भी करती है। किन्तु उसकी ये सारी अच्छाइयाँ उसके अपने निजी चरित्र को उजागर नहीं होने देतीं। लगता है, इसकी सृष्टि करते समय प्रसाद के मन में कांग्रेस आन्दोलन की देश-सेविका बराबर बनी रही।

भारतीय नारीत्व के प्रतिनिधि पात्र

मल्लिका

भारतीय नारीत्व का प्रतिनिधित्व करनेवाले पात्रों में मल्लिका का नाम सर्वप्रथम लिया जाएगा। वह अत्यन्त महिमामयी नारी है। स्त्री-सुलभ सौजन्य और संवेदना तथा कर्तव्य और धैर्य की जीवन्त प्रतिमा मल्लिका के आगे सारिपुत्र, प्रसेनजित, अजातशत्रु और विरुद्धक के साथ पाठकों का शीश भी श्रद्धावनत हो जाता है। विधाता की सृष्टि का अपार सौन्दर्य, अमिताभ गौतम की असीम करुणा, स्त्री की सम्पूर्ण सरलता और स्निग्धता उसे एक साथ ही प्राप्त हैं।

पति के प्रति अगाध स्नेह रखते हुए भी उसके कर्तव्य-मार्ग में अवरोध उत्पन्न करना उसकी महिमा के विरुद्ध है। अपने पति बन्धुल के युद्ध-कौशल तथा स्वामिभक्ति के प्रति उसे सहज गर्व है। अकेले पाँच सौ मल्लों को परास्त करने की अपने स्वामी की यश:कथा वह सोल्लास कह जाती है। महामाया से अपने पति के वध का गुप्त षड्यंत्र सुनकर भी वह किंचित विचलित नहीं होती। इस तरह वह असाधारण चरित्र की कोटि में पहुँच जाती है। पति के आकस्मिक निधन का कठोर अभिशाप झेलती हुई दूसरे दिन सारिपुत्र के आतिथ्य में कोई त्रुटि नहीं आने देती। इसी से आनन्द उससे स्वयं शिक्षा ग्रहण करता है और सारिपुत्र उसे 'महिमामयी' और 'मूर्तिमयी करुणा' कहकर सम्बोधित करता है।

प्रतिहिंसा की बलवती बर्बरता से उद्विग्न कारायण उसके असाधारण चरित्र को देखकर कह उठता है, "आप देवी हैं। सौरमंडल से भिन्न जो केवल कल्पना के आधार पर स्थिर है, उस उच्च जगत की बातें सोच सकती हैं।" अपने पति के हत्यारे विरुद्धक की शुश्रूषा से वह पूर्ण मानवता तथा विश्व मैत्री का अद्भुत परिचय देती है। मल्लिका की महिमा को आँकने के लिए हमें भौतिक जगत से ऊँचा उठना होगा, अन्यथा हमारी आवाज कारायण की ही आवाज होगी।

परिस्थितियों में टूटने और निर्मित होनेवाली नारियाँ

कल्याणी

प्रसाद के नारी-पात्रों में कल्याणी सबसे अधिक अभाग्यवान और व्यथापूर्ण पात्र है। इसकी मौन-वेदना और गहन अन्तर्द्वन्द्व 'आकाशदीप' की चम्पा की याद दिलाते हैं। दोनों के अन्तर्द्वन्द्वों में एक अद्भुत साम्य है। लेकिन चम्पा का सौभाग्य कल्याणी को कहाँ प्राप्त हो सका? उसके प्रिय जल-दस्यु की प्रणय-याचना के समान गौरव उसे कब मिला? स्कन्दगुप्त की देवसेना का संगीतमय जीवन प्रिय की आराधना में बीता लेकिन उसकी आकांक्षाएँ फलवती न हुईं। फिर 'स्कन्दगुप्त' की प्रतिज्ञा उसे प्रतिदान के रूप में मिली। मालविका को चन्द्रगुप्त और कोमा को शकराज का थोड़ा-बहुत स्नेह और सहानुभूति और सम्पर्क उपलब्ध हुआ। लेकिन कल्याणी अपनी वेदना को अपने अन्तस्थल में दबाए मूक भाव से संसार से विदा हो जाती है। वृषल नन्द की राजकुमारी के साथ मौखिक सहानुभूति प्रकट करनेवाला भी कोई नहीं है—कोई नहीं है—उसका आराध्य चन्द्रगुप्त भी नहीं। उसके देखते-देखते मगध साम्राज्य छिन गया, पिता की कायरतापूर्ण हत्या की गई, जीवन में कुछ शेष नहीं बच पाया। मगध के राज-सौध उसी तरह खड़े थे, गंगा शोण से उसी तरह स्नेह से मिल रही थीं, नगर का कोलाहल पूर्ववत था। नन्दवंश पहले ही नष्ट हो चुका था। और आज अवशिष्ट चिह्न भी (कल्याणी) मिटा दिया गया। अन्त में चाणक्य की क्रूरतापूर्ण वाणी ने जैसे उसके शव को पैरों से ठुकरा दिया।

ध्रुवस्वामिनी

ध्रुवस्वामिनी के जीवन में अनेक प्रकार की आपत्तियाँ आती हैं, जिनके थपेड़ों से झूमती हुई वह आगे बढ़ती जाती है। प्रारम्भ से ही विचारों के ऊहापोह और अन्तर्द्वन्द्वों में उलझी हुई वह परिस्थितियों से टकराती फिरती है। कभी परिस्थितियों को प्रतिकूल देखकर वह टूटती हुई दिखाई पड़ती है तो कभी परिस्थितियों के

आनुकूल्य से उसकी आशा-लता हरी-भरी हो उठती है। उसके व्यक्तिगत जीवन की समस्याएँ सामाजिक जीवन की समस्याएँ बन गई हैं। वह वाग्दत्ता पत्नी थी चन्द्रगुप्त की लेकिन ब्याही गई रामगुप्त से। विवाह के बाह्य-बन्धनों में बँधने मात्र से कोई समस्या नहीं खड़ी हो सकती थी, समस्या तो उसके अन्तरतम से उत्पन्न हुई। वह आन्तरिक मन से चन्द्रगुप्त पर अनुरक्त थी लेकिन बाह्य सामाजिक मर्यादाओं को तोड़ने में असमर्थ थी। आन्तरिक प्रवृत्तियों और बाह्य सामाजिक मर्यादाओं में जो असामंजस्य की स्थिति उत्पन्न होती है, उससे अनेक प्रकार की अव्यवस्थाओं की सृष्टि होती है। रामगुप्त का क्लैव्य और संशयात्मक मनोवृत्ति, दोनों उसे और भी दृढ़-चित्त बना देते हैं। शकराज की मृत्यु के पश्चात तो वह अपने पक्ष का खुलकर प्रतिपादन करती है और चन्द्रगुप्त को लौह-शृंखला तोड़कर अपनी अधिकार-रक्षा में जुट जाने की सलाह देती है।

पर नए विचारों और संस्कारों के दो पाटों के बीच पिसती हुई वह कहती है—

"...क्या वह मेरी भूल न थी—जब मुझे निर्वासित किया गया, तब मैं अपनी आत्म-मर्यादा के लिए कितनी तड़प रही थी और राजाधिराज रामगुप्त के चरणों में रक्षा के लिए गिरी; पर कोई उपाय चला? नहीं! पुरुषों की प्रभुता का जाल मुझे अपने निर्दिष्ट पथ पर ले ही आया।...पृथ्वी-तल से एक साकार घृणा निकलकर मुझे अपने पीछे लौट चलने का संकेत कर रही है।..."

अन्त में वह शास्त्रबद्ध मर्यादाओं का परित्याग करती हुई युगानुरूप नए आदर्शों की सृष्टि करती है।

गीतिमय नारी-पात्र

देवसेना, मालविका और कोमा के माध्यम से प्रसाद ने अपने व्यक्तित्व की एकान्त गीतिमयता को मूर्त रूप दिया है। प्रणय-वेदना से इनके रोमतारों में जो कम्पन बँधा, वह छूटा नहीं। इनके जीवन की रागिनी में, आदि से अन्त तक, प्रणय और प्रेम की एक कसक-भरी गूँज सुनाई पड़ती है। प्रेम की जीवन्त प्रतीक इन नारियों की नैराश्य भावना ने इन्हें बहुत कुछ दार्शनिक भी बना दिया है। फिर भी व्यापक सामाजिक हितों की इन्होंने उपेक्षा नहीं की है।

सामान्य रूप से इन काव्यात्मक चरित्रों में एक समता दिखाई पड़ती है, किन्तु इनमें पर्याप्त विभिन्नता भी सन्निहित है। संगीत सभा की अन्तिम लहरदार और आश्रयहीन तान-सी देवसेना, खिले हुए पुष्प-सी मकरन्द लुटाकर मुरझा जाने वाली मालविका और वृन्त पर मुकुलित किन्तु खिलखिलाकर हँसने में असमर्थ फूल-सी कोमा के अलग-अलग व्यक्तित्व हैं। देवसेना ने दिया बहुत—तन, मन और धन—सब कुछ। लेकिन बदले में उसे केवल वह वेदना मिली जिसकी कसक-

भरी गूँज 'आह वेदना मिली विदाई' के रूप में पाठकों के कोमल चित्त पर एक अमिट छाप छोड़ जाती है। उसका स्वाभिमान—कठोर स्वाभिमान—अन्तिम दिनों में भी उसे निष्काम और प्रतिदान-शून्य भक्त बनाए रहा। उसकी देशभक्ति, त्याग, सहिष्णुता आदि अनेक विशेषताएँ उसके वैयक्तिक अनुराग के ही विभिन्न रूप हैं। अनेक प्रकार के राष्ट्रीय कार्यों में उलझी हुई भी वह अपने अन्तर्द्वन्द्वों को विस्मृत नहीं कर पाती—कर भी नहीं सकती। प्रेम नारी का स्वरूप है। उसे छोड़कर उसके पास शेष भी क्या रहेगा? अपनी कल्पनाओं को आशा-भरी, दुलार-भरी कल्पनाओं को सुलाती हुई कहती है, "हृदय की कोमल कल्पना! सो जा। जीवन में जिसकी सम्भावना नहीं, जिसे द्वार पर आए हुए लौटा दिया था, उसके लिए पुकार मचाना तेरे लिए क्या अच्छी बात है?..."

मालविका—स्वर्गीय कुसुम मालविका—का मूक उत्सर्ग अनौपचारिक प्रेम का आदर्श है। युद्ध में इसने भी सेवा का व्रत लिया है किन्तु देवसेना के स्वभाव के विपरीत युद्ध से घृणा करती है। चन्द्रगुप्त की शय्या पर बैठने मात्र से उसमें जो मादकता जागरित होती है, वह कितनी सहज और कितनी मनोवैज्ञानिक है! कोमा का प्रेम थोड़ा-बहुत सामी (Sematic) प्रकृति का ज्ञात होता है। प्रारम्भ में लगता है कि उसका प्रेम एक विशेष ऋतु का प्रेम है। उस ऋतु विशेष के पश्चात उसकी क्या स्थिति होगी, नहीं कहा जा सकता। 'यौवन तेरी अंचल छाया' गीत से भी उपर्युक्त कथन की पुष्टि होती है। लेकिन कोमा देवसेना की तरह अतिशय गम्भीर और रहस्यमयी नहीं है और न मालविका की तरह अतिशय भावुक। वह अपने मनोभावों को छिपाना नहीं जानती। मनोवैज्ञानिक दृष्टि से विचार करने पर कोमा के कथन में पर्याप्त तथ्य दिखाई पड़ेंगे। यौवनागमन के समय ही एक विशेष प्रकार की अतृप्ति, आकांक्षा, मिलनोत्सुकता जागरित होती है। इसलिए कोमा अपनी सरलता में अत्यन्त मोहक बन गई है। ध्रुवस्वामिनी के आगमन का संवाद सुनकर और शकराज की उदासीनता देखकर वह अपने को अपमानित अनुभव करने लगी। शकराज से दूर जाने पर भी प्रेम-पीड़ा की कसक दूर नहीं की जा सकी। आचार्य मिहिरदेव से कोमा कहती है, "तोड़ डालू पिताजी! मैंने जिसे अपने आँसुओं से सींचा वही दुलार-भरी वल्लरी...न, ऐसी कठोर आज्ञा न दो!" देवसेना को उसका प्राप्य—स्कन्दगुप्त—मिलकर भी उसकी अपनी ग्रन्थियों के कारण नहीं मिल पाया, मालविका के उत्सर्ग में एक शान्ति और तृप्ति दिखाई पड़ती है। लेकिन सरल कोमा को अपने प्रिय का शव मिला, वह भी अपमानित होकर। उसका बसन्ती यौवन, प्रेम का पागलपन, अरमानों का सुनहला विश्व अग्नि की विकराल लाल लपटों में सर्वदा के लिए शान्त हो गया। इन तीनों प्रेमिकाओं में कोमा का उच्छ्वास सर्वाधिक निरीह, करुण और उपेक्षामय है। नाटकीय घटनाक्रम में भी इस उपेक्षित रत्न को कहीं जड़ा नहीं जा सका है।

कथोपकथन

प्रसाद के प्रयोगकालीन नाटकों में अन्य नाटकीय तत्त्वों की भाँति कथोपकथन भी अव्यावहारिक तथा कृत्रिम हैं। संस्कृत नाटक-प्रणाली के अनुसार पात्र अपनी सामाजिक प्रतिष्ठा के अनुरूप संस्कृत, प्राकृत आदि भाषाओं का प्रयोग करते देखे जाते हैं। 'प्रायश्चित' में प्रसाद ने इसी रूढ़ि का अनुसरण किया है। इसमें आकाश-भाषित की योजना भी की गई है। किन्तु इसके पूर्व के 'सज्जन' में जिस पद्यात्मक कथोपकथन का समावेश किया गया है, उसे प्रायश्चित में हटा दिया गया है। बाद में प्रसाद ने कथोपकथन का नया ढंग अपनाया।

कथोपकथन नाटक का सर्वप्रमुख उपजीव्य है। नाटक का कथानक कथोपकथन के ताने-बाने से बुना जाता है। कथानक को विशृंखल अथवा सुशृंखल, गतिशील अथवा अगतिशील बनाने का बहुत कुछ श्रेय कथोपकथन को है। क्रिया-व्यापार और चरित्र की सूक्ष्मातिसूक्ष्म विशेषताओं को कथोपकथन द्वारा ही उद्घाटित करना सम्भव है। प्रसाद के कथोपकथन में उपर्युक्त दोनों विशेषताएँ एक सीमा तक दिखाई देती हैं। प्रसाद के व्यक्तित्व की दार्शनिकता और काव्यात्मक भावुकता उनके कथोपकथनों में प्राय: मिलती हैं। उनकी दार्शनिकता के कारण कथोपकथन जहाँ-तहाँ दुर्बोध और अस्पष्ट हो गए हैं, लेकिन उनकी काव्यात्मक भावुकता से कथोपकथन की सारी रुक्षता धुल जाती है और उसके स्थान पर एक ताजगी, स्निग्धता और तरलता दिखाई पड़ती है। इससे वे यथार्थवादियों की गद्यात्मक कर्कशता (Prosaic crudeness) से सहज में ही बच जाते हैं।

विशाल और चन्द्रलेखा, भिक्षु और सुश्रवानाग के संवाद कथा को गति देते हैं। अजातशत्रु के प्रारम्भ में ही कथोपकथन से कथानक गतिशील होता है और अजातशत्रु, पद्मावती, छलना और वासवी के चरित्र पर प्रकाश पड़ता है। इन चरित्रों की मूलभूत विशेषताएँ सहज में ही सामाजिकों की पकड़ में आ जाती हैं। जनमेजय, काश्यप, सरमा, स्कन्दगुप्त, विजया, देवसेना, पर्णदत्त, चन्द्रगुप्त, चाणक्य, कल्याणी आदि पात्रों की वाणी उनकी चारित्रिक विशेषताओं को प्रकट करने में पूर्ण समर्थ है।

नाटक के कथोपकथन अस्वाभाविक होते हैं। अस्वाभाविक का तात्पर्य यह है कि सामान्य जीवन की वार्ताओं की अपेक्षा उनमें एक साहित्यिक वैशिष्ट्य होता है। इस अस्वाभाविकता को स्वाभाविक बनाने के लिए संवादों में संवेगात्मकता का पुट अत्यन्त आवश्यक है। जब तक पात्र रुक्ष बौद्धिक स्तर से उतरकर हृदय की भाषा का व्यवहार नहीं करते तब तक उनके संवादों में मर्मस्पर्शिता नहीं आ पाती। प्रसाद के पात्रों की यह विशेषता पाठकों के साथ उनका रागात्मक सम्बन्ध स्थापित कर देती है। परिस्थितियों की विभिन्नता और मानसिक स्थितियों की विविधता कथोपकथन की शैली को अनेक रूप-रंग देती है। लेकिन सच्चा नाटककार उनकी

संवेगात्मकता को प्राय: विस्मृत नहीं करता। प्रसाद के नाटकों में सबसे अधिक बुद्धिजीवी पात्र चाणक्य है। उसके संवादों में भी उसका हृदय लिपटा हुआ दिखाई पड़ता है। दो-एक उदाहरण लीजिए—

> "सो कैसे होगा अविश्वासी क्षत्रिय! इसी से दस्यु और म्लेच्छ साम्राज्य बना रहे हैं और आर्य जाति पतन के कगारे पर खड़ी एक धक्के की राह देख रही है।"
>
> × × ×
>
> "महाराज! उसे सीखने के लिए मैं तक्षशिला गया था और मगध का सिर ऊँचा करके उसी गुरुकुल में मैंने अध्यापन का कार्य भी किया है। इसलिए मेरा हृदय नहीं मान सकता कि मैं मूर्ख हूँ।"

यहाँ पर जान-बूझकर उन उदाहरणों को नहीं लिखा गया है जिनमें चाणक्य का भावावेग स्पष्ट रूप से उभरकर सामने आया है। इन सामान्य संवादों में भी उसकी आत्मा का तीव्र आग्रह ओझल नहीं हो पाया है।

प्रसाद की गीतिमयी नारियों के सम्बन्ध में केवल इतना ही कहना है कि जो पात्र जितने भावाकुल हैं, वे उतने ही अधिक एकान्तप्रिय और मौन हैं। कल्याणी और मालविका का मूक बलिदान ड्राइडेन की इन पंक्तियों की याद दिलाता है—

But my own experience I can tell,
Those who love truly do not argue well.

इसी प्रकार उत्साह, शोक, हास्य आदि स्थायी भावों की अभिव्यक्ति के लिए संवादों के विषय और शैली में पर्याप्त अन्तर दिखाई पड़ेगा।

व्यंग्य, विनोद, वाक्-वैदग्ध्य, प्रत्युत्पन्नमतित्व आदि संवाद के शोभन तत्त्व हैं। प्रसाद के गम्भीर नाटकीय वातावरण में इनके लिए कम अवकाश रहा है। फिर भी इनके संवादों में व्यंग्यादि का एकान्त अभाव नहीं है। विशाख स्थान-स्थान पर अपने प्रत्युत्तर में व्यंग्य का प्रयोग करता हुआ दिखाई पड़ता है, "मैंने अच्छी तरह विचार कर लिया है कि आपको इतनी भूमि का अन्न खाकर मोटा होने की आवश्यकता नहीं।"..."वे उसे मठ नहीं, विहार कहते हैं।" 'चन्द्रगुप्त' और 'ध्रुवस्वामिनी' में समय पर व्यंग्य—कभी-कभी कठोर व्यंग्य—के दर्शन होते हैं। हृदय की खीज और मानसिक आक्रोश को तीव्र बनाने के लिए व्यंग्य का पैना अस्त्र बड़ा अमोघ सिद्ध होता है। आम्भीक के पूछने पर कि तुम्हारी बातचीत में कुछ रहस्य है, सिंहरण उत्तर देता है—

"हाँ-हाँ, रहस्य है! यवन आक्रमणकारियों के पुष्कल स्वर्ण से पुलकित होकर, आर्यावर्त की सुख-रजनी की शान्ति-निद्रा में, उत्तरापथ की अर्गला खोल देने का

रहस्य है। क्यों राजकुमार! सम्भवत: तक्षशिलाधीश बाल्हीक तक इसी रहस्य का उद्घाटन करने गए थे?"

इसी तरह प्रतिहारी के पूछने पर कि 'भट्टारक इधर आए हैं क्या?' ध्रुवस्वामिनी ईषत मुस्कराते हुए कहती है, "मेरे अंचल में तो छिपे नहीं हैं। देखो, किसी कुंज में ढूँढ़ो।"

प्रसाद ने स्त्री-पात्रों के संवादों में कटूक्तियों को विशेष स्थान दिया है। यह उनके नारी-मनोविज्ञान का सूक्ष्म परिचायक है। कटूक्तियों का व्यवहार करनेवाले प्राय: अगम्भीर और दुर्बल मन:स्थिति के व्यक्ति होते हैं। सामान्यत: पुरुषों की अपेक्षा नारी-जाति में यह गुण विशेष रूप से पाया जाता है। छलना, शक्तिमती, अनन्तदेवी ऐसी ही नारियाँ हैं।

प्रसाद के संवादों की कमजोरी उनकी गहन दार्शनिकता में निहित है। उनके पात्र जहाँ तत्त्व-चिन्तन के ऊहापोह में उलझ जाते हैं वहाँ उनकी वक्तृता अत्यन्त दुर्बोध और जटिल हो जाती है। लम्बे-लम्बे भाषणों के मूल में भी गुह्य और रहस्य की गाँठें खोलने का आभास ही है। 'स्कन्दगुप्त' में चतुष्पथ के पास धातुसेन के लम्बे शास्त्रीय संवाद, 'चन्द्रगुप्त' में मालव-शूद्रकों के युद्ध परिषद के समय चाणक्य की लम्बी वक्तृता केवल दुर्बोध ही नहीं, बहुत कुछ अनावश्यक भी है। अजातशत्रु के कारायण और शक्तिमती के संवाद इस तरह लम्बे हो गए हैं कि सामाजिकों के धैर्य का बाँध टूट जाता है। लगता है, जैसे दो स्कूली विद्यार्थी रटे-रटाए भाषण देने के लिए रंगमंच पर बारी-बारी से उपस्थित होते हैं। इस तरह के दार्शनिकता से बोझिल लम्बे भाषण कथा की गति को अवरुद्ध करते हैं, चरित्रों को निर्जीव सैद्धान्तिक आच्छादन से ढँक देते हैं और सामाजिकों की रसमग्नता में विक्षेप डालते हैं।

स्वगत : माध्यम और वस्तु का संघर्ष

ऊपर कहा जा चुका है कि नाटक का उपजीव्य कथोपकथन है। भरत ने कथोपकथन को नाटक का शरीर बताया है। किन्तु आत्मा का निवास शरीर में ही होता है। यह कथोपकथन पात्रों के मनोभावों और क्रियाओं का इजहार करता है। किन्तु ये कथोपकथन चाहे जितने जोरदार और सुसंगत हों, इनकी अपनी सीमाएँ होती हैं। जहाँ पर संवादों के द्वारा जटिल भावनाओं को अभिव्यत करना सम्भव नहीं होता है, वहाँ वस्तु और अभिव्यक्ति के माध्यम से संघर्ष उत्पन्न होता है। नाटककार कथोपकथन की सीमाओं को तोड़कर दूसरी पद्धतियों के अपनाने की कोशिश करता है। भरत ने जिन नृत्यों, गीतों, नाट्य-धर्मियों, चारियों आदि का उल्लेख अपने नाट्यशास्त्र में किया है, वे माध्यम और वस्तु के संघर्ष के फल होंगे। आधुनिक पाश्चात्य नाटकों में इस संघर्ष के फलस्वरूप अनेक प्रयोग हुए हैं।

स्वगत भी माध्यम और वस्तु के संघर्ष के कारण ही आया होगा। यह दूसरी बात है कि कालान्तर में यह नाट्य-रूढ़ि के रूप में प्रयुक्त होने लगा। प्रसाद के 'विशाख' नाटक के महापिंगल ने कहा है, "जैसे नाटकों के पात्र स्वगत जो कहते हैं, वह दर्शक-समाज या रंगमंच सुन लेता है, पर पास का खड़ा पात्र नहीं सुन सकता, उनको भरत बाबा की शपथ है।" इससे स्पष्ट है कि प्रसाद स्वगत को एक नाट्य-रूढ़ि मानते रहे होंगे। किन्तु उनके नाटकों में स्वगत का प्रचुर प्रयोग हुआ है। इसे नाट्य-रूढ़ि माना जाए या माध्यम और वस्तु का संघर्ष?

दो उदाहरण लीजिए—

(1) "अधिकार-सुख कितना मादक और सारहीन है! अपने को नियामक और कर्ता समझने की बलवती स्पृहा उससे बेगार कराती है! उत्सवों में परिचारक और अस्त्रों में ढाल से भी अधिकार-लोलुप मनुष्य क्या अच्छे हैं?"

(2) "सीधा तना हुआ, अपने प्रभुत्व की साकार कठोरता, अभ्रभेदी उन्मुक्त शिखर! और इन क्षुद्र कोमल निरीह लताओं और पौधों को इसके चरण में लोटना ही चाहिए न!"

पहला उद्धरण स्कन्दगुप्त का है, दूसका ध्रुवस्वामिनी का। दोनों में सूक्ष्म और गूढ़ मनोदशाओं की व्यंजना की गई है। सामान्य संवादों के द्वारा स्कन्दगुप्त और ध्रुवस्वामिनी की इन अन्तर्दशाओं को सामाजिकों तक प्रेषित नहीं किया जा सकता था। इनके माध्यम से नाटककार उनकी स्थिति, द्वन्द्व, चरित्र और मनोदशाओं को सफलतापूर्वक अभिव्यक्त कर सका है। ये उद्धरण उनके चरित्रगत विकास के बीज हैं। स्कन्दगुप्त की उदासीनता और ध्रुवस्वामिनी की कसमसाहट को अत्यन्त प्रभावशाली रेखाओं और रंगों में उकेर दिया गया है!

प्रगाढ़ वैयक्तिक संवेदनाओं को देवसेना की इस स्वगतोक्ति में देखा जा सकता है, "हृदय की कोमल कल्पना! सो जा। जीवन में जिसकी सम्भावना नहीं, जिसे द्वार पर आए हुए लौटा दिया था, उसके लिए पुकार मचाना क्या तेरे लिए कोई अच्छी बात है? आज जीवन के भावी सुख, आशा और आकांक्षा—सबसे मैं बिदा लेती हूँ।" मालविका, कल्याणी आदि की अनुभूतियाँ जिनमें प्रगीतात्मक तत्त्व पाए जाते हैं, वे स्वगत में ही व्यंजित हुई हैं। इसके अतिरिक्त कोई चारा भी नहीं था।

जहाँ इनके द्वारा घटनाओं की सूचना दी गई है वहाँ स्वगत माध्यम और वस्तु के संघर्ष के रूप में नहीं आया है, क्योंकि उसे अन्य ढंग से भी व्यक्त किया जा सकता है। ये मात्र नाट्य-रूढ़ियाँ हैं।

प्रसाद ने स्वगत का विधान सामान्यत: दृश्यों के आरम्भ और अन्त में किया है। कभी-कभी उसे दृश्यों के बीच में भी विन्यस्त कर लिया गया है। स्कन्दगुप्त, शर्वनाग आदि टहलते हुए स्वगत वार्ता करते हैं, प्रपंच-बुद्धि क्षिप्रातट पर और देवसेना

उद्यान में। टहलते हुए जो स्वगत आयोजित किये गए हैं, वे चिन्तात्मक हैं और वे व्यक्तिगत होते हुए भी अन्यों से सम्बद्ध हैं। नदीतट और उद्यान के स्वगत बहुत कुछ वैयक्तिक हैं। दृश्यों के अन्त के स्वगत टिप्पणियों के रूप में दिखाई पड़ते हैं, चाहे वे भटार्क के हों चाहे बन्धुवर्मा के। ये प्राय: किसी प्रकार का प्रयोजन सिद्ध नहीं करते। दृश्य के बीच में आए हुए स्वगत कथा-वस्तु के अनिवार्य अंग नहीं बन पाते। 'चन्द्रगुप्त' के प्रथम अंक में सिंहरण का यह स्वगत 'एक अग्निमय पंक का स्रोत...मयूर से नाचेंगे' ऐसा लगता है, मानो सिंहरण चन्द्रगुप्त और चाणक्य को संकेत करता है कि आप लोग जरा मंच से बाहर चले जाइए, मुझे स्वगत बोलना है।

पर वैसा कोई नियम नहीं है। दृश्य के आरम्भ में चाणक्य और शकटार आदि के स्वगत विवरणात्मक अधिक हैं। इसलिए वे प्रभावशाली नहीं बन पाए हैं। वस्तुत: माध्यम और वस्तु के संघर्ष के रूप में न आने पर स्वगत नाट्य-रूढ़ि ही प्रतीत होगा। प्रसाद में यह रूढ़ि कम नहीं है।

अभिनेयता : एक प्रश्न-चिह्न

अभिनेयता की दृष्टि से विचार करने पर प्रसाद के अधिकांश नाटकों की सफलता पर प्रश्न-चिह्न लगा दिया जाता है। घटना-विस्तार, दृश्यों की बहुलता, लम्बे-लम्बे दार्शनिक संवाद, भाषा की क्लिष्टता, स्वगत-कथन आदि के कारण आधुनिक उपकरणों से सुसज्जित मंचों पर भी उन्हें उतरना कठिन हो जाता है। उपयुक्त निर्देशक मिलने पर भी योग्य अभिनेताओं का मिल पाना सम्भव नहीं होता। संयोगात इन दोनों के मिल जाने पर दर्शकों तक उन्हें प्रेषणीय बना पाना एक समस्या हो जाती है।

किन्तु जहाँ एक ओर उनके नाटक अरंगमंचीययुक्त माने जाते हैं वहाँ अपने औदात्य के कारण हिन्दी नाटकों में उन्हें बेजोड़ भी कहा जाता है। इस असंगति की संगति क्या है? अगर रंगमंच और नाटक की श्रेष्ठता का अनिवार्य सम्बन्ध है तो श्रेष्ठ होने के कारण उनके नाटकों को मंचोपयुक्त भी मानना पड़ेगा। यदि रंगमंच और नाटक की श्रेष्ठता का अनिवार्य सम्बन्ध नहीं स्वीकारा जाता तो उपर्युक्त प्रश्न बहुत कुछ बेमाने हो जाता है।

यह देखा जाता है कि घटिया दर्जे के नाटक भी रंगमंच पर सफलतापूर्वक खेले गए हैं और उनका प्रभाव भी पड़ा है। स्वयं चेखव के नाटक भी पहले-पहल मंच की दृष्टि सबसे बुरी तरह असफल सिद्ध हुए थे। प्रसाद के नाटकों को अमंचोपयुक्त करार देने के पहले उन्हें कितनी बार खेलने की कोशिश की गई? संस्कृत, अंग्रेजी, फ्रांसीसी नाटकों को मंचों पर बार-बार उतारा गया। किन्तु प्रसाद के नाटकों पर किसी निर्देशक ने कृपा नहीं की। उनके नाटकों के मंचीय संस्करण के आधार कुछ पर फतवा दिया जाता तो उसका कुछ अर्थ होता। प्रसाद के नाटकों का साहित्यिक

मूल्य असन्दिग्ध हो चुका है। यदि ये मंच पर खरे नहीं उतरते तो रंगमंच की खराबी हो या फिर यह स्वीकारना होगा कि नाटक और मंच का अनिवार्य सम्बन्ध नहीं है।

बिम्ब-योजना और गीत

नाटक को दृश्य काव्य कहा गया है। स्पष्ट है कि नाटक पूर्णतः बिम्बात्मक कला है। भरत ने इसे क्रीडनीयक (क्रीडनीयकमिच्छामो दृश्यं श्रव्य च यद्भवेत्) कहा है। कालिदास ने गणदास से मालविकाग्निमित्र में कहलाया है कि यह 'चाक्षुषऋतु' है। क्रीडनीयक और चाक्षुषयज्ञ होने के कारण यह साहित्य की अन्य विधाओं से अलग हो जाता है। यह दृश्य और श्रव्य दोनों है। इसलिए इसे भाषा से इतर बिम्बों, रंग-सज्जा, अभिनेता, मंडल, चारी, नृत्य, गीत आदि का प्रयोग करना पड़ता है। संवादों के लिए भाषा का माध्यम ग्रहण करना अनिवार्य होता है जो भाषण से अनेक अर्थों की व्यंजना करता है। इसके साथ ही ध्वनि, टोन, लय आदि के द्वारा आदिम बिम्बों की भी अभिव्यक्ति होती है।

नाटक को इस देश में रूपक या रूप कहा जाता है। रूप का मतलब है जिसे दृश्यता के कारण रूपाकार मिलता है। रोनाल्ड पीकाक के शब्दों में यदि इसे 'एक्सटेंडेड मेटाफर' कहा जाए तो कोई हर्ज नहीं है। भाषागत बिम्बों तथा भाषेतर बिम्बों का अपने-आप में महत्त्व नहीं है। इन छोटे-छोटे बिम्बों को एकत्रित होकर पूर्ण बिम्ब की रचना करनी पड़ती है। जो बिम्ब रूपक को जितने गहरे अर्थ में 'एक्सटेंडेड मेटाफर' बनाने में सहायता करेगा, बिम्ब की सम्पूर्णता में जितना योग देगा वह उतना ही सशक्त होगा। यह बिम्ब-सम्पूर्णता अपने-आप में साध्य नहीं है—यह साधन है मानवीय संवेदना की सृष्टि का। एक उदाहरण लीजिए—"...उत्सवों में परिचारक और अस्त्रों में ढाल से भी अधिकार-लोलुप मनुष्य क्या अच्छे हैं?..." यह स्कन्दगुप्त का स्वगत है। 'परिचारक' और 'ढाल' शब्दों द्वारा जो बिम्ब प्रस्तुत किये गए हैं वे स्कन्दगुप्त की परिस्थिति, मनोदशा, चरित्र आदि को अत्यन्त प्रभावशाली ढंग से प्रस्तुत करते हैं। परिचारक उत्सव का वास्तविक आयोजक और कर्ता होता है और फिर भी उत्सव में सबसे अधिक उपेक्षित और तिरस्कृत होता है, वह सबसे अधिक संयुक्त होकर भी असंयुक्त रहता है। क्या यह स्वयं स्कन्दगुप्त नहीं है? ढाल मार सहती है, मार करती नहीं। इन शब्दों का रूपकात्मक महत्त्व सम्पूर्ण नाटक में व्याप्त है। स्कन्दगुप्त के समस्त जीवन का लेखा-जोखा लेने पर वह परिचारक और ढाल के अतिरिक्त और कुछ नहीं प्रतीत होता। इस नाटक का जो पूर्ण बिम्ब प्रस्तुत होता है, उससे ये अनिवार्य रूप से सम्बद्ध हैं। नाटक के ट्रैजिक टोन में इनका महत्त्वपूर्ण योग है।

स्कन्दगुप्त के चरित्र और मनोदशा से सम्बद्ध दो बिम्ब और लीजिए—

(1) "शान्त रजनी में मैं ही धूमकेतु हूँ। यदि मैं न होता तो यह संसार स्वाभाविक गति से, आनन्द से, चला करता...कहीं भी कामना की वन्या नहीं।..."

(2) "बौद्धों का निर्वाण, योगियों की समाधि और पागलों की-सी सम्पूर्ण विस्मृति मुझे एक साथ चाहिए। चेतना कहती है, तू राजा है और उत्तर में जैसे कोई कहता है कि तू खिलौना है—उसी खिलवाड़ी वटपत्रशायी बालक के हाथों का खिलौना है। तेरा मुकुट श्रमजीवी की टोकरी से भी तुच्छ है।"

कामना की कोई वन्या न होने पर भी स्कन्दगुप्त की स्थिति धूमकेतु जैसी है। अन्त:पुर का सारा कुचक्र, छल, आँधी-तूफान, शोर-शराबा उसी को लेकर है। वह न होता तो कुछ न होता। लेकिन वह है परिचारक की भाँति, ढाल की भाँति, धूमकेतु से उसकी संगति स्वाभाविक है।

एक साथ ही, निर्वाण, समाधि, सम्पूर्ण विस्मृति की माँग के मूल में परिस्थितिजन्य निराशा का गहरा विक्षोभ है। मुकुट को श्रमजीवी की टोकरी से भी तुच्छ समझना उसकी उस उदासीनता का क्रियात्मक पक्ष है जिसे प्रारम्भ में देखा गया था। इन सभी बिम्बों को 'परिचारक' और 'ढाल' एकसूत्रता प्रदान करते हैं।

श्रव्य काव्य के बिम्बों से दृश्यकाव्य के बिम्ब भिन्न होते हैं। मूर्तीकरण दोनों में होता है। पर दृश्यकाव्य के बिम्ब अभिनेयता के वास्तविक या काल्पनिक परिपार्श्व में निर्मित होते हैं। इसलिए उनकी प्रभावान्विति अपेक्षाकृत अधिक गहरी और तीव्र होती है। नाटक के सन्दर्भ में बननेवाले बिम्ब हमेशा चरित्रगत होंगे और उनके साथ परिस्थिति विशेष की सम्पृक्ति अनिवार्य है। इनके बिम्बों को सादृश्यमूलक अलंकारों तक ही सीमित नहीं रखना होगा। अन्य प्रकार के वर्णन भी इसमें समाविष्ट होंगे—

"सूचीभेद्य अन्धकार में छिपनेवाली रहस्यमयी नियति का—प्रज्वलित कठोर नियति का—नील आवरण उठाकर झाँकनेवाला। उसकी आँखों में अभिचार का संकेत है, मुस्कराहट में विनाश की सूचना है; आँधियों से खेलता है; बातें करता है—बिजलियों से आलिंगन।"

इससे प्रपंचबुद्धि का ऐन्द्रजालिक व्यक्तित्व पूरी तरह उभरकर प्रत्यक्षीकृत होता है।

यों उनके भिन्न-भिन्न नाटकों में भिन्न-भिन्न प्रकार के बिम्बों की प्रधानता मिलेगी। स्कन्दगुप्त में संगीत के बिम्ब अधिक हैं—भैरवी स्वर, शृंगीनाद, तांडवनृत्य से लेकर वागेश्वरी का कोमल करुण स्वर संगीत तक।

जयमाला कहती है, "...रुद्र का शृंगीनाद, भैरवी का तांडवनृत्य और शस्त्रों का वाद्य निकलकर भैरव संगीत की सृष्टि होती है।...ध्वंसमयी महामाया प्रकृति का निरन्तर संगीत है।...अत्याचार के श्मशान में ही मंगल का, शिव का, सत्य सुन्दर संगीत का समारम्भ होता है।"

देवसेना को देखिए—

"उसका स्वर अन्य वृक्षों से नहीं मिलता। वह अकेले अपने सौरभ की तान से दक्षिण-पवन में कम्प उत्पन्न करता है, कलियों को चटकाकर, ताली बजाकर, झूम-झूमकर नाचता है।...वह कोमल स्वर में गाता है।"

देवसेना के कथोपकथन में बार-बार संगीत के बिम्ब उभरते हैं—करुण कोमल संगीत के बिम्ब। उसका व्यक्तित्व निम्नलिखित बिम्बों में अपनी समग्रता में उजागर हो उठता है—

"संगीत सभा की अन्तिम लहरदार और आश्रयहीन तान, धूपदान की सूक्ष्म क्षीण गन्ध-धूम रेखा, कुचले हुए फूलों का म्लान सौरभ, और उत्सव के पीछे का अवसाद, इन सबों की प्रतिकृति क्षुद्र नारी-जीवन!"

इसमें चार बिम्बों को एक साथ पिरोया गया है। ये मिलकर उसके जीवन की करुणा को अत्यन्त गहरा बना देते हैं।

रामा विशेष परिस्थिति में 'पिशाचिनी-सी' प्रलय की काली आँधी बनकर कुचक्रियों के जीवन की काली राख अपने शरीर में लपेटकर तांडव नृत्य करने को प्रस्तुत है। इसी प्रकार विजया कभी कृत्या बनना चाहती है, कभी 'प्रलय की अनल शिखा।'

अपनी समस्त विजयों के बावजूद नाटक का जो सम्पूर्ण बिम्ब सामने आता है उसमें साम्राज्य पोत के 'टूटे हुए पटरे और पतवार' दिखाई पड़ते हैं।

चन्द्रगुप्त के बिम्बों में भी आँधी, करका-वृष्टि, अवर्षण, दावाग्नि, नीललोहित, प्रलय, जल-प्लावन आदि वातावरण, स्थिति, चरित्र आदि पर प्रकाश डालते हैं। पर चाणक्य-दांडायन के कथोपकथन में ऐसे बिम्ब बनते हैं जो कर्मठता, विपत्तियों में भी लहलहाते रहने की प्रेरणा देते हैं। गणतंत्र 'वन्यवीरुध' के समान हरे-भरे हैं और सिंहरण 'वन्य निर्झर के समान स्वच्छ और स्वच्छन्द'।

इस नाटक में एकाध जगह प्रतीकात्मक बिम्ब अर्थ की गहराई और तीखेपन में बहुत ही प्रभावशाली बन पड़े हैं—

"...मैं कुत्ता, साधारण युवक और इन्द्र को कभी एक सूत्र में नहीं बाँध सकता। कुत्ता कुत्ता ही रहेगा; इन्द्र इन्द्र! सुनो वररुचि! मैं कुत्ते को कुत्ता ही बनाना चाहता हूँ..."

चाणक्य भाषा ठीक करने के पहले मनुष्यों को ठीक करना चाहता है। इसलिए पाणिनि के सूत्र की अपनी व्याख्या करता है। कुत्ते का प्रतीकात्मक महत्त्व है, नीच, अपदार्थ, उपेक्षणीय और यह है नन्द। कहना न होगा कि इन्द्र चन्द्रगुप्त का संकेत देता है।

इसी प्रकार का एक प्रतीकात्मक बिम्ब ध्रुवस्वामिनी में भी है, "इस राजकुल में एक भी सम्पूर्ण मनुष्यता का निदर्शन न मिलेगा क्या? जिधर देखो कुबड़े, बौने, हिजड़े, गूँगे और बहरे।"

बिम्ब-योजना में संगीत का महत्त्व कम नहीं आँका जा सकता। संगीत अंग्रेजी के 'म्युजिक' का समानार्थी नहीं है। इसमें गीत और नृत्य (नृत्य+नृत्त) दोनों सम्मिलित हैं। कुछ लोगों के विचार से नाटक का प्रादुर्भाव नृत्य से ही हुआ। संगीत और अभिनय का घना सम्बन्ध रहा है। संस्कृत की परम्परा के अनुसार प्रसाद के नाटकों में नर्तकियाँ नृत्य करती हैं, गीत गाती हैं। किन्तु पात्रों का बीच-बीच में गीत गाना भारतीय नाट्य-परम्परा से अनुमोदित नहीं होता। मेरे खयाल में यह पारसी रंगमंच का प्रभाव है। विशाख के गीत इसके प्रमाण हैं—

सलोने अंग पर पट हो मलिन भी रंग लाता है;
कुसुम : रज के ढँका भी हो कमल फिर भी सुहाता है।

इसकी लय, परिसमाप्ति का सम, पारसी थिएटर के गानों की याद दिलाता है।

गीत की दृष्टि से भी 'स्कन्दगुप्त' और 'ध्रुवस्वामिनी' ही विशेष महत्त्व के हैं। इनके गीत स्वर, ताल, बेला आदि के अनुसार गाए जाते हैं और परिस्थिति सापेक्ष हैं। ऐसी स्थिति में इनसे ऐसे बिम्बों का निर्माण होता है जो सम्पूर्ण नाटकीय बिम्ब में एक हद तक सहायता पहुँचाते हैं।

मोटे तौर पर प्रसाद के गीतों को तीन वर्गों में बाँटा जा सकता है—समवेत गीत, नेपथ्य गीत और व्यक्तिगत गीत। समवेत गान स्वत: में एक सार्थक बिम्ब है। नागरिकों के साथ अलका का गान 'हिमाद्रि तुंग श्रृंग से प्रबुद्ध शुद्ध भारती' अपने स्वरों द्वारा एक उत्साहपूर्ण वातावरण तैयार करता है। गीत अपने स्वरों से बिम्ब निर्मित करते हैं। किन्तु नेपथ्य गीत प्राय: किसी भी प्रयोजन की सिद्धि नहीं करते। उदाहरणार्थ 'स्कन्दगुप्त' में 'बन्दीगृह में देवकी और रामा' का एक दृश्य है। देवकी और रामा की बात हो रही है। अनन्त देवी भटार्क के साथ आती है। अनन्त देवी के आने के पहले जो नेपथ्य-गीत है, वह एकदम बेकार है। कहीं-कहीं यह उपयोगी भी कहा जा सकता है, किन्तु इसकी उपयोगिता दो रेडियो कार्यक्रमों के बीच के फिलर से अधिक नहीं है।

व्यक्तिगत गीतों के गायकों की तीन कोटियाँ हैं—राष्ट्रीय-सांस्कृतिक गीतों के गायक स्त्री-पुरुष, नर्तकियाँ और प्रेयसियाँ। मातृगुप्त की अलग कोटि है। बिम्ब की दृष्टि से प्रार्थनापरक गीतों का कोई महत्त्व नहीं है।

पहले प्रकार के गायकों में मातृगुप्त, कार्नेलिया, मन्दाकिनी आदि की गणना की जाएगी। स्कन्दगुप्त के अन्तिम अंक में मातृगुप्त ऐतिहासिक नामों और कार्यों से जिस वातावरण का निर्माण करता है, वह सांस्कृतिक और राष्ट्रीय है। कार्नेलिया का गीत मातृगुप्त की अपेक्षा अधिक प्रभावशाली चाक्षुष बिम्ब प्रस्तुत करता है।

अरुण यह मधुमय देश हमारा।
जहाँ पहुँच अनजान क्षितिज को मिलता एक सहारा।

× × ×

लघु सुरधनु-से पंख पसारे, शीतल मलय समीर सहारे

× × ×

बरसाती आँखों में बादल, बनते जहाँ भरे करुण जल

इसमें देश का भौगोलिक नहीं बल्कि उल्लासमय जीवन और करुणामयी संस्कृति का बिम्ब उभरता है।

बिम्बों की उदात्तता और अर्थवत्ता की दृष्टि से 'ध्रुवस्वामिनी' में मन्दाकिनी का गीत सर्वश्रेष्ठ है—

पैरों के नीचे जलधर हों, बिजली से उनका खेल चले
संकीर्ण कगारों के नीचे, शत-शत झरने बेमेल चले
झरने सन्नाटे में हो विकल पवन, पादप निज पद हों चूम रहे
तब भी गिरिपथ का अथक पथिक, ऊपर नीचे सब झेल चले

× × ×

अपनी ज्वाला को आप पिए नव नीलकंठ की छाप लिये
विश्राम शान्ति को शाप दिये, ऊपर नीचे सब झेल चले

अपेक्षित सन्दर्भ में प्रलय का यह चाक्षुष और अंशों में श्रुत बिम्ब नाटकीय शब्दार्थ को पुष्ट करता है। इसी प्रकार का एक गीत 'स्कन्दगुप्त' का है—

माझी! साहस है खे लोगे?
जर्जर तरी भरी पथिकों से—
झड़ में क्या खेलोगे?

इस गीत से जो बिम्ब बनता है, वह पूरे नाटक से बननेवाले बिम्ब का अनिवार्य अंग बन जाता है। क्या यह स्कन्द के क्षत जर्जर शरीर और उदास मन का पूर्वाभास नहीं है? माँझी, जर्जर तरी, पथिक, झड़ सब-के-सब पूरे नाटक को बिम्बित कर देते हैं।

नर्तकियों के गीत उद्दीपनात्मक हैं। प्रेयसियों के गीतों में दर्द को मूर्त करनेवाले बिम्ब अधिक हैं। विजया के गीतों के बिम्ब 'अगरु धूम की श्याम लहरियाँ उलझी हों इन अलकों में' में यौवनजन्य मादकता है तो देवसेना के गीतों में विहाग की करुण रागिनी।

यदि इन बिम्बों को एक-दूसरे की संगति और विरोध में रखकर देखा जाए तो नाटकों के नए आयामों पर प्रकाश पड़ेगा। किन्तु इसके लिए स्वतंत्र पुस्तक की आवश्यकता होगी।

प्रसाद के नाटकों की सफलता उनके शिरीष-कुसुम से कोमल तथा वज्र से भी कठोर पात्रों की सर्जना में, सर्वत्र प्रवाहित होनेवाली अन्त:सलिला काव्य-धारा में तथा उनके जीवन-दर्शन व्यापक दृष्टिकोण में निहित है। प्रसाद की चरित्र-सर्जना का विवेचन किया जा चुका है। शेष दो सफलताओं की मीमांसा यहाँ की जाती है। वस्तु-चयन, चरित्र-चित्रण, नाटकीय परिस्थितियाँ सभी में काव्य-रागिनी की मधुर प्रतिध्वनि सुनाई पड़ती है। उनके नाटकों में गीतों की काफी संख्या मिलेगी, जो कवि की अशेष तन्मयता के भावोच्छ्वास हैं। अधिकांश पात्रों के जीवन के महत्त्वपूर्ण कार्यों के साथ उनके व्यक्तित्व के कोमल पक्ष (प्रेम-कक्ष) का रंगीन चित्र भी खींचा गया है। कहीं-कहीं प्रेम के ये कसकपूर्ण चित्र नाटक का अनिवार्य अंग नहीं हो सके हैं किन्तु चरित्र के वैयक्तिक पक्ष के भावाकुल क्षणों को व्यक्त करने में पूर्ण सफल हुए हैं। समग्र रूप से उनके नाटकों में प्रेम के अनेक पक्षों को अत्यन्त कुशलतापूर्वक अंकित किया गया है। इस दृष्टि से संस्कृत नाटकों की भाँति प्रसाद भी रोमैंटिक हैं। यदि कहीं प्रेम में उद्दाम विलास और यौवन की ऊष्ण गन्ध है तो कहीं अनुभूतिमयी प्रेयसी की उपेक्षापूर्ण तीव्र कसक। यदि कहीं अनियंत्रित वासनामूलक प्रेम घोर प्रतिक्रियात्मक है तो कहीं प्रिय के लिए प्राण-सौरभ लुटाकर सर्वदा के लिए मिट्टी में लीन हो जानेवाले नरगिसी रूप और यौवन। पात्रों के उच्छ्वासित गीत सर्वत्र परिस्थिति-सापेक्ष न होते हुए भी इन्द्रधनुषी रंगीनी से स्पन्दित और अपने में पूर्ण तथा अत्यन्त शोभन हैं। परिस्थिति-सापेक्ष गीतों में नाटककार ने परिस्थितिगत अनेक मानसिक दशाओं तथा मन:कल्पनाओं की सूक्ष्मातिसूक्ष्म धड़कनों को लय प्रदान किया है। जीवन के गुरूतर कर्तव्यों से बोझिल व्यक्तित्वों की अश्रुपूर्ण छवियों में उनके कवि की व्यापक सहानुभूति प्रतिबिम्बित हुई है।

सच पूछिए तो उनके नाटकों की मार्मिकता उनके रंगमय काव्य-तत्त्व में ही दीख पड़ती है। वह पाठकों को काफी दूर तक अनुभूतिमय बना देता है। नाटकीय दृष्टि से यह उनकी सबसे बड़ी कमजोरी भी है। लेकिन इन्हीं कमजोरियों में उनकी महत्ता अनुस्यूत है। विभिन्न नाटकीय परिस्थितियों में मनोजगत के उल्लास और रुदन की, वीर और श्रृंगार की, करुणा और शान्ति की अनेक मनोरम झाँकियाँ सर्वत्र बिखरी हुई दिखाई पड़ती हैं। कठोर-से-कठोर और कोमल-से-कोमल भावाभिव्यंजना के वे प्रकृतशिल्पी हैं। लेकिन प्राय: इनका अतिरेक नहीं हो पाया है।

मूलत: रोमैंटिक होने के कारण इन नाटकों का वस्तु-विन्यास विश्रृंखलित और अभिनेयता त्रुटिपूर्ण हो गई है। लेकिन इनकी रोमैंटिक कल्पनाएँ अपनी परिधि लाँघकर अतीन्द्रिय लोक में विचरण नहीं करतीं। इसके विपरीत वे जीवन के मूल स्रोतों और सामान्य ऐन्द्रीय अनुभूतियों से अपना सम्पर्क बराबर बनाए रखती हैं। क्लासिकल कलाकार जहाँ बुद्धि और तर्क का अधिक भरोसा रखता है वहाँ रोमैंटिक साहित्यकार हृदय की पुकार और अन्तर्मन के विश्वासों (Faith) का। यही कारण

है कि पात्रों में अपने देश, जाति, गौरव तथा आत्माभिमान के लिए अपने को लय कर देने की एक तीखी चाह दिखाई पड़ती है। उनमें बुद्धि का आग्रह कम और आत्मा की तड़प कहीं अधिक परिलक्षित होती है।

प्रसाद जीवन के अद्‌भुत द्रष्टा और तत्त्व-चिन्तन के एकान्त अभ्यासी थे। दर्शन के तलस्पर्शी अध्ययन की पृथुल अन्तर्धारा उनकी रचनाओं में सर्वत्र प्रवहमान है। इसका अर्थ यह नहीं है कि वे दर्शन की जटिल गुत्थियों को दार्शनिक की भाँति सुलझाने का प्रयास करते हैं। दर्शन और विज्ञान जीवन को एक सीमा तक ही समझ सका है। ऐसी स्थिति में उसकी रहस्यमयता अब भी बनी हुई है। गणित के नियमों के अनुसार कुछ स्थूल सिद्धान्तों को ही जीवन का सब कुछ समझ लेना उनके जीवन-दर्शन के प्रतिकूल था। उनके नाटकों में नियति का जो अत्यधिक आग्रह दिखाई पड़ता है, उसके मूल में कदाचित यह रहस्यमयता ही है।

प्रसाद की नियति, दार्शनिकता, कर्मयोग इस तथ्य के द्योतक हैं कि भारतीय संस्कृति में उनकी अमोघ आस्था है। उनके प्राय: सभी नाटक—रूप और आत्मा में—भारतीय संस्कृति के गहरे रंग में डूबे हुए हैं। लेकिन वे किसी भी अर्थ में पुनरुत्थानवादी नहीं हैं। इसमें सन्देह नहीं कि उन्होंने सांस्कृतिक पृष्ठभूमि पर भारतीय संस्कृति के चित्रों को खूब उभारकर चित्रित किया है। किन्तु ह्रासोन्मुख रूढ़ियों को यथास्थान अंकित करने का उनका प्रयास कम स्तुत्य नहीं है। उनके ऐतिहासिक-सांस्कृतिक चित्रों में वर्तमान और भविष्य के लिए जीवन्त सन्देश भरे पड़े हैं। देशभक्ति और राष्ट्रीयता का भी उनके नाटकों में पूरा-पूरा समावेश हुआ है। दूसरे शब्दों में यह भी कहा जा सकता है कि राष्ट्रीय जागरण तथा उसकी कमजोरियों को अंकित करने के लिए उन्होंने इतिहास का आच्छादन ग्रहण किया था। विभिन्न संस्कृतियों के पारस्परिक संघर्ष तथा अवान्तर संस्कृतियों के वैषम्य को दिखाते हुए भी वे मूलवर्तिनी भारतीय सांस्कृतिक धारा को बनाए रखने में पूर्ण समर्थ हैं।

जिस सांस्कृतिक वातावरण को प्रसाद ने अपने नाटकों में अंकित किया है, उसमें आधुनिक भारतीय समस्याओं को दूध-मिश्री की भाँति मिला दिया है। राष्ट्रीय एकता के सबसे बड़े ध्वंसात्मक तत्त्व—भेदभाव—पर प्रसाद ने तीव्र कशाघात किया है। मगध-मालव में जिस प्रान्तीयता की गन्ध मिलती है, ब्राह्मण-बौद्ध में जो कट्‌टर साम्प्रदायिकता परिलक्षित होती है, उन पर प्रसाद का तीखा प्रहार उनके नवीन दृष्टिकोण का द्योतक है। राष्ट्रीय भावना के कट्‌टर हिमायती होते हुए भी वे कभी इसे उस सीमा तक नहीं ले जाते जहाँ 'फासिज्म' का उदय होता है। इसके विपरीत स्थान-स्थान पर वे विश्वमैत्री की ओर भी हमारा ध्यान आकृष्ट करते रहते हैं। 'विश्वमैत्री' के उद्‌घोष से एक ही साथ दुहरे उद्‌देश्य की सिद्धि होती है। जहाँ एक ओर इसके द्वारा भारतीय संस्कृति का एक प्रधान स्वर 'वसुधैव कुटुम्बकम' मुखरित होता है, वहाँ दूसरी ओर नवीन युग-चेतना को बल मिलता है। अपने दो

नाटकों—'स्कन्दगुप्त' और 'चन्द्रगुप्त' में जनबल और जनमत की वास्तविकता को पहचानकर उन्होंने जनता को एक महत्त्वपूर्ण निर्णयात्मक तत्त्व स्वीकार किया है। पर्णदत्त जनता से जीवन की भीख माँगता है। चाणक्य नन्द को क्षमादान करने के लिए नागरिकों का मुँह देखता है। स्कन्दगुप्त के वृद्ध सेनानी पर्णदत्त के मुख से आज की साम्यवादी विचारधारा फूट पड़ती है, "देवसेना! अन्न पर स्वत्व है भूखों का और धन पर स्वत्व है देशवासियों का। प्रकृति ने हमारे लिए-हम भूखों के लिए रख छोड़ा है। वह थाती है; उसे लौटाने में इतनी कुटिलता..." इसी प्रकार 'विशाख' में राज्य-कर से मुक्त बड़ी-बड़ी जमींदारियों का उपभोग करनेवाले महन्तों और भिक्षुओं को भी आड़े हाथों लिया गया है। महापिंगल कहता है, "महाराज! अब तो मैं तपस्या करूँगा कि यदि पुनर्जन्म हो, तो मैं किसी विहार का महन्त होऊँ। राज-कर से मुक्त, अच्छी-खासी जमींदारी, बड़े-बड़े लोग सिर झुकाएँ और चेली लोग पैर दबाएँ..."

नारी-जीवन को भी प्रसाद ने कई कोणों से परखा है। भारतीय संस्कृति के प्रति उनकी अटूट आस्था उन्हें कहीं भी पंगु (Stagnant) बनाकर सड़ाती नहीं, बल्कि उन्हें युगानुरूप गत्यात्मकता प्रदान करती है। एक ओर भारतीय नारीत्व का आदर्श उपस्थित करनेवाली महिमामयी मल्लिका है तो दूसरी ओर नई परिस्थितियों में अपने पति से सम्बन्ध विच्छेद करनेवाली ध्रुवस्वामिनी। इस युग की माँग को प्रसाद जैसे मनीषी ने शास्त्रानुमोदित सिद्ध करके इसे और भी बल प्रदान किया है। 'देवि, माँ, सहचरि, प्राण' को अनेक नारी पात्रों में प्रतिबिम्बित देखा जा सकता है। 'मल्लिका' साक्षात देवी, देवकी ममतामयी माँ, देवसेना, मालविका, कल्याणी और कोमा 'प्राण' हैं। 'सहचरि' का आंशिक रूप मल्लिका में और कुछ अलका में मिल जाता है।

इस प्रकार प्रसाद ने आधुनिक जीवन और उसकी समस्याओं का कहीं हल्का किन्तु भावमय और कहीं गहरा और दार्शनिक स्पर्श किया है। उनके ऐसे गहन और व्यापक जीवन-द्रष्टा की विचार-प्रवणता और रसात्मक अनुभूति ने जीवन की कर्कशता में एक कोमलता और आर्द्रता घोल दी है।

स्कन्दगुप्त

वस्तु-विन्यास, काव्यात्मकता, प्रवृत्ति-निवृत्ति, चरित्र-चित्रण, देशप्रेम, अन्तर्द्वन्द्व आदि की दृष्टि से स्कन्दगुप्त प्रसाद का सर्वश्रेष्ठ नाटक ठहरता है। यदि अन्तर्द्वन्द्व, तनाव या संघर्ष नाटक का प्राण है तो स्कन्दगुप्त की प्राणवत्ता सर्वोपरि है। स्कन्दगुप्त के पहले के नाटकों में न इसकी कसावट है और न द्वन्द्व की गहनता। चन्द्रगुप्त में सब कुछ समेट लेने की स्पृहा उसके विन्यास को बिखरा देती है। ध्रुवस्वामिनी की महत्ता उसकी अभिनेयता में निहित है, न कि उदात्तता में।

ऐतिहासिक नाटककार के सामने दुहरी कठिनाई होती है। एक तो उसे इतिहास की रक्षा करनी पड़ती है, दूसरे इतिहास को आधुनिक सन्दर्भों से जोड़ना पड़ता है। यों उसका मूल प्रयोजन वर्तमान की समस्याओं का उद्‌घाटन करना ही होता है। प्रश्न हो सकता है कि यदि नाटककार का लक्ष्य वर्तमान का उद्‌घाटन है तो इतिहास की क्रोड में जाने की क्या आवश्यकता है? प्रेमचन्द ने इसी को गड़े मुर्दे उखाड़ना कहा था। पर उस समय के औपनिवेशिक भारत में बुद्धिजीवियों के सामने अपनी अस्मिता की रक्षा करना जरूरी था। इसकी रक्षा ऐतिहासिक-सांस्कृतिक बोध द्वारा ही सम्भव थी। अस्मिता का यह सांस्कृतिक बोध ही राजनीतिक बोध में बदल जाता है। इस दृष्टि से विचार करने पर प्रसाद की देन की अद्वितीयता अपने-आप स्पष्ट हो जाती है। प्रसाद लक्ष्मीनारायण मिश्र की तरह पुनरुत्थानवादी नहीं बल्कि नवजागरण के उन्नायक हैं। इस दृष्टि से प्रसाद पर विचार करना शेष है।

इतिहास अपने-आप कुछ नहीं होता—महत्त्वपूर्ण होता है वह स्थान जहाँ से उसे हम देखते हैं। प्रसाद ने स्कन्दगुप्त के प्रारम्भ में ही स्कन्द से कहलाया है, "अधिकार-सुख कितना मादक और सारहीन है! अपने को नियामक और कर्ता मानने की बलवती स्पृहा उससे बेगार कराती है। उत्सवों में परिचारक और अस्त्रों में ढाल से भी अधिकार-लोलुप मनुष्य क्या अच्छे हैं? अँह! जो कुछ हो, हम तो साम्राज्य के एक सैनिक हैं।" वस्तुतः यही वह बिन्दु है जहाँ से स्कन्दगुप्त को देखा गया है और इसी बिन्दु से उसकी सर्जना की गई है। एक ओर गहरा अवसाद और दूसरी ओर गुप्त-साम्राज्य की रक्षा के लिए अद्‌भुत पराक्रम और शौर्य से विदेशियों से युद्ध।

प्रसाद ने स्कन्दगुप्त के ऐतिहासिक वृत्त को इतिहास-ग्रन्थों, शिलालेखों आदि के आधार पर प्रामाणिक रूप से प्रस्तुत किया है। किन्तु जैसा संकेतित किया जा चुका है कि केवल इतिहास की प्रामाणिकता नाटक नहीं बनाती। इतिहास को नाटकीय रूप में परिणत करने के लिए उन्होंने पारिवारिक कलह के ऊपर अनुमान का रंग चढ़ाया है। पर यह अनुमान भी कभी इतिहास की उँगलियाँ पकड़कर चलता है और कभी उन्हें छोड़कर अग्रसर होता है। इनके अतिरिक्त स्कन्दगुप्त के नितान्त निजी जीवन के भीतर भी प्रवेश किया गया है। यह अंश प्रसाद की कल्पना पर आधारित है। तात्पर्य यह कि इसके वस्तु-विन्यास के तीन स्तर दिखाई पड़ते हैं—इतिहासाश्रित, अनुमानाश्रित और कल्पनाश्रित। किन्तु ये तीनों स्तर एक-दूसरे से द्वन्द्वात्मक सम्बन्धों में आबद्ध हैं। इस द्वन्द्व के कारण ही नाटक में गत्यात्मक आ पाई है। स्कन्दगुप्त के नारी-पात्र प्रायः काल्पनिक हैं। यह कल्पना नाटक को संवेदनात्मक बनाने में पूर्ण समर्थ है।

स्कन्दगुप्त की तटस्थता और देशप्रेम, राग और विराग का मूल कारण क्या है? पारिवारिक षड्यंत्र, गुप्तकाल के उत्तराधिकार का अव्यवस्थित नियम, विदेशी आक्रमणकारियों से निरन्तर युद्ध, प्रेम की विफलता! अथवा एक साथ सब कुछ। प्रेम की विफलता तो बहुत बाद में आती है। किन्तु स्कन्दगुप्त आरम्भ से ही अवसादमग्न है। पर्णदत्त बार-बार कहता है कि युवराज अपने अधिकारों के प्रति उदासीन हैं। स्कन्दगुप्त का कहना है कि 'अधिकार किसलिए?' चक्रपालित इसके उत्तर में गुप्तकुल के अव्यवस्थित उत्तराधिकार-नियम की ओर संकेत करता है। इस उदासीनता के बावजूद वह गुप्त-साम्राज्य की रक्षा के लिए प्राणों की बाजी लगा देता है। शकों-हूणों को पराजित करने का श्रेय स्कन्दगुप्त को है। इतिहास इसका साक्षी है।

उसके विरुद्ध षड्यंत्रकारियों का मेला लगा हुआ है—अनन्तदेवी, भटार्क, प्रपंच-बुद्धि, शर्वनाग सभी तो हैं। कुभा का बाँध भटार्क ही काटता है जिसमें स्कन्दगुप्त के सैनिक मारे जाते हैं। किसी प्रकार स्कन्दगुप्त बच जाता है। लेकिन वह हार नहीं मानता। अपने बचे-खुचे साथियों को लेकर वह पुनः सैन्य-संघटन में जुट जाता है। सभी विद्रोहियों को क्षमादान करता है, राज्य भी पुरगुप्त को दे देता है।

उसके जीवन की सबसे बड़ी त्रासदी अपनी प्रेयसी देवसेना को खो देने में है। देव—सेना का अन्तर्द्वन्द्व भी बहुत गहरा है। वह अपना राज्य देकर बदले में कुछ भी नहीं लेना चाहती—स्कन्दगुप्त को भी नहीं। प्रसाद ने स्वयं प्रेम के बारे में लिखा है, "तुमको तो देते ही हैं सब।" आत्मसम्मान और प्रणय का संघर्ष प्रसाद की अपनी रोमैंटिक अवधारणा के अनुरूप है। जो लोग स्वच्छन्दतावाद की इस प्रवृत्ति को नहीं देख पाते, वे इस तरह के अन्तर्द्वन्द्व को अप्रामाणिक मानते हैं।

स्कन्दगुप्त के पात्रों में तीन फालतू पात्र हैं—मुद्गल, मातृगुप्त और प्रपंचबुद्धि। मुद्गल संस्कृत नाटकों के विदूषकों से मिलता-जुलता है, यद्यपि प्रसाद ने उसे

नए ढंग से प्रस्तुत करने का प्रयास किया है। मातृगुप्त को सम्भवत: कविता का सौन्दर्यशास्त्र गढ़ने के लिए ले आया गया है। मातृगुप्त कहता है, "अन्धकार का आलोक से, असत का सत से, जड़ का चेतन से और बाह्य जगत का अन्तर्जगत से सम्बन्ध कौन कराती है? कविता न!" प्रपंचबुद्धि का पारिवारिक षड्यंत्र में न शामिल होने से भी नाटक का कुछ बिगड़ता नहीं, बनता अवश्य।

स्कन्दगुप्त में एक अद्भुत अकेलापन है जो अंशत: परिस्थितिजन्य और अंशत: अस्तित्वमूलक है। 'किसलिए' का उत्तर किसी को कभी मिलेगा? क्या स्कन्दगुप्त को उत्तराधिकार मिल गया होता, विजया और देवसेना मिल गई होतीं तो वह सुखी होता? ऐसी स्थिति में वह और जो कुछ होता, स्कन्दगुप्त न होता। इस अकेलेपन में ही उसका वैराग्यमूलक अध्यात्म, देश-रक्षा के लिए विदेशियों से युद्ध, प्रेम की त्रासद अनुभूति सब कुछ समाहित है। अवसाद के गहन अन्धकार में सबसे चटकीला प्रकाश देश-रक्षा का ही है। किन्हीं अंशों में उत्कट देशप्रेम, अतुल पराक्रम अवसाद के चक्रव्यूह को तोड़ने का प्रयास भी है। लेकिन अन्त तक यह चक्रव्यूह टूट नहीं पाता है, वह स्वयं टूट जाता है।

कुभा का बाँध टूटने पर स्कन्दगुप्त कहता है, "बौद्धों का निर्वाण, योगियों की समाधि और पागलों की-सी सम्पूर्ण विस्मृति मुझे एक साथ चाहिए। चेतना कहती है कि तू राजा है, और उत्तर में जैसे कोई कहता है कि तू खिलौना है—उसी खिलवाड़ी बटपत्रशायी बालकों के हाथों का खिलौना है। तेरा मुकुट श्रमजीवी की टोकरी से भी तुच्छ है।

"यह नीति और सदाचार का आश्रय—वृक्ष—गुप्त साम्राज्य—हरा-भरा रहे, और कोई भी इसका उपयुक्त रक्षक हो। ओह! जाने दो, गया, सब कुछ गया।...कर्तव्य विस्मृत; भविष्य अन्धकारपूर्ण, लक्ष्यहीन दौड़ और अनन्त सागर का सन्तरण है।"

अन्तिम दृश्य में स्कन्दगुप्त का अकेलापन नाटकीय अवसाद को अत्यन्त गहरा और व्यापक बना देता है। माता देवकी नहीं, वृद्ध पर्णदत्त नहीं। नन्दन-कानन की वसन्तश्री देवसेना भी स्कन्दगुप्त से विदा माँगती है। स्कन्दगुप्त स्वयं अनुभव करता है—'कितना अकेला आज मैं!'

स्कन्दगुप्त की वस्तु-योजना में त्रुटियाँ हैं, इसकी अभिनेयता के आगे प्रश्न-चिह्न लगा हुआ है, इसकी भाषा संस्कृतनिष्ठ और क्लिष्ट है। फिर भी यह एक अत्यन्त महत्त्वपूर्ण नाटक है। इसकी श्रेष्ठता के सम्बन्ध में मत-वैभिन्न्य नहीं है। पारसी रंगमंच के प्रभाव के फलस्वरूप इसमें ऐसे दृश्यों की योजना है जिनके लिए जल्दी-जल्दी परदे बदले जाते हैं। पात्रों का आकस्मिक प्रवेश भी पारसी रंगमंच का ही प्रभाव है। आकस्मिक प्रवेश का विधान नाट्य-विधान को अस्वाभाविक और अविश्वसनीय बना देता है।

रामस्वरूप चतुर्वेदी प्रसाद की नाट्यभाषा को रचनात्मक कहते हैं। इसके समर्थन में बिम्बों और प्रतीकों का उदाहरण देते हैं। वास्तविकता यह है कि नाट्य-भाषा पर

विचार करते हुए अनजाने वे काव्य-भाषा पर विचार करने लगते हैं। नाट्य-भाषा में केवल कवि, अभिनेता की ही शिरकत नहीं होती बल्कि दर्शक भी सम्मिलित होता है। यदि दर्शक और नाट्यभाषा में सन्तुलन नहीं है तो नाटकीय सम्प्रेषणीयता या नाटक में दर्शक की साझेदारी सन्दिग्ध हो जाएगी। स्कन्दगुप्त का कई बार मंचन हो चुका है। लेकिन भाषागत दीवार के कारण दर्शकों की साझेदारी नहीं हो पाई है। लेकिन स्थान-स्थान पर प्रसाद की भाषा में अद्भुत नाट्यमानता है, जैसे भटार्क के इस कथन में, "क्या कहूँ, कुभा की क्षुब्ध लहरों से पूछो, हिमवान की गल जानेवाली बर्फों से पूछो कि वह कहाँ है।" "कि वह कहाँ है" वाक्य-खंड पूरे कथन में क्रियात्मकता ही नहीं भरता बल्कि षड्यंत्रकारियों की मानसिकता भी उजागर करता है। नाटक के प्रारम्भिक उदाहरण में तो सम्पूर्ण नाटक भर दिया गया है। कसी हुई शब्दावली और वाक्य-विन्यास में अवसाद दृश्य और साकार हो उठता है।

जो कुछ हो, स्कन्दगुप्त हिन्दी के उन थोड़े से नाटकों में है जिससे हमारी भाषा और साहित्य का गौरव बढ़ता है।

ध्रुवस्वामिनी

प्रसाद का अन्तिम नाटक है—उनकी ऐतिहासिक परम्परा के नाटकों का नया मोड़, विन्यास की दृष्टि से सरल भाषा की दृष्टि सहज और अभिनेय। किन्तु भावों की जटिलता और औदात्य की दृष्टि से वह स्कन्दगुप्त और चन्द्रगुप्त की ऊँचाई नहीं पा सका। स्पष्ट है कि अभिनेय होने मात्र से कोई नाटक श्रेष्ठ नहीं हो सकता—उसमें भावों और विचारों की श्रेष्ठता भी होनी चाहिए। फिर भी प्रयोग की नवीनता और समकालीनता की दृष्टि से यह महत्त्वपूर्ण नाटक है।

इस नाटक का बीज संस्कृत नाटक 'देवी चन्द्रगुप्तम' में पाया जाता है। 'देवी चन्द्रगुप्तम' के उद्धरण ही उपलब्ध हैं, पूरा नाटक नहीं। किन्तु इन उद्धरणों और ऐतिहासिक प्रमाणों के आधार पर प्रसाद ने अपने नाटक का ताना-बाना बुना है। प्रसिद्ध इतिहासकार राखालदास का उपन्यासकार 'ध्रुवा' भी 'देवी चन्द्रगुप्तम' पर आधृत है। कन्हैयालाल माणिकलाल मुंशी का नाटक 'ध्रुवस्वामिनी देवी' (1929) प्रसाद की 'ध्रुवस्वामिनी' (1933) से चार वर्ष पहले प्रकाशित हो चुका था। पर प्रसाद का नाटक न तो राखालदास से प्रभावित है और न मुंशी से। उसका विन्यास अपना है, कल्पना नई है और गन्तव्य ताजा है।

ध्रुवस्वामिनी में लेखक की दृष्टि नारी-समस्या पर टिकी हुई है। इस नाटक में नारी के अपने चुनाव और निर्णय की स्वतंत्रता को रेखांकित किया गया है। यद्यपि यह ठीक अर्थ में समस्या-नाटक नहीं है, फिर भी कहीं-न-कहीं उससे प्रभावित अवश्य है।

ध्रुवस्वामिनी रामगुप्त के इस प्रस्ताव को सुनकर कि उसे उपहार में शकराज के पास जाना है, कहती है, "कुछ नहीं, मैं केवल यही कहना चाहती हूँ कि पुरुषों ने स्त्रियों को अपनी पशु-सम्पत्ति समझकर उन पर अत्याचार करने का अभ्यास बना लिया है, वह मेरे साथ नहीं चल सकता। यदि तुम मेरी रक्षा नहीं कर सकते, अपने कुल-मर्यादा, नारी का गौरव नहीं बचा सकते तो मुझे बेच भी नहीं सकते हो।" आगे चलकर वह कहती है, "मैं उपहार देने की वस्तु, शीतल मणि नहीं हूँ। मुझमें रक्त की तरल लालिमा है। मेरा हृदय ऊष्ण है और उसमें आत्मसम्मान की

ज्योति है।" उसमें आता गौरव का यह भाव एक विशिष्ट स्थिति में जगता है। वह रामगुप्त से याचना कर चुकी है कि उसके साथ ऐसा अन्याय न किया जाए। किन्तु रामगुप्त उसकी याचना को ठुकरा देता है। ध्रुवस्वामिनी जैसी मनस्वी नारी के सामने विद्रोह करने के अतिरिक्त और कोई विकल्प नहीं है।

कुछ लोगों का कहना है कि जव ध्रुवस्वामिनी चन्द्रगुप्त को प्रेम करती थी तो पुरगुप्त से विवाह के प्रस्ताव को ठुकरा क्यों नहीं दिया? ध्रुवस्वामिनी ऐसी आधुनिका नहीं थी। वह गुप्त सम्राट की बहू भी थी। लेकिन निर्वीर्य पति के अपमानजनक प्रस्ताव को स्वीकार भी नहीं कर सकती थी। प्रसाद ने एक ऐतिहासिक क्षण को चुना है जिसमें ध्रुवस्वामिनी का विद्रोह करना स्वाभाविक है।

चन्द्रगुप्त शक-शिविर में ध्रुवस्वामिनी के साथ स्त्री-भेष में जाता है। शकराज युद्ध में मारा जाता है। इतिहास के अनुसार चन्द्रगुप्त ध्रुवस्वामिनी के लिए अपने भाई 'रामगुप्त' का वध करता है। पर आदर्शवादी प्रसाद को यह स्वीकार्य नहीं हो सकता था। पुरगुप्त को एक सामन्त कुमार मार डालता है। इसे कोई समस्या का सरलीकरण भी कह सकता है।

चन्द्रगुप्त और ध्रुवस्वामिनी के विवाह की समस्या को प्रसाद ने पारम्परिक किन्तु प्रगतिशील ढंग से हल किया है। 'ध्रुवा' का पुरोहित ध्रुवस्वामिनी के पुनर्विवाह को धर्मसम्मत नहीं कहता। किन्तु ध्रुवस्वामिनी का पुरोहित धर्मशास्त्र से ऐसे सूत्र खोज निकालता है जो क्लीव पति से सम्बन्ध-विच्छेद करने और प्रेमी से विवाह करने की अनुमति देता है। हिन्दू-जीवन में विवाह संस्था की जड़ें बहुत गहरी हैं। अपने धर्मशास्त्र में विशेष परिस्थिति में पुनर्विवाह का विधान है। प्रसाद ने इसी विधान का उपयोग किया है।

ध्रुवस्वामिनी में इस समस्या के अतिरिक्त एक दूसरी समस्या है—प्रेम की। कोमा की परिकल्पना इसी दृष्टि से की गई है। कोमा ध्रुवस्वामिनी का पूरक भी है और प्रतिपक्ष भी। कोमा शकराज को प्रेम करती थी। प्रेम करने के अपराध का दंड उसी के शब्दों में—'निराशा, उत्पीड़न और उपहास' है। फिर भी कोमा शकराज के शव के साथ जलना चाहती है। इस पर मन्दाकिनी ने सटीक टिप्पणी करते हुए कहा है, "स्त्रियों के इस बलिदान का कोई मूल्य नहीं। कितनी असहाय दशा है! अपने निर्बल और अवलम्ब खोजनेवाले हाथों से ये पुरुषों के चरण पकड़ती हैं और वह सदैव ही इनको तिरस्कार, घृणा और दुर्दशा की भिक्षा से उपकृत करता है। तब भी यह बावली मानती हैं?" इसके मूल में स्त्री-पराधीनता की एक लम्बी परम्परा है, जिसकी ओर ध्रुवस्वामिनी संकेत करती है। प्रसाद जी इस परम्परा के परिवर्तन के पक्ष में हैं। प्रसाद बराबर परिवर्तन के पक्ष में रहे हैं। 'स्कन्दगुप्त' में उन्होंने कहा है कि परिवर्तन रुका नहीं कि महापरिवर्तन होगा। अपने नारी-सम्बन्धी दृष्टिकोण में भी उन्होंने परिवर्तन किया है। अजातशत्रु में उन्होंने कहा है कि नारी पुरुषार्थ का

ढोंग न करे, विश्व-भर में सब काम सबके लिए नहीं हैं। पर ध्रुवस्वामिनी में वह अत्याचार के विरुद्ध डटकर खड़ी है।

इसका विन्यास पूर्ववर्ती नाटकों से भिन्न है। इस लघुकाय नाटक में तीन ही अंक हैं, दृश्यों की भरमार नहीं है। पूर्ववर्ती नाटकों में रंग-संकेत भी नहीं है। किन्तु ध्रुवस्वामिनी में विस्तृत रंग-संकेत दिये गए हैं। पूर्ववर्ती नाटकों की तरह इसमें विन्यास का बिखराव नहीं है। नाट्यवस्तु और नाट्यरूप में पूर्ण एकता है। पूर्ववर्ती नाटक रोमैंटिक हैं तो ध्रुवस्वामिनी आधा रोमैंटिक और आधा यथार्थवादी है। इस जरासन्धत्व से नाटक की रसवत्ता ही नहीं, यथार्थता में भी अभिवृद्धि हुई है।

पर हिन्दी रंगमंच की सम्भावनाएँ स्कन्दगुप्त और चन्द्रगुप्त में ही हैं। यदि हिन्दी रंगमंच की अस्मिता को खोजना है तो भारतेन्दु और प्रसाद को छोड़कर उसे नहीं पाया जा सकता।

प्रसाद के समसामयिक

प्रसाद के समसामयिक नाटककारों ने मुख्य रूप से ऐतिहासिक और पौराणिक नाटकों की रचना की। सुदर्शन का 'दयानन्द' (1917), बलदेव प्रसाद मिश्र का 'मीराबाई' (1918), उग्र का 'महात्मा ईसा' (1922), प्रेमचन्द का 'कर्बला' (1924), बद्रीनाथ भट्ट का 'दुर्गावती' (1926), मिलिन्द का 'प्रताप-प्रतिज्ञा', वियोगी हरि का 'प्रबुद्ध यमुना' (1929), उदयशंकर भट्ट का 'चन्द्रगुप्त मौर्य' (1931) और 'विक्रमादित्य' तथा गोविन्ददास का 'हर्ष' (1935) आदि नाटकों की कोटि में आते हैं। पौराणिक नाटक भी प्राय: इन्हीं लेखकों ने लिखा है। 'मैथिलीशरण गुप्त' का 'तिलोत्तमा' (1916), 'चन्द्रहास' (1916) और 'अनघ' (1925); कौशिक का 'भीष्म', बद्रीनाथ भट्ट का 'बेनचरित' (1921), मिश्रबन्धुओं का 'पूर्व भारत' (1922) और 'उत्तर भारत' (1923); सुदर्शन का 'अंजना' (1922), गोविन्द वल्लभ पन्त का 'वरमाला' आदि पौराणिक नाटकों की श्रेणी में आते हैं।

उपर्युक्त सूची को देखते हुए यह स्पष्ट है कि उनमें से अधिकांश लेखकों ने नाटक-लेखन को गम्भीरतापूर्वक नहीं अपनाया। किसी ने एक और किसी ने दो-तीन नाटक लिखकर इस कार्य से विश्राम ले लिया। केवल बद्रीनाथ भट्ट, गोविन्दवल्लभ पन्त, गोविन्ददास और उदयशंकर भट्ट ने नाट्य-रचना को अपना प्रधान साहित्यिक कार्य माना। लगे हाथ नाटक लिखने का स्वाभाविक परिणाम यह हुआ कि अधिकांश नाटक अति सामान्य स्तर से ऊपर नहीं उठ पाए।

प्रेमचन्द तो 'कर्बला' और 'संग्राम' (उन्हीं का लिखा हुआ 1922 का सामाजिक नाटक) में नाहक फँसे। हिन्दू-मुस्लिम एकता आन्दोलन के कारण कदाचित मुसलमानों के धार्मिक विषय की ओर उनका ध्यान आकृष्ट हुआ हो। अनावश्यक विस्तार, अत्यधिक शिथिल वस्तु-विन्यास तथा मेलोड्रामैटिक तत्त्वों के अतिरेक के कारण यह उपन्यास अधिक और नाटक कम है। उनका दूसरा सामाजिक-औपन्यासिक नाटक 'संग्राम' पूर्व-निश्चित योजना का अनुसारी और ऊबड़-खाबड़ है। मैथिलीशरण गुप्त के नाटकों का भी कोई उल्लेखनीय महत्त्व नहीं है। 'अनघ' और 'चन्द्रहास' में गांधीवादी दर्शन का पुट जरूर है। प्रसिद्ध कथाकर सुदर्शन का 'अंजना' नाटक

कथा की दृष्टि से रोचक अवश्य है किन्तु नाट्य-विधान के विचार से इसका विशेष महत्त्व नहीं आँका जा सकता। हाँ, पौराणिक पात्रों को मानवीय भूमि पर उतारने का इसमें सफल प्रयास किया गया है। कौशिक का 'भीष्म' रंगमंचीय नाटक है। उग्र का 'ईसा' द्वन्द्व रहित और निर्जीव है। इसमें उग्र की शैली की जिन्दादिली और भावनामयता का अच्छा चमत्कार दिखाई देगा। पारसी रंगमंच की शोखी और गांधीवादी युग की सुधार-भावना दोनों को यहाँ एक साथ ही देखा जा सकता है।

अब यहाँ पर उन नाटककारों की कृतियों पर विचार किया जाएगा जिन्होंने नाटक-रचना को अपना प्रधान साहित्यिक कार्य माना है। भट्ट जी का 'दुर्गावती' ऐतिहासिक नाटक है, लेकिन नाट्यकला के विचार से इसमें कोई वैशिष्ट्य नहीं है। लेखक के संग्रह और त्याग पर विशेष ध्यान न देने के कारण कथा कहीं पर अत्यन्त संक्षिप्त और कहीं पर अनावश्यक रूप से विस्तृत हो गई। लेकिन राष्ट्रीय जागरण को चित्रित करने का अवकाश लेखक ने निकाल लिया है। 'बेनचरित' पौराणिक नाटक में युगचेतना खूब उभरकर आई है। पर नाटकीय परिस्थितियों की कमी और कार्य-व्यापार की न्यूनता उसके नाटकीय महत्त्व को बहुत कुछ कम कर देती है। गोविन्दवल्लभ पन्त, गोविन्ददास, उदयशंकर भट्ट के नाटकों की चर्चा आगे की जाएगी। प्रसाद के अवसान के बाद मुख्यत: ये ही लोग नाटक लिखते रहे। इन नाटककारों का विकासक्रम समझने के लिए इनके नाटकों पर समग्र रूप से विचार करना होगा।

लक्ष्मीनारायण मिश्र ने प्रसाद के समय में ही नाटक लिखना प्रारम्भ कर दिया था। इनके नाटक 'संन्यासी' और 'राक्षस का मन्दिर' 1931 में और 'मुक्ति का रहस्य' 1932 में प्रकाशित हो चुके थे। मुख्य रूप से ये प्रसाद के परवर्ती नाटककारों में ही आते हैं। अत इनके नाटकों का मूल्यांकन भी बाद में ही किया जाएगा।

इस समय कुछ उल्लेखनीय प्रहसन भी लिखे गए।[1] इस काल के प्रहसन प्रसाद के पूर्व के प्रहसनों से विषय-वस्तु और शैली में बहुत कुछ भिन्न हो गए। भारतेन्दु-युग से प्रसाद के आगमन तक के प्रहसनों के प्रमुख आलम्बन हुए ढोंगी पंडे-पुरोहित, वेश्यागामी पुरुष आदि। द्विवेदी युग में जिस तरह उत्थानमयी नारी के चित्रों को नाटकों में अंकित किया गया, उसी तरह प्रहसनों में नारी पर अत्याचार करनेवाले वेश्यागामी पुरुषों को व्यंग्य का लक्ष्य बनाया गया। तत्कालीन अन्धविश्वासों की सीमा भी उस समय जादू-टोना तक ही थी। अब राष्ट्रीय जागरण को देखते हुए कौंसिलों की मेम्बरी करनेवाले लोगों को बैसाखनन्दन की उपाधि दी गई। आनरेरी

1. जी. पी. श्रीवास्तव रचित 'उलट-फेर', 'दुमदार आदमी', 'गड़बड़झाला', 'मरदानी औरत' और 'भूल-चूक'; गोविन्दवल्लभ पन्त की 'कंजूस की खोपड़ी'; रामदास गौड़ का 'ईश्वरीय न्याय'; बद्रीनाथ भट्ट का 'लबड़ धौधौं', 'विवाह-विज्ञापन', 'मिस अमेरिका'; सुदर्शन का 'आनरेरी मजिस्ट्रेट' और उग्र का 'चार बेचारे' आदि।

मजिस्ट्रेट के रूप में सरकारी पिट्ठओं को आड़े हाथों लिया गया। मध्यवर्गीय स्थिति को भी सामने ले आया गया।

बद्रीनाथ भट्ट के 'विवाह विज्ञापन' में दुहरे व्यक्तित्व वाले सेठ जी को खूब बेवकूफ बनाया गया है। इसमें सेठ जी के साथ-साथ पाश्चात्य कृत्रिम साज-सज्जा (मेकअप) और रूप पर व्यंग्य है। पति को जूते से पिटवाकर लेखक अपने स्तर को बहुत कुछ गिरा देता है। फिर भी यह प्रहसन सुन्दर बन पड़ा है। 'मिस अमेरिका' भट्ट जी का दूसरा प्रहसन है। 'मिस अमेरिका' यूरोपीय सभ्यता और संस्कृति का प्रतिनिधित्व करती है। उसके जीवन का एकान्त लक्ष्य है धन। उसके माता-पिता पूर्वीय आध्यात्मिकता को केवल वायवी वस्तु समझते हैं। रंग-भेद की नीति में उनकी अटूट आस्था है। आज भी 'मिस अमेरिका' का कथानक पश्चिम के अधिकांश देशों, विशेष रूप से अमेरिका का प्रतिनिधित्व करता है। इस प्रहसन में प्रकारान्तर से रीतिकालीन कविताओं पर भी व्यंग्य किया गया है। जी. पी. श्रीवास्तव के प्रहसनों से फूहड़ हास्य की सृष्टि होती है। पात्रों के बेढब नामों से हास्य उत्पन्न करना उनकी प्रमुख टेकनीक है। इनके प्रहसन सामान्य स्तर से भी नीचे हैं।

अनुवाद की परम्परा इस समय भी जारी रही। संस्कृत से कालिदास, भास आदि के कुछ नाटकों के अनुवाद किये गए। शेक्सपियर के कई नाटकों के अनुवाद लाला सीताराम ने किये। टाल्सटाय, मोलियर, गाल्सवर्दी, मेटरलिंक के नाटकों के भी हिन्दी रूपान्तर प्रस्तुत किये गए। बँगला से डी. एल. राय और रवीन्द्र के कई नाटक हिन्दी में अनूदित हुए। डी. एल. राय के अनुवादों ने हिन्दी नाटकों को प्रभावित किया। प्रभाव की दृष्टि से अन्य अनुवादों का कोई विशेष मूल्य नहीं है।

प्रसाद के परवर्ती नाटक

प्रसाद जी द्रष्टा कलाकार थे, प्राचीन सांस्कृतिक वैभव और आदर्शात्मक औदात्य के प्रति उनकी गहन आस्था थी। अतीत की रंगीनी उनके रोमैंटिक दृष्टिकोण के सर्वथा अनुकूल पड़ती थी; अतः अपने नाटकों के लिए उन्होंने उसी काल को चुना जो भारतीय संस्कृति की दृष्टि से उत्कर्ष की पराकाष्ठा पर पहुँच चुका था। पर आधुनिक जीवन के प्रति उनके विश्वासों ने उन्हें पुनस्स्थानवादी होने से बचा लिया। उनके ऐतिहासिक नाटकों में आधुनिक समस्याओं और राष्ट्रीय भावनाओं का जो रंग दिखाई पड़ता है, उससे स्पष्ट है कि वे अतीत के फलक पर अपने समसामयिक भावों और विचारों को आकार देना चाहते थे।

उनके ऐतिहासिक नाटकों में मुख्य रूप से दो प्रवृत्तियाँ दिखाई पड़ती हैं—भारत की सांस्कृतिक उपलब्धियों का चित्रण और उत्कट राष्ट्रीय भावनाओं का अंकन। इन दोनों प्रवृत्तियों के ताने-बाने से ही उनके ऐतिहासिक नाटकों के कथानक बुने गए हैं। गांधीवादी विचारधारा में भी वे ही ताने-बाने दिखाई पड़ते हैं। बाद में राष्ट्रीय आन्दोलन ने जो व्यापक रूप ग्रहण किया, उससे नाटककारों ने प्रायः ऐसे ही नाटक अधिक लिखे जो राष्ट्रीय भावनाओं को प्रतिबिम्बित कर सकें। इसका अर्थ यह नहीं है कि इन नाटकों में भारतीय संस्कृति को चित्रित नहीं किया गया है। पर इसका स्थान गौण है, इसमें सन्देह नहीं। इसी तरह सांस्कृतिक नाटकों में भी सांस्कृतिकता का प्राधान्य है और राष्ट्रीयता के चित्रण का स्थान गौण। प्रधान प्रवृत्ति को लक्ष्य करते हुए प्रसाद के परवर्ती ऐतिहासिक नाटकों को दो श्रेणियों में बाँटा जा सकता है—ऐतिहासिक-राष्ट्रीय और ऐतिहासिक-सांस्कृतिक। ऐतिहासिक-राष्ट्रीय नाटकों में कुछ तो स्वतंत्रता के पूर्व लिखे गए और कुछ स्वतंत्रता के बाद। इसलिए उनकी रचना के मूल उद्देश्यों में अन्तर आ जाना स्वाभाविक था। इस काल के थोड़े से पौराणिक नाटकों में या तो राष्ट्रीयता का स्वर प्रबल पड़ गया या अन्य समस्याओं के समाधान का प्रयास प्रमुख हो उठा है। वे दोनों प्रवृत्तियाँ प्रसाद के पौराणिक नाटक 'जनमेजय के नागयज्ञ' में भी पाई जाती हैं।

प्रसाद के 'ध्रुवस्वामिनी' में समस्या का जो संकेत मिलता है, उसका विकास इस काल के समस्या-नाटकों में हुआ। समस्या-नाटकों को बहुत कुछ डी. एल. राय के भावुकतापूर्ण रोमानी नाटकों और प्रसाद के ऐतिहासिक रोमानी नाटकों की प्रतिक्रिया भी कहा जाता है। पर 19वीं शताब्दी के उत्तरार्द्ध में इब्सन और शॉ ने नाटकों के क्षेत्र में जिस यथार्थवादी प्रवृत्ति को जन्म दिया और उसका जो अन्तरराष्ट्रीय प्रभाव पड़ा, उससे हिन्दी नाटककार अछूते नहीं रह सके। कहना न होगा कि समस्या-नाटकों का यह पौधा विदेशी प्रेरणा के फलस्वरूप ही पैदा हुआ। यह दूसरी बात है कि यहाँ की मिट्टी और खाद-पानी से पोषित होकर यह सर्वथा भारतीय रंग में रँग गया। समस्या-नाटकों के अतिरिक्त विविध सामाजिक समस्याओं को लेकर अनेक सामाजिक नाटकों की भी रचना हुई।

ऐतिहासिक-राष्ट्रीय नाटक—स्वतंत्रता के पूर्व

स्वतंत्रता के पूर्व राष्ट्रीय आन्दोलन की बागडोर जब गांधी जी के हाथ में आई तब देश की युद्ध-पद्धति में ही परिवर्तन नहीं हुआ बल्कि बहुत-से पुराने नैतिक और सामाजिक मूल्य भी बदले। उनके व्यापक मानवतावादी दृष्टिकोण के कारण जाति-भेद और वर्ण व्यवस्था के बन्धनों को प्रबल झटका लगा और मानव-मानव की समता के सिद्धान्त को लोगों ने बौद्धिक दृष्टि से स्वीकार कर लिया। सदियों तक पराधीनता के पाश में बँधी हुई नारी के प्रति भी हमारा दृष्टिकोण बदला और वे राष्ट्रीय आन्दोलन में सक्रिय रूप से योग देती हुई दिखाई देने लगीं। इस समय देश की आन्तरिक एकता बनाए रखने के लिए आवश्यकता थी गृह कलह को रोकने की। राष्ट्रीय आन्दोलन को हिन्दू-मुसलमान वैमनस्य के कारण काफी क्षति पहुँच रही थी। गांधी जी ने इसे रोकने की प्राणपण से चेष्टा की और आखिरकार इसकी बलिवेदी पर अपने अमूल्य जीवन का भी बलिदान कर दिया।

देश की इस आन्तरिक एकता के स्थापन का सबसे अधिक अनुभव हरिकृष्ण 'प्रेमी' ने किया और उन्होंने अपने अधिकांश नाटकों की विषय-वस्तु का चुनाव इतिहास के उन्हीं पृष्ठों से किया जिनमें उनकी भावनाओं के अनुरूप बहुत-से सूत्र बिखरे हुए थे। 'शिवा-साधना' की भूमिका में उन्होंने लिखा है, "पंजाब में ज्ञान-बाँसुरी और कर्म का शंख फूँकनेवाली बहन कुमारी लज्जावती ने एक बार मुझसे कहा था कि हमारे भारतीय साहित्य में हिन्दुओं और मुसलमानों को एक-दूसरे से दूर करनेवाली पुस्तकें तो बहुत बढ़ रही हैं। उन्हें मिलाने का प्रयत्न बहुत थोड़े साहित्यकार कर रहे हैं। तुम्हें इस दिशा में प्रयत्न करना चाहिए। इसी लक्ष्य को सामने रखकर उन्होंने मुझे ऐतिहासिक नाटक लिखने का आदेश दिया।" उनके 'रक्षा बन्धन', 'शिवा-साधना', 'प्रतिशोध', 'स्वप्न भंग', 'आहुति' आदि में उसी एकता का प्रतिपादन किया गया है।

'रक्षा बन्धन' में कर्मवती की राख को देखकर हुमायूँ कहता है, "यह खाक इनसानियत की आँखों का अंजन है।...महाराणा! बहन कर्मवती की चिता की यह आग मजहबी तअस्सुब की जलन न पैदा करे। सारे मुसलमान बुरे हैं, यह न

समझना...मैं तो हिन्दुओं के कदमों में बैठकर मुहब्बत करना सीखना चाहता हूँ।" हिन्दू-मुस्लिम एकता का जो प्रयास गांधी जी ने किया, उसे फलीभूत होते न देखकर नाटककार ने 'स्वप्न भंग' की जहाँनारा से कहलाया है, "आज एक महान स्वप्न भंग हो गया। क्या भारत की भावी पीढ़ियाँ इस महान बलिदान को भूल जावेंगी?... हिन्दुस्तान, क्या तू इस आवाज को सुनेगा? सुनकर कुछ करेगा?"

सांस्कृतिक दृष्टि से इन दो भिन्न जातियों को सम्बन्धित करने का प्रयास ही प्रेमी जी के नाटकों का मुख्य लक्ष्य रहा है। मुसलमानों के प्रति प्रेमी जी के प्रधान पात्रों की जो दृष्टिकोण है उसका प्रतिनिधि उदाहरण 'रक्षा-बन्धन' की कर्मवती के ये शब्द हैं, "चौंकती क्यों हो, जवाहरबाई! मुसलमान भी इनसान हैं। उनके भी बहनें होती हैं। सोचो तो बहन, क्या वे मनुष्य नहीं हैं? क्या उनके हृदय नहीं है? वे ईश्वर को खुदा कहते हैं, मन्दिर में न जाकर मस्जिद में जाते हैं। क्या इसीलिए हमें उनसे घृणा करनी चाहिए?" शिवाजी का मुसलमान स्त्री, कुरान और मस्जिद के प्रति आदर-भाव सांस्कृतिक एकता और धार्मिक सहिष्णुता की ओर संकेत करता है।

हिन्दू-मुस्लिम एकता के लिए उदार सांस्कृतिक दृष्टिकोण के अतिरिक्त यह भी आवश्यक है कि मुसलमान इस देश को अपना देश समझें। जब तक वे इस बात को स्वीकार नहीं करते हैं तब तक उन्हें सन्देह की दृष्टि से देखा जाना स्वाभाविक है। लेकिन ऐसे मुसलमानों की कमी नहीं है जो इस देश को ही अपना देश समझते हैं। 'शिवा-साधना' के बाजी और 'प्रतिशोध' के बकी खाँ ऐसे ही पात्र हैं। बकी खाँ कहता है, "बुन्देलखंड क्या सिर्फ बुन्देलों का है? क्या यह जमीन सिर्फ हिन्दुओं को दाना-पानी देती है, हम मुसलमानों को नहीं? मजहब के नाम पर मुल्क के टुकड़े न करो सुजानसिंह! जिस मुल्क में हम पैदा हुए, जिसकी मिट्टी में हम खेले-कूदे, जिसके आबोदाना से हम पले, उसकी आजादी से क्या हमारा कोई ताल्लुक नहीं?"

कुछ विशिष्ट राष्ट्रीय आदर्शों को अपना एकान्त लक्ष्य बना लेने के कारण 'प्रेमी' के पात्र बहुत कुछ उन आदर्शों के ही प्रतिरूप बन गए हैं। यही कारण है कि उनके पात्रों को वह मानवीय व्यक्तित्व नहीं मिल पाया है जो प्रसाद के पात्रों को उपलब्ध हो सका है। प्रसाद के चरित्र जहाँ मानवीय संवेदना उत्पन्न करने में सर्वथा समर्थ प्रतीत होते हैं वहाँ प्रेमी के पवित्र भावनाओं के प्रतीक-से होकर रह गए हैं।

प्रसाद के व्यास, गौतम आदि की परम्परा में प्रेमी के साहशेख औलिया, प्राणनाथ प्रभु, स्वामी रामदास आदि आते हैं। लेकिन जहाँ व्यास और गौतम नाटक को मोड़ देते हैं, वहाँ प्रेमी के इस प्रकार के पात्र ऐतिहासिकता की रक्षा भर करते हैं।

प्रसाद और प्रेमी के अधिकांश नायक मातृभूमि के लिए अपना सर्वस्व निछावर करने के लिए प्रस्तुत दिखाई पड़ते हैं। पर प्रसाद के पात्रों के चतुर्दिक कुछ वैयक्तिक समस्याएँ इस प्रकार से घिरी रहती हैं कि जीवन अपनी समग्रता में चित्रित हो उठता है। इन समस्याओं के अभाव में प्रेमी के पात्र प्रायः एकांगी हैं। उनके समस्त पात्रों

में शिवाजी का व्यक्तित्व सर्वाधिक व्यापक है। उसके जीवन में अपेक्षाकृत गम्भीर राजनीतिक परिस्थितियाँ आती हैं और यही कारण है कि वह उनसे जूझता हुआ इतना महान बन पाता है। प्रेमी ने शिवाजी को उसकी कुछ वैयक्तिक समस्याओं से भी सम्बद्ध किया है पर ये समस्याएँ पाठकों या दर्शकों में भावानुभूति नहीं जागरित कर पातीं। अन्त में माता जीजाबाई के निधन पर शिवाजी को जिस प्रकार शोक-विह्वल चित्रित किया गया है, वह बहुत कुछ पूर्व निश्चित और कृत्रिम हो गया है। शिवाजी के उद्‌गारों को इस ढंग से व्यक्त किया गया है मानो सब कुछ स्वामी रामदास के उपदेश देने की भूमिका है। सच पूछिए तो शिवाजी के सम्पूर्ण व्यक्तित्व को एक विशेष परिधि में ही देखा गया है। शिवाजी के शब्दों में वह परिधि है, "भारतवर्ष को स्वतंत्र करना, दरिद्रता की जड़ खोदना, ऊँच-नीच की भावना और धार्मिक तथा सामाजिक असहिष्णुता का अन्त करना, राजनीतिक तथा सामाजिक दोनों प्रकार की क्रान्ति करना।" छत्रसाल के जीवन का लक्ष्य भी इससे भिन्न नहीं है, "सम्पूर्ण भारत की स्वाधीनता मेरे जीवन का स्वप्न होगा, किन्तु बुन्देलखंड के अपमान का प्रतिशोध दिल्लीपति से लेना मेरा प्रथम कर्तव्य है।"

पुरुष-पात्रों के समान ही प्रेमी के नारी-पात्र—कर्मवती, जीजाबाई, लालकुँवरि आदि—सच्चे अर्थ में देशभक्त और सच्चरित्र देवियाँ हैं। लेकिन विशेष प्रकार के साँचे में ढलने के कारण वे टाइप हो गई हैं। इसलिए इनके व्यक्तित्व भी सरस नहीं बन पाए हैं।

प्रेमी के संवाद प्रसाद के संवादों की अपेक्षा अधिक गठे हुए और अलंकृति के लदाव से मुक्त हैं, भाषा पात्रों के अनुसार रखी गई है। हिन्दू पात्र संस्कृतनिष्ठ हिन्दी का प्रयोग करते हैं और मुसलमान पात्र फारसी बहुल हिन्दी का। इससे पात्रों के सम्भाषण में स्वाभाविकता और निजी रंग आ जाता है। पर इन संवादों की सबसे अधिक अखरनेवाली बात है इनकी नीरसता। वर्णन-विवरण अथवा उपदेश-प्रधान कथोपकथन में रसहीनता का आ जाना स्वाभाविक है। कहीं-कहीं तो ऐसा मालूम पड़ता है कि राजनीतिक रंगमंच से नेताओं के भाषण हो रहे हैं।

जहाँ तक वस्तु-योजना का सम्बन्ध है, उनके नाटक प्रसाद के नाटकों की अपेक्षा शृंखलाबद्ध, गतिशील और रंगमंचोपयुक्त हैं। 'रक्षा-बन्धन' के तीनों अंक—प्रेमी के नाटकों में प्राय: तीन ही अंक हैं—एक-दूसरे से कारण-कार्य के रूप में जुड़े हुए हैं। शरणागत की रक्षा इस नाटक का केन्द्र बिन्दु है। इसकी त्रिसूत्री कथाएँ, उक्त केन्द्रीय बिन्दु से सम्बद्ध होने के कारण, सहज भाव से एकसूत्रता में पिरो उठी हैं। धन्यदास का प्रसंग यद्यपि नाटकीय कथा-वस्तु का अनिवार्य अंग नहीं हो पाया है, फिर भी उसे किसी प्रकार से मुख्य कथा-वस्तु से जोड़ लिया गया है। 'शिवा-साधना' 'रक्षाबन्धन' की तरह चुस्त और प्रभावोत्पादक नहीं है। यह ऐतिहासिक नाटक न होकर बहुत कुछ इतिहास-नाटक हो गया है। अंकों में सुसम्बद्धता होते

हुए भी विवरण-वर्णन-प्रधान दृश्यों के कारण नाटकीय गति अवरुद्ध हो जाती है। 'प्रतिशोध' में एक दूसरी त्रुटि है। इसमें दो पीढ़ियों की कथाएँ ली गई हैं जो नाटक की अपेक्षा उपन्यास की विस्तृति के अधिक अनुकूल हैं। पहले अंक की कथा को छत्रसाल की कथा में ही अन्तर्भुक्त किया जा सकता था। लेकिन ऐतिहासिक तथ्यों के फेर में पड़कर लेखक चम्पतराय की कहानी के लिए एक पूरा अंक व्यय कर देता है। प्रथम अंक में लगभग चार पृष्ठों तक में चलनेवाली हरदौल की कहानी कथा की गति में बाधा डालती है। इन त्रुटियों के बावजूद प्रेमी के नाटक नाटकीय कला की दृष्टि से प्रसाद के आगे हैं।

प्रेमी के नाटक जहाँ बाह्योपचार में प्रसाद से आगे दिखाई पड़ते हैं वहाँ अन्तरंग के चित्रण में उनसे कई कदम पीछे। कलागत परिष्कृति साधना और जागरूकता (कांशसनेस) की माँग करती है। फिर प्रेमी के सम्मुख प्रसाद की कलागत त्रुटियाँ प्रत्यक्ष थीं, इसलिए चेष्टापूर्वक उन त्रुटियों का परिहार किया जा सकता था। स्वभावत: रोमैंटिक होने के कारण प्रसाद ने कला के लिए उतनी चिन्ता नहीं की। पर अन्तरंग का चित्रण साहित्यकार की वैयक्तिक प्रतिभा, भावानुभूति-प्रवणता और जीवन के भीतर पैठने की अद्‌भुत क्षमता पर निर्भर है। प्रसाद में ये सारी विशेषताएँ पाई जाती हैं। उनके अपने जीवन-दर्शन ने भी अन्तरंग के प्रभावपूर्ण और सूक्ष्म चित्रण में उनकी सहायता की। एक विशेष राजनीतिक चेतना से बँध जाने के कारण प्रेमी जीवन को समग्रता में नहीं अंकित कर सके।

उपर्युक्त प्रश्न की विवेचना के लिए गांधी जी की आत्मोपलब्धि तथा उसके प्रभाव पर भी विचार कर लेना चाहिए। जिस अन्त:साधना, सत्य-अहिंसा और हृदय-परिवर्तन के उदात्त आदर्शों को गांधी जी ने अपने व्यक्तिगत जीवन में ढाला, उनको देश के कितने लोगों ने आत्मसात किया! बाहर-बाहर से लोगों ने उन्हें अपनाया, पर वे देश के रक्त के साथ घुल-मिल न सके। इसका स्वाभाविक परिणाम यह हुआ कि गांधीवादी आदर्शों पर निर्मित साहित्य में प्राणों का सहज उच्छ्‌वास अभिव्यक्ति नहीं पा सका। इस तरह की कविता, कहानी, उपन्यास, नाटक आदि में हृदय को उड़ेल देनेवाली बेचैनी; प्राणों को उत्सर्ग कर देनेवाला व्याकुल आग्रह नहीं है। प्रेमी के नाटकों में अनेक गांधीवादी आदर्शों को वाणी मिली है, किन्तु वे बहुत कुछ सैद्धान्तिक सीमा का अतिक्रमण नहीं कर सके हैं। बाह्योपचारों को युगानुरूप उन्होंने भी अपनाया है पर प्राणों को विमथित कर देनेवाली यह शक्ति जो उनको भी वैसे ही नहीं प्राप्त हो सकी जैसे देश के हृदय को स्पर्श कर देनेवाली गांधी जी की शक्ति उनके अनुयायियों में नहीं आ सकी।

इधर प्रेमी जी का नाटक 'विदा' इस विशाल देश में राष्ट्रीय एकता स्थापित करने की दृष्टि से लिखा गया है। इसका इतिवृत्त औरंगजेब के आखिरी दिनों की घटनाओं पर आधारित है। औरंगजेब की विस्तार-नीति के विरोधी पहले उसके घर

में पैदा हुए—उसके पुत्र-पुत्री के रूप में यानी अकबर और जेबुन्निसा के रूप में। घर में ही विरोध की जो आवाज उठी, वह नवीन परिवेश के अनुकूल है। अकबर और दुर्गादास का सम्पर्क इसे और भी नाटकीय बना देता है। किन्तु कथा का औपन्यासिक फैलाव तथा कमजोर संवाद सम्पूर्ण नाटक की क्रिया-क्षिप्रता पर प्रश्नवाचक चिह्न लगा देता है।

सेठ गोविन्ददास का 'शेरशाह' प्रेमी के नाटकों के मेल में है। इसमें भी हिन्दू-मुस्लिम एकता और मुसलमानों की राष्ट्रीय चेतना का अंकन हुआ है। शेरशाह का कहना है, "...मैं चाहता हूँ इस मुल्क में हिन्दू-मुसलमान दोनों मिलकर इस बाहरी कौम का मुकाबला करें।...फिर यह काम यहाँ के सुलतानों और राजाओं पर ही न छोड़ा जाए, बल्कि यहाँ की आम रियाया को भी इस काम में शामिल किया जाए।..." इस कथन में ब्रिटिश राज्य से लोहा लेने के लिए हिन्दू-मुस्लिम एकता की पुकार है।

इस देश में ऐसे मुसलमान भी पाए जाते हैं जो अपरदेशीय भक्ति (एक्स्ट्रा टेरीटोरियल लॉयल्टी) के कायल हैं। उनके सामने शेरशाह का यह आदर्श रखा गया है—"मैं हूँ हिन्दी, इसी मुल्क में पैदा हुआ, यहीं की आबोहवा में पला, यहीं की मिट्टी से बना और इसी मिट्टी में मिलूँगा। यहाँ से बाहर देखने के लिए मेरे पास कुछ नहीं। हिन्दुस्तान ही मेरे लिए सब कुछ है। यहाँ के रहनेवाले चाहे वह किसी भी मजहबी मिल्लत के हों, मेरे भाई-बिरादर हैं।"

इसमें दो कथानक हैं—एक शेरशाह के राज्य निर्माण का और दूसरा निजाम और लाडबानू के प्रेम का। पर दोनों की राहें अलग हैं। दूसरा प्रासंगिक कथानक किसी भी तरह आधिकारिक कथा को गति नहीं देना और अन्त तक अपना स्वतंत्र अस्तित्व बनाए रखता है। संविधान-सौष्ठव की दृष्टि से यह इस नाटक का बड़ा दोष है।

प्रेमी के पात्रों की भाँति शेरशाह भी एक विशेष आदर्श को लेकर चलता है। वह अत्यन्त कर्तव्यनिष्ठ और धुन का पक्का है। पर इसके अतिरिक्त वह और कुछ नहीं है। निजाम और वानू के प्रेम का आधार भावुकतापूर्ण और अगम्भीर है। इसी का परिणाम है कि एक फकीर हो जाता है और दूसरा पागल। जीवन के प्रति इस प्रकार का निषेधात्मक दृष्टिकोण सस्ते प्रेम का ही द्योतक है। वानू के विवाह ने—उसकी इच्छा के विरुद्ध विवाह ने—एक समस्या अवश्य उत्पन्न की है। वह कहती है, "ऐ खुदा! खुदगर्जों ने मेरे जिस्म का सौदा बिना मेरी मर्जी के किया।" लेकिन यह समस्या अपने में ही टूटकर रह गई है। मुख्य नाटक का अंग न बनने का परिणाम यही होता है।

'कुलीनता' सेठ जी का दूसरा ऐतिहासिक राष्ट्रीय नाटक है। यद्यपि इसमें कुलीनता पर अकुलीनता की विजय दिखाई गई है तथापि देशोद्धार का स्वर इसमें आद्यन्त छाया हुआ है। यह गांधी-युग में परिवर्तित नए मूल्यों से अनुप्राणित है।

गांधी जी ने वर्ण-भेद की जिस खाई को पाटने का प्रयास किया, वह केवल स्पृश्य-अस्पृश्य की मोटी समस्या तक ही नहीं सीमित थी। गांधी जी की पैनी दृष्टि स्थूल समस्याओं को पार कर उनके तल का स्पर्श करती थी। वे वर्ण की श्रेष्ठता के विश्वासी न होकर कर्म की श्रेष्ठता के विश्वासी थे। वे सच्चे कर्मयोगी थे। इस नाटक में कर्म की श्रेष्ठता का ही प्रतिपादन किया गया है।

नाटक के अन्तर-पृष्ठ पर वेणीसंहार का यह श्लोक छपा है—

सूतो वा सूतपुत्रो वा, यो वा को वा भवाम्यहम्।
दैवायत्तं कुले जन्म, मदायत्तं तु पौरुषम्॥

'कुलीनता' नाटक की यही मुख्य समस्या है। बीसवीं शती में नवीन परिस्थितियों के प्रकाश से मानवता का नया मूल्यांकन होने लगा। जाति, वंश और कुल के मिथ्या गौरव की अन्ध-गुहा से निकलकर मनुष्य ने कर्म-सौन्दर्य की उषःकिरणों का प्रकाश देखा। आज उसी कर्म-सौन्दर्य की मानवीय श्रेष्ठता का मान ठहराया जा रहा है। इन्हीं मूल्यों के आधार पर कर्ण को कई काव्यों में नए सिरे से देखा गया। दिनकर के 'रश्मिरथी' का कर्ण कहता है—

वह करतब है यह कि शूर जो चाहे, कर सकता है।
नियति भाल पर पुरुष पाँव निज बल से धर सकता है॥

वह करतब है यह कि शक्ति बसती न वंश या कुल में।
बसती है वह सदा वीर पुरुषों के वक्ष पृथुल में॥

कुलीनता के 'यदुराय' के विषय में रश्मिरथी के कर्ण का कथन अक्षरशः सत्य है। यदुराय को अकुलीन मानकर जिन कुलीन कलचुरियों ने निर्वासित किया, उन्हीं को उसके सामने मुँह की खानी पड़ी। 'कुलीनता' की इस समस्या को राष्ट्रोद्धार की समस्या से इस तरह बाँध दिया गया है कि दोनों एक-दूसरे से पूर्णतः समन्वित हो गई हैं। इसके साथ ही यदुराय और कलचुरि कुमारी रेवा का विवाह रूढ़ियों पर जबरदस्त प्रहार है।

इसका कथानक स्वच्छ और गतिशील है। पात्रों के चरित्र में सर्वत्र ऋजुता और स्पष्टता है। रंगमंच और सिनेमा—दोनों के लिए यह समान रूप से उपयुक्त है।

उदयशंकर भट्ट का 'दाहर' या 'सिन्धपतन' नाटकों के इसी वर्ग में आएगा। यह कथानक, चरित्र, संवाद आदि दृष्टियों से बहुत सफल नहीं कहा जा सकता। भट्ट जी के 'विक्रमादित्य' और 'दाहर' दोनों में प्रसाद के नाटकों की प्रायः सभी त्रुटियाँ एकत्र हो गई हैं।

मिलिन्द के 'प्रताप-प्रतिज्ञा' (1929) और अश्क के 'जय-पराजय' (1937) में राष्ट्रीयता का रंग दिखाई पड़ेगा—एक में वह प्रत्यक्ष है तो दूसरे में प्रच्छन्न। 'प्रताप' पराधीन देश की आकांक्षाओं के प्रतीक हैं। उनके कार्य और वाणी में तेज और जीवन है तो शैथिल्य और निराशा भी है। ब्रिटिश साम्राज्य से जूझते हुए देश की मनोवृत्ति कुछ-कुछ उसी प्रकार की हो गई थी। अपने जीवन के अन्तिम काल में राणा ने कहा था, "इस जीवन की अब कोई सार्थकता नहीं। केवल एक लम्बा-चौड़ा, सूखा और सूना बालुका-प्रदेश हृदय में ज्वालामयी हिलोरें लेता-सा प्रतीत होता है। कोई आशा नहीं! कोई भरोसा नहीं!" प्राण-विसर्जित करते समय जो आशा उन्होंने प्रकट की है, वह भरतवाक्य है। स्वतंत्रता-संग्राम को जनता की प्रतिध्वनि भी नाटक में सुनाई पड़ेगी। टेकनीक की दृष्टि से नौरोज की घटना, पृथ्वीराज और गंगा की वार्ता, मुख्य कथा का अंग नहीं हो पाई है।

'जय-पराजय' में लेखक के मन का जो अवसाद व्यक्त हुआ है, वह देश के अवसाद से अद्भुत मेल रखता है। लेखक ने जीवन की उदासीनता को भूल जाने के लिए इस नाटक को लिखना आरम्भ किया, "यही सोचकर उठा, चाहा कि इस उदासीनता को झटक दूँ। ऐसा न कर सका तो इसे किसी दूसरी ओर लगाने का ही निश्चय किया। 'जय-पराजय' मेरे उसी प्रयास का फल है।"

साफ है कि लेखक ने किसी उद्देश्य विशेष के प्रतिपादन के लिए इसे नहीं लिखा है। यही कारण है कि ऐतिहासिक राष्ट्रीय नाटकों में जो राष्ट्रीयता उभरकर चित्रित हुई है, वह इसमें नहीं दिखाई देती। इसका शुभ परिणाम यह हुआ है कि इसमें किसी विशेष चिन्ताधारा की ठूँस-ठाँस के लिए अवकाश ही नहीं रह गया। फिर भी जिस फलक पर राजपूती शान, हठधर्मी, स्वाभिमान, वंश-मर्यादा, गृह-कलह, अन्त:पुर में चलनेवाले निर्मम षड्यंत्र का चित्रण हुआ है, वह अप्रत्यक्ष रूप से पाठकों के मन में राष्ट्रीय चेतना को उद्बुद्ध करता है। नाटक का प्रधान पात्र राणा लक्षसिंह, चंड, राघव देव, रणमल—सब-के-सब जय-पराजय की भावना से ओत-प्रोत हैं।

इस नाटक का केन्द्र बिन्दु मेवाड़ है और मेवाड़ की कथा आधिकारिक कथा है। मंडोवर की कहानी, जो प्रासंगिक कथा के रूप में आई है, मुख्य कथावस्तु से क्षीर-नीर की भाँति मिल गई है। सम्पूर्ण नाटक पाँच अंकों में बाँटा गया है, जिनमें घटनाएँ एक-दूसरे से कारण कार्य या क्रिया-प्रतिक्रिया के रूप में जुड़ी हुई हैं। इसका फल यह हुआ है कि नाटक स्वाभाविक रूप से गतिशील हो उठा है। फिर भी कुछ ऐसे दृश्यों का समावेश हुआ है जो नाटक की गति में बाधक नहीं हैं तो साधक भी नहीं कहे जा सकते। नाटक के प्रथम परिचयात्मक अंक की ऐसी अनिवार्यता नहीं प्रतीत होती, उसे संक्षेप में प्रोलॉग के रूप में दिया जा सकता था। तृतीय अंक का पहला दृश्य, जिसमें विवाहोत्सव में गठरी सँभाले हुए ब्राह्मणों का चित्रण है, हटाया जा सकता है। चौथे अंक के पहले दृश्य की भी कोई उपयोगिता नहीं प्रतीत होती।

इस नाटक का मुख्य पात्र चंड टिपिकल राजपूत है। वह अद्भुत योद्धा, बात का धनी और दृढ़ प्रतिज्ञ है। मध्यकालीन राजपूती शौर्य, पराक्रम, आत्माभिमान उसकी नस-नस में कूट-कूटकर भरा है। यही कारण है कि जहाँ भी उसके आत्म-सम्मान को धक्का लगा कि वह अपना धैर्य और कुछ हद तक विवेक खो बैठता है। उसकी इस कमजोरी का भरपूर लाभ रणमल ने उठाया भी राघवदेव उतना राजपूत नहीं है जितना सामान्य मनुष्य—जय-पराजय के अन्तर्द्वन्द्वों से संयुक्त। हंसाबाई जीवन्त नारी है। लेकिन रणमल के निधन पर उसका रुदन और अनुताप पूर्ववर्ती घटनाओं की भूमिका पर बहुत औचित्यपूर्ण और मनोवैज्ञानिक नहीं प्रतीत होता। भारमली को डॉ. नगेन्द्र ने देवसेना और मालविका के गौरव की अधिकारिणी माना है। लेकिन देवसेना के त्याग, दीर्घकालीन अनुताप-वेदना, अन्तर्दाह की जलन के लिए भारमली को पर्याप्त अवसर ही कहाँ मिला! मालविका के मूक बलिदान में जो वेदना पुंजीभूत हुई है वह भारमली के बलिदान में नहीं दिखाई देती। फिर भी भारमली जी को बुरी तरह कचोट लेती है।

नाटक का अन्त अत्यन्त मार्मिक बन पड़ा है, चंड के प्रस्थान के कारण जो करुण वातावरण निर्मित होता है, उसकी छाया गहन से गहनतर होती है।

गोविन्दवल्लभ पन्त का 'राजमुकुट', जमुनादास मेहरा का 'पंजाब-केसरी', रूपनारायण पांडेय का 'मारवाड़-गौरव' आदि ऐतिहासिक राष्ट्रीय नाटक हैं।

ऐतिहासिक-राष्ट्रीय नाटक—स्वतंत्रता के बाद

स्वतंत्रता के पूर्व जो ऐतिहासिक-राष्ट्रीय नाटक लिखे गए, उनका मुख्य उद्देश्य था देश में राष्ट्रीय चेतना को उद्बुद्ध करना। वे राष्ट्रीय आन्दोलन को अतीत की पीठिका पर मुखर कर रहे थे। देश के स्वतंत्र हो जाने पर नई समस्याएँ उत्पन्न हुईं और इनके प्रकाश में ऐतिहासिक नाटकों ने नया रूप ग्रहण किया। अब इन नाटकों का प्रधान उद्देश्य हुआ जनता में स्वराष्ट्र-रक्षा की भावना भरना तथा देश को पतन के गर्त में ढकेलने वाले उपकरणों के प्रति हमें सचेत करना।

इन नाटकों की दूसरी प्रवृत्ति है जन-संघटन पर बल देना। स्वतंत्रता के पूर्व लिखित ऐतिहासिक नाटकों में भी इसे स्थान दिया गया है। पर इस काल के नाटकों में जन-संघटन की चेतना को विशेष रूप से समाविष्ट किया गया है। राजतंत्र के टूट जाने पर देश का भविष्य एकान्त रूप से जागरूक जनता पर ही निर्भर करता है।

नाटकों के नायकों को सच्चे अर्थ में जनता का सेवक सिद्ध किया गया है। राजकुमार होते हुए भी उन्हें ऐसी परिस्थितियों में ढाला गया है कि वे जनता के सेवक के रूप में चित्रित हो सकें। 'उद्धार' के हम्मीर, 'कीर्तिस्तम्भ' के संग्राम सिंह, 'शपथ' और 'समाधि' के जनेन्द्र ऐसे ही गायक हैं।

इनके अतिरिक्त स्वतंत्रता के बाद उत्पन्न होनेवाली कुछ अन्य समस्याओं को भी सन्निविष्ट करने का प्रयत्न नाटककारों ने किया है, जैसे वेश्या-जीवन की समस्या, अत्याचार के फलस्वरूप अन्तःसत्त्वा स्त्रियों की समस्या आदि। किन्तु ये समस्याएँ स्वतंत्रता-प्राप्ति के बाद की ज्वलन्त समस्याएँ नहीं। इन समस्याओं को ग्रहण करने में लेखकों की दृष्टि बहुत कुछ अखबारी समस्याओं तक ही सीमित हो गई है।

स्वतंत्रता के बाद लिखे गए ऐतिहासिक-राष्ट्रीय नाटकों के नाटककारों में प्रेमी का स्थान अप्रतिम है। उनके 'उद्धार', 'शपथ' और 'कीर्तिस्तम्भ' ऐसे ही नाटक हैं। विष्णु प्रभाकर के 'समाधि' और जगदीशचन्द्र माथुर के 'कोणार्क' को भी इसी श्रेणी में रखा जाएगा।

'शपथ' की भूमिका में प्रेमी ने अपने उद्देश्य को स्पष्ट करते हुए लिखा है, "हमें देश के इतिहास से शिक्षा लेनी चाहिए। इतिहास के अध्ययन का अर्थ तिथियों-

घटनाओं को याद कर लेना-भर नहीं है। इतिहास तो हमें बताता है कि हमें क्या करना चाहिए, क्या नहीं; किस तरफ जाने में पतन है—किधर जाने में उत्थान; कहाँ मरण है, कहाँ जीवन।" इस उद्देश्य को सामने रखने से इन नाटकों में राष्ट्रीयता का स्वर थोड़ा-बहुत मन्द पड़ गया है। इसके परिणामस्वरूप नाटककार की दृष्टि कुछ गम्भीरतर समस्याओं की ओर भी गई है और नाटक में अपेक्षाकृत अधिक संयम आ गया है।

प्रेमी के 'शपथ' और विष्णु प्रभाकर के 'समाधि' की कथा-वस्तु प्राय: एक ही है। पहले का नायक विष्णुवर्धन है, तो दूसरे का यशोवर्धन—दोनों एक ही व्यक्ति हैं। दोनों में ही जनता के बल पर हूणों का उच्छेद किया गया है। दोनों नाटकों में एक पक्ष राष्ट्रप्रेमियों का है और दूसरा विदेशियों तथा उनके सहयोगी देशद्रोहियों का। यह सब होते हुए भी जहाँ तक वस्तु-संघटन का प्रश्न है, प्रेमी की सजगता और चुस्ती 'समाधि' में नहीं पाई जाती। विष्णु ने नाटक के भीतर नाटक रखकर कथा को नीरस और अगतिशील बना दिया है। इनकी ऐतिहासिक चेतना भी बहुत जागरूक नहीं दिखाई पड़ती। भानुगुप्त का शिविर को 'कैम्प' कहना इसी का द्योतक है।

'शपथ' की दूसरी विशेषता यह है कि इनके पात्र अनेक वर्गों में से चुने गए हैं। राष्ट्र की रक्षा के लिए कवि, नर्तकी, नाविक आदि सभी योग देते हैं। विष्णुवर्धन ने एक स्थान पर कहा है, "किन्तु हमारा मुक्तिसंग्राम भूपालों के सहयोग पर अवलम्बित नहीं होगा। निस्सन्देह सुहासिनी, भूपालों की वेतन-भोगी सेना हूणों की दुर्धर्ष बर्बरता की आँधी के सामने नहीं टिकेगी...। आवश्यकता है जनता में निर्भयता, आत्मविश्वास, समूह-बल पर आस्था और देश के प्रति कर्तव्य-भावना को जाग्रत कर प्रत्येक आबाल वृद्ध नर-नारी को मुक्ति सेना का सैनिक बनाने की।" इसी को लक्ष्य में रखकर पात्रों का चुनाव भी किया गया है। प्रसाद के नाटकों की तरह यहाँ भी प्रेयसियाँ हैं पर इनमें वह उन्मदिष्णु राग, गहरी वेदना और आन्तरिक मन्थन नहीं है। फिर भी 'समाधि' की अपेक्षा 'शपथ' में रागात्मक तत्त्व की अधिकता मिलेगी। 'समाधि' राजनीतिक अधिक हो गया है।

'उद्धार' का नायक हम्मीर भी जनता के अधिक निकट है। उसका लालन-पालन मेवाड़ के राजकीय वैभव से दूर प्रकृति के उन्मुक्त प्रांगण में हुआ है। इसी से वह जनता का और जनता उसकी बन सकी! उसकी माँ सुधीरा कहती है, "राजकुमारत्व का भान हमीर में उच्चता की भावना भर देता और उसे प्रत्येक देहाती स्त्री-पुरुष को आत्मीय मानना कठिन हो जाता। वह राजकुमार होकर बाल-बन्धुओं का सम्राट न बन पाता।" इस नाटक में दो पीढ़ियों की कथाएँ ली गई हैं, पर लेखक ने बड़े ही कौशल से दोनों को सुसम्बद्ध कर दिया है। व्यापारान्विति और गतिशीलता की दृष्टि से यह प्रेमी का एक सफल नाटक है।

इस नाटक में देश-भक्ति की चर्चा गम्भीर रूप में उठाई गई है। इसमें हिन्दू-मुस्लिम एकता के स्थान पर मानव-मानव की समता का व्यापक सिद्धान्त उपस्थित

किया गया है। दुर्गा का कहना है, "हमें किसी व्यक्ति, देश या संस्कृति के विरुद्ध भावना नहीं भरनी चाहिए। हमारा विरोध केवल उसी विदेशी शासन-तंत्र से होगा, जो हमें दास बनाकर रखना चाहता है। मनुष्य के नाते प्रत्येक मानव हमारा बन्धु होगा।"

'कीर्तिस्तम्भ' में उन तत्त्वों को उभारा गया है जो देश की स्वतंत्रता में सहायक हुए हैं। राजयोगी ने नाटक के अन्त में कहा है, "स्वार्थ, अभिमान और क्रोध में आकर कभी जन्मभूमि के हित को मत भूलो। सत्ता और सम्मान पाने के लिए प्रतिस्पर्धा की भूल मत करो। देश के प्रत्येक व्यक्ति को अपने समान समझो।" यही नाटक का मुख्य उद्‌देश्य है।

स्वार्थ, अभिमान और क्रोध में आकर ज्वाला देश के हित को भूल गई। क्षणिक लाभ के लिए उसका भाई सूरजमल विदेशियों से जा मिला। सत्ता और सम्मान पाने के लिए पृथ्वीराज मातृभूमि के हित को न याद कर सका। देश के हित को सर्वोपरि समझा संग्रामसिंह और राजयोगी ने।

उद्‌देश्य विशेष के पूर्त्यर्थ संग्रामसिंह का चरित्र 'टाइप' चरित्र हो गया है। राष्ट्रीयता और मातृभूमि के हित को दृष्टि में रखकर उनका जो चरित्र अंकित किया गया है वह उनके राजपूती व्यक्तित्व पर बुरी तरह हावी हो गया है। आगे चलकर राजयोगी ने उनके व्यक्तित्व को और भी अधिक दबा दिया है। फलस्वरूप वे बहुत कुछ निष्क्रिय प्रतीत होने लगते हैं। पृथ्वीराज अपनी उच्छृंखलताओं में राजपूतों की समस्त विशेषताओं और त्रुटियों से अभिमंडित अच्छा बन पड़ा है। ज्वाला प्रतिक्रियात्मक मनोवृत्ति को मूर्त करती है, पर तारा में राजपूती गौरव के साथ विवेक और संयम भी है, किन्तु उसकी प्रेमिका की भूमिका अविकसित रह गई है। पृथ्वीराज के उठ जाने पर भी उसके मानसिक द्वन्द्व को चित्रित न करके एक प्रभावशाली नाटकीय स्थिति (सिचुएशन) को खो दिया गया है।

कथानक, संविधान-सौष्ठव की दृष्टि से यह प्रेमी के परवर्ती नाटकों से कहीं आगे है।

इस सिलसिले में उदयशंकर भट्ट के 'शक-विजय' का उल्लेख करना आवश्यक है। उनका भी लक्ष्य है, "आज देश धर्म से भी महान है, व्यक्ति और समाज से भी बृहतर है। इस भावना को जागरित करने की आवश्यकता है; देश की स्वतंत्रता, उसका सुख, सर्वोपरि है; इस प्रकार के विचारों के प्रचार में जो मानसिक असन्तुलन उत्पन्न होते हैं, उनमें हमें किसको स्वीकार करना चाहिए और किसको अस्वीकार इत्यादि बातों को पाठकों तथा सर्वसाधारण के सामने रखने के हेतु स्वरूप मेरा यह क्षुद्र प्रयत्न है।" इस नाटक में जैनगुरु कालकाचार्य के देशद्रोही कार्य को केन्द्र-बिन्दु माना गया है। इसी विषय पर वृन्दावनलाल वर्मा ने भी 'हंस-मयूर' नाटक लिखा है। पर मुख्यतः सांस्कृतिक होने के कारण उसकी चर्चा ऐतिहासिक-सांस्कृतिक नाटकों के भीतर की जाएगी।

इस नाटक का गन्धर्व सेन (वर्मा जी का गर्धभिल्ल) है पर वह गर्धभिल्ल के विपरीत परम आचरणवान है। इसका वास्तविक नाटक वरद देशोद्धार में आद्यन्त संलग्न है। वह वर्मा जी के इन्द्रदेव की भाँति किसी तन्वी के नाच-रंग में नहीं उलझा है। इसका मंखलिपुत्र वर्मा जी के पुरन्दर की अपेक्षा अधिक गम्भीर और प्रेरणादायक है। पर इस नाटक के अधिकांश पात्रों पर देशभक्ति का रंग इतना गहरा चढ़ा हुआ है कि उनकी वैयक्तिकता लुप्तप्राय हो गई है।

वस्तु-योजना की दृष्टि से 'शक-विजय' भट्ट जी के अन्य नाटकों की अपेक्षा कहीं अधिक अच्छा कहा जा सकता है। चार अंकों में बँटे हुए नाटक की घटनाओं में कार्य-कारण-सम्बन्ध-स्थापन भट्ट जी की स्वच्छ दृष्टि का द्योतक है। इसके संवाद छोटे, मार्मिक और प्रसंगोचित हैं। 'विक्रमादित्य' और 'दाहर' की आलंकारिक शैली और अरंगमंचोपयुक्तता से मुक्त होने के कारण यह नाटककार के विकास का अगला कदम कहा जा सकता है।

सेठ गोविन्ददास का 'शशिगुप्त' अतीत की कथा के सहारे राष्ट्रीय भावना और एक केन्द्रीय शासन की व्यवस्था को ही व्यक्त करता है।

जगदीशचन्द्र माथुर का 'कोणार्क' इसी श्रेणी का नाटक है।

कोणार्क

कोणार्क (1951) मूलत: प्रसाद-परम्परा का नाटक है, फिर भी उससे अलग। इसे भी ऐतिहासिक-सांस्कृतिक नाटक की श्रेणी में ही परिगणित किया जाता है। किन्तु इसकी ऐतिहासिकता और संस्कृति औपनिवेशिक युग की न होकर स्वतंत्र भारत की हैं। प्रसाद जनमानस में अतीत के शौर्य; पराक्रम और संस्कृति को इस तरह संक्रमित कर रहे थे कि जनता अपनी अस्मिता को पहचाने और विदेशियों को मार भगाने के लिए तैयार हो जाए। किन्तु प्रसाद के नाटकों जैसी ऐतिहासिकता—ऐतिहासिक मूल की रक्षा का प्रयास—कोणार्क में नहीं है। प्रसाद जिस औपनिवेशिक परिवेश में पैदा हुए थे, उसमें उत्थानमूलक ऐतिहासिक शौर्य और संस्कृति की रक्षा आवश्यक थी। किन्तु स्वतंत्र भारत की समस्याएँ दूसरी थीं—लोकतांत्रिक थीं। इस नाटक में लोकतंत्र का एक सार्थक नाट्य-बिम्ब प्रस्तुत किया गया है।

जगदीशचन्द्र माथुर ने कोणार्क में इतिहास की कुछ रेखाओं को अपने ढंग संयोजित किया है और उनमें अपना रंग भरा है। उत्कल नरेश नरसिंह देव ने कोणार्क का मन्दिर बनवाया था। उन्होंने बंग-देश के मुसलमान सूबेदार पर आक्रमण भी किया था। उनके मंत्रियों में चालुक्य वंश का राजराज, उनकी अनुपस्थिति में, शक्तिशाली हो गया था। इन क्षीण रेखाओं में अपनी कल्पना का रंग भरकर माथुर ने इसे एक भव्य त्रासदी का रूप दे दिया है।

माथुर पहले नाटककार हैं जिन्होंने सामान्य जनता के अधिकारों की बात इतने सशक्त ढंग से उठाई है। स्वतंत्रता-प्राप्ति के बाद नई पीढ़ी पुरानी पीढ़ी से अवधारणात्मक स्तर पर अलग हो चुकी थी। इसकी प्रतिध्वनि भी इस नाटक में सुनाई पड़ती है। कला और शोषित समाज के सम्बन्धों को भी इसमें विस्तार दिया गया है और अन्त में कोणार्क जैसे अद्वितीय कलात्मक निर्मिति का ध्वंस। उसी के साथ विशु और धर्मपद का जीवनोत्सर्ग। पर इसके ध्वंसावशेष में कुछ ऐसी चिनगारियाँ रह गई हैं जो लोकतंत्र की रक्षा में आग की लपटें बन सकती हैं। भरत मुनि ने नाटक के लिए कैशिकी वृत्ति आवश्यक माना है। इस नाटक में स्त्री-पात्र मंच पर नहीं आता। किन्तु मन्दिर के निर्माण और ध्वंस, दोनों में उसकी अहं भूमिका है।

इस नाटक का केन्द्रीय पात्र स्वयं कोणार्क है। नरसिंह देव अत्यन्त अभिरुचि से एक अभूतपूर्व मन्दिर का निर्माण करा रहे थे। उनके बंग-विजय का महोत्सव इसी मन्दिर के प्रांगण में मनाया जाना था। वे वहाँ पहुँच चुके थे। इसी बीच राजराज की सेनाओं ने मन्दिर को घेर लिया। यहीं से सारा कथानक ध्वंसोन्मुख हो उठता है।

कोणार्क का प्रमुख शिल्पी विशु है—शुद्ध कलाकार। धर्मपद युवा शिल्पी है जो शिल्प को जीवन के सन्दर्भ में देखने को समुत्सुक है। वास्तव में कोणार्क के मुख्य पात्र ये ही हैं। विशु पिता है और धर्मपद पुत्र। किन्तु इसका राज एक विशिष्ट नाटकीय क्षण में उद्घाटित होता है। इतने भव्य मन्दिर के निर्माण के मूल में विशु की प्रेम-जन्य स्मृतियाँ हैं जो सूर्य-कुन्ती के मिथक द्वारा स्वयमेव फूट पड़ती हैं। उन्हीं स्मृतियों को वह कला में रूपान्तरित कर रहा था। इस तरह की प्रणय-कथाएँ प्रसाद के यहाँ भी हैं। प्रसाद का प्रणय रोमैंटिक है तो माथुर का यथार्थ, प्रायश्चित के बोध से व्याकुल। इससे कोणार्क का परिवेश काव्यमय हो उठता है।

विशु कला के सम्मोहन में बुरी तरह जकड़ा हुआ है। राजकीय उथल-पुथल, अत्याचार के विरोध, शिल्पियों के जीवन से उसका कोई सम्बन्ध नहीं है। वह कहता है, "किसी की शक्ति बढ़े और किसी की घटे, हमें तो कोणार्क को पूरा करना है।" धर्मपद का विरोधी स्वर वह पसन्द नहीं करता। उसे केवल उसकी कला चाहिए। किन्तु धर्मपद शृंगारिक मूर्तियों को देखते-देखते अघा गया है, "जब मैं इन मूर्तियों में बँधे रसिक जोड़ों को देखता हूँ, तो मुझे याद आती है पसीने में नहाते हुए किसान की, कोसों तक धारा के विरुद्ध नौका को खेनेवाले मल्लाह की, दिन-दिन-भर कुल्हाड़ी लेकर खटनेवाले लकड़हारे की। इनके बिना जीवन अधूरा है आचार्य!"

धर्मपद आचार्य विशु का ध्यान हजारों शिल्पियों के शोषण की ओर आकृष्ट करता है। किन्तु विशु राज्य की बातों में शिल्पियों के पड़ने को अनुचित ठहराता है। लेकिन ऐसी स्थिति में धर्मपद सुरक्षित स्थान में विलास की मूर्तियाँ नहीं गढ़ना चाहता। धर्मपद शिल्पियों के प्रति किये गए राजकीय अत्याचारों और किसानों-मजदूरों के शोषण की शिकायत नरसिंह देव से करता है।

जब मन्दिर के प्रांगण में राजराज नरसिंह देव को बन्दी बनाने का षड्यंत्र करता है और राजराज का शैवालिक कहता है कि शासन की बागडोर किसी के भी हाथ में हो, शिल्पियों का काम कला की साधना में लगे रहना है, तब धर्मपद से चुप नहीं रहा जाता। वह बोल उठता है, "क्या हम लोग भेड़-बकरियाँ हैं, जो चाहे जिसके हवाले कर दी जाएँ? आज ही तो हमारे भाग्य का फैसला है। जिस सिंहासन को तुम आज डाँवाँडोल कर रहे हो, वह हमारे ही कन्धों पर टिका है।... कलिंग हमारा है और..." इसमें नवजात लोकतंत्र का सपना मुखर हो उठा है। जाग्रत लोक अत्याचारी प्रभुसत्ता को अपदस्थ करने में एक कारगर भूमिका अदा करता है। राजराज के विरुद्ध शिल्पी विद्रोह करते हैं, किन्तु नरसिंह राव को समुद्र के रास्ते पुरी भेजने में सफल हो जाते हैं। सारा नाटक अनेक स्तरीय संघर्षों से बुना गया है—अन्त:बाह्य संघर्ष, पुरानी-नई पीढ़ी का संघर्ष, कला और जीवन का संघर्ष, राजसत्ता-जनसत्ता का संघर्ष। किन्तु कलाकार ने इन्हें इतने रचनात्मक ढंग से संयोजित किया है कि वे एक राष्ट्रीय जनसंघर्ष में रूपान्तरित हो जाते हैं।

अन्तिम अंक की प्रगीतमयता प्रणयानुबन्धित नहीं है बल्कि माँ-बेटे के प्रेम का सशक्त नाट्यबिम्ब है। इस प्रेम में माँ का बेटे के लिए किया गया अव्याहत संघर्ष इस प्रेम को किंचित करुण बना देता है। इस सन्दर्भ में कुन्ती का मिथक पुन: याद आता है। सम्भ्रान्त माँ अपने बेटे को नदी में बहा देती है। लेकिन सामान्य शवर-कन्या परित्यक्त होकर भी अपने बेटे के लिए जीती है, संघर्ष करती है। यह है अभिजन और सामान्य जन का पार्थक्य! माँ-बेटे की स्नेह-कथा विशु के प्रेम को उद्वेलित कर देती है और विशु युद्ध करते हुए धर्मपद की मृत्यु का समाचार सुनकर कोणार्क के ध्वंस में जुट जाता है।

प्रश्न होता है कि विशु ने कोणार्क का ध्वंस क्यों किया? इसलिए कि कोणार्क अत्याचारी राजराज की विजय का स्मारक न बन जाए या इसलिए कि जिस राजराज ने उसे मृत्यु के घाट पहुँचाया है, वह भी कोणार्क के पत्थरों के नीचे दब जाए या इसलिए कि जब बेटा नहीं तो कोणार्क नहीं?

शायद अन्तिम बात ही सच है। पूछा जा सकता है कि क्या कला का सम्मोहन बेटे के सम्मोहन से कम होता है? किन्तु इस ध्वंस में अत्याचारी का भी ध्वंस हो जाता है। कला के सम्मोहन से जनता के दुख-दर्द का सम्मोहन अधिक महत्त्वपूर्ण है। मानवीय जीवन के गहन अन्तर्द्वन्द्वों का स्मारक है माथुर का कोणार्क।

कोणार्क की रंग-कल्पना में माथुर ने पूर्व-पश्चिम की नाट्य प्रयुक्तियों के साथ लोक और क्लासिकल परम्पराओं का भी सहारा लिया है। करना भी था उन्हें कोणार्क का निर्माण। नाटक का पहला संस्करण '51 में प्रकाशित हुआ था, पर सन 61 में उन्होंने मंचन की दृष्टि से कई परिवर्तन किये। फलस्वरूप उसकी मंत्रोपयोगिता और बढ़ गई।

नाटक के परिशिष्ट 1 में उन्होंने लिखा है—

"उपक्रम, उपकथन और उपसंहार मेरे नए प्रयोग हैं, जिनमें आप संस्कृत नाटकों की प्रस्तावना और पाश्चात्य नाटकों के 'प्रोलोग' और 'एपिलोग' एवं कोरस की झलक पाएँगे। मुख्य नाटक की गति इतनी तीव्र और अविच्छिन्न है कि नाटक आरम्भ होने से पूर्व दर्शकों की मानसिक पृष्ठभूमि तैयार करना, अंकों के बीच उन्हें कथा-प्रवाह और भाव-प्रवाह से अवगत कराना और समाप्त होते ही उनकी उद्वेलित और विशृंखल मानसिक दशा को संकलित करना मैंने जरूरी समझा।" उपक्रम, उपकथन और उपसंहार की वाचिकाएँ संस्कृत नाटकों के सूत्रधार का भी काम करती हैं और ग्रीक नाटकों के कोरस का भी। लेकिन न तो वे सूत्रधार हैं, न कोरस। इनके माध्यम से कथासूत्र जोड़ने का उतना प्रयास नहीं है जितना दर्शकों की मानसिक तैयारी का प्रयत्न। इससे दर्शक की नाटक में भागीदारी बढ़ जाती है।

अन्तिम अंक में लगभग सारा नाट्यविधान ध्वनि-बिम्बों पर आधारित है। कुछ लोगों की दृष्टि से यह रेडियो से लिया गया नाट्‌य-प्रयोग है जो नाटक की दृश्यमानता में बाधक है। यों मंच पर पत्थर टूटने और मन्दिर गिराने की प्रक्रिया को दिखाना सम्भव नहीं है। इसीलिए ध्वनि-बिम्बों की योजना की गई है। नेपथ्य से जो ध्वनि-बिम्ब उभरेंगे, वे दर्शकों की नाटकीय चेतना को तराशकर कुछ चमकीला बनाएँगे। इस पद्धति पर नाटक का सफल मंचन भी हुआ है। हाँ, भाषा प्रसादीय प्रभाव से मुक्त नहीं है।

ऐतिहासिक-सांस्कृतिक नाटक

संस्कृति का सम्बन्ध अन्तःकरण की उदात्त वृत्तियों से होता है। सत्य, अहिंसा, त्याग, क्षमा, तपश्चर्या आदि भारतीय संस्कृति के उपकरण रहे हैं। इनके आधार पर निर्मित आचार-विचार की परम्परा ही भारतीय संस्कृति है। अनेक कारणों और परिस्थितियों से हमारी संस्कृति के अवान्तर भेद भी हुए पर उसकी मूलवर्तिनी धारा सर्वत्र समान रूप से प्रवहमान होती रही है। जब कभी किसी एक तत्त्व का अतिरेक हुआ है तब-तब सांस्कृतिक महापुरुषों ने समन्वय की चेष्टा की है। यह 'समन्वय' भी हमारी संस्कृति का अभिन्न अंग हो गया। यहाँ पर परस्पर विरोधी साधनाओं, आचार-विचारों और दार्शनिक मान्यताओं में समन्वय स्थापित करने की बराबर चेष्टा होती रही है। यही कारण है कि बाहर से आई हुई अनेकानेक जातियाँ हमारी संस्कृति में मिलकर हमसे अभिन्न हो गईं।

भारत के बाहर के देशों में भारतीय संस्कृति का प्रसार भी कम नहीं हुआ है। पर इस प्रसार में सेमेटिक जातियों की तरह तलवार और अमानुषिक बर्बरता का सहारा नहीं लिया गया बल्कि सद्भाव और प्रेम-भावना के सहारे यह सुदूर पूर्ववर्ती देशों तक पहुँचाई गई।

यह सच है कि संस्कृति अपेक्षाकृत स्थिर वस्तु है पर कालानुरूप इसमें अपेक्षित परिवर्तन भी आवश्यक है। अन्यथा तालाब के बँधे जल की भाँति यह भी गन्दी और सड़ांधपूर्ण हो जाएगी। इसीलिए संस्कृतियों का आदान-प्रदान इसके विकास के लिए बहुत आवश्यक माना जाता है। महात्मा गांधी ने संस्कृति के इन सभी तत्त्वों को पुनर्जीवित किया।

चन्द्रगुप्त विद्यालंकार, सेठ गोविन्ददास, सियारामशरण गुप्त, वृन्दावनलाल वर्मा के कतिपय सांस्कृतिक नाटकों में संस्कृति के उपर्युक्त स्वरूप को देखा जा सकता है। लक्ष्मीनारायण मिश्र ने इधर कई सांस्कृतिक नाटक लिखे हैं, इसलिए उनके नाटकों का विवेचन एक साथ ही अलग से किया जाएगा।

चन्द्रगुप्त के 'रेवा' में एक पक्ष पशुबल से संस्कृति का प्रचार करना चाहता है, दूसरा अपनी सांस्कृतिक उच्चता के दम्भ में दूसरी संस्कृति को हेय समझकर कूप

मंडूक बने रहने में ही श्रेष्ठता का अनुभव करता है। इन दोनों सांस्कृतिक अतियों का संघर्ष ही रेवा का प्रतिपाद्य है। उग्र के 'महात्मा ईसा' में धैर्य, आत्म-दमन और अहिंसा को ही अत्याचार के शमन का सर्वोत्तम साधन माना गया है। सेठ जी के 'हर्ष' में हृदय-परिवर्तन की जो चर्चा उठाई गई है, वह गांधी जीवन-दर्शन से अनुप्राणित है। सियारामशरण जी के 'पुण्य पर्व' में अन्ततोगत्वा देवता की विजय दिखाई गई है।

वृन्दावनलाल वर्मा ने इधर दो सांस्कृतिक नाटक लिखे हैं—'हंस-मयूर' और 'पूर्व की ओर'। 'हंस-मयूर' में आर्य संस्कृति के समन्वयात्मक पक्ष को चित्रित करने का प्रयास किया गया है। 'हंस-मयूर-ध्वज' का विश्लेषण करते हुए एक पा कहता है, "हंस बुद्धि-विवेक, प्रज्ञा, मेधा, भक्ति और संस्कृति का प्रतीक है; मयूर तेज, बल और पराक्रम का। दोनों का समन्वय ही आर्य-संस्कृति है। जीवन और परलोक—दोनों की प्राप्ति का एकमात्र साधन।"

आंशिक रूप में यह समन्वय इन्द्रसेन में अवश्य दिखाई पड़ता है पर इसके साथ ही यह भी प्रश्न उठता है कि क्या इस प्रकार का हंस-मयूर-ध्वज किसी समय था भी?

इसके प्रधान नायक इन्द्रसेन को नाटककार ने उचित व्यक्तित्व नहीं प्रदान किया है। वह तंत्री के नाच-गान के सांस्कृतिक आयोजन में ऐसा व्यस्त-सा मालूम पड़ता है कि बृहत्तर योजनाओं में संलग्न ही नहीं हो पाया है। कहना न होगा कि इस नाटक से संस्कृति का स्वरूप बहुत कुछ अस्पष्ट रह गया है।

'पूर्व की ओर' में सुदूर-पूर्व में आर्य-संस्कृति के प्रसार का चित्र खींचा गया है। अतीत में भारतवासियों को केवल समुद्र-यात्रा का ज्ञान ही नहीं था प्रत्युत वे साहसपूर्वक समुद्री यात्राएँ भी करते थे। पल्लववंशीय राजकुमार इसी उद्‌देश्य से पूर्वी समुद्रों की यात्रा करता है।

पर नाटकीय टेकनीक में इस विषय को उचित रीति से बाँधा नहीं जा सका है। इसमें नाटकीय चुस्ती के स्थान पर औपन्यासिक फैलाव अधिक है। इसीलिए कई ऐसे प्रसंगों और वार्ताओं का भी सन्निवेश हो गया है जो नाटक की अपेक्षा उपन्यास के अधिक अनुकूल हैं। नाटक के तीसरे अंक में धारा और तुम्बी के युद्ध का आयोजन, उस द्वीप की रीति-नीति को विस्तार देने के उद्‌देश्य से ही किया गया है। यह विस्तृति उपन्यास के अधिक अनुकूल है। कथा की गतिशीलता में जो मन्थरता रही है, वह भी लेखक के औपन्यासिक दृष्टिकोण का द्योतक है।

कथोकथन की दृष्टि से भी नाटक अत्यन्त शिथिल है, वे कथा-प्रवाह को गति प्रदान करने में अत्यधिक पंगु हैं। नाटकीय स्थितियों के प्रभाव में अधिकांश कथोपकथन इतिवृत्तात्मक हो गए हैं। कथोपकथनों की वर्णनात्मकता उनके नाटककार पर उपन्यासकार के हावी हो जाने की सूचना देती है।

चरित्र-चित्रण की दृष्टि से भी इस नाटक की श्रेष्ठता सर्वथा सन्दिग्ध है। अश्वतुंग इसका प्रधान चरित्र है, पर उसके चरित्र-परिवर्तन के मूल में कोई ऐसी परिस्थिति

नहीं दिखाई देती जिसे स्वाभाविक माना जाए। गजमद संस्कृत नाटकों की विदूषक परम्परा का विकृत रूप है। धारा का चरित्र सामान्यत: अच्छा बन पड़ा है।

इस नाटक में जिस सांस्कृतिक दृष्टिकोण को उपस्थित किया गया है, वह आज के युग के मेल में नहीं कहा जा सकता। इसमें अतीत भारत के जिस उपनिवेशवाद का आदर्श प्रस्तुत किया गया है, वह लेखक की पुनरुत्थानवादी दृष्टि का द्योतक है।

इस श्रेणी के नाटकों में 'अम्बपाली' एक महत्त्वपूर्ण रचना है। नाटककार के शब्दों में "अम्बपाली और वैशाली की आत्मा के चित्रण में, अपने जानते, मैंने त्रुटि नहीं आने दी है।" वैशाली की जिस विशिष्ट परम्परा का प्रतिनिधित्व अम्बपाली करती है, वह इतिहास-प्रसिद्ध है। वैशाली अम्बपाली है और अम्बपाली वैशाली। भगवान गौतम बुद्ध का इस राजनर्तकी के आगे—उसके आग्रह के आगे—पराभूत हो जाना वैशाली की ही विजय है। यह इसी अर्थ में ऐतिहासिक नाटक है।

वृज्जियों के फाल्गुनोत्सव, राजनर्तकी के चुनाव के आयोजन, भगवान बुद्ध का वृज्जियों के परिषद को देवताओं का परिषद कहना आदि वैशाली की ऊर्ध्वमुखी और आनन्दमयी संस्कृति के द्योतक हैं। पर इस नाटक का महत्त्व वृज्जि-संघ की संस्कृति के चित्रण पर आधारित नहीं है। इसका वास्तविक महत्त्व तो अम्बपाली के जीवन के उतार-चढ़ाव और मनोवैज्ञानिक ऊहापोहों पर निर्भर करता है।

अम्बपाली अपने समय की अनिन्द्य सुन्दरी, वैशाली की वह राजनर्तकी है जिसके चरणों पर हजार-हजार राजमुकुट लोटा करते थे। पर एक ओर जहाँ उसके अप्रतिम सौन्दर्य में, अल्हड़ यौवन और चंचल अपांग में वह सम्मोहन और मादकता है कि भगवान बुद्ध को अपने भिक्षुओं को उसके सामने आँख मूँद लेने का निर्देश करना पड़ा था, वहीं उसमें प्रेरणा और स्फूर्ति का वह अजस्र स्रोत भी है जिसे पाकर वृज्जियों को शत्रु से लोहा लेने के लिए पुन: कृतसंकल्प होना पड़ा था। तेजस्विनी तो वह ऐसी है कि अजातशत्रु जैसे दुर्धर्ष और पराक्रमी सम्राट को उसके सम्मुख हतप्रभ होकर पराजय स्वीकार करनी पड़ी। इन सब विशेषताओं के साथ ही उसमें प्रेमिका की गीतिमयता भी है जो उसे मानवीय भूमि से बराबर सम्पृक्त रखती है। अम्बपाली के अतिरिक्त और पात्रों को व्यक्तित्व नहीं मिल पाया है। वे जैसे अम्बपाली की जययात्रा के माइल स्टोन हैं। वह एक-एक करके सबको पीछे छोड़ती जाती है। वृज्जि-संघ के राजकुमार अजातशत्रु—यहाँ तक कि भगवान गौतम बुद्ध—सब-के-सब उससे इस प्रकार अभिभूत हैं मानो वे अपनी पराजय स्वीकार करने के लिए ही निर्मित किये गए हों।

उसको अनेक परिस्थितियों में डालकर लेखक ने उसके अन्तर्द्वन्द्वों को चित्रित करने का जो प्रयास किया है, वह सर्वथा मनोवैज्ञानिक है। अम्बपाली एक ओर अरुण की कसक-भरी स्मृति में घुली जा रही है तो दूसरी ओर अपने रूप और यौवन के प्रति पूर्ण सचेत भी है। उसे अपनी परिचारिका से यह कहलाने में संकोच

नहीं होता—"कह दे, अभी ठहरें। और सुन, जब तक सब राजकुमार न आ जाएँ, उन्हें नीचे ही बैठाती जाना, जा—!" वह अपने रूप-यौवन से भगवान बुद्ध तक को डिगाने का हौसला रखती है। पर एक सैनिक के रूप में वह कुछ विचित्र-सी लगती है। प्रव्रज्या ग्रहण करने के मूल में अरुण की अतिशय करुण मृत्यु और भगवान बुद्ध के प्रति प्रबल आकर्षण का उदात्तीकरण (सब्लीमेशन) है। इतना सब होने पर भी अम्बपाली कुछ ऐसा तीखा प्रभाव नहीं छोड़ पाती कि प्रसाद की महिमान्वित मल्लिका, देवसेना, मालविका आदि की भाँति हमारे स्मृतिपट पर अपनी अमिट रेख बना सके।

अम्बपाली का वास्तविक महत्त्व इसके कथोपकथनों पर आश्रित है। अम्बपाली-पुष्पधन्वा, अम्बपाली-अजातशत्रु, अम्बपाली-भगवान बुद्ध—सभी के संवादों में स्वाभाविकता, तार्किकता और बुद्धि का वैभव दिखाई पड़ता है। यथास्थान व्यंग्य, गर्वोक्ति और भावोद्दीपन क्षमता के सन्निवेश से कथोपकथनों में जान आ गई है। बेनीपुरी जी के व्यक्तित्व को इनमें कहीं भी खोजा जा सकता है।

लक्ष्मीनारायण मिश्र के सांस्कृतिक नाटक

लक्ष्मीनारायण मिश्र ने—'गरुड़ध्वज', 'दशाश्वमेध', 'वत्सराज', 'वितस्ता की लहरें' कई सांस्कृतिक नाटक लिखे। इन नाटकों में उन्होंने भारतीय संस्कृति के समन्वयात्मक पक्ष को इस रूप में उपस्थित करने का प्रयत्न किया है कि उसके मूलभूत तत्त्वों को स्पष्ट किया जा सके। मिश्र जी की दृष्टि में भारतीय संस्कृति का सच्चा स्वरूप भौतिकता और आध्यात्मिकता, योग और तप के समन्वय में निहित है। इस समन्वय का अर्थ है संयमशील प्रकृति के अनुसार आचरण। प्रकृति को छोड़कर न तो धर्म विकसित हो सकता है, न जाति। इसीलिए वे प्रकृति के दमन और हनन में विश्वासी नहीं हैं। प्रकृति से कदाचित उनका तात्पर्य है, आवयविक संगठनों से प्रादुर्भूत सहज धर्म, जैसे पुरुष में पौरुष। शारीरिक अवयवों के संघटनों की दृष्टि से नारी और पुरुष में जो भिन्नता—आन्तरिक भिन्नता—दिखाई पड़ती है—वही उसकी प्रकृति है। 'नारद की वीणा' में उन्होंने लिखा है, "पुरुष पौरुषहीन रहकर किसी भी दूसरे गुण से पूज्य नहीं हो सकता। इसी संगीत, चित्र और काव्य से गन्धर्वों की जाति ही इस पृथ्वी से उठ गई।" 'गरुड़ध्वज' की भूमिका में उनका कहना है, "बौद्धों ने भौतिक साधनों का तिरस्कार किया था और उसका परिणाम हुआ जातीय शक्ति का विनाश और प्रायः सारे पंजाब में यवनों का प्रवेश।" कालिदास को मिश्र जी बार-बार याद करते हुए दिखाई पड़ते हैं, क्योंकि उन्होंने आध्यात्मिक उत्कर्ष के साथ ही भौतिक उत्कर्ष के चित्र भी खींचे हैं। मिश्र जी के इन सारे सिद्धान्तों का समाहार गीता के अनासक्त कर्मयोग में हो जाता है। मिश्र जी के समस्त सांस्कृतिक नाटकों की रीढ़ यही है।

अपने जीवन-दर्शन को रूप देने के लिए मिश्र जी ने दो विचार पद्धतियों—हिन्दू और बौद्ध-जैन—दो जातियों—आर्य और यवन-अनार्य—के संघर्षों और समन्वयों को अपने नाटकों का मूल आधार बनाया है। प्रसाद ने भी अपने नाटकों में इन विचार-पद्धतियों और देशी-विदेशी जातियों के संघर्षों को चित्रित किया है। किन्तु प्रसाद और मिश्र जी की तत्सम्बन्धी दृष्टियों में स्पष्ट अन्तर यह है कि जहाँ पहले ने बौद्ध धर्म और संस्कृति के उत्कर्षमूलक पक्षों को भी अंकित किया है

वहाँ मिश्र जी ने उनके अपकर्षमूलक पक्षों को ही। आर्य तथा आर्येतर जातियों के संघर्ष-चित्रों में प्रसाद ने ऐसी रेखाओं का प्रयोग किया है जिनसे राष्ट्रीय तथा सांस्कृतिक भावों का सन्तुलित उभार स्पष्ट परिलक्षित हो जाता है, पर मिश्र जी ने भारतीय जीवन-दर्शन की जिस मूलवर्तनी विचार-सरणि का प्रतिपादन किया है वह मुख्यत: सांस्कृतिक ही बन पाई है। प्रसाद और मिश्र जी दोनों ही में भावुकतापरक आदर्शवाद दिखाई देता है। किन्तु प्रसाद का आदर्शवाद मानवीय कमजोरियों से लिपटा रहने के कारण कोरा आदर्शवाद नहीं रह पाता, जब कि मिश्र जी एक निश्चित विचारधारा के प्रतिपादन का मोह न छोड़ सकने के कारण बहुत कुछ पुनरुत्थानवादी प्रतीत होने लगते हैं।

'गरुड़ध्वज' को ही लीजिए। गरुड़ध्वज की महत्ता प्रतिपादित करने के लिए हलोदर का जो प्रसंग ले आया गया है वह कथावस्तु में विक्षेप डालनेवाला तत्त्व है। हलोदर और विक्रममित्र की वार्ता को जो पच्चीस पृष्ठ दिये गए हैं, वे नाटक की मुख्य कथा-वस्तु में योग देने को कौन कहे, उलटे उसके प्रवाह को गतिरुद्ध करने तथा अभिनेयता ट्रैक की रोचकता को रसहीन बनाने में ही अधिक सहायता पहुँचाते हैं। इतनी लम्बी-चौड़ी वार्ता का केवल एक प्रयोजन है—विदेशियों में गरुड़ध्वज के प्रति निष्ठा का प्रस्थापन। इस वार्ता के बाद हलोदर महोदय एकदम लापता हो जाते हैं।

पुरुष-पात्रों में विक्रममित्र, काशिराज और कालिदास प्रमुख हैं। विक्रममित्र आर्य संस्कृति—अनासक्त कर्मयोग—के गौरव स्तम्भ हैं। नाटक में आद्यन्त वे इसी रूप में दिखलाए गए हैं। वे किसी भी स्थिति से अपरिचित नहीं हैं, समस्त परिस्थितियों को वे इच्छानुकूल मोड़ देने में समर्थ हैं। आदर्शों के उच्च शिखर से नीचे न उतरने के कारण वे मानवीय नहीं प्रतीत होते। कालिदास को, यदि उनके कुछ ग्रन्थों का नाम न ले लिया गया होता, तो पहचानना कठिन ही होता। काशिराज तो विकृतिमूलक बौद्ध धर्म को उपस्थित करने के लिए ही ले आए गए हैं। नारी पात्रों में कोई उल्लेखनीय चरित्र नहीं है।

'नारद की वीणा' ऐतिहासिक नाटक नहीं है, इसे इतिहासाश्रित नाटक कह सकते हैं, क्योंकि यह ऐतिहासिक तथ्यों का आश्रयी न होकर आनुमानिक ऐतिहासिक वातावरण पर आधारित है, पर इस नाटक का सृजन क्यों हुआ? यह एक विचारणीय प्रश्न है जो मिश्र जी आर्य-आदर्शों की स्थापना करने में सांस्कृतिक पुनरुत्थान पर बराबर बल देते हुए दिखाई देते हैं। वे अनार्यों अथवा भारत के आदिम निवासियों की उच्च आध्यात्मिकता और सांस्कृतिक निर्माण के आगे आर्यों को बर्बर और विध्वंसक क्यों सिद्ध करते हैं? इसकी भूमिका में राहुल जी के 'वोल्गा से गंगा' की प्रतिक्रिया के रूप में इसे लिखा हुआ बतलाया गया है पर क्या इसके सृजन के मूल में प्रसाद की वह स्थापना नहीं है जिसमें आर्यों को ही यहाँ का मूल निवासी

बतलाया गया है! किन्तु शुद्ध नाटकों की दृष्टि से इसका विशेष महत्त्व नहीं आँका जा सकता क्योंकि सिद्धान्तों की बहुलता के कारण यह थोड़ा-बहुत अन्यापदेशिक नाटक-सा भासित होने लगता है। अनासक्त कर्मयोग की स्थापना यहाँ पर भी की गई है। इसके प्रतिनिधि हैं नर और नारायण।

'वत्सराज' में निगमागम धर्म और श्रमण धर्म में कौन वरेण्य है, यह समस्या उठाई गई है। उपर्युक्त नाटकों की अपेक्षा कई दृष्टियों से यह अच्छा बन पड़ा है। इस नाटक में भी अनासक्त कर्मयोग को बार-बार सामने लाया गया है पर अन्य नाटकों की भाँति मानवीय संवेगों से विरहित न होने के कारण यह अपेक्षाकृत अधिक सरस और रोचक हो सका है। श्रमण धर्म, संघाराम, बौद्ध भिक्षु-भिक्षुणियों के प्रति नाटक के सभी प्रमुख पात्रों उदयन, यौगन्धरायण, वासवदत्ता, पद्मावती की धारणाओं में एकरूपता है। वासवदत्ता का यह कथन कि "संघारामों में कुमार-कुमारी छिपकर प्रेम करेंगे। वहाँ भी शिशु 'केहाँ केहाँ' करेंगे। उनका पिता कौन है, कोई नहीं जानता। ऐसी दशा में इस देश की नाव डूब जाएगी?"—सभी की विचारधाराओं का प्रतिनिधित्व करता है। अन्तिम अंक में गौतम तथा बौद्ध धर्म का प्रभाव अपनी चरम सीमा पर पहुँचा हुआ दिखाई देता है। अपने एकमात्र कुमार के बौद्ध धर्म में दीक्षित हो जाने पर उदयन का सारा परिवार मर्माहत हो जाता है। वासवदत्ता और पद्मावती को इससे अत्यधिक धक्का लगता है। गोपा का परित्याग कर गौतम के संन्यास लेने पर जो प्रतिक्रिया पद्मावती में होती है वह बहुत ही मनोवैज्ञानिक तथा प्रभावोत्पादक है। पर अन्त में उदयन के व्यक्तित्व के आगे कुमार अप्रतिहत होकर श्रमण-धर्म का परित्याग कर देता है। इस नाटक में जो संवेगात्मक क्लाइमेक्स दिखाई देता है वह नाटकीय स्थिति (Dramatic situation) की दृष्टि से बहुत ही सुन्दर बन पड़ा है।

पर जिस निष्कर्ष और दृश्य के साथ नाटक समाप्त होता है, उसका सम्बन्ध प्रथम अंक से नहीं जुड़ पाता। महासेन के बन्दीगृह में उदयन का निवास, और घोषवती वीणा का अत्यन्त व्यापक और रागोद्दीपक प्रभाव और पद्मावती-हरण का प्रसंग आदि अन्तिम अंक से एकदम असम्बद्ध हो गए हैं।

चरित्र-चित्रण की दृष्टि से उदयन, यौगन्धरायण, वासवदत्ता और पद्मावती के चरित्र विशेष रूप से उल्लेख्य हैं। उदयन धीरललित नायक है, यद्यपि कर्मयोग में विश्वास रखने के कारण वह धीरोदात्त कहा जा सकता है। वह अपूर्व संयमी है, यद्यपि थोड़ा कम संयमी होने पर उसका चरित्र अधिक स्वाभाविक प्रतीत होता। अनासक्त कर्मयोग की चर्चा तो वह बहुत करता है, पर कर्मयोग में तल्लीन होने का उसे कभी अवसर नहीं प्राप्त होता। वह सारा काम मंत्री पर छोड़कर वासवदत्ता, पद्मावती और घोषवती से बातचीत करने ही अधिकांश समय व्यतीत करता है। यौगन्धरायण चोटी का कूटनीतिज्ञ है। उदयन तथा उसका सारा परिवार उसकी कूटनीतिज्ञता के

चतुर्दिक चक्कर काटता हुआ प्रतीत होता है। वासवदत्ता प्रेम और त्याग की जीवन्त मूर्ति है। कुछ परिस्थितियों में पड़कर पद्मावती का चरित्र जो द्वन्द्वमय बना दिया गया है, वह मनोवैज्ञानिक दृष्टि से युक्तियुक्त बन पड़ा है।

मिश्र जी मूलत: आदर्शवादी कलाकार हैं। भारतीय संस्कृति में अपनी अटूट आस्था और अडिग विश्वास को उन्होंने 'वितस्ता की लहरें' में व्यक्त किया है। उक्त नाटक के कथा-संकेत में अपना दृष्टिकोण स्पष्ट करते हुए उन्होंने लिखा है, "वितस्ता के तट पर दो विभिन्न जातियों और संस्कृतियों की टक्कर हुई थी, जो अपने विधि-विधान और जीवन-दर्शन में एक-दूसरी के विपरीत थीं। यवन सैनिकों में विजय का उन्माद था तो पुरु और केकय जनपद के नागरिकों में देश के धर्म और पूर्वजों के आचरण की रक्षा का भार। दोनों ने एक-दूसरी को जाना और समझा और बहुत अंशों में वैर और द्रोह मिटाकर शील और सहयोग के बढ़ने का अवसर दिया गया...।"

अपने उपर्युक्त दृष्टिकोण को मूर्त रूप देने के लिए मिश्र जी ने परम्परा-सुक्त कथा को नया मोड़ दिया है। मिश्र जी की कल्पना के अनुसार पुरु अलिकसुन्दर से हारता नहीं बल्कि परिस्थितियाँ स्वयं विजयी को सम्मानजनक सन्धि करने पर बाध्य करती हैं।

यूनानी इतिहास-लेखकों के आधार पर पुरु की पराजय सर्वथा असन्दिग्ध नहीं मानी जा सकती। नाटक के दूसरे अंक में पुरु युनानी दूत टिथोनस से उसके इतिहास-लेखकों पर सन्देह प्रकट करते हुए कहता है, "कितनी बातें जो इनकी समझ में न आएँगी—नीचे-ऊपर कर लिख दी जाएँगी। तुम्हारी स्तुति और दूसरों की निन्दा होगी इनके इतिहास में। आगे आनेवाले विचारक इस इतिहास से भ्रम में पड़ेंगे...।" ऐतिहासिक घटनाओं को नाटकीय रूप देने के लिए उसके कुछ तथ्यों को नया रूप दिया गया है। अलिकसुन्दर की प्रेयसी ताया का अपहरण तथा अभागे दारयवहु की कन्या आर्त्तकाया की दो छोटी बहनों का यवन-शिविर से उद्धार ऐसी ही घटनाएँ हैं। पुरु के पुत्र का अन्त तक जीवित रखना ऐतिहासिक प्रमाणों के विरुद्ध है। इसे भारतीय नाट्य-सिद्धान्त की सुखात्मक परिणति का तकाजा समझना चाहिए। काल्पनिक स्वच्छन्दता का यथोचित उपयोग करते हुए भी उन्होंने इतिहास के मूल ढाँचे को बनाए रखा है।

यों भारतीय संस्कृति की भाँति यूनानी संस्कृति भी प्राचीन और महत्त्वपूर्ण स्वीकार की गई है। फिर भी अलिकसुन्दर का ध्वंसमूलक बर्बरतापूर्ण आक्रमण उसे बर्बर और विश्वासघाती सिद्ध करता है। दारयवहु की कन्याओं का अपहरण, अश्मक नेता अश्वकर्ण की पत्नी को छीन लेना, सुन्दरी ताया का पर्सीपोलिस के विशाल भवनों में आग लगाना और स्वयं विजयी का इसकी प्रशंसा करना आदि घटनाएँ उसकी सांस्कृतिक हीनता का परिचय देती हैं। आयुधजीवियों को किले के

बाहर सुरक्षापूर्वक निकल जाने का वचन देकर भी उन पर विश्वासघाती आक्रमण करना उसके चरित्र पर अमिट दाग है। यूनानी इतिहासकार प्लूटार्क लिखता है," यह आचरण उसके सामरिक यश पर काला धब्बा है।"..."खेत में काम करते हुए मालवों पर टूट पड़ना सामरिक नीति के विरुद्ध था।"—यूनानी संस्कृति का यही इतिहास-सम्मत दृश्य इस नाटक में अंकित हुआ है। यूनानी संस्कृति का यह चित्रांकन मिश्र जी के प्रथम नाटक 'अशोक' की याद दिलाता है। उक्त नाटक में मिश्र जी का दृष्टिकोण इसके ठीक विपरीत था। वहाँ पर ऐतिहासिक तथ्यों के साथ भी खिलवाड़ किया गया था। इस नाटक में उसका पूरा प्रायश्चित कर दिया गया है। किन्तु भारतीय संस्कृति का जो उदात्त सांस्कृतिक चित्र खींचा गया है वह कोरा आदर्शात्मक तथा एकांगी हो गया है। चरित्रों की स्वाभाविकता पर भी इसका बहुत अनुकूल प्रभाव नहीं पड़ा है।

'प्रसाद' के नाटक भी मूलत: भारतीय संस्कृति का चित्र उपस्थित करते हैं। किन्तु। उनसे हमें सांस्कृतिक पुनर्निर्माण की प्रेरणा मिलती है। प्राचीन ऐतिहासिक आच्छादन में उन्होंने वर्तमान और भविष्य के संकेत भी दिये हैं। मिश्र जी का दृष्टिकोण इतना व्यापक नहीं है। भारतीय संस्कृति का व्यामोह उन्हें इस प्रकार जकड़े हुए है कि उनकी पुनरुत्थानवादी (Revivalist) प्रवृत्ति अपनी सीमाओं के बाहर नहीं झाँक पाती। संस्कृति के गत्यात्मक पक्ष पर ध्यान न देने से उसका अंकन बहुत कुछ स्थिर और जड़ हो गया है। मुमूर्षु सामन्तीय संस्कृति (बालक ब्राह्मण का वृद्ध क्षत्रिय से श्रेष्ठ मानना, 'पुत्रार्थे क्रियते भार्या' मिहर-परम्परा में अटूट आस्था आदि) वीर-पूजा के संकेत हैं। भारतीय संस्कृति के इन महान आदर्शों के साथ-साथ उन्हें तक्षशिला के बाजारों में निर्धन पिताओं का पशुओं की भाँति अपनी कन्याओं का बेचना भी देखना चाहिए था। वहाँ की बहु-विवाह प्रथा पर भी दृष्टि डालनी चाहिए थी।

जातीय धर्म और गौरव की रक्षा के लिए पुरु ने जिस अदम्य उत्साह, अभूतपूर्व पौरुष और रणनीति का परिचय दिया है, उसे नाटककार ने पूरी सफलता से अंकित किया है। उसका समर्थ व्यक्तित्व सामाजिकों का आकर्षण-बिन्दु है। उसके व्यक्तित्व की महनीयता नाटककार वातावरण को गम्भीर बनाती गई है। किन्तु भारतीय संस्कृति के प्रति आग्रह और अतिशय निष्ठा (जिसे मिश्र जी ने कथा-संकेत में अस्वीकार किया है) पुरु को मानवीय दुर्बलता की भूमि पर खड़ा होने भी नहीं देती। जबरदस्त प्रतिद्वन्द्वी के अभाव में उसका चरित्र उतना निखर नहीं पाता। 'प्रसाद' ने 'चन्द्रगुप्त' में पुरु को अपेक्षित महत्त्व नहीं दिया तो मिश्र जी ने अलिकसुन्दर को। अलिकसुन्दर की विजय की पूर्व गाथाएँ मोलियर के चरित्रों की भाँति पुरु को 'लिलीपुट द्वीप' में जाने से बचा लेती है, फिर भी एक हद तक अन्य पात्र उसके सामने बौने ही दिखाई पड़ते हैं। विष्णुगुप्त ऐसे नीतिज्ञ और कूट के पंडित से उसका मत-वैभिन्न्य उसको एक विशिष्ट व्यक्तित्व प्रदान करता है। यवन-नीति को आत्मसात करनेवाला

विष्णुगुप्त अपनी कूटनीतिज्ञता, संघटन-क्षमता और कार्य-कुशलता में भी काफी अच्छी तरह अंकित किया गया है।

ताया के शब्दों में लेखक ने मानवता को नया सन्देश देते हुए लिखा है, "कुछ ऐसा हो कि मानवता के घाव पर शीतल विलेपन लगे और वितस्ता की लहरों में अनुराग का जल हो।" किन्तु क्या आज के युद्धलोलुप स्वार्थी राष्ट्र अपने उन्माद को भूलकर शत्रु की वीरता, क्षमा, दया को वही मान्यता देंगे? आज की बहुमुखी समस्याएँ पहले की अपेक्षा अधिक उलझी हुई हैं। हृदय-परिवर्तन के सरल ढंग आज की भयग्रस्त और संत्रस्त मानवता की पीड़ा दूर करने में बहुत अधिक समर्थ नहीं हैं। इसके लिए जबरदस्त ऑपरेशन की आवश्यकता है।

'वितस्ता की लहरें' में एक स्थान पर पुरु ने कहा है, "शरण से जो सम्भव नहीं है उससे कहीं अधिक दया और शील से सम्भावित है।" यह भारतीय जीवन-दर्शन की पुरानी टेक है और यह है मिश्र जी की सीमा।

प्रसाद की नाट्य-परम्परा का नया प्रवर्तन

ऐतिहासिक और मिथकीय

'आषाढ़ का एक दिन' और 'लहरों के राजहंस' मोहन राकेश के नाटक हैं, जो प्रसाद के ऐतिहासिक नाटकों की परम्परा का नया प्रवर्तन करते हैं। राकेश ने अपने नाटकों के लिए प्रख्यात ऐतिहासिक इतिवृत्त नहीं चुना है। 'आषाढ़ का एक दिन' में कालिदास का जो वृत्त लिया गया है, उसे ऐतिहासिक नहीं कहा जा सकता। फिर भी वह थोड़ा-बहुत इतिहासाश्रित है ही। इसलिए यहाँ नाटककार को इतिहास के अनुशासन में बँधने की बाध्यता नहीं है। इसकी ताने-बाने द्वारा तैयार संघटना (स्ट्रक्चर) आद्यन्त सांस्कृतिक है।

इसमें प्रस्थापित बिम्बों द्वारा अर्थ के कई स्तर खुलते हैं। तत्कालीन सांस्कृतिक वातावरण के निर्माण द्वारा आज के वातावरण की झलक और समस्याएँ मिलती ही हैं। राजपुरुष बनाम साहित्यकार का सवाल भी उठता है। सबसे महत्त्वपूर्ण बात जो इस नाटक में उभरती है वह है, खुद साहित्यकार की रचना-प्रक्रिया।

कालिदास मल्लिका से कहता है, "मैं अनुभव करता हूँ कि यह ग्राम प्रान्तर मेरी वास्तविक भूमि है। मैं कई सूत्रों से इस भूमि से जुड़ा हूँ। उन सूत्रों में तुम हो, यह आकाश और ये मेघ हैं, यहाँ की हरीतिमा है, हरिणों के बच्चे हैं, पशुपाल हैं ...यहाँ से जाकर मैं अपनी भूमि से उखड़ जाऊँगा।" ये हैं कालिदास के प्रेरणा-स्रोत और मल्लिका इस स्रोत की प्रमुख धारा है।

राज्याश्रय पाकर कालिदास की प्रतिभा सूखती गई। उसका अन्तर घुमड़कर भी बरस नहीं पाता, क्योंकि अपेक्षित ऋतु नहीं मिलती, अनुकूल हवा नहीं मिलती। उज्जयिनी से लौटने पर उसे अपने सपनों का खंडहर दिखाई पड़ता है और उसका महाकाव्य अनलिखा रह जाता है।

कालिदास की प्रेरणा का मूल उत्स मल्लिका है और वही इस नाटक को भी गतिशील बनाती है। अपने को तोड़कर भी वह कालिदास को बचाने की कोशिश करती है। किन्तु उसके टूटने के साथ ही कालिदास भी टूट जाता है। विलोम एक

पात्र भी है और प्रतीक भी। विलोम के साथ मल्लिका का बँधना उसकी जिन्दगी का लँगड़ा हो जाना है। शिशु के रुदन पर जब कालिदास यह पूछता है कि यह क्या है तो मल्लिका जवाब देती है कि यह मेरा वर्तमान है।

मल्लिका आद्यन्त रोमैंटिक पात्र है, वह भावनाओं में जीती है। मल्लिका की माँ अनुभवी और यथार्थवादी है। उनका कहना है, "तुम जिसे भावना कहती हो वह केवल छलना और आत्म-प्रवंचना है।...भावना में भावना का वरण क्या होता है? उससे जीवन की आवश्यकताएँ किस तरह पूरी होती हैं?...भावना में भावना का वरण! हैं!"

विलोम कालिदास का विलोम है यानी रोमांस का विलोम। वह जोकुलर मूड में कालिदास से कहता है, "यह वास्तव में प्रसन्नता का विषय है कालिदास कि हम दोनों एक-दूसरे को इतनी अच्छी तरह समझते हैं। निस्सन्देह मेरे स्वभाव में कुछ ऐसा नहीं है जो तुमसे छिपा हो। विलोम क्या है? एक असफल कालिदास और कालिदास एक सफल विलोम। हम कहीं एक-दूसरे के बहुत निकट पड़ते हैं।"

वास्तविकता और रोमांस की टकराहट में जाहिर है रोमांस पराजित होगा। कालिदास-मल्लिका का रोमांस ध्वस्त हो जाता है। मल्लिका की बच्ची के रोने की आवाज सुनकर जब कालिदास पूछता है कि "किसके रोने का शब्द है यह" तो मल्लिका उत्तर देती है, "यह मेरा वर्तमान है।" कालिदास इस वर्तमान का सामना नहीं कर पाता और वहाँ से अदृश्य हो जाता है—लौट जाता है अपने अकेलेपन में। वर्तमान से भागने पर व्यक्ति या तो रोमांस में शरण लेता है या निर्वासन में।

'आषाढ़ का एक दिन' में राज्याश्रय बनाम साहित्यकार की समस्या उठी है तो 'लहरों के राजहंस' में राग-वैराग्य या भौतिक-आध्यात्मिक जीवन की समस्या को एक ऐतिहासिक सन्दर्भ में देखा गया है।

यह नाटक अश्वघोष के प्रसिद्ध काव्य 'सौन्दरनन्द' पर आधारित है। पर नाटककार ने नाटकीय विन्यास और अपेक्षित प्रभाव के लिए कथानक को स्वतंत्र ढंग से ग्रहण किया है। 'लहरों के राजहंस' में कपिलवस्तु के राजकुमार नन्द और उसकी पत्नी सुन्दरी के गहन अन्तर्द्वन्द्व को चित्रित किया गया है। सुन्दरी सौन्दर्य-गर्विता नारी है। वह अलका से कहती है—

"राजकुमार सिद्धार्थ क्यों चुपचाप एक रात घर से निकल पड़े थे? बात बहुत साधारण-सी है, अलका! नारी का आकर्षण पुरुष को पुरुष बनाता है, तो उसका अपकर्षण उसे गौतम बुद्ध बना देता है।"

जिस दिन रानी यशोधरा भिक्षुणी बनने जा रही थी ठीक उसके एक दिन पूर्व सुन्दरी ने कामोत्सव का आयोजन किया था। यह आयोजन यशोधरा के भिक्षु-जीवन की प्रतिक्रिया ही थी। लेकिन इस उत्सव में मैत्रेय को छोड़कर और कोई सम्मिलित नहीं हो सका। यहाँ पहली बार उसके अहं को धक्का लगता है। नन्द सुन्दरी का शृंगार कर रहा था कि भगवान गौतम बुद्ध भिक्षा के लिए उसके द्वार पर आए। किन्तु

वे वैसे ही वापस लौट गए। नन्द गौतम से क्षमा माँगने के लिए उनके पास गया। लेकिन लौटा तो मुंडित-मस्तक भिक्षु बनकर। यह उसके अन्तर्द्वन्द्व का गहन क्षण था। अपने अन्तर-मन्थन में वह बुद्ध के पास अपने केशों की खोज में लौट जाता है। यह जानकर उसकी पत्नी कहती है, "इतना ही तो समझ पाते हैं ये लोग..." नेपथ्य में विलीन होते हुए एक स्वर के साथ नाटक समाप्त होता है—'बस एक किरण...केवल एक किरण'।

इसके समापन और प्रतीकों को लेकर लोगों में मतभेद है। जो लोग रचनाकार से किसी समस्या के हल की माँग करते हैं, वे अन्याय करते हैं। नन्द बुद्ध की गरिमा और सुन्दरी की आस्था के बीच शुरू से ही लुढ़कता रहता है। लेकिन सुन्दरी आहत होकर भी अपनी जगह पर है।

इस नाटक की सबसे उल्लेखनीय विशेषता है प्रतीकों के प्रयोग की। लहरें और राजहंस दोनों प्रतीक हैं—लहरें आनन्दमय जीवन के और राजहंस सुन्दरी और नन्द के। राजहंसों के उड़ जाने पर सुन्दरी कहती है, "...राजहंस आहत थे... कम-से-कम एक उनमें अवश्य आहत था।...क्या उनके पंखों में इतनी शक्ति रही होगी कि अपनी इच्छा से उड़कर कहीं चले जाते? और जिस ताल में इतने दिनों से थे, उसका अभ्यास, उसका आकर्षण क्या इतनी आसानी से छूट सकता था?" 'कम-से-कम एक आहत था' से प्रतीक संकेतित हो उठता है। ताल की लहरों से आहत और अभिहत दोनों हंस उड़ जाते हैं।

श्यामांग नाम और कार्य से एक जबरदस्त प्रतीक है। नन्द के खंडित व्यक्तित्व का ऐसा भाग है जो दूसरे भाग से झगड़ता है। यह नन्द का अवचेतन मन है जो काली छाया से डरता है, उसे पत्थर मारकर राजहंसों में कम-से-कम एक को घायल करता है। वह अँधेरे में रहता है लेकिन चाहता नहीं कि अँधेरे में रहे। वह एक किरण की माँग करता है।

नेपथ्य से उठकर आती हुई उसकी आवाजें इस तथ्य को स्पष्ट कर देती हैं कि वह नन्द के व्यक्तित्व का ही एक खंड है। इससे नाटकीय कथा-वस्तु में चुस्ती के साथ-साथ अर्थगौरव भी आ जाता है। नेपथ्य का उपयोग पहले के नाटकों में भी किया गया है, लेकिन यहाँ पर नेपथ्य प्रयोग के रूप में गृहीत हुआ है—सार्थक प्रयोग के रूप में। प्रेक्षक या सामाजिक सब कुछ मंच पर ही नहीं देखना चाहता है और यह सम्भव भी नहीं है। वह भी नाटककार की भाँति भावमयी प्रतिभा से सम्पन्न होता है, उसके पास भी कल्पना-शक्ति होती है। नेपथ्य का यह प्रयोग एक नए सन्दर्भ में प्रस्तुत होने के कारण एकदम नया हो गया है। मंचीय दृष्टि से यह नाटककार की उपलब्धि मानी जा सकती है।

'आषाढ़ का एक दिन' के बाद 'लहरों के राजहंस' नाटककार की प्रगति की, उसके अगले कदम की सूचना देता है। प्रारम्भ में इसका मंचन 'आषाढ़ का एक

दिन' की तरह लोकप्रिय नहीं हो सका। किन्तु बाद में मंचीय दृष्टिकोण से लेखक ने इसका संशोधन किया। इससे उसकी मंचोपयुक्तता बढ़ गई। इसमें अन्तर्मन के द्वन्द्वों और जटिलताओं को अधिक व्याप्ति और गहराई में पकड़ा गया है। अतः स्वाभाविक था कि इसे सफलतापूर्वक मंचित करने में कुछ देर लगती।

जीवनीपरक ऐतिहासिक नाटक

इधर हिन्दी में तीन जीवनीपरक ऐतिहासिक नाटक लिखे गए—दो भारतेन्दु हरिश्चन्द्र की जीवनी से सम्बद्ध हैं और एक रहीम की जीवनी से। 'कवि भारतेन्दु' के लेखक लक्ष्मीनारायण मिश्र हैं और 'भारतेन्दु' के सेठ गोविन्ददास। 'कवि भारतेन्दु' और 'भारतेन्दु' के नाम से ऐसा लगता है कि एक में केवल भारतेन्दु के कवि को लिया गया है और दूसरे में समग्र भारतेन्दु को। पर मिश्र जी ने कदाचित कवि को व्यापक अर्थ में ग्रहण किया है, जिसके अन्तर्गत उनका समस्त साहित्यिक रूप समाहित हो जाता है।

जीवनीपरक नाटकों में सुसम्बद्ध घटनाओं का अभाव रहता है, यद्यपि उन्हें सुश्रृंखलित करना बहुत कठिन नहीं है। मिश्र जी ने भारतेन्दु के जीवन की कुछ घटनाओं को प्रधानता देते हुए नाटक को गतिशील और अन्विितिपूर्ण बनाने का प्रयास किया है। किन्तु द्वितीय अंक में बहुत-सी घटनाओं और सूचनाओं के समावेश के कारण नाटक की गति खंडित और अन्विति दोषपूर्ण हो गई है। सेठ जी का 'भारतेन्दु' तो और भी बिखर गया है। वह नाटक उतना नहीं बन पाया है जितना इतिहास और जीवनी। भूमिका में सेठ जी ने लिखा है, "मेरे मतानुसार हरिश्चन्द्र जी के जीवन में जो प्रधान-प्रधान बातें हुईं, उन्हें भी इस नाटक में कहीं-न-कहीं, किसी-न-किसी रूप में रखा है।" इन प्रधान-प्रधान बातों को कहीं-न-कहीं रखने की बलवती इच्छा ने ही नाटकीय अन्विति को बिखरा दिया है। मिश्र जी ने भारतेन्दु के जीवन की घटनाओं को यत्किंचित घात-प्रतिघातात्मक ढंग से रखने की चेष्टा की है, पर सेठ जी ऐसा नहीं कर सके हैं।

सेठ जी के चौथे और पाँचवें अंक इस तरह असम्बद्ध से लगते हैं कि उनमें बादरायण सम्बन्ध ही स्थापित किया जा सकता है। अन्तिम अंक में 'भारत-दुर्दशा' के एक अंश के घुसेड़ देने का परिणाम यह हुआ है कि नाटक के भीतर नाटक घुस गया है, जो नाटकीय प्रभावान्विति को क्षीण और कथा की गति को अवरुद्ध बना देता है।

चरित्र-चित्रण की दृष्टि से सेठ जी के 'भारतेन्दु' को जो व्याप्ति मिली है वह मिश्र जी के 'कवि भारतेन्दु' को नहीं। इसके लिए मिश्र जी की टेकनीक ही अधिक

बाधक है। विभिन्न दृश्यों की योजनाओं के कारण सेठ जी ने सहज में ही कुछ ऐसे मार्मिक प्रसंगों को भी अपने नाटक में सन्निविष्ट कर लिया है जो प्रभावोत्पादकता की दृष्टि से बहुत युक्ति-युक्त कहे जा सकते हैं। चरित्र-चित्रण की सुविधा और रंगमंच पर अनेक दृश्यों के प्रदर्शन की सुकरता को देखते हुए आज के नाटकों में पुनः दृश्य-विधान पर ध्यान दिया जाने लगा है। सेठ जी ने भारतेन्दु के वैयक्तिक, साहित्यिक और सामाजिक पक्षों को विविध दृश्यों में बाँधा है। भारतेन्दु के जीवन में माधवी और मल्लिका का आना उनके सच्चे सौन्दर्य-प्रेम का ही द्योतक नहीं है, इनसे उनकी चारित्रिक दृढ़ता और नवीन मानवतावादी भावना भी प्रकट होती है। यह प्रसंग दोनों नाटकों में है पर मिश्र जी ने इन्हें ही मुख्यता दी है। सेठ जी ने इस प्रेम-प्रसंग के विरोध में हरिश्चन्द्र की त्यागमयी तपस्विनी पत्नी का जो दृश्य उपस्थित किया है वह अपने में अतिशय करुण हो गया है। पत्नी की तपश्चर्या और घोर उदासीनता का प्रभाव हरिश्चन्द्र पर कम नहीं पड़ा है। 'कवि भारतेन्दु' में हरिश्चन्द्र की पत्नी मन्नोदेवी का प्रसंग ही नहीं है। मन्नोदेवी पर अधिक ध्यान देने के कारण सेठ जी माधवी और मल्लिका को व्यक्तित्व नहीं प्रदान कर पाए हैं। इनके विपरीत 'कवि भारतेन्दु' की 'माधवी', अपनी सम्पूर्ण तेजस्विता में चित्रित होने के कारण हमारे ऊपर गहरी छाप छोड़ जाती है। सेठ जी 'भारतेन्दु' में जहाँ भारतेन्दु के जीवन की कुछ करुण घटनाओं को—मन्नोदेवी की करुण गाथा, ऋणी भारतेन्दु को बन्दी बनाने के लिए सब-इंस्पेक्टर के आने की घटना आदि को समाविष्ट किया है वहाँ अनेक याचकों के प्रवेश और बुढ़वा मंगल की दृश्य-योजना के सन्निवेश से उनकी घर फूंक मस्ती का जीता-जागता चित्र भी खींचा है। मिश्र जी भारतेन्दु की इस मस्ती को अच्छी तरह उभार नहीं पाए हैं।

कथोपकथन के कलागत वैशिष्ट्य में मिश्र जी हिन्दी नाटककारों में बेजोड़ हैं। वह विशेषता यहाँ भी मिलेगी। सेठ जी के जो कथोपकथन सूचनात्मक (इनफारमेटिव) हो गए हैं, उनकी कमजोरी अपने-आप स्पष्ट है। मन्नोदेवी के भावोद्गारों का जहाँ तक सम्बन्ध है वे पर्याप्त भावोद्दीपक बन पड़े हैं।

अभिनेयता की दृष्टि से विचार करने पर मिश्र जी के अन्य नाटकों में जो क्रियागत अभाव दिखाई पड़ता है उससे यह नाटक अछूता नहीं है। दूसरे अंक के अनेक प्रभावपूर्ण प्रसंगों को केवल संवादों के माध्यम से व्यक्त किया गया है, इससे अपेक्षित प्रभावोत्पादकता नहीं आ पाई है। भारतेन्दु के कई गीतों तथा उनके जीवन से सम्बद्ध अनेक दृश्यों के समावेश के कारण सेठ जी का नाटक अपेक्षाकृत अधिक रंगमंचोपयुक्त और रोचक बन पड़ा है।

सेठ जी ने रहीम की जीवनी को आधार मानकर दूसरा जीवनीपरक ऐतिहासिक नाटक 'रहीम' लिखा। इसमें रहीम के जीवन के अनेक उतार-चढ़ाव के अतिरिक्त उनके राग-विराग के द्वन्द्व को भी चित्रित किया गया है। भारतेन्दु हरिश्चन्द्र के

वैभवपूर्ण वातावरण तथा उनकी देश और साहित्य सम्बन्धी सेवाओं को स्वयं अपने जीवन में अनुभव करने के कारण सेठ जी ने 'भारतेन्दु' नाटक लिखने का निश्चय किया। पर स्वयं भारतेन्दु के लिए उनका जीवन सन्तोषपूर्ण नहीं कहा जा सकता, इसलिए उसे दुखान्त बना देना अस्वाभाविक नहीं है। (किन्तु स्वयं सेठ जी उसे दुखान्त नहीं मानते।) रहीम के जीवन में उन्होंने स्वयं अपने जीवन के सन्तोष की छाया देखी और कदाचित उसी को वाणी देने का फल 'रहीम' है। रहीम अपने जीवन के अन्तिम समय में सोचता है—'...बेटी...बेटी, जिस तरह...जिस तरह मेरा जीवन बीता, उससे...उससे मुझे बहुत...बहुत असन्तोष नहीं है।' यह सेठ जी के अपने जीवन की धारणा है। नाटकीय कला-कौशल और चरित्र-चित्रण की दृष्टि से यह 'भारतेन्दु' से बहुत-कुछ मिलता-सा है, पर उसकी अपेक्षा यह अधिक चुस्त और गँठा हुआ है।

सिने-नाटक

यों तो हिन्दी में ऐसे नाटकों की रचना पहले ही आरम्भ हो चुकी थी जो चित्रपट पर सफलतापूर्वक उतारे जा सकें, जैसे गोविन्ददास का 'कर्तव्य' और सुदर्शन का 'भाग्य चक्र' (धूप छाँह); पर इधर 1954 में रामकुमार वर्मा ने 'सत्य का स्वप्न' और भगवती चरण वर्मा ने 'वासवदत्ता का चित्रालेख' (1955) चित्रपट की आवश्यकताओं को ध्यान रखते हुए लिखा।

इन सिने-नाटकों पर विचार करने के पूर्व यह समझ लेना अत्यन्त आवश्यक है कि आखिर ये लिखे क्यों गए? क्या ये नाट्य-साहित्य की रक्षा के लिए लिखे गए? रामकुमार वर्मा की ऐसी ही राय है। वे 'सत्य का स्वप्न' की भूमिका में लिखते हैं, "किसे रंगमंच के स्थिर दृश्य में जीवन की विवेचना सुनने का अवकाश है जब दूसरी ओर चित्रपट अपने रसीले गानों और विचित्र कौतुकों से सामान्यजन को अपनी ओर खींच रहा है! इस स्थिति में नाट्य-साहित्य की रक्षा के दो ही उपाय हो सकते हैं दूसरा उपाय साहित्यकार और चित्रपट निर्माता के परस्पर समझौते का है। यह समझौता कैसे होगा, समय और परिस्थिति का प्रश्न होगा। इसके लिए या तो राज्य विधान साहित्य और चित्रपट के परस्पर सहयोग की प्रतियोगिताएँ रखे या साहित्यकार स्वयं ऐसा साहित्य दे कि चित्रपट निर्माता उसके समक्ष मस्तक झुका दे। बँगला साहित्य के कथा-लेखक स्वर्गीय शरच्चन्द्र ने ऐसा साहित्य दिया है कि बँगला में चित्रपट निर्माताओं ने चित्रपट पर प्रस्तुत किया है...।"

वर्मा जी ने नाट्य-साहित्य की रक्षा के लिए जो दूसरा उपाय बताया है वह साहित्यकार के लिए काफी महँगा पड़ेगा। इसके साथ ही कई प्रश्न एक साथ ही उठ खड़े होते हैं। क्या नाट्य-साहित्य को समझौते पर ही जीना होगा? क्या साहित्यकार को जीने के लिए राज्य-विधान का सहारा लेना ही होगा? क्या शरच्चन्द्र ने चित्रपट को लक्ष्य में रखकर साहित्य-रचना की है? इन सभी प्रश्नों का उत्तर नकारात्मक है। यदि अपने रंगमंच को जाग्रत करने की जगह हमारे चोटी के नाटककार फिल्म-व्यवसाय से समझौते की आशा में बैठे रहेंगे तो नाट्य साहित्य का बेड़ा विधाता ही पार लगाएगा। पर भगवतीचरण वर्मा का उद्‌देश्य वैसा कुछ

नहीं है। फिल्म के ही लिए लिखा गया चित्रालेख पुस्तक रूप में प्रकाशित करा दिया गया है।

रामकुमार वर्मा ने 'माधवानल कामकन्दला' की जो कहानी चुनी है यह प्रेम-कहानी है जो फिल्म-व्यवसाय—लोकप्रिय फिल्म-व्यवसाय—के अनुकूल है। 'माधवानल कामकन्दला' की मूल कथा काफी पुरानी है। पर उन्होंने बोधाकृत 'विरह वारीश', (माधवानल कामकन्दला) को अपने सिने नाटक का आधार बनाया है। वर्मा जी ने कथा में कोई नवीन तत्त्व नहीं जोड़ा है पर कुछ ऐसी कथाओं और घटनाओं को अपने नाटक से निकाल दिया है जो नाटकीय कथा-निर्माण में बाधक सिद्ध होती थीं। न तो इसमें लीलावती की कथा है और न विक्रमादित्य द्वारा कामकन्दला के सतीत्व की परीक्षा ही है। डॉ. राजेश और लता के वार्तालाप को प्रोलॉग के रूप में लिखा गया है, यह बोधा के विरोही और बाला का ही दूसरा रूप है। लेकिन इस प्रोलॉग में भी वर्मा जी ने चित्रपट को बराबर ध्यान में रखा है, अन्यथा राजेश की लड़की लता को अपने पिता से परिहास करने की हिम्मत न होती।

फिल्मी कहानी में आँख और कान को सन्तुष्ट करनेवाले तत्त्वों की प्रधानता होनी चाहिए। आँख को सन्तुष्ट करने के लिए सिनिरियो-लेखन का कार्य काफी कुशलतापूर्वक सम्पन्न होना आवश्यक है। कान को परितुष्ट करने के लिए संवाद-योजना नाटकीय और भावपूर्ण होनी चाहिए। वर्मा जी के सिनिरियो-लेखन का एक उदाहरण लीजिए, "राजमहल के झरोखे से दिखाई देनेवाली नर्मदा नदी की धारा। चाँदनी का प्रकाश नर्मदा नदी की धारा पर गिरकर तरंगों में रजत प्रतिबिम्ब उत्पन्न कर रहा है। एक ओर से राजा के दो सेवकों का प्रवेश। वे चारों ओर देखते हुए दबे पैरों से आ रहे हैं। उनके हाथ में चन्दन की लकड़ी का एक सुन्दर-सा सन्दूक है! उसमें रेशमी वस्त्रों में सुसज्जित कर नवजात बालिका रख दी गई है। वह अपने हाथ-पैर उछाल रही है।...

महल के झरोखे पर खड़े होकर राजा यह दृश्य गम्भीरता से देख रहे हैं।

दूसरे झरोखे पर रानी बिलख-बिलखकर रो रही है। उनकी सखियाँ उन्हें सँभाल रही हैं।

पास ही वृक्ष से एक पक्षि-शावक नीड़ से नदी में गिरता है। चीख उठती है। ..."

इसमें अन्तिम दृश्य वातावरण को अतिशय भयानक बना देता है। सिनिरियो-लेखन का सारा सौन्दर्य उन उपकरणों के संग्रह पर निर्भर करता है जो दृश्य को मोहक और सप्राण बना सकें। नाटकीय संवाद का ध्यान भी इसमें बराबर रखा गया है जो फिल्म के लिए उपयुक्त है।

पर इस प्रकार की कहानी को लेकर चित्रलेख-प्रस्तुत करना एक श्रेष्ठ कलाकार के लिए कहाँ तक उचित है! इससे वर्मा जी ने समझौते के लिए हाथ बढ़ाया है। खेद है कि अभी तक किसी फिल्म व्यवसायी ने इसका स्वागत नहीं किया। रंगमंच

से निराश होकर फिल्म की ओर आकृष्ट होना स्वाभाविक कहा जा सकता है। किन्तु इससे हिन्दी रंगमंच को क्या मिलेगा? इस समझौते की प्रवृत्ति से कलाकार रुपये के लोभ में फिल्म-व्यवसायियों के आगे काफी झुकेगा और कला की दृष्टि से भी वह हल्की-फुल्की चीज देकर ही सन्तोष करेगा।

भगवतीचरण वर्मा के 'वासवदत्ता का चित्रालेख' की कहानी भी प्रेम कहानी है। यह सिनेमा के लिए ही लिखी गई है, इसका उल्लेख हो चुका है। पर यह कहानी 'सत्य का स्वप्न' से भिन्न है। जहाँ दूसरी कोरी प्रेम-कहानी बनकर रह गई वहाँ पहली जीवन का सन्तुलित और स्वस्थ दृष्टिकोण उपस्थित करती है। इसमें वह तेज और स्वस्थ्य है जो आज के युग की माँग के सर्वथा अनुरूप है।

जैसा कि लेखक ने भूमिका में लिखा है, इससे चित्रालेख को बहुत-सी जानकारियाँ हो जाती हैं। वासवदत्ता की सौन्दर्य-गरिमा, प्रतिक्रियात्मक हिंसा-वृत्ति और अन्त में विवशतापूर्वक दैन्य की बहुत सुन्दर झाँकी प्रस्तुत हो जाती है। अपने समस्त वैभव-विलास में जगर-मगर करती हुई अपने समय की सर्वश्रेष्ठ सुन्दरी वासवदत्ता के करुण अन्त का किसको पता था? इस चित्रालेख को प्रस्तुत करने में अभिनय, चित्रांकन, संवाद और ध्वनि का पूरा-पूरा ध्यान रखा गया है।

पर इस प्रकार स्वतंत्र चित्रालेख प्रस्तुत करना लेखक के सम्मान के अनुकूल नहीं कहा जा सकता (भगवतीचरण वर्मा इस कोटि में नहीं आते क्योंकि उनसे फिल्म के लिए ही यह लिखवाया गया था)। इससे साफ प्रकट है कि लेखक फिल्म-निर्माताओं की दया का मुहताज बना रहेगा और धीरे-धीरे उसके स्वतंत्र व्यक्तित्व का ह्रास हो जाएगा।

पौराणिक नाटक

पौराणिक नाट्य-रचना के क्षेत्र में उदयशंकर भट्ट का नाम विशेष रूप से लिया जाता है। ये इस धारा के प्रतिनिधि नाटककार हैं। भट्ट जी ने पौराणिक नाटकों के माध्यम से नवीन युगचेतना के आकलन का प्रयास किया है। पर प्रारम्भिक नाटक होने के कारण 'सगरविजय' इस दृष्टि से उलझनपूर्ण हो गया है। वस्तु-योजना की दृष्टि से यह बहुत ही शिथिल और घटना-बोझिल प्रतीत होता है।

जहाँ तक चरित्र-चित्रण का सम्बन्ध है, प्रमुख रूप से तीन ही चरित्रों का विकास हो पाया है। इनमें से सगर और दुर्दम वैयक्तिक विशेषताओं से हीन टाइप चरित्र हैं। केवल बर्हि के चरित्र में मनोवैज्ञानिक ग्रन्थियाँ दिखाई पड़ती हैं। क्षण विशेष में उसका कोमल नारीत्व भी झलक उठता है।

यद्यपि पौराणिक नाटकों में ऐतिहासिक नाटकों का बन्धन नहीं रहता फिर भी युग के परिवेश की पूरी अवहेलना नहीं की जा सकती। इस नाटक में 'वैद्य महाशय' और 'सरकार' जैसे शब्दों का प्रयोग लेखक की कालगत चेतना के विरुद्ध पड़ते हैं।

'विद्रोहिणी अम्बा' में आज की जाग्रत नारी की नवीन चेतना का आकलन किया गया है। नारी की यह नवीन चेतना-समाज में अपनी उचित मर्यादा—के मूल में आज का राजनीतिक जागरण ही है। अम्बा भट्ट जी की सफल कृति है। इसकी सफलता का रहस्य भट्ट जी के प्रौढ़ कवि और जन-चेतना के समन्वय में खोजा जा सकता है।

महाभारत-काल में उद्भट योद्धाओं, कूट के आचार्यों और दार्शनिक मनीषियों की कमी नहीं रही है, किन्तु नैतिक दृष्टि से वह एक रुग्ण युग था। युधिष्ठिर जैसे धर्मराज भी अपना हित सम्पादन करने के लिए झूठ बोल सकते थे और भीष्म जैसे योद्धा और दार्शनिक अन्याय का पक्ष ग्रहण कर सकते थे। आज का बौद्धिक युग उस युग के समस्त क्रिया-कलापों को नए सिरे से देखता है और उनसे नवीन मानवतावादी निष्कर्ष निकालता है। 'अम्बा' महाभारत काल का पात्र है—उस सामन्तीय काल का, जिसमें नारी की सामाजिक अवस्था अत्यन्त हीन हो गई थी, जिसमें उसे क्षुद्राति-क्षुद्र पदार्थों से भी हीन समझा जाता था। इसका तात्पर्य यह नहीं

है कि भट्ट जी ने अम्बा को नए सिरे से गढ़ा है। अम्बा के कथानक का ढाँचा महाभारत का ही है, भट्ट जी ने उसमें आज के मंत्रों द्वारा प्राण-प्रतिष्ठा अवश्य की है।

महाभारत काल में जीवन-मूल्यों में परिवर्तन तो जरूर हो रहा था लेकिन अभी एक झटके में रूढ़ियों को तोड़ने का साहस नहीं आ पाया था। उस समय योग्य पुत्र वही था जो पिता की अनुचित-से-अनुचित आज्ञा का भी पालन करता था। भीष्म की गौरव-गाथा का मूलाधार यही था। बड़े-से-बड़े सामाजिक हित की उपेक्षा करके व्यक्ति अपनी प्रतिज्ञाओं का पालन करने में किसी प्रकार के संकोच का अनुभव नहीं करता था। पितामह भीष्म भी ऐसे ही थे। अपनी कार्यवाहियों के प्रति उनका मन संशयग्रस्त अवश्य था लेकिन वे सामन्तीय संस्कारों से अपने को मुक्त भी कैसे कर सकते थे! भट्ट जी ने भीष्म के कतिपय कार्यों को आज की बौद्धिक दृष्टि से देखा है और उनके प्रति शकाएँ भी उठाई हैं।

भीष्म के अमर्यादित कार्य के विरुद्ध अम्बा विद्रोह करती है। इस नाटक के केन्द्र में भीष्म है और अम्बा उसकी परिधि है। जिस भीष्म ने जीवन में देव-दनुज-गन्धर्व को बात की बात में पराजित किया, अपने गुरुदेव परशुराम का गर्व खंडित किया, भगवान कृष्ण को विष-बुझे तीक्ष्ण बाणों से जर्जर कर चक्र उठाने के लिए बाध्य किया, उसको एक नारी से परास्त होकर शर-शय्या पर शयन करना पड़ा।

पितामह ने अपनी भीष्म-प्रतिज्ञा के अतल आवर्त में चार-चार नारियों को डुबो दिया। अम्बा, अम्बिका, अम्बालिका को—काशिराज की तीनों कन्याओं को—बलपूर्वक स्वयंवर से हरण कर अपने क्षयग्रस्त निर्वीर्य भाइयों के गले मढ़ देना किसी भी दृष्टि से नैतिक नहीं माना जा सकता। पिता की आज्ञा-पालन करने के व्यामोह में इन्होंने सत्यवती के चिरयौवन को भी सर्वनाश की भट्ठी में झोंक दिया। लेखक का यही दृष्टिकोण है।

पुरुष प्राचीन काल से ही नारी के प्रति कभी भी उदार नहीं रहा। वह उसकी भोग्या मात्र बनकर जी सकती थी, उसकी स्वतंत्र विचारणा और स्वतंत्र व्यक्तित्व के लिए कोई स्थान नहीं था। 'अम्बा' के सभी पुरुष-पात्र इसी विचार के हैं और सभी स्त्री-पात्र पुरुषों द्वारा पीड़ित, शोषित और दलित। अम्बा ने पुरुष के प्रति—उसके प्रतिनिधि भीष्म के प्रति—विद्रोह किया है। इसके अतिरिक्त इस नाटक में भट्ट जी ने और भी कई सामाजिक मान्यताओं और गलित रीतियों पर प्रहार किया है, जैसे जातीय कौलीन्य और वृद्ध विवाह। व्यष्टि और समष्टि के प्रश्न को भी इसमें कुशलतापूर्वक गूँथ दिया गया है।

लेकिन ये 'अम्बा' की प्रासंगिक समस्याएँ हैं, मुख्य समस्या नारी की अवमानना ही है। अम्बा की प्रतिक्रिया उसी के प्रति है। भीष्म द्वारा स्पृष्ट, शाल्व द्वारा अपमानित नारी अभिशाप की ज्वाला बन जाती है। प्रतिशोध की यह अग्नि एक जन्म में शान्त नहीं होती, दूसरे जन्म में भी उसी प्रकार प्रज्वलित होती रहती है। अम्बिका-अम्बालिका

का निरीह आत्मपीड़न और सत्यवती का मानसिक द्वन्द्व नारी की विभिन्न स्थितियों और अवस्थाओं का द्योतक है। सामान्य नारी की स्थिति अम्बिका और अम्बालिका से भिन्न नहीं। सत्यवती का आत्म-क्षोभ नारी के आत्म-चैतन्य का दूसरा सोपान है और अम्बा का प्रतिशोध उससे एक सीढ़ी आगे चेतनता की चरम सीमा है। नारी के जागरण का क्रम मनोवैज्ञानिक सत्य है।

लेकिन अम्बा को अपनी सारी सहानुभूति अर्पित करने के पश्चात जैसे भट्ट जी को भीष्म के लिए कुछ शेष नहीं बचा। इसका स्वाभाविक परिणाम यह हुआ है कि भीष्म का चरित्र असन्तुलित और एकांगी हो गया है। महाभारत के पितामह कठिनाई से पहचान में आते हैं। विचित्रवीर्य और चित्रांगद को विभिन्न ताने-बाने से बुनकर उनको व्यक्तित्व प्रदान किया गया है।

कथानक के अनुरूप संवादों में भावात्मकता का आ जाना स्वाभाविक है, किन्तु कहीं-कहीं काव्यात्मकता इस तरह अपरूप हो गई है कि कथन का सारा सौन्दर्य विकृत हो गया है। उदाहरणार्थ सौमनरेश शाल्व के निजी स्थान पर पहुँचकर अम्बा का कथन देखिए, "प्रतीक्षा के फड़फड़ाते हुए पंखों से उलझनेवाले प्रियतम, अम्बा का प्रणाम स्वीकार करो नाथ", किन्तु ऐसे स्थल अधिक नहीं हैं। 'सगर-विजय' में मैंने जिस ऐतिहासिक चेतना की कमी का उल्लेख किया है वह 'विद्रोहिणी अम्बा' में भी दिखाई पड़ती है। अम्बा का 'कोहनूर' से परिचित होना, गन्धर्व का 'हाय री अम्मा' कहकर गिर पड़ना तथा सत्यवती का 'सींग समाय' मुहावरे का प्रयोग करना ऐतिहासिक चेतना की कमी का द्योतक है।

उग्र के 'गंगा का बेटा' से भीष्म में सम्बद्ध प्रायः समस्त पौराणिक और निजन्धरी कथाओं का उपयोग किया गया है। इससे कथावस्तु अनपेक्षित रूप से विस्तृत और बोझिल हो गई है। इधर चतुरसेन शास्त्री ने 'गान्धारी' (सं. 2007 वि.) और गोविन्दवल्लभ पन्त ने 'ययाति' (2008 वि.) पौराणिक नाटक लिखे। पहले में विवाह-विच्छेद के विरुद्ध पतिव्रत का उदात्त चित्र खींचा गया है और दूसरे में खाद्यान्न की समस्या सुलझाने की ओर निर्देश किया गया है। पृथ्वीनाथ शर्मा का 'उर्मिला' (1950 ई.) गुप्त जी की 'यशोधरा' और 'साकेत' की गहरी छाया में उगने से पनप नहीं सका है।

पहला राजा

पहला राजा (1969) माथुर का अन्तिम महत्त्वाकांक्षापूर्ण नाटक है। यह अपनी प्रयोगधर्मिता तथा युगीन समस्याओं के संगुम्फन के लिए प्रसिद्ध है। कोणार्क में माथुर ने लोकतंत्र की कुछ बुनियादी समस्याएँ उठाई हैं। पहला राजा में नेहरू युगीन लोकतंत्र की अनेकानेक समस्याओं को लिया गया है जो आज और अधिक जटिल

और दुर्बोध हो गई हैं। जिस समाज और तंत्र को इसमें लिया गया है वह माथुर का भोगा हुआ यथार्थ है। अत: उसमें विश्वसनीयता है, ईमानदारी है। कोणार्क में पुरुषार्थ की चर्चा हुई है। पहला राजा का केन्द्रीय बिन्दु पुरुषार्थ ही है। जवाहरलाल नेहरू लक्षणावृत्ति से स्वतंत्र भारत के पहले राजा कहे जा सकते हैं। पृथु की अनेक विशेषताएँ नेहरू से मिलती-जुलती है। अत: पृथु का कथानक नेहरू युगीन समस्याओं को उठाने के लिए वस्तुनिष्ठ समीकरण (आब्जेक्टिव कोरिलेटिव) बन जाता है।

पहला राजा के केन्द्रीय पात्र पृथु की कथा महाभारत के 'राजधर्मानुशासन पर्व' में दी गई है—संक्षिप्त रूप में। किन्तु इसके कथानक का ताना-बाना बुनने के लिए वेद, भागवत पुराण, हड़प्पा, मोहन जोदड़ो की सभ्यता से अपेक्षित सूत्रों को ले लिया गया है। पृथु पहला राजी था या नहीं, इसके सम्बन्ध में विद्वानों में मतभेद है। पर पृथु का मिथक, जिसमें पृथ्वी के दुहे जाने की कथा है, से सिद्ध होता है कि वह नियमों में बँधा हुआ प्रथम प्रजानुरंजक राजा था। पर कोणार्क की तरह इसमें भी इतिहास-पुराण की रक्षा का प्रयास यहाँ भी नहीं मिलेगा। बल्कि उनके बहाने वर्तमान समस्याओं को उजागर करने में सुविधा हुई है।

इन्द्रनाथ मदान ने ठीक ही लिखा है कि इसके माध्यम से नेहरू-युग की आधुनिकता या आधुनिकता का पहला दौर उजागर होने लगता है। योजनाओं का प्रारम्भ, भारत, चीन युद्ध, मंत्रियों के षड्यंत्र, घाटे का बजट (राजकोष का खाली होना), पिछड़ी जातियों की समस्याएँ, संविधान, पूँजीवाद, जनता का शोषण और अन्य नेहरू युगीन समस्याओं की अनुगूँजें नाटक में आरम्भ से अन्त तक मिलती हैं।

प्रश्न उठाया गया है कि पृथु की कथा पर आधुनिकता का प्रक्षेपण इतना गहरा है कि पृथु अतीत का पृथु नहीं मालूम पड़ता। पहले ही कहा गया है कि पृथु-कथा माथुर के भीतर उमड़ती हुई समस्याओं के लिए वस्तुनिष्ठ समीकरण (आब्जेक्टिव कोरिलेटिव) है। वास्तव में देखना यह चाहिए कि पृथु-कथा सही समीकरण बन पाती है या नहीं।

पृथु आर्य है। वह कुलूत देश से चलकर ब्रह्मावर्त पहुँचता है। उसके साथ अनार्य मित्र कवष भी है। ऋषियों-मुनियों ने बेन के शरीर-मन्थन का नाटक कर पृथु को भुजापुत्र ठहराया और कवष को जंघापुत्र अर्थात एक को क्षत्रिय और दूसरे को शूद्र। पृथु के पूर्ववर्ती राजा का वध ऋषियों ने ही किया था। इससे पता चलता है कि ब्राह्मण उस समय अत्यधिक शक्तिशाली थे। नेहरू-युग में भी उनका वर्चस्व कम नहीं था। ऋषियों ने संविधान बनाया और पृथु उससे प्रतिबद्ध था। वह ऋषि-मुनियों के यज्ञ की रक्षा करता था और अनार्य दस्युओं का दमन। ऋषियों-मुनियों के मंत्रिमंडल में न्यस्त स्वार्थी कम न थे। वे आज के मंत्रियों की तरह हर प्रकार से अपना स्वार्थ साधन करते थे। यहीं पर माथुर ऋषियों की पवित्रता और सदाचार का मिथक तोड़ते हैं। इसके लिए उन्होंने प्रमाण भी एकत्र किया है। तात्पर्य यह कि

लेखक पृथु के महिमामंडित व्यक्तित्व को छोड़कर पृथ्वी को समतल करने तथा उत्पादन बढ़ानेवाले व्यक्तित्व पर अधिक बल देता है। कृषि और सिंचाई-व्यवस्था पर नेहरू ने जोर दिया था।

नाटक की पृष्ठभूमि में लेखक का कथन है, "लेकिन नाटक में पृथु कुछ और भी है। वह विभिन्न दुविधाओं और खिंचावों का बिन्दु है। हिमालय का पुत्र जो प्रकृति की निश्छल कोड में खो जाना चाहता है, आर्य युवक जो पुरुषार्थ और शौर्य का पुंज है, निषाद किन्नर एवं अन्य आर्येतर जातियों का बन्धु जो एक समीकृत संस्कृति का स्वप्न देखता है, दारिद्र्य का शत्रु और निर्माण का नियोजक जिसे चक्रवर्ती और अवतार बनने के लिए मजबूर किया जाता है...मैं और संकेत नहीं दूँगा कि वह कौन है?"

इस संकेत से स्पष्ट है कि नेहरू ने एक मिली-जुली संस्कृति के निर्माण का सपना देखा था, गरीबी दूर करने का संकल्प किया था, नदियों से नहरें निकाली थीं, बाँध बनवाए थे। लेकिन पृथु का अपना स्वतंत्र व्यक्तित्व भी है। उसके निजी संघर्ष, तनाव और अकेलापन हैं। उसकी महत्त्वाकांक्षा कवष और उर्वी को अलग कर देती है। रेगिस्तान तक पानी ले जाने का अनार्य कवष और उर्वी करते हैं। देश के निर्माण में अनार्यों का योग आर्यों से कम न था। मोहनजोदड़ो की खुदाई से स्पष्ट है कि आर्यों की अपेक्षा अनार्य अधिक सभ्य और सुसंस्कृत थे।

यदि मनुष्य में तीव्र इच्छाशक्ति और उसे कार्य रूप में परिणत करने का पौरुष हो तो वह इतिहास की धारा को मोड़ सकता है। पृथु में यह पौरुष विद्यमान है। वह अद्वितीय धनुर्धर और विजेता है। किन्तु इतिहास की अपनी अदृश्य शक्तियाँ भी होती हैं। इतिहास की धारा में ही ऋषियों का कुचक्र भी है जिसके परिणामस्वरूप कवष और उर्वि की मृत्यु होती है। यह सही है कि आर्य सभ्यता और संस्कृति के विकास में ब्राह्मणवाद का जितना योगदान है उससे कहीं अधिक योगदान उनके ध्वंस में है। पृथु एक ओर इतिहास की धारा को मोड़ता है तो दूसरी ओर ब्राह्मणवाद के गुंजलक में उलझ जाता है। फलत: उसका जीवन अवसाद से भर उठता है। बाद में पुरुषार्थ इसी अवसाद की क्षतिपूर्ति करता प्रतीत होता है।

युद्ध, युद्ध, युद्ध और युद्ध! युद्ध का अन्तिम परिणाम अवसाद नहीं तो और क्या होगा? पृथु के अन्तिम वक्तव्य की यही प्रतिध्वनि है। अपने जीवन के अन्तिम समय में स्वयं नेहरू कितने अवसादग्रस्त थे! पृथु का अन्तिम कथन इतिहास-लेखन के एक-दूसरे पक्ष की ओर हमारा ध्यान आकृष्ट करता है। इतिहास राजा-महाराजाओं का नहीं श्रमिकों और किसानों का होता है। पृथु की आकांक्षा है कि उसे इसी रूप में याद किया जाए।

पहला राजा का फलक इतना विशाल है कि इस पर सम्पूर्ण जीवन को अंकित करने का प्रयास किया गया है। यों इस पर ब्रेश्ट के एपिक थिएटर का भी प्रभाव है,

विशेष रूप से गेलेलियो का। सारी पौराणिक घटनाओं का वैज्ञानिक अर्थापन इसी ओर संकेत करता है। जिन लोगों को इसमें संवेदना नहीं मिलती वे इसमें वह चीज ही क्यों खोजते हैं जो इसमें नहीं है? बौद्धिक स्तर पर लिखा गया नाटक बुद्धि और विवेक की माँग करता है। इसमें दर्शकों और नाट्य-प्रयोग में तादात्म्य नहीं स्थापित होता। उसके स्थान पर दर्शक स्वतंत्र ढंग से सोचने-विचारने पर बाध्य होता है। इसे कोई चाहे तो अलगाव-प्रभाव (एलिनिएशन इफेक्ट) कह सकता है। आकस्मिक नहीं है कि जिस वर्ष पहला राजा प्रकाशित हुआ उसी वर्ष राकेश का आधे-अधूरे। दोनों नाटककार यथार्थवादी नाटक और नाट्यरूप की तलाश कर रहे थे। ऐसा करने के लिए दोनों को अपनी ही रोमैंटिक प्रवृत्ति से मुक्त होना था। कहना न होगा कि इन नाटकों के पहले दोनों ही नाटककारों की वृत्तियों पर रोमांस का गहरा प्रभाव था।

आधुनिक चिन्तन से सम्पृक्त इस नाटक के लिए उन्होंने संस्कृत नाटकों की कल्पना, और पाश्चात्य नाटकों की प्रतीकात्मकता का संयोजन किया है। इसके लिए मुक्त रंगमंच की आवश्यकता, न कि बँधे-बँधाए यथार्थवादी रंगमंच की। इसमें सूत्रधार और नटी की मूल अवधारणा संस्कृत-नाट्य से ली गई है। पर न तो यह स्थूल है और न प्रारम्भ में अपना काम करके समाप्त हो जाती है। सूत्रधार और नटी दर्शकों की मानसिकता को प्रश्नाकुल बनाते हैं और स्वयं प्रतीक स्रष्टा बन जाते हैं। इनके प्रतीकत्व के कारण ही माथुर ने इसे अन्योक्ति कहा है। पर सम्पूर्ण नाटक को अन्योक्ति नहीं कहा जा सकता। आचार्य शुक्ल के शब्दों में समासोक्ति कहना अधिक तर्कसंगत लगता है। लोकनाट्य, गीत तत्त्व, मुखौटे आदि इसे पूर्णतः आधुनिक और प्रभावशाली बना देते हैं।

अन्त में पृथु का वक्तव्य अत्यन्त शक्तिशाली बन पड़ा है। उसे पृथु और नाटक दोनों का सारतत्त्व (इसेंस) कहा जा सकता है, "...ओ दुविधाओं के देवता, तू जिसे यज्ञ-पुरुष कहा जाता है—तू जिसे जगत का विधाता कहते हैं—तू परब्रह्म! मैं जानता हूँ, शक्ति तेरी नहीं, मेरी है! फिर भी तेरे आगे हाथ फैलाता हूँ। हजारों टहनियाँ और शाखाएँ किसी आकाश वृक्ष पर फैली हैं। मेरी निगाह अन्तरिक्ष के उस अनन्त फल-फूल वाले वृक्षों से हटा दे। पृथिवी पर जो जीर्ण-शीर्ण पत्ते बिखरे हैं उन्हीं में खोजने दे, उसे जो मेरी सहचरी थी, मेरी प्राण थी।"

समस्या-नाटक

यूरोप में समस्या-नाटकों का प्रचलन रोमांटिक नाटकों की प्रतिक्रिया के फलस्वरूप हुआ। 19वीं शताब्दी ईस्वी के उत्तरार्ध में इब्सन ने नाटकों के क्षेत्र में जो प्रवर्तन किया उससे शेक्सपियर की रोमानी भावनाओं के स्थान पर एक बौद्धिक चेतना उत्पन्न हुई। उससे प्रेरणा ग्रहण करके शा ने पिटी हुई परम्पराओं और रोमानी धारणाओं पर गहरा प्रहार किया। फिर तो शा का प्रभाव इतना विश्वव्यापी हुआ कि उसके नाटकों की गूँज देश-देशान्तर में फैल गई। हिन्दी समस्या-नाटकों में भी उसकी क्षीण प्रतिध्वनि सुनाई पड़ती है।

जिस प्रकार शेक्सपियर के रोमानी नाटकों की प्रतिक्रिया यूरोप में हुई, उसी प्रकार द्विजेन्द्रलाल राय और प्रमाद के ऐतिहासिक रोमांसों की हमारे देश में। लक्ष्मीनारायण मिश्र, जो हिन्दी समस्या-नाटकों के प्रवर्तक माने जाते हैं, 'मुक्ति का रहस्य' की भूमिका में लिखते हैं, "हमारे जो कुछ इने-गिने नाटक इधर प्रकाशित हुए हैं सब में दुर्भाग्यवश द्विजेन्द्रलाल राय को आदर्श मानकर लेखकों ने कागज रंगा है। द्विजेन्द्रलाल राय ने नाटकों के क्षेत्र में बंगाल का शेक्सपियर बनना चाहा था और बंगाली आलोचकों की भयंकर भावुकता और दयनीय विचारहीनता के कारण उन्हें वह पद मिल भी गया। जिस युग में यूरोप के नाटककार शेक्सपियर के नाटकों को मनोवैज्ञानिक और यथार्थ के प्रतिकूल कहकर एक नया रास्ता निकाल रहे थे, बौद्धिक अभिव्यक्ति और मनोवैज्ञानिक मीमांसा का वह रास्ता जिस पर इब्सन से लेकर इस युग तक के सभी नाटककार चलते रहे हैं और चलते ही रहेंगे; उसी युग में शेक्सपियर के अनुकरण पर हमारे देश में भावुकता की गन्दी प्रवृत्ति फैल गई और उस गन्दी प्रवृत्ति के सबसे बड़े प्रतिनिधि द्विजेन्द्रलाल राय हुए। द्विजेन्द्रलाल राय से बढ़कर अन्तःकरण का अन्धा साहित्यकार मेरी दृष्टि में दूसरा नहीं आया।" इमी नाटक में 'उन्नीस वर्ष बाद' शीर्षक के अन्तर्गत प्रसाद को भी शेक्सपियर का उत्तराधिकारी बतलाया गया है। यूरोप में नाटकों का हर परिवर्तन ऐतिहासिक शृंखला की एक कड़ी के रूप में आता है। लेकिन हिन्दी में इब्सन और शा का जादू पहले आया और द्विजेन्द्रलाल राय और प्रसाद की प्रतिक्रिया बाद में हुई।

समस्या-नाटकों की मुख्य प्रवृत्ति है—रूढ़ियों पर प्रबल कशाघात। नाटककार अपने पुष्ट तर्क और चिन्तन के सहारे परम्परामुक्त आचार-विचारों के स्थान पर एक नई परम्परा और नूतन नैतिकता स्थापित करना चाहता है। उसे पूर्ण विश्वास होता है कि वह अपने सशक्त बौद्धिक आग्रह (assertion) और व्यंग्य द्वारा समाज को बदल देने में पूर्ण समर्थ है। शा की गर्वोक्ति है, "I am no ordinary playwright. I am a specialist in immoral and heretical plays. My reputation was gained by my persistent struggle to force the public to reconsider its morals. I write plays with deliberate object of converting the nation to my opinion on sexual and social matters. I have no other incentive to write plays, as I am not dependent on it for my livelihood." "मैं सामान्य नाटककार नहीं हूँ। रूढ़ि-विध्वंसक नाटक लिखने का मैं विशेषज्ञ हूँ। मेरी प्रसिद्धि इसलिए हुई है कि मैं जनता को उसकी नैतिकता पर पुनर्विचार करने के लिए बाध्य करता रहा हूँ। सेक्स और सामाजिक विषयों के सम्बन्ध में मैं राष्ट्र को अपनी धारणाओं के अनुकूल मोड़ना चाहता हूँ।..." मिश्र जी की भूमिकाओं के स्वर भी शा के उपर्युक्त कथन से भिन्न नहीं हैं।

शा की भाँति मिश्र जी ने भी प्रमुख रूप से यौन तथा सामाजिक समस्याओं को अपने नाटकों का प्रतिपाद्य बनाया है। सच पूछिए तो मिश्र जी के नाटकों में भावुकता-परक रोमानी प्रेम की समस्या ही प्रधान है। अन्य समस्याएँ तो यों ही प्रसंगात आ गई हैं। इस समस्या को वे किस रूप में उपस्थित कर सके हैं तथा उसका क्या हल दे सके हैं, ये दूसरी बातें हैं।

शा और मिश्र जी की विचारधाराओं में अनेक असमानताएँ मिलती हैं। इनके व्यक्तित्वों का मोटा अन्तर समझ लेने पर इनकी रोमांस-विरोधी धारणाओं को समझना भी अधिक सुगम हो जाएगा। शा अतिशय बुद्धिवादी है। उसकी इस अतिशयता के कारण ही उसके मस्तिष्क को यूरोप के आलोचकों ने असाधारण (Abnormal) कहा है। अपने साहित्यिक जीवन की प्रारम्भिक अवस्था से ही वह एक आलोचक रहा है और जन्म-भर इससे अधिक या कम वह नहीं हो सका। किसी स्थान पर उसने स्वयं लिखा है कि मैं आवयविक संगठन की दृष्टि से ही भावुकताहीन हूँ। मिश्र जी के सम्बन्ध में ठीक इससे उलटी बात कही जा सकती है। वे मूलतः कवि हैं। साहित्य में उनका प्रवेश कवि के रूप में ही हुआ। 'महारथी कर्ण' इस बात का साक्षी है कि उनका कवि अब भी पूर्णतः जागरूक है। ऐसी स्थिति में इनके बुद्धिवाद में भावुकता का अनजाने सन्निवेश हो गया है।

वे छायावाद युग की देन हैं। छायावादी काव्य की भावुकता इनके 'अन्तर्नाद' काव्य-संग्रह में देखी जा सकती है। छायावादी कवियों के ऊपर उपनिषद तथा अद्वैत दर्शन की जो छाप पड़ी है वह मिश्र जी में भी दिखाई पड़ती है। भारतीय संस्कृति

में इनकी अटूट आस्था इन्हें यूरोपीय नाटककारों की भाँति शुद्ध बुद्धिवादी नहीं होने देती। ऐतिहासिक नाटकों में तो यही आस्था इन्हें पुनरुत्थानवादी (Revivalist) बना देती है।

जिस समय इनके समस्या-नाटक लिखे गए उस समय गांधी जी का प्रभाव देश पर इस तरह छाया हुआ था कि लोग मंत्र-मुग्ध होकर उनका अनुगमन कर रहे थे। गांधी-दर्शन में आस्था, विश्वास, हृदय-परिवर्तन आदि कुछ बातें ऐसी हैं जो बुद्धिवाद के मेल में नहीं आतीं। मिश्र जी भी गांधी-दर्शन से प्रभावित थे। अत: पाश्चात्य बुद्धिवाद का खरापन यहाँ पर नहीं दिखाई देता।

जिस मध्यवर्ग की समस्याएँ इनके नाटकों में वर्णित हैं वह पाश्चात्य संस्कृति से प्रभावित होने के कारण अपनी पुरातन नैतिकता को सन्देह की दृष्टि से देखने लगा था। पर न तो इसमें इतना साहस था कि प्राचीन संस्कारों को एक झटके में तोड़ देता और न पूर्णत: पाश्चात्य संस्कृति को ही अपना सकता था। ऐसी स्थिति में एक अनिश्चयता की स्थिति पैदा हुई। इस स्थिति में एक ओर जहाँ व्यक्तिगत प्रेम को महत्त्व दिया जाने लगा वहाँ दूसरी ओर विवाह संस्था की पवित्रता के सम्बन्ध में भी कोई विशेष परिवर्तन नहीं हो सका। मिश्र जी के पात्रों में भी इस तरह की द्विधा दिखाई पड़ती है।

जिस भावुकता का विरोध मिश्र जी ने अपने नाटकों में किया है उसके सूत्र इब्सन और शा की रचनाओं में बिखरे पड़े हैं। इब्सन ने एक स्थान पर लिखा है कि यदि तुम विवाह करना चाहते हो तो प्रेम में मत पड़ो और यदि प्रेम करते हो तो प्रिय से अलग हो जाओ।[1] शा ने रोमांटिक प्रेम को अस्वास्थ्यकर और यथार्थता का विरोधी बताकर सर्वदा तिरस्कृत किया। मिश्र जी के नाटकों की भी मूल प्रवृत्ति लगभग यही है।

'संन्यासी' की मालती कहती है, "...और फिर विश्वकान्त प्रेम करने की चीज है...विवाह करने की नहीं। प्रेम किसी दिन की...किसी महीने की, किसी साल की घड़ी भर के लिए, जो चाहे जितना दुख...सुख दे...उसमें जितनी बेचैनी हो...जितनी मस्ती हो लेकिन वह ठहरता नहीं।" एक दूसरे स्थान पर रोमैंटिक प्रेम की व्याख्या करती हुई वह पुन: कहती है, "जिसे प्रेम करे उसके सामने झुक जाना—बिलकुल मर जाना—उसकी एक-एक बात पर अपने को न्योछावर कर देना रोमैंटिक प्रेम होता है। हम लोग प्रेम नहीं करेंगे—विचार करेंगे—समझदारी के साथ एक-दूसरे का खयाल करेंगे।" ...'राक्षस का मन्दिर' की ललिता का स्वर भी उससे भिन्न नहीं है। 'मुक्ति का रहस्य' की आशा देवी भी अन्त में रोमांस-विरोधी रुख अपनाती है। 'सिन्दूर की होली' की मनोरमा आदि से अन्त तक रोमांस-विरोधिनी बनी रहती है।

1. "If you want to marry' says Ibsen, 'don't be in love, if you love, part." —Nicoll, World Drama, p. 526

पर रोमांस-विरोधी यह दृष्टि इब्सन और शा से कुछ भिन्न है। इब्सन और शा के नारी-पात्र रोमांस को छोड़कर जीवन की व्यावहारिकता के प्रति आकृष्ट होते हैं। पर मिश्र जी के अधिकांश पात्र किसी ठेस के कारण व्यावहारिकता के प्रति जागरूक होते हैं, दूसरे शब्दों में उनका चिरन्तन नारीत्व जाग उठता है। फिर भी उनकी भावुकता बनी रहती है। 'संन्यासी' की मालती, 'राक्षस का मन्दिर' की ललिता और 'मुक्ति का रहस्य' की आशा भावुकता से मुक्त नहीं हो पाई हैं। ये सब-की-सब नारियाँ परिस्थिति विशेष में अपना रास्ता मोड़ लेती हैं, किन्तु मालती के इस कथन में, "मेरे शरीर की मुक्ति तो तुमसे मिल गई लेकिन मेरी आत्मा? कौन जाने...नारी जनोचित भावुकता लिपटी हुई है। चिरन्तन नारीत्व आदर्शवादी कल्पना है। इसके फलस्वरूप इनके नाटकों का समाधान आदर्शवादी हो गया है।

मिश्र जी के इस 'आध्यात्मिक बुद्धिवाद' के सम्बन्ध में एक महत्त्वपूर्ण प्रश्न और उठता है। क्या जिस रोमांस का विरोध इन्होंने किया है वह हमारे देश में रूढ़िबद्ध हो चुका है? यूरोप में विवाह के पहले अनेक प्रकार के रोमैंटिक नाटक खेले जाते हैं इसलिए शा का उनका विरोध करना स्वाभाविक था। पर यहाँ तो सामान्यत: विवाह के बाद प्रेम आरम्भ होता है—लेकिन यह प्रेम रोमैंटिक नहीं होता हो भी नहीं सकता, क्योंकि विवाह के साथ एक गहन उत्तरदायित्व का बोझ भी इन्हें सँभालना पड़ता है। स्पष्ट है कि इनके नाटकों की समस्याएँ हमारे देश की सामान्य समस्याएँ नहीं हैं। वे एक सीमित वर्ग तक ही घिरी हुई हैं।

विषय-वस्तु की दृष्टि से सभी समस्या-नाटकों में थोड़ी-बहुत समानता मिलती है। कुछ नाटकों की परिसमाप्ति भी प्राय: एक ही प्रकार की है। पर 'सिन्दूर की होली' की समस्या और हल अन्य नाटकों से कुछ भिन्न है। इसमें भी समस्या विवाह की ही है—विधवा-विवाह की और प्रथम दर्शन में प्रेम द्वारा अनुप्रेरित विवाह की। इन दोनों समस्याओं को मिश्र जी ने हमारे सम्मुख प्रस्तुत कर दिया है, पर अपनी ओर से इन्होंने कोई हल नहीं रखा है। नाटकों में समस्याओं का हल रखना बहुत आवश्यक भी नहीं है। यह हल पाठकों के विवेक पर छोड़ दिया गया है।

बुद्धिवादी वर्ग विधवा-विवाह का समर्थक रहा है और आज भी है, लेकिन नाटक में विधवा-विवाह का विरोध किया गया है। जिस बुद्धि के आधार पर विधवा-विवाह का समर्थन किया जाता है, उसी के आधार पर इसका विरोध किया गया है। इस विरोध के पुष्ट तर्कों को देखकर कहा जा सकता है कि तर्क द्वारा कुछ भी सिद्ध किया जा सकता है। मिश्र जी का यह दृष्टिकोण विधवा-विवाह के समर्थकों को चौंकानेवाला तथा धक्का देनेवाला है। इस तरह बुद्धि द्वारा एक रूढ़ि का समर्थन किया गया है।

मनोरमा वैधव्य के समर्थन में कहती है, "तुम्हारा वैधव्य तुम्हारा है—वह तुम्हारा स्वर्ग हो सकता है, लेकिन उसमें समाज की संसार की क्या आशा है? वेदमंत्र, हवन, शंखध्वनि, जिनके साथ तुम्हारा समझौता नहीं हो सकता—सामाजिक

संस्कारों के लिए मुहर का काम करते हैं—मैं विधवा हुई थी एक बार मेरे लिए वैधव्य की सम्भावना नहीं हो सकती, क्योंकि अब फिर मेरे विवाह के नाम पर वेदमंत्र, शंखध्वनि, ब्रह्मभोज का अवसर नहीं आएगा; लेकिन तुम जो उनके मोह में पड़ गई केवल एक बार देखकर तुम क्या समझती हो—वैसी हँसी, मुस्कराहट, शरीर की सुन्दरता और उसका विकास, आँखों की बिजली और बालों का उन्माद उस कोटि का-इतने बड़े संसार में दूसरा न होगा! और तुम्हारी दानशील प्रवृत्ति वहाँ भी न उलझ जाएगी?"

चन्द्रकला रूढ़ियों का विरोध करती हुई कहती है, "...बहन, तुम्हारा विधवापन तो रूढ़ियों का विधवापन है, वेदमंत्रों और ब्रह्मभोज का—जिस पुरुष को तुमने देखा नहीं—जिसकी कोई धारणा तुम्हें नहीं, जिसकी कोई स्मृति तुम्हारी आत्मा को हिला नहीं सकी—उसका वैधव्य कैसा है?"...

शा के 'मैन एंड सुपरमैन' के ओक्टेवियस और टैनर के संवाद की आत्मा भी कुछ इसी तरह की है। ओक्टेवियस भावुक और रोमैंटिक है तो टैनर व्यावहारिक। यहाँ पर भी चन्द्रकला परम भावुक महिला है तो मनोरमा परम बुद्धिवादी। तर्क दोनों देती हैं—एक अपनी भावुकता के समर्थन में तथा दूसरी अपनी रूढ़िवादिता के पक्ष में। पाठक रूढ़िवादिता और भावुकता के बीच में किसका समर्थन करे, यह स्वयं एक अजीब समस्या है।

सच बात तो यह है कि मिश्र जी भारतीयता के कट्टर समर्थक हैं और कभी-कभी यह कट्टरता अपनी सीमा पार कर जाती है। इसका परिणाम यह होता है कि वे विधवा-विवाह का तीव्र रूप से विरोध करने पर उतर आते हैं। उनका कहना है कि "नारी चाहे जिस रूप में पहली बार जिस पुरुष के राग का माध्यम बनती है उसे जन्म-भर उसी के साथ रहना है।" इस कठोर नियम और मान्यता में उसके निजी प्रेम को हारना पड़ता है। जैसे 'मुक्ति का रहस्य' की आशा देवी अपने प्रेम के देवता उमाशंकर को छोड़कर अपने पतन के साथी डॉक्टर की सहगामिनी बनती है। इस नाटक में जो कहीं आशा उमाशंकर के साथ रह पाती तो वह पश्चिम के स्वतंत्र प्रेम की विजय उस भारतीय दाम्पत्य-विधान पर मानी जाती जिसमें नारी को जन्म-भर एक पुरुष की बनकर रहना माना गया है। यह भारतीय नारी की आदर्श कल्पना है। स्वयं इस देश का इतिहास इस बात का साक्षी है कि समय-समय पर इस परम्परा की उपेक्षा होती रही है। परिस्थिति विशेष में स्वयं स्मृतिकारों ने विवाह-विच्छेद की व्यवस्था दी है। विचारों की इस प्रगतिशील परम्परा को न ग्रहण कर मिश्र जी ने रूढ़ियों को ही यहाँ का चिरंतन विधान मान लिया है।

यद्यपि मिश्र जी के नाटक एक विशेष उद्देश्य की पूर्ति करते हैं फिर भी शा के पात्रों की भाँति वे सब जगह कठपुतली नहीं बनाए गए हैं। 'संन्यासी' का विश्वकान्त, मुरलीधर, मालती अपने अन्तर्द्वन्द्वों के कारण प्राय: मानवीय स्तर पर

ही खड़े दिखाई पड़ते हैं। 'राक्षस का मन्दिर' के मुनीश्वर, ललिता, रघुनाथ, अस्गरी सभी ऊहापोह के भँवर में पड़े हैं। 'मुक्ति का रहस्य' के डॉक्टर और आशा देवी भी उसी तरह के पात्र हैं। हाँ, जहाँ पर ललिता, मालती और आशा देवी के चरित्र में मोड़ दिखाई पड़ता है वहाँ उनके चरित्र की स्वाभाविकता मारी जाती है। लगता है मानो लेखक ने अपने उद्देश्य की पूर्ति के लिए उन्हें दिशा विशेष में मोड़ दिया है।

इनके स्त्री-पुरुष पात्रों में प्राय: एक तरह की समानता भी मिलती है। प्रधान स्त्री-पात्र दो प्रेमियों के बीच डालकर कुछ इस तरह उलझा दी गई हैं कि वे एक से प्रेम करती हैं और दूसरे से विवाह। मुरलीधर, मुनीश्वर जैसे सुधारकों की पोल बहुत व्यंग्यात्मक ढंग से खोली गई है। एक-दो पात्रों को छोड़कर शेष सभी पात्र भावुक हैं, अत: इनके नाटकों में रसात्मकता का भी सन्निवेश हो गया है।

पर 'सिन्दूर की होली' के पात्र अपना अलग अस्तित्व रखते हैं। वे बहुत कुछ मिश्र जी की मान्यताओं के अनुरूप गढ़े गए हैं। जन्म-भर एक पुरुष के साथ रहने का सिद्धान्त इस नाटक में विशेष रूप से चरितार्थ हुआ है। मनोरमा और चन्द्रकला अपने विशेष ढंग से इसी सिद्धान्त का समर्थन करती हैं। बुद्धि का पूरा सहारा लेने पर भी दोनों अन्धविश्वासों से बुरी तरह आक्रान्त हैं। मनोरमा वेदमंत्र, शंखध्वनि और ब्रह्मभोज के साक्ष्य पर अपने वैधव्य का समर्थन करती है और इसे सेवा, त्याग, तपश्चर्या आदि का मार्ग बतलाती है। मनोरमा और मनोजशंकर का आध्यात्मिक परिणय जैनेन्द्र के 'परख' उपन्यास की कट्टो और बिहारी के परिणाम की याद दिलाता है, जो बुद्धि को किसी तरह ग्राह्य नहीं होता। चन्द्रकला अपने प्रथम दर्शन के प्रेम के समर्थन में दुष्यन्त-शकुन्तला, नल-दमयन्ती और अज-इन्दुमती का नाम लेती है। इसकी भावुकता तो इस सीमा तक पहुँच गई है कि यह न्यूरोटिक पात्र प्रतीत होती है। इसमें भी अपने सिद्धान्तों के प्रति अटूट आस्था और अक्षय विश्वास दिखाई पड़ता है। मनोरमा और चन्द्रकला विवाह सम्बन्धी दो सिद्धान्तों को प्रस्तुत करती हैं—इसी दृष्टि से इनका निर्माण भी हुआ है। इसलिए स्वाभाविक था कि इन चरित्रों में मानवोचित आरोह-अवरोह नहीं दिखाई देता।

मुरारी लाल की मानसिक स्थिति के लिए यथोचित वातावरण प्रस्तुत किया गया है। मनोजशंकर एक कुंठाग्रस्त मनोवैज्ञानिक केस हो गया है। पिता के आत्मघात का रहस्य खुलने पर उसकी मनोग्रन्थि भी टूट जाती है। फिर भी उसका चारित्रिक विकास स्वाभाविक पद्धति पर हुआ है।

मिश्र जी नाटकीय-वस्तु के प्रतिपादन में भारतीय परम्परा के पक्षपाती हैं तो टेकनीक के सम्बन्ध में आधुनिक यथार्थवादी नाट्य-शैली के। शा अपने प्रतिपाद्य के सम्बन्ध में जितना सचेत रहा है उतना टेकनीक के विषय में नहीं। मिश्र जी सामाजिक समस्या के विवेचन-विश्लेषण के साथ ही कलात्मक दृष्टि से भी नाटकों को सँवारने का प्रयत्न करते रहे हैं।

प्रारम्भ में ही कहा जा चुका है कि द्विजेन्द्रलाल राय और प्रसाद के नाटकों की प्रतिक्रिया इनकी नाट्य-रचना में सर्वत्र दिखाई पड़ती है। 'मुक्ति का रहस्य' में वे लिखते हैं, "शेक्सपियर के नाटकों के साथ जब प्रसाद के नाटक रखे जाएँगे तब स्वगत की वही अतिरंजना, वही संवादों की काव्यमयी कृत्रिमता, मनोविज्ञान या लोकवृत्ति के अनुभव का वही अभाव, संघर्ष और द्वन्द्व की वही आँधी...।" स्वगत की अतिरंजना और काव्यमयी भाषा का प्रयोग मिश्र जी ने नहीं किया है। संवादों में नाटकीय स्फूर्ति, लघुता और तीव्रता का विशेष ध्यान रखा गया है। वाक्-वैदग्ध्य, हाजिरजवाबी, तर्कपूर्ण उत्तर-प्रत्युत्तर आदि समस्या-नाटकों की विशेषताएँ हैं।

प्रसाद के नाटकों में कोई-न-कोई गीत-प्राण पात्र अवश्य है, पर मिश्र जी का कहना है, "मेरी राय में नाटक में गीत रखना कोई बहुत जरूरी नहीं है। कभी-कभी तो गीत समस्याओं के प्रदर्शन में बाधक हो उठते हैं...नाटक में गीत का पक्षपाती मैं वहीं तक हूँ—जहाँ तक इसे जीवन में देख पाता हूँ।" 'संन्यासी' की किरणमयी ही एक ऐसा पात्र है जो वातावरण विशेष में गाती दिखाई पड़ती है।

रंगमंच के सम्बन्ध में वे अपने विचार व्यक्त करते हुए लिखते हैं, "बार-बार परदा उठाना और गिराना रंगमंच को अस्वाभाविक बना देता है। रंगमंच का संगठन ऐसा होना चाहिए कि दर्शकों को ऐसा न मालूम हो कि हम लोग किसी अजनबी जगह में या किसी जादूघर में आ गए हैं। जिस स्वाभाविकता के साथ हम घर में रहते हैं उसी स्वाभाविकता के साथ हमें रंगमंच पर भी रहना है—अथवा दूसरे शब्दों में रंगमंच और हमारे स्वाभाविक निवास में बहुत विशेष अन्तर नहीं व्यक्त होना चाहिए...।" 'संन्यासी', 'राक्षस का मन्दिर', 'मुक्ति का रहस्य', 'सिन्दूर की होली' आदि में यही पद्धति अपनाई गई है। मिश्र जी की नाट्यकला की सम्यक विवेचना करने के लिए 'सिन्दूर की होली' को सामने रखना अधिक उचित है। क्योंकि कला की दृष्टि से अन्य नाटकों की अपेक्षा यह प्रौढ़तर रचना है। 'संन्यासी' और 'राक्षस का मन्दिर' में दृश्य का जल्दी-जल्दी परिवर्तन नाटकीय अन्विति में बाधा उपस्थित करता है। 'मुक्ति का रहस्य' में एक अंक में एक ही दृश्य रखने का विधान पहली बार किया गया है। पर प्रवेश-प्रस्थान की अधिकता के कारण नाटक के वस्तु-तत्त्व को ग्रहण करने में सामाजिक को काफी ध्यानावस्थित होना पड़ता है। 'सिन्दूर की होली' में इस प्रकार की त्रुटि प्रायः नहीं मिलेगी। इसके प्रथम अंक में इस नाटक के सभी पात्र अपनी समस्याओं के साथ उपस्थित होते हैं। यद्यपि प्रत्येक की समस्या पृथक-पृथक है फिर भी सबको रजनीकान्त के हत्याकांड से इस तरह सम्बद्ध कर लिया गया है कि वे सुश्रृंखलित हो गई हैं। प्रवेश और प्रस्थान के सम्बन्ध में भी इस नाटक में सतर्कता से काम लिया गया है। सबके प्रवेश और प्रस्थान के मूल में कोई कारण अनुस्यूत है, जो सर्वथा मनोवैज्ञानिक है।

दूसरे अंक में प्रथम अंक में उठाई गई समस्याओं को विवृत किया गया है। इसमें मुरारीलाल की व्याकुलतापूर्ण मन:स्थिति, मनोज की मनोग्रन्थि, मनोरमा का जीवन-दर्शन और चन्द्रकला का विक्षेप चित्रित किया गया है, जिससे प्रथम अंक में अंकित समस्याएँ पर्याप्त घनीभूत हो गई हैं। तीसरा अंक निष्कर्षात्मक अंश है जो दूसरे अंक की विवृत्ति का स्वाभाविक विकास है। यहाँ अंकों का विभाजन क्रिया-प्रतिक्रिया के रूप में न होकर कथा-वस्तु के विकास की विभिन्न सीढ़ियों के रूप में हुआ है।

समस्याओं पर विशेष ध्यान देने से कथोपकथन में एक तीक्ष्णता और मार्मिकता तो आ गई है पर कार्य-व्यापार का अभाव हो गया है। नाटकीय कथोपकथन और भाषणों तथा गोष्ठी-वार्ता में अन्तर होता है। नाटकीय कथोपकथनों में अभिनय-तत्त्व की निहिति अनिवार्य है पर यह कार्य-व्यापार का पर्याय नहीं है। शा के समस्या-नाटकों की भाँति मिश्र जी के नाटकों में भी कार्य-व्यापार की कमी दिखाई पड़ती है। कार्य-व्यापार नाटकीय स्थितियों (Dramatic situations) से पैदा होते हैं; किन्तु समस्या-नाटकों में इन स्थितियों को विशेष महत्त्व नहीं मिल पाता। जहाँ कहीं इस प्रकार की स्थिति आती भी है वहाँ उसे पर्दे के पीछे घटित मान लिया जाता है। पर कार्य-व्यापार की इस कमी की पूर्ति मिश्र जी ने विचारों की प्रवहमानता और पात्रों के तर्कपुष्ट उत्तर-प्रत्युत्तर द्वारा की है।

कतिपय त्रुटियों के बावजूद हिन्दी नाटक-साहित्य में मिश्र जी का ऐतिहासिक महत्त्व है। यह महत्त्व केवल नाटक को एक नई दिशा में मोड़ देने मात्र से ही नहीं है, और न तो हिन्दी नाट्य-साहित्य को यथार्थवादी शैली में अभिमंडित करने से ही है, बल्कि मध्यवर्गीय समस्याओं (यद्यपि ये समस्याएँ बहुत ज्वलन्त नहीं मानी जा सकतीं) में अपेक्षाकृत गहरे पैठने से भी है।

अन्यापदेशिक नाटक

अन्यापदेशिक नाटकों को नाट्य रूपक, प्रतीकात्मक नाटक और अध्यवसित रूपक भी कहा गया है। ये सब-के-सब अंग्रेजी के 'एलीगारिकल ड्रामा' के पर्यायवाची मानकर ही प्रयुक्त किए गए हैं। भिन्न-भिन्न आलोचकों ने इसके लिए भिन्न-भिन्न शब्दों का प्रयोग इसलिए किया है कि उन्हें संस्कृत में इसके लिए कोई उपयुक्त नाम नहीं मिला। संस्कृत नाटकों के इतने अधिक भेदोपभेदों में 'एलीगारिकल ड्रामा' के लिए किसी नाम का न होना इस तथ्य का सूचक है कि संस्कृत में 'प्रबोध चन्द्रोदय' के पूर्व इस तरह के नाटकों की उल्लेख्य परम्परा नहीं रही है। 'प्रबोध चन्द्रोदय' के बाद इस क्षेणी के कुछ नाटक अवश्य लिखे गए पर उन्हें नाट्य-साहित्य में उल्लेखनीय नहीं माना गया। सामान्यत: 'प्रबोध चन्द्रोदय' का रचनाकाल 11वीं शताब्दी का उत्तरार्ध स्थिर किया गया है। इसलिए भरत के नाट्यशास्त्र और धनंजय के 'दशरूपक' में इस तरह के नाटकों को कोई नाम न देना अस्वाभाविक नहीं कहा जा सकता। विश्वनाथ प्रबोध चन्द्रोदयकार के लगभग एक शताब्दी बाद हुए हैं पर उनके 'साहित्यदर्पण' में भी इस तरह के नाटकों की कोई विशिष्ट कोटि नहीं निर्धारित की गई है। अत: स्पष्ट है कि संस्कृत के आचार्यों ने इन ग्रन्थों को महत्त्व नहीं प्रदान किया।

हिन्दी में इस तरह के नाटक गिने-गिनाए ही हैं किन्तु उनके नामकरण का दायित्व हिन्दी वालों को उठाना ही पड़ा। इसे रूपक नहीं कहा जा सकता। एक तो रूपक समस्त नाटकों का बोधक है, दूसरे अलंकार के रूप में प्रयुक्त होने पर इसमें दो वस्तुओं का जो अतिशय साम्य स्थापित किया जाता है वह इस प्रकार के नाटकों में सम्भव नहीं है। यदि इसे नाट्य रूपक की संज्ञा दी जाए तो 'कामना' में वे कौन सी दो वस्तुएँ हैं जिनमें साम्य स्थापित किया गया है? कामना और विलास आदि के लिए क्या प्रतीक रखे गए हैं? कामना और विलास स्वयं कामना और विलास हैं। प्रतीक योजना में भी दो वस्तुओं में धर्म, प्रभाव आदि का साम्य होता है। अध्यवस्थित का अर्थ है—'मानसिक निश्चय' और यह अंग्रेजी के एलीगरी का अर्थ देने में अशक्त है। अन्यापदेश की अर्थ-व्याप्ति के भीतर मानवीकृत विचार

और भावना तथा उनके प्रतीक दोनों गृहीत होते हैं। प्रसाद की 'कामना' और पन्त की 'ज्योत्स्ना' दोनों को इसके अन्तर्गत समेटा जा सकता है। इसे कोई उपदेशिक कहना चाहे तो कह सकता है।

इस तरह के नाटकों की मुख्य प्रवृत्ति होती है—किसी दार्शनिक, सांस्कृतिक या पांडित्यपूर्ण चिन्तन के चित्रण की। नाटककार जान-बूझकर दार्शनिक उपपत्तियों को नाटक की रेखाओं में बाँधने का प्रयास करता है। पर दार्शनिक सिद्धान्तों को नाटक का रूप देना अत्यन्त कठिन है।

भावनाओं और विचारों के मानवीकरण द्वारा जो चरित्र प्रस्तुत किए जाते हैं उनके व्यक्तित्व इतने क्षीण और अमांसल होते हैं कि सामाजिकों के लिए वे प्रायः अनाकर्षक हो जाते हैं। इन चरित्रों को लेखक अत्यन्त सजग भाव से ऐसी तार्किक पद्धति और अनुक्रम से सजाता है कि वे उसकी पूर्व-निश्चित योजना के अंग बन जाते हैं। पर जीवनगत तथ्यों से असम्पृक्त होने के कारण जीवन के सरस-स्रोत का न मिलना स्वाभाविक है।

जब इन नाटकों में सीधे किसी नैतिकता और धार्मिकता को प्रस्तुत करने की चेष्टा की जाती है, जैसा संस्कृत के 'प्रबोध चन्द्रोदय' और देव के 'देवमाया प्रपंच' में हुआ है, तब नाटक की अरोचकता और भी बढ़ जाती है। यदि नाटककार प्रतीकों के व्यापारों और चरित्र-चित्रण को मानवीय स्पर्श देता है तो नाटक में वास्तविकता का एक हल्का रंग आ जाता है। ऐसी स्थिति में यह अपेक्षाकृत किंचित रोचक प्रतीत होने लगता है।

हिन्दी के अन्यापदेशिक नाटक—'कामना', 'ज्योत्स्ना' और 'नवरस'—'प्रबोध-चन्द्रोदय' और 'देवमाया प्रपंच' के उतने निकट नहीं हैं जितने अंग्रेजी के मोरेल्टी-प्लेज के। इनके लेखकों ने 'मिस्ट्री-प्लेज' से आगे बढ़कर न्यूनाधिक मात्रा में उन्हें जीवन के निकट ले आने का प्रयास किया है, उनमें समसामयिक समस्याओं का पुट देने की चेष्टा की है। 'कामना' में समसामयिक समस्याओं के प्रचुर संकेत मिलते हैं; 'ज्योत्स्ना' बहुत कुछ वायवी होते हुए भी उनसे सर्वथा रिक्त नहीं है। 'नवरस' में स्पष्ट रूप से सत्य, अहिंसा और युद्ध की समस्या ही है।

कामना : एक यूटोपिया

कामना के प्रारम्भ के पहले ही एक पृष्ठ पर 'ईशोपनिषत' और 'महाभारत' की सूक्तियाँ दी गई हैं—

हिरण्मयेन पात्रेण सत्यस्यापिहितं मुखम्।

—ईशोपनिषत

नैव राज्यं न राजासीन्नचदंडो न दंडकः।
धर्म्मेणैव प्रजाः सर्व्वा रक्षन्ति स्म परस्परम्॥
पाल्यमानास्तथाऽन्योन्यं नरा धर्मेण भारत।
दैन्यं परमुपाजग्मुस्ततस्तान् मोह आविशत।

—महाभारत

वस्तुतः ये ही पंक्तियाँ 'कामना' के प्रेरणा-स्त्रोत हैं। ईशोपनिषत की पंक्ति का अभिप्राय है कि हिरण्यमय पात्र से सत्य का मुख ढँका है। महाभारत के श्लोक का भाव यह है कि पहले न तो राज्य था और न राजा; न दंड-विधान था और न दंड देनेवाला। धर्म से ही प्रजा परस्पर रक्षा करती थी। दैन्य को प्राप्त होने पर वह मोहाविष्ट हो गई।

'कामना' के चित्रों की रेखाएँ ये ही हैं, उसमें अपेक्षित प्रभाव लाने के लिए प्रसाद ने मनोनुकूल रंग भरे हैं। स्वर्ण और मदिरा की लालसा से समस्त देश का सुख-सन्तोष नष्ट हो जाता है, उसकी सामाजिक व्यवस्था अस्त-व्यस्त हो जाती है, नैतिक आदर्श गिर जाते हैं, विवेक और सन्तोष के अथक परिश्रम के पश्चात हिरण्मय पात्र हटता है और द्वीप-निवासियों को सत्य के दर्शन होते हैं।

'कामना' में उस संस्कृति और व्यवस्था को श्रेष्ठ माना गया है जिसमें न राजा था न राज्य, न दंड था न दंडक। धर्म से ही प्रजा पारस्परिक रक्षा करती थी। प्राकृतिक जीवन व्यतीत करती हुई इस जाति को महत्त्व और आकांक्षा, अभाव और संघर्ष का पता ही नहीं था। पर विलास के स्वर्ण के प्रलोभन में फँसकर तारा की सन्तानों का पतन प्रारम्भ हो गया। विलास ने कामना को इस देश की रानी बनाया और दंड तथा दंडक का विधान भी किया। दंड और व्यवस्था के नाम पर, सोना और मदिरा के प्रलोभन में फँसकर, देश में अपराधों की वृद्धि होने लगी। फिर तो कठोर राज-तंत्र ने अपराधी-निरपराध सभी को शासन की चक्की के नीचे बुरी तरह पीसना आरम्भ किया। अन्ततोगत्वा सन्तोष और विवेक के प्रयास से राजतंत्र भंग होता है और प्रजा में सुख-शान्ति लौट आती है। जहाँ तक मानसिक जगत का सम्बन्ध है, लेखक का मुख्य प्रतिपाद्य है कि विलासोन्मुख कामना को शान्ति नहीं मिल सकती, सन्तोष और विवेक से नियंत्रित कामना ही सुखी और प्रसन्न रह सकती है।

जैसा ऊपर संकेतित किया जा चुका है कि इस नाटक में कुछ अंग्रेजी के मोरेल्टी—प्लेज की भाँति राजनीतिक समस्याएँ उठाई गई हैं। प्रसाद जी इस नाटक में उसी मार्क्सीय यूटोपिया-अराजकता की स्थिति-का समर्थन कर रहे हैं जिसमें किसी प्रकार की शासकीय व्यवस्था की आवश्यकता नहीं है। पर सिद्धान्त उनको सीधे मार्क्सीय दर्शन से न प्राप्त होकर महाभारत से प्राप्त हुआ है।

इससे यह न समझना चाहिए कि मासीय दर्शन का जो स्वर इसमें सुनाई पड़ता है वह उसकी प्रक्रियाओं की भी पुष्टि करता है, यद्यपि इसमें सन्देह नहीं कि मार्क्सीय दर्शन और 'कामना' के प्रतिपाद्य का आखिरी लक्ष्य मोटे रूप में एक ही है। पर जहाँ एक भौतिकवादी तत्त्वों में पूर्ण आस्था रखते हुए अनेक ऐतिहासिक प्रक्रियाओं से गुजरकर अराजकता तक पहुँचने की कामना करता है वहाँ दूसरा भौतिकवादी संस्कृति पर ही प्रहार करता है और आध्यात्मिकता के सहारे वहाँ तक पहुँचता है। 'कामना' में व्यक्त प्रसाद का दर्शन गांधी-दर्शन के अधिक निकट और अनुकूल है।

आज के प्रत्येक प्रश्न के मूल में अर्थ का प्राधान्य है, इसे प्रसाद जी ने स्वीकार किया है। करुणा कहती है, "जीवन के समस्त प्रश्नों के मूल में अर्थ का प्राधान्य है। मैं दूर से उन धनियों के परिवार का दृश्य देखती हूँ। वे धन की आवश्यकता से इतने दरिद्र हो गए हैं कि उनके बिना उनके बच्चे भी उन्हें प्यारे नहीं लगते।" प्रकृति से दूर होने पर नागरिक सभ्यता के विकास का यह स्वाभाविक परिणाम है। धन के प्रलोभन में सभी नागरिकों में होड़ लगी हुई है, पर थोड़े से व्यक्ति उस पर अधिकार जमाकर शेष मनुष्यों को दास बनाए बैठे हैं। इन्हीं सीमित लोगों के लिए ही तो नियमों का निर्माण होता है। बाइबल के सिद्धान्त Covet not thy neighbours wealth के मूल में भी तो यही है, जिससे धनी पड़ोसी की किसी प्रकार की क्षति न हो सके। 'कामना' का विवेक अपराधों का विवेचन करते हुए एक स्थान पर कहता है, "अपराध क्या पदार्थ है? क्षुद्र स्वार्थों से बने हुए कुछ नियमों का भंग करना अपराध होगा। यही न।"

फिर तो अपराधों के नियमन के लिए व्यवस्था और व्यवस्थापक की आवश्यकता होती है, सहज धर्म का लोप हो जाता है। संस्कृति और सभ्यता के नाम पर गगनस्पर्शी महलों का निर्माण किया जाता है, पापाचारों के अड्डों की वृद्धि होती है। श्रेणी-भेद और स्वेच्छाचारिता को खुली छूट मिल जाती है। इस प्रकार कृत्रिम जीवन के पीछे सारा समाज अप्रतिहत गति से दौड़ने लगता है। महत्त्वाकांक्षा और बाह्य सुख-शान्ति के पीछे मनुष्य अपनी आन्तरिक सुख-शान्ति को खो बैठता है।

नागरिक जीवन की कृत्रिमता में प्रसाद जी को विश्वास नहीं है और न उसके आनन्द की परिभाषा ही उन्हें स्वीकार्य है। वे बाह्याडम्बर से मुक्त प्रकृति के स्वच्छन्द वातावरण में ही शान्ति का निवास मानते हैं जहाँ न वाक्-छल के लिए कोई अवकाश है और न स्वर्ण-संचय की कोई आवश्यकता। आनन्द को वे मन की वस्तु मानते हैं, जो सन्तोष से नियंत्रित और विवेक से पुष्ट होता है।

इस प्रकार के अन्यापदेशिक नाटकों के पात्रों में मानवीय मांसलता प्राय: अत्यन्त क्षीण दिखाई पड़ती है। फिर भी कामना, विलास, लीला, सन्तोष, विवेक को जो कुछ व्यक्तित्व प्रदान किया गया है वह मानवीय यथार्थता का स्पर्श करता हुआ प्रतीत होता है। यद्यपि क्रूर, दुर्वत्त, प्रमदा और दम्भ कोरे प्रतीकात्मक पात्र

हैं फिर भी वे नागरिक सभ्यता पर जो व्यंग्य करते हैं वे अत्यन्त मार्मिक बन पड़े हैं। दम्भ संस्कृति और सभ्यता के सम्बन्ध में शोर मचानेवाले महापुरुषों का प्रतीक है तो दुर्वृत्त व्यवस्था देनेवाले व्यवस्थापकों का। प्रमदा आज की सभ्यता में पली नारी का नाम है।

कथोपकथन की दृष्टि से यह नाटक प्रसाद के अन्य नाटकों से भिन्न है। इसमें न आलंकारिकता का बोझ है और न दार्शनिकता का दवाव। संवादों में पात्रों और प्रसंगों की अनुकूलता पर बराबर ध्यान दिया गया है। प्रसंगों के अनुकूल भावोच्छ्वास और व्यंग्य की सृष्टि इस नाटक की अपनी विशेषताएँ हैं। तीसरे अंक के पाँचवें दृश्य में नई सभ्यता में पला लड़का अपने बाप से कहता है, "पहले एक प्याली मदिरा, फिर दूसरी बात।" पिता के यह कहने पर कि तुझे लज्जा नहीं आती, वह निर्लज्ज भाव से पुनः कह उठता है "तो माँ से कह दो दे जाए।" इस छोटे से वाक्य में कितना मार्मिक व्यंग्य है? भावोद्वेग में आकर जब सन्तोष कामना से कुछ कहने लगता है तब उसके कथन में काव्योपमता सहज में ही आ जाती है, "...रमणी का रूप—कल्पना का प्रत्यक्ष—सम्भावना की साकारता और दूसरे अतीन्द्रिय रूप-लोक, जिसके सामने मानवीय महत अहम भाव लोटने लगता है। जिस पिच्छिल भूमि पर स्खलन विवेक बनकर खड़ा होता है। जहाँ प्राण अपनी अतृप्त अभिलाषा का आनन्द-निकेतन देखकर पूर्ण वेग से धमनियों में दौड़ने लगता है...।"

संविधानिक सौष्ठव की दृष्टि से 'कामना' में पर्याप्त स्वच्छता और कौशल का सन्निवेश हुआ है। तीन अंकों में विभक्त नाटक का प्रत्येक अंक दूसरे से सम्बद्ध है। प्रथम अंक में विवेक क्षुब्ध होकर भाग जाता है। विवेक के भाग जाने पर—बुद्धिनाशात् प्रणश्यति के अनुसार—देश में अनेक प्रकार का अनाचार फैल जाता है। दूसरे अंक में इन्हीं अनाचारों को विषय-वस्तु के रूप में ग्रहण किया गया है। इसके फलस्वरूप तीसरे अंक में क्रूर, दुर्वृत्त, प्रमदा और दम्भ का प्रवेश होता है। इसके बाद में विभिन्न दृश्यों द्वारा देश की दशा के बड़े प्रभावोत्पादक चित्र प्रस्तुत किए गए हैं; जैसे, खेत में करुणा की कुटी, फूलद्वीप में एक नागरिक का घर, नवीन नगर की एक गली, आक्रान्त देश का एक गाँव, आदि। किन्तु अन्त में कामना को सन्तोष के पथ पर जिस ढंग से मोड़ा गया है वह कथा के क्रमिक विकास में विक्षेप डालता है। ऐसा एक विशेष जीवन-दर्शन के आग्रह के कारण ही हुआ। यद्यपि इसके लिए अनेक ऐसी घटनाओं की योजना की गई है जो इस मोड़ को अमनोवैज्ञानिक न होने दें फिर भी यह प्रयास कला का अंग नहीं बन पाया है। डॉ. नगेन्द्र के इस मत में काफी सार है कि 'कामना' ट्रेजिडी के रूप में अधिक सफल होती।

ज्योत्स्ना : काल्पनिक प्रतीति

'कामना' जीवन की वास्तविकता का स्पर्श कई स्थानों पर करती है पर 'ज्योत्स्ना' जीवन से काफी दूर छायावादी कवि की उदात्त कल्पना है। एक अतीत की श्रेष्ठता स्वीकार करती हुई वर्तमान की समस्याओं का विवेचन करती है तो दूसरी भावी समाज के आदर्शों को गढ़ती हुई वर्तमान समस्याओं से प्राय: अछूती रह जाती है। इसीलिए पहली में जहाँ भाव और बौद्धिकता के समन्वय का प्रयास दिखाई पड़ता है वहाँ दूसरी कृति में बुद्धि-विलास के चित्रण का।

अन्ध-विश्वास और रूढ़ियों से जर्जर, तथा अनेक विरोधी शिविरों में बँटे विश्व को नवीन जीवन-आदर्श और नूतन आलोक देने के निमित्त इन्दु अपनी रानी ज्योत्स्ना को कोमल रेशमी किरणों के सहारे धरती पर उतारता है। ज्योत्स्ना स्वप्न और कल्पना द्वारा अपने उद्देश्य की पूर्ति में संलग्न हो जाती है। स्वप्न और कल्पना को समझाती हुई ज्योत्स्ना कहती है, "...इस बुद्धिवाद के भूल-भूलइए में खोई, जड़वाद, सापेक्षवाद, विकासवाद आदि अनेक वाद-विवादों की टेढ़ी-मेढ़ी पेंचीली गलियों में भटकी हुई, नास्तिकता और सन्देहवाद से पीड़ित, पशुओं के अनुकरण में लीन मानव-जाति का परित्राण करना है। उसकी आँखों के सामने, जीवन का नवीन आदर्श, सौन्दर्य का नवीन स्वप्न, स्नेह-सहानुभूति एवं समत्व का नवीन प्रकाश, सुख और शान्ति का नवीन स्वर्ग निर्माण करता है। उसे प्रेम के अधिक विस्तृत राजमार्ग पर चलाना है। धर्मान्धता, रूढ़िप्रियता, प्रेतपूजा, निर्मूल प्रथाओं एवं निरर्थक रीति-नीतियों के बन्धन से मुक्त करना है...। उसे जड़ता से चैतन्य की ओर, शरीर से आत्मा की ओर, रूप से प्रभाव की ओर अग्रसर करना है।" फिर तो स्वप्न और कल्पना मनुष्य के मनोलोक में प्रविष्ट होकर उनकी तामसी वृत्तियों को सात्विकता में बदल देते हैं और धरती पर प्रेम, दया, समता आदि उदात्त गुणों से युक्त नया स्वर्ग उतर आता है।

जहाँ तक नाटकीय टेकनीक का प्रश्न है, अन्यापदेशिक नाटक यों ही कमजोर होता है, 'ज्योत्स्ना' तो और भी कमजोर है—काफी कमजोर है। कथानक से शून्य, क्रिया से विरहित, वायवी ताने-बाने से बुना नाटक दार्शनिक ऊहापोहों में उलझकर रह गया है। चरित्रों की मांसलता को कौन कहे, कुछ पात्रों की प्रतीकात्मकता भी स्पष्ट नहीं हो पाई है। इन्दु, ज्योत्स्ना, पवन किन भावों के प्रतीक हैं?

वर्तमान समाज की जो समस्याएँ इसमें उठाई गई हैं उनका हल बौद्धिक न होकर एकदम काल्पनिक है। इसलिए बौद्धिकता का आभास तो यहाँ दिखाई पड़ेगा, स्वयं बौद्धिकता नहीं। इसके अभाव में नाटक की दार्शनिकता कोई विशेष अर्थ नहीं रखती। अपने दृश्य-विधान और गीतों के कारण 'ज्योत्स्ना' का मूल्य अवश्य है पर दृश्य-विधान और गीतों पर भी भावोद्दीपन क्षमता की जगह कल्पना और अलंकृति का लदाव अधिक हो गया है।

इस प्रकार के दो-एक नाटक हिन्दी में और लिखे गए, पर इसकी परम्परा आगे न चल सकी। इसे हिन्दी के लिए शुभ लक्षण समझना चाहिए। चाहे दृश्यकाव्य हो अथवा श्रव्यकाव्य, किसी का भी जीवन से कटकर जीना सम्भव नहीं है। भावों का पल्ला छोड़कर साहित्य जीवित नहीं रह सकता। कोरी बौद्धिकता, कल्पना-क्रीड़ा और अलंकृति के चमत्कार में सहृदय बहुत दिनों तक भूखे नहीं रह सकते।

मादा कैक्टस : नई बोतल में पुरानी शराब

लक्ष्मीनारायण लाल ने कई अन्यापदेशिक नाटक लिखे, जिनमें 'मादा कैक्टस' मुख्य है। किन्तु यह 'ज्योत्स्ना'-'कामना' की परम्परा का अन्यापदेशिक नहीं है। इसमें अरविन्द, सुजाता, आनन्दा मांसल पात्र हैं। यह दूसरी बात है कि वे प्रतीक भी हैं। पूरे नाटक का प्रतीकत्व 'मादा कैक्टस' है, जिसके सम्पर्क में आने पर नर कैक्टस सूख जाते हैं, किन्तु वह नहीं सूखती। स्वयं अरविन्द कैक्टस है, जो सुजाता के सम्पर्क में सूख जाता है। उसे कोई प्रेरणा नहीं मिलती कि नया चित्र बना सके। इसलिए वह उससे अलग हो जाता है। इसका व्यावहारिक पहलू यह है कि वैवाहिक जीवन कला का, जीवन का पोषक नहीं होता। वह ऐसी मादा कैक्टस के पास रहना चाहता है जो उसकी विवाहिता न हो। ऐसा करने पर दोनों नहीं सूखेंगे। पर मादा कैक्टस सूख जाती है—आनन्दा के फेफड़े में कैंसर हो जाता है।

इसका मुख्य सवाल है—क्या विवाहित जीवन कला के लिए अभिशाप है? सुजाता इसका उत्तर है। एक जगह दद्दा कहते हैं, "जिस सुजाता को तूने उस तरह अपमानित करके त्यागा था वही सुजाता चारों ओर है। हर स्त्री वही सुजाता है।" दद्दा का यह कथन ही सच है क्योंकि सुजातात्व के अभाव में आनन्दा समाप्त हो जाती है और उसके साथ-साथ खुद अरविन्द। इस नाटक की समस्या पुरानी है और हल भी पुराना है। यदि इसमें नयापन आया है तो प्रतीकात्मक कौशल के कारण।

सुधीर इस नाटक का उद्बोधक या नैरेटर है। सारे कथा-सूत्र उसी के माध्यम से ग्रथित होते हैं। प्रारम्भ में नीलाम की बोली—मुट्ठी का रहस्य कोई नहीं सुलझाता। उसे स्त्री सुलझा सकती है—जो सब जगह है। उसकी मुट्ठी में भी कैक्टस हैं। मिस खान की बन्दूक क्या आनन्दा की बन्दूक नहीं है? और चिड़िया? क्या वह सुजाता ही नहीं है? इसके बाद वह अपनी पालतू चिड़िया मुर्गाबी पर फायर करता है—गरीब और लाजवाब परिन्दा। यह परिन्दा आनन्दा है। फायर करनेवाला स्वयं अरविन्द है।

इसमें कोई शक नहीं कि इसके प्रतीक काफी मौजूं हैं। पर इनके माध्यम से पुराने मूल्यों का समर्थन किया गया है। आज के युग में हर स्त्री को सुजाता बताना इस तथ्य का द्योतक है कि लेखक सिद्धान्ततः पुराने मूल्यों का तो विरोध करता है

और व्यवहारतः उनका समर्थन करता है। इसलिए सारा नाटक नई बोतल में पुरानी शराब की तरह लगता है।

इसके अतिरिक्त 'सूखा सरोवर' और 'अन्धा कुआँ भी इनके प्रतीक नाटक हैं। प्रतीक बृहत्तर जीवन से अनजुड़े रहकर अर्थवान नहीं बन पाते। 'सूखा सरोवर' की आत्महत्याएँ पुराकथा बनकर रह जाती हैं। एक आत्महत्या से सरोवर का जल सूख जाता है लेकिन विडम्बना यह है कि दूसरी आत्महत्या से वह जल से भर उठता है। क्या आत्महत्याओं से जीवन-सरोवर भर जाएगा?

गीति-नाट्य

पश्चिम में सन 1920 के बाद नाटक 'तथा रंगमंच के प्रति लोगों के दृष्टिकोण में एक निश्चित परिवर्तन दिखाई देने लगता है। इस परिवर्तन के मूल में एक ओर प्रकृतिवादी और यथार्थवादी नाटकों की प्रतिक्रिया निहित थी, तो दूसरी ओर सिनेमा के बढ़ते हुए प्रभाव का सामना करने की प्रवृत्ति। इब्सन की यथार्थवादी प्रवृत्ति शा में अपनी पूरी ऊँचाई पर पहुँच गई। प्रथम महायुद्ध की कटुताओं ने भी जनता के रस-स्रोत को और भी शुष्क बना दिया। फल यह हुआ कि नाटकों को नया मोड़ लेना पड़ा और गीति-नाट्यों की रचना होने लगी। आधुनिक इंग्लैंड के प्रतिनिधि कवियों में ईट्स, ईलियट, आडेन, स्टीफन स्पेंडर आदि ने—इस दिशा में उत्साहपूर्ण योग दिया है।

सुप्रसिद्ध कथाकार समरसेट मॉम ने नाटकों के सम्बन्ध में भविष्यवाणी करते हुए कहा है कि "गद्य-नाटक, जिनमें हमारी जिन्दगी के काफी वर्ष लगे हैं, शीघ्र ही काल-कवलित हो जाएँगे।"[1] मॉम की भविष्यवाणी आंशिक रूप से सत्य सिद्ध हो रही है। आज अंग्रेजी रंगमंच से शा का प्रभाव मिटता जा रहा है। सच पूछिए तो शा अपनी रंगमंचीय विशेषताओं के कारण प्रतिष्ठित नहीं हुआ है, बल्कि निजी और मौलिक समकों (Idiosyncrasies) के कारण प्रतिष्ठा प्राप्त कर सका है। रंगमंचों पर उसके नाटकों का अभिनय बहुत सफल नहीं माना गया है। वास्तविकता यह है कि मानवीय मूल प्रवृत्तियाँ शुष्क यथार्थवाद की चौहद्दी में बहुत दिनों तक बँधी नहीं रह सकतीं। किसी-न-किसी रूप में उन्हें सन्तुष्ट करना ही होगा। देश और काल की सीमाओं को पार कर कालिदास और शेक्सपियर के नाटकों के जीवित रहने का रहस्य इसी में है कि वे मानवीय भावों से संयुक्त तथा जीवन के रस से ओत-प्रोत हैं। सिनेमा से आधुनिक रंगमंच को जो गहरा धक्का लगा है उसका मुख्य कारण यह है कि उसमें प्राचीन नाटकों के नृत्य, गीत और

1. "...but I cannot but state my belief that the prose drama to which I have given so much of my life will soon be dead."
—Maugham, The Summing Up, Penguin Books, p. 101

काव्योचित वातावरण को यथोचित रीति से सन्निविष्ट कर उसे अत्यन्त आकर्षक ढंग से उपस्थित किया गया है।

मॉम ने नाटक और सिनेमा की तुलनात्मक चर्चा करते हुए कहा है कि नाटक का मूल आधार क्रिया-व्यापार है, पर इस क्रिया-व्यापार को नाटक की अपेक्षा सिनेमा के पर्दे पर अच्छी तरह दिखाया जा सकता है। नाटक के समर्थकों के इस कथन में कि रंगमंच पर जीवित मनुष्यों के साक्षात्कार से जो रसात्मक अनुभूति प्राप्त होती है वह चित्र-पटों के छाया चित्रों में नहीं उपलब्ध हो सकती, मॉम को विश्वास नहीं है।

सिनेमा के बढ़ते हुए प्रभाव को देखते हुए सन 1920 के पूर्व ही इटली-निवासी भविष्यवादी मैरिनेट्टी (Marinetti) ने रंगमंच को नया रूप देने का प्रयत्न किया था। सिनेमा की प्रभावशाली चित्रशालाओं की भाँति उसने नाटकों से अंक और दृश्यों को हटाकर उन्हें अनेक लघु मनोरंजक घटनाओं में विभक्त कर दिया। सिनेमा के चमत्कारी प्रदर्शनों (Spectacular shows) को रंगमंच पर उतारने की दृष्टि से ही मैरिनेट्टी ने नवीन उपायों की योजना की थी। लेकिन सिनेमा के आगे यह नया रंगमंचीय कौतुक ठहर नहीं सका। अपने अभिनव प्रवर्तनों के बावजूद रंगमंच सिनेमा के आगे हतचेत हो गया। मॉम ने अपना विचार व्यक्त करते हुए कहा है कि "सिनेमा जीवन के अन्तरंग को चित्रपट पर सफलतापूर्वक नहीं व्यक्त करता, क्योंकि उसके लिए शरीरी क्रिया-व्यापार अधिक आवश्यक होता है। इसलिए यथार्थवादी नाटककारों को इस दिशा में मुड़ना चाहिए।"[1] स्पष्ट है कि मॉम का संकेत गीति-नाट्यों की ओर है।

सिनेमा और नाटक का प्रश्न कुछ पुराना-सा पड़ गया है। लेकिन इस सम्बन्ध में हमें कुछ दूसरे ढंग से विचार करना होगा। यों तो ब्रिटेन में भी ऐसे लोगों की कमी नहीं जो सिनेमा और नाटक का सह-अस्तित्व स्वीकार करते हैं।[2] हमारे देश की स्थिति अमेरिका और ब्रिटेन से भिन्न है। ब्रिटेन और अमेरिका से ही क्यों, पूरे पश्चिम से हमारे है देश की आर्थिक, राजनीतिक और सांस्कृतिक स्थितियाँ भिन्न हैं। इसलिए आज जो उस गोलार्ध की साहित्यिक स्थिति है वह हमारे देश पर ज्यों-की-त्यों लागू नहीं हो सकती। पश्चिम की भयंकर यथार्थवादिता हमारे देश को प्रभावित अवश्य कर सकी है, लेकिन अपनी पूर्ण नग्नता में यहाँ पर वह प्रविष्ट

---

1. "Perhaps the best chance the realistic dramatist has today is to occupy himself with what, till now at all events the screen has not succeeded very well in presenting—the drama in which the action is inner rather than outer and the comedy of wit. The screen demands physical action."

   —Maugham, The Summing Up, Penguin, pp. 101-2

2. "The cinema and the theatre may well exist side by side; appreciation for the art of the one need not be antagonistic to an appreciation for the art of the other."

   —Nicoll, British Drama

नहीं हो पाई है। हिन्दी में कितने यथार्थवादी नाटक हैं? उनमें कितने अपने यहाँ की समस्याओं को चित्रित करते हैं? यहाँ पर उनकी प्रतिक्रिया की कोई बात नहीं उठती। इस विशाल कृषि प्रधान देश के लिए नाटक और रंगमंच की आवश्यकता सर्वदा बनी रहेगी। रूसी जनता अमेरिका और ब्रिटेन की तरह नैराश्यजनक स्थिति में न होकर रंगमंच के प्रति अत्यधिक उत्साहित दिखाई पड़ती है। इसलिए सिनेमा से भयभीत होकर गीति-नाट्यों के क्रोड़ में मुँह छिपाना हमारे लिए स्वास्थ्यकर नहीं है।

लेकिन अपने-आप में गीति-नाट्य तिरस्करणीय है, यह हमारा अभीष्ट नहीं है। यथार्थवादी नाटकों की भाँति गीति-नाट्यों में जीवन के विविध सूत्रों और समस्याओं को लेखक अपने व्यक्तित्व में एकान्वित नहीं कर सकता और न जीवन के सघन क्षणों को गद्य के माध्यम से पूरी अभिव्यक्ति दे सकता है। इस प्रकार के क्षणों को कविता की भाषा में ही वाणी मिल सकती है।[1] लेकिन गीति-नाट्यों के सम्बन्ध में कुछ पाश्चात्य विद्वानों का कहना है कि इसमें नाटककार परिवेश-निरपेक्ष होकर अपनी अन्तर्वृत्तियों से ही परिचालित होता है, और चरित्रों को हमारे समीप नहीं ले आता है। वह जगत की ठोस वास्तविकताओं से किनारा कसता है और हमको इनसे काफी दूर फेंक आता है,[2] किन्तु गीति-नाट्यों में अतिशय वैयक्तिकता के प्रतिफलन को अनिवार्य मान लेना आवश्यक नहीं है। गीति-नाट्य मुख्यत: भावनामय होते हैं; उनमें बहि:संघर्षों की अपेक्षा अन्त:संघर्षों की प्रधानता होती है, लेकिन इसका तात्पर्य यह नहीं है कि जीवन की कठोर वास्तविकताओं से उनका कोई सम्बन्ध नहीं जुड़ पाता। पहले तो अन्त:संघर्षों को बहि:संघर्षों से पृथक करके देखना स्वयं अमनोवैज्ञानिक है। अन्त: संघर्षों की कोई निरपेक्ष सत्ता नहीं है। समाज से पृथक किसी एकान्तसेवी व्यक्ति का हृदय अन्त:संघर्ष-शून्य होगा। ऐसी स्थिति में अन्तर्बाह्य संघर्ष में एक सामंजस्य स्थापित करना होगा। यह बात दूसरी है कि गीति-नाट्यों में बाह्य संघर्ष के संकेतित होने का अवकाश प्राय: नहीं मिलता।

हिन्दी में इस तरह के गीति-नाट्यों के प्रथम पुरस्कर्ता होने का श्रेय प्रसाद को है। यदि आज के समस्त ज्ञान-विज्ञान के आदि स्रोत को वेदों में ढूँढ़ निकालने की

---

1. "It will only be poetry when the dramatic situation has reached such a point of intensity that poetry becomes the natural utterance, because then it is the only language in which the emotions can be expressed at all."

   —T. S. Eliot, Selected Prose, Penguin Books, p. 70

2. "There is however another kind of drama, poetic drama, in which the dramatist is trying to Pluck his individual from the mass, and set him against the background of life itself. The individual is not controlled by the necessities of his environment, but by some inward law of being. It is the wish of the poetic dramatist not to bring his characters near to us, not to impress upon us the concrete realities of the world, but to distance us from them."

   —Priscilla Thoulers, Modern Poetic Drama, p. 9

प्रतिज्ञा छोड़ दी जाए तो कहना न होगा कि गीति-नाट्य आधुनिक युग की देन है। संस्कृत नाटकों में पद्य की बहुलता होते हुए भी एक नाटक ऐसा नहीं मिलेगा जो आद्यन्त पद्य में हो। अंग्रेजी में भी गीति-नाट्यों का क्रमबद्ध इतिहास 19वीं शताब्दी के अन्त से ही प्रारम्भ होता है। प्रसाद को 'करुणालय' लिखने की प्रेरणा कहाँ से मिली, इसके सम्बन्ध में निश्चित रूप से नहीं कहा जा सकता। हो सकता है कि इसके प्रणयन के मूल में बंगीय गीति-नाट्य हों। 'करुणालय' में छपी 'सूचना' से ज्ञात होता है कि उन्होंने अंग्रेजी के ब्लैकवर्स और बँगला के अमित्राक्षर छन्द से प्रेरणा अवश्य ग्रहण की थी।

'करुणालय' का कथानक एक पौराणिक कथा के आधार पर निर्मित हुआ है। इस गीति-नाट्य में प्रसाद के विकास के अनेक सूत्र खोजे जा सकते हैं। आगे चलकर इनकी कृतियों में जिस आनन्दवाद, जीवन के प्रति एक अडिग आस्था, आसुरी आचार के प्रति घृणा, प्रेम की शुभ्र ज्योति आदि के जो रमणीक चित्र मिलते हैं उनका आदि उत्स इसी रचना में देखा जा सकता है। पर गीति-नाट्य का मूल तत्त्व मानसिक संघर्ष इसमें कम ही चित्रित हो सका है। यद्यपि मानसिक संघर्ष के चित्रण की दृष्टि से 'करुणालय' की कथा की युक्तियुक्तता में किसी प्रकार की कमी नहीं है, तथापि प्रारम्भिक कृति होने के कारण उसका उचित उपयोग नहीं किया जा सका है।

अन्य पात्रों की अपेक्षा रोहित में अन्तर्द्वन्द्व का समावेश अधिक हुआ है किन्तु कुछ ही समय के पश्चात वह समाप्त हो जाता है। उसे एक ओर पिता की आज्ञा का पालन करना है तो दूसरी ओर अपनी जीवन-रक्षा का प्रयत्न। इन्द्र की प्रेरणा से उसे जीवन-रक्षा का प्रयत्न अधिक श्रेयस्कर प्रतीत हुआ, पर पिता के आज्ञा-पालन का भी उसने एक उपाय निकाल ही लिया। हरिश्चन्द्र के अन्त:संघर्ष में कोई दम नहीं है। नाटक के अन्त में शुन:शेप की करुण पुकार और अजीगर्त की क्षुधाजन्य पशुप्रवृत्ति का जो संगम हुआ है वह नाटकीय संघर्ष की चरम सीमा की दृष्टि से अत्यन्त महत्त्वपूर्ण है, पर इसका यथोचित निर्वाह नहीं हो पाया है।

गुप्त जी के 'अनघ' का रूप-शिल्प गीति-नाट्य का है, पर आत्मा संवादात्मक काव्य की। 'मुझे है इष्ट जन सेवा' से अनुप्राणित यह गीति-नाट्य गांधीवादी जीवन-दर्शन के स्थूल आदर्शों से आगे बढ़कर आन्तरिक संघर्षों के सूक्ष्म स्तरों तक नहीं उतर पाया है। मघ, जो इस नाट्य का प्रधान पात्र है, वह केवल टाइप बन सका है। सुरभि के रूप-सौरभ और ममतामयी माँ के स्नेह से भी वह भावनामय नहीं हो पाता। अत: उसे मानवीय व्यक्तित्व नहीं मिल सका है। ग्रामभोजक का व्यक्तित्व भी आद्यन्त एकरस और अनाकर्षक है। सुरभि में अन्त:संघर्षों का आरोह-अवरोह दिखाई देता है, पर मघ के सिद्धान्तों की गहरी छाया में उसका व्यक्तित्व पनप नहीं सका है। कथा-वस्तु पूर्व-निर्धारित होने के कारण बहुत कुछ यांत्रिक हो गई

है। सियारामशरण गुप्त का 'उन्मुक्त' और प्रेमी का 'स्वर्ण-विहान' 'अनघ' की परम्परा में ही आते हैं।

तारा

भगवतीचरण वर्मा के 'तारा' नाट्य की वही समस्या है जो उनके 'चित्रलेखा' उपन्यास की। 'तारा' में यौवन-जन्य उद्दाम वासना का उल्लेख करते समय सामाजिक परिवेश को भी ध्यान में रखा गया है, जब कि चित्रलेखा' में पाप-पुण्य की समस्या तर्क की कसौटी पर कसी गई है। 'तारा' में सामाजिक बन्धनों की अवहेलना के कारण बृहस्पति का अभिशाप तारा और चन्द्रमा को जड़ बना देता है, जो पौराणिक दृष्टि से युक्तियुक्त कहा जा सकता है, पर मानवीय तथा नाटकीय दृष्टि से उसका महत्त्व नहीं आँका जा सकता।

गीति नाट्यों का मूल प्रेरक तत्त्व-अन्तर्द्वन्द्व—इस नाटक में आद्यन्त विद्यमान है। प्रथम दृश्य में ही तारा एक ओर यौवन की मादकता से विकल तथा दूसरी ओर कर्तव्य और 'आराधना' के बन्धनों से बद्ध है। इन दोनों के बीच एक संघर्ष चल रहा है। उसके मन में प्रश्न उठता है कि उसे किसकी आराधना करनी चाहिए?—अन्त:प्रकृति या मनोभावों की अथवा स्वामी (बृहस्पति) के पूज्य चरण-रज की? बृहस्पति के प्रति उसके मन में भक्ति है, पूज्य भाव है। पर उसे प्रेम की उत्कट चाह है यह बृहस्पति में नहीं प्राप्त हो सकता है। वह कहती है—

मुझे चाह है रस की, पावन प्रेम की
उस विस्मृति की, उस अनन्त संगीत की
जिसमें निज ममत्व को सहसा भूलकर
हो जाऊँ मैं मग्न, और कर दे मुझे
प्रबल प्रेरणा प्रथम प्रेम की प्रवाहित
मादकता के विस्तृत तीव्र प्रवाह में

बृहस्पति तारा का वचन सुनकर चमत्कृत हो जाते हैं और उसे समझाते हुए कहते हैं—तृष्णा का प्राबल्य, पाप की वासना, इनका दमन—हमारा कर्तव्य है। इसके अनन्तर निवृत्ति-मार्गियों की भाँति वे वैभव, सुख, ऐश्वर्य और भोग को काल्पनिक और अस्थायी तथा वासना को जीवन के अध:पतन का मूल बतलाते हैं। थोड़ी देर के लिए तारा तर्कहीन होकर स्वामी के चरणों में प्रणत हो जाती है, पर तारा के मनोभावों तथा तर्कों के प्रभाव से अभिभूत होकर बृहस्पति भी सोचने लगते हैं—पुण्य शुष्क है, रसमय केवल पाप है।

आज की मान्यताओं पर फ्रायड का गहरा प्रभाव है, इसे अस्वीकार नहीं किया जा सकता। मानवीय व्यक्तित्व (पर्सनैलिटी) के जिन तत्त्वों की जो विवेचना फ्रायड ने की है उसने हमारी परम्पराभुक्त नैतिक मान्यताओं को बहुत दूर तक झकझोर दिया है। उपर्युक्त पौराणिक कथा को इसी मनोवैज्ञानिक परिदृश्य में देखा गया है। तारा में इदम् और नैतिक मन का ही संघर्ष है और बृहस्पति नैतिक मन की दुहाई देकर तारा के उद्वेग को दूर करना चाहते हैं।

दूसरे दृश्य में चन्द्रमा के प्रश्न 'गुरुवर क्या है पुण्य और क्या पाप है?' का उत्तर देते हुए बृहस्पति कहते हैं—

पाप? पाप क्या है? मनुष्य की भूल है,
है समाज के नियमों की अवहेलना,
एक परिधि है आकांक्षा की, चाह की,
उसके भीतर रहकर चलना पुण्य है,
उसके बाहर गए और बस पाप है।

फिर वासना की व्याख्या करते हुए बृहस्पति के मुख से निकल पड़ता है कि 'प्रकृति स्वयं है पाप-पुण्य कुछ भी नहीं।' इसके अनन्तर बृहस्पति साधन की पवित्रता और सामाजिक बन्धनों के प्रति सजगता की चर्चा करते हैं। चन्द्रमा के मन में रह-रहकर बृहस्पति की एक ही बात गूँज उठती है—'प्रकृति स्वयं है पाप-पुण्य कुछ भी नहीं।'

तृतीय दृश्य में भी इदम् और नैतिक मन का ही द्वन्द्व है। यह अन्त:संघर्ष एक ओर जहाँ चन्द्रमा के मन में चल रहा है वहाँ दूसरी ओर तारा के मन में भी। अन्त में नैतिक मन की पराजय और इदम् की विजय होती है। अन्ततोगत्वा चन्द्रमा से तारा कहती है—

यदि है धर्म-मार्ग पर ही करुणा व्यथा
तो फिर आओ चलें पतन को ही चलें
अगर पाप में ही सुख है, तो पाप ही
हम दोनों बन जाएँ, एक होकर रहें।

वर्मा जी ने अपने इस गीति-नाट्य में जो समस्या उठाई है वह अत्यन्त गम्भीर और विचारोत्तेजक है। उन्होंने समस्या का जो मनोवज्ञानिक हल उपस्थित किया है वह असामाजिक होते हुए भी उस परिस्थिति में स्वाभाविक है। साधना की अतिशयता और जीवन के स्वाभाविक धर्मों की उपेक्षा की चरम परिणति इसी रूप में दिखाई पड़ती है।

उदयशंकर भट्ट

हिन्दी के गीति-नाट्यों में भट्ट की देन का विशेष महत्त्व है। अपने तीन गीति-नाट्यों—'विश्वामित्र', 'मत्स्यगन्धा' और 'राधा'—में उन्होंने जो भावसृष्टि की है वह अत्यन्त प्रभावोत्पादक और एकतान है। उनके प्रतीक हमारे आन्तरिक जीवन के अंग हैं। उनके पौराणिक निजन्धरी पात्र अपनी रंगीनी के कारण मूल्यवान नहीं हैं, बल्कि लेखक के व्यक्तित्व से उद्भासित होने के कारण महत्त्वपूर्ण हुए हैं। उन्हें लेखक ने अपनी आन्तरिक कल्पना और नवीन विचारों से सँवारा है, इसलिए आज के पाठकों के लिए उनका व्यक्तित्व अधिक मूल्यवान हो उठा है।

इनके तीनों नाटकों में मुख्यत: आन्तरिक द्वन्द्व और मानसिक संघर्ष की अभिव्यक्ति हुई है, जो गीति-नाट्य के प्राण तत्त्व हैं। यह संघर्ष नारी में है, पुरुष में है और दोनों के पारस्परिक सम्बन्धों में भी है। मेनका, मत्स्यगन्धा और राधा—तीनों योवन की मदिर आकांक्षा—प्रेम—की अनुवर्तनी हैं, जो नारी-जीवन का मधुर स्वप्न और सर्वस्व है। लेकिन तीनों की यौवन-जन्य अभिलाषा में गुणात्मक अन्तर है। मत्स्यगन्धा में यौवन की अदम्य लालसा इस सीमा तक पहुँच गई है कि स्वयं यौवन उसका साध्य हो गया है। मेनका नारीत्व की सहज कोमलता, स्निग्धता, स्फूर्ति और प्रेरणा है, लेकिन वह भी रूप की प्यास का आश्रय पुरुष में खोजती है। राधा में यह वासना—उद्दाम और असन्तुलित वासना—सात्त्विक और प्रतिदान-शून्य प्रेम में परिणत हो गई है। यही प्रेम का सर्वोच्च शिखर है। इस तरह तीनों नाटकों में एक ही भाव के विभिन्न स्तरों को देखा जा सकता है और इसी एक सूत्र में उन्हें बाँधकर परखना अधिक स्वाभाविक हो सकता है।

मत्स्यगन्धा प्रकृति के उन्मुक्त प्रांगण में सद्य: आगत यौवन के शीतल स्पर्श से सिहर उठती है। वह देखती है कि उसकी प्राणवीणा को कोई रह-रहकर झंकृत कर जाता है। उसकी झंकार में वह आत्मविभोर होकर धर्म-नीति भी विस्मृत कर जाती है। उसकी इच्छाओं की सीमाएँ टूट जाती हैं; वह मदोन्मत्त होती हुई भी उन्मादहीन दिखाई देती है। यौवन के प्रथम चरण में ही मनुष्य के मन में अनन्त रोमैंटिक अभिलाषाएँ जागरित होती हैं। वह सारे प्रतिबन्धों को तोड़कर नवीन आदर्शों का नीड़ बनाता है, जहाँ से भौतिक संसार बहुत पीछे छूट जाता है—बहुत पीछे—अनंग का आगमन और वरदान यौवन का सुनहला स्वप्न ही है। लेकिन मत्स्यगन्धा की अपनी स्थिति—मूलत: अर्थाभाव (मैं दरिद्र केवट की बेटी हूँ उपायहीन)—उसकी कल्पना के पंख कतर देती है। यहाँ अनंग कामनाओं—निर्बन्ध कामनाओं का प्रतीक है। मत्स्यगन्धा और अनंग की वार्ता मत्स्यगन्धा के आन्तरिक ऊहापोह की वैज्ञानिक अभिव्यक्ति है। अन्ततोगत्वा अनंग उसे समझाता है—

कब प्रिय अवसर मिलता है बार-बार
लीलता ही जाता यह काल-व्याघ्र चुपचाप
किन्तु मैं तो देखता हूँ, देख ही रहा हूँ सत्य,
हृदय उमंग कब ज्ञान को बनी है प्रिय?

सामाजिक मर्यादाओं (ज्ञान) का घेरा वह सहसा नहीं तोड़ पाती। किन्तु अनन्त यौवन की महत अभिलाषा से व्यथित वह सोचती है—

क्यों न राका शारदा सदा ही रहती है यहाँ
मुक्त हास-लड़ियाँ-सी छोड़-छोड़ नभ से?
क्यों न ऋतुराज का समाज चिरकाल तक
कल्प-वल्लरी के मंजु भ्रमर कुसुम-सा
विकसित होता है अनन्त मद-भार लिये
औ' अनन्त प्यार लिये यौवन के तट पर?

पराशर से कन्यकात्व और अक्षय यौवन का वरदान पाकर तथा उनसे पाप-पुण्य, कर्म-अकर्म की नवीन व्याख्या सुनकर वह उनकी आकांक्षाओं की तृप्ति में झुक जाती है। यद्यपि पराशर ने उसे समझाया कि—

अनन्त मद राशि हो,
देता वरदान तुम्हें किन्तु नारी, प्रिय भी
सदा न प्रिय लगता है—

फिर भी मत्स्यगन्धा ने 'नाथ, वह इष्ट मुझे' कहकर पराशर की सुनी-अनसुनी कर दी। उसको पता नहीं था कि परिवर्तन का नाम ही जीवन है और जड़ता का नाम मृत्यु। लेकिन अक्षय-यौवन के वरदान में भूली हुई मत्स्यगन्धा 'नाथ, वह इष्ट मुझे' गुनगुनाती रही। अन्त में विधवा सत्यवती के रूप में उसका चिर-यौवन अभिशाप बन जाता है और व्यथा से व्याकुल होकर वह पुकार उठती है—

डूबो नभ, डूबो रवि, डूबो शशि, तारिकाओ,
डूबो धरे, वेदना में मेरी ही युगान्त की।

जिन सघन क्षणों (Intensified moments) की अभिव्यक्ति के लिए गीति-नाट्यों का आविर्भाव हुआ, उसका निर्वाह इस नाटक में सफलतापूर्वक किया गया है। इस गीति-नाट्य का प्रारम्भ प्रकृति के भव्य प्रांगण में होता है जो मत्स्यगन्धा जैसी यौवन-प्राण नारी को और भी अधिक शोभन और प्रभावापन्न बना देता है। कवित्व की दृष्टि से इस स्थल का महत्त्वपूर्ण स्थान है। यह मत्स्यगन्धा के काव्यमय व्यक्तित्व को द्युतिपूर्ण बनाता है तथा नाटकीय सेटिंग का अत्यन्त आकर्षक चित्र

उपस्थित करता है। प्रथम दृश्य में मत्स्यगन्धा, सुभ्रु और अनंग का वार्तालाप गीतिमयी गूँजों से ओत-प्रोत है। लेकिन गीतिमयता में कथासूत्र खोता नहीं, बल्कि आगे को गतिशील होता है। तीसरे दृश्य में पराशर और मत्स्यगन्धा का संवाद एक दूसरा रूप ग्रहण करता है। पराशर का संवाद चिन्तनपूर्ण और बौद्धिक है, तो मत्स्यगन्धा का स्त्रीजनोचित भीरुता और कान्तता समन्वित। चौथे दृश्य में मत्स्यगन्धा का एकाकी चिन्तन उच्च कोटि के कवित्व से अभिमंडित है। छठे दृश्य की परिवर्तित स्थिति में मत्स्यगन्धा के करुण पश्चाताप का स्वर कितना वेदनापूर्ण तथा कितना आत्मग्लानि से मुखर है! गीति-नाट्य के काव्यात्मक स्थलों में चित्रोपमता (Imagery) की योजना अत्यन्त आवश्यक है, क्योंकि इससे काव्य-सौष्ठव तो निखरता ही है। साथ ही पाठकों की चेतना भी भावों का गोचर प्रत्यक्षीकरण करती चलती है। काम का एक चित्र देखिए—

गर्विता सुमालती में मदिर-मदिर गन्ध;
यौवन में तृप्तिहीन तृष्णा प्ररोह लोम!

× × ×

किन्तु प्रिय मानव में सैकड़ों वसन्त हास,
शत-शत उद्गार, शत-शत हाहाकार,
प्रणयों में पीड़ित हृदय का अवहार्य छन्द

इसमें केवल प्रत्यक्ष चित्र-योजना (Visual imagery) नहीं है, बल्कि रस, स्पर्श, गन्ध-समन्वित चित्र का विधान भी हुआ है 'शत-शत हाहाकार' में ध्वन्यात्मक चित्रोपमता (Auditony image) का समावेश भी हुआ है।

गीति-नाट्य में यह आवश्यक नहीं है कि सभी कविताएँ भावोन्मेष से पूर्ण हों, लेकिन उनमें प्रयुक्त छन्द की प्रत्येक पंक्ति को नाटकीय होना अनिवार्य है। प्रत्येक छोटे-छोटे वार्तालाप में नाटकीयता का समावेश यहाँ देखा जा सकता है। प्रत्येक दृश्य के नाटकीय प्रारम्भ और समापन में भट्ट जी को कमाल हासिल है। प्रथम दृश्य का नाटकीय अन्त मत्स्यगन्धा के इस कथन से होता है—

पद गति-हीन हुए।
छन्द यतिहीन हुआ, मतिहीन मति है।

ताल पर गिरते हुए सम की भाँति, गीत की बुझती हुई गूँज की तरह स्वयं दृश्य परिसमाप्ति की सूचना देता है। इसी तरह दूसरा दृश्य भी है—

चलो।
जाना ही है पार पहुँचा दो प्रिये सत्वर॥

जहाँ तक नाटकीय गति का सम्बन्ध है, पाँचवें दृश्य तक इसमें कोई विक्षेप नहीं पड़ता, किन्तु छठे दृश्य में परिवर्तन-बिन्दु (Turning point) इतना आकस्मिक होता है कि इसके पूर्ववर्ती दृश्यों से इसका सहज सम्बन्ध-स्थापन नहीं हो पाता। यदि बीच में एक दृश्य और जोड़ दिया गया होता तो इतना लम्बा अन्तराल न पड़ता।

'विश्वामित्र' में जीवन के निषेधात्मक और स्वीकृत्यात्मक मूल्यों का संघर्ष है। विश्वामित्र सांसारिक सुखोपभोग से विरक्त, आनन्द से विमुख, कठोर तपस्या में संलग्न जीवन के निषेधात्मक मूल्यों के प्रतीक हैं और लौकिक सुख तथा आनन्द में विश्वास करनेवाली मेनका जीवन के स्वीकृत्यात्मक मूल्यों की प्रतीक है। इस प्रतीक का एक दूसरा पक्ष है, जिसमें विश्वामित्र पुरुषत्व के चरम अहंकार और रूक्ष विवेक-बुद्धि का प्रतिनिधित्व करते हैं और मेनका नारी की स्फूर्ति, ज्योतिर्मयता और कोमलता का। नारी की मनोवृत्तियों को—उर्वशी और मेनका को—दो रूपों में दिखाया गया है। एक ही दृष्टि में पुरुष घृणा का पात्र है तो दूसरी की दृष्टि में प्रेम का। लेकिन इस नाट्य के अन्त में इन संघर्षों का कोई हल नहीं मिलता। कोई स्पष्ट हल न मिलने का मुख्य कारण है मेनका का नारीत्व—चिरन्तन नारीत्व—के प्रति अनास्थावान होना। उर्वशी (जो एक मनोवृत्ति ही है) के याद दिलाने पर वह अपनी मूल प्रतिज्ञा के प्रति सतर्क हो जाती है—

यदि चाहूँ तो अभी तपस्वी को ठग
नाच नचाऊँ जड़-पुतली कर काम की।

इसकी ओर संकेत करते हुए भट्ट जी ने लिखा है, "मानव में अहंकार, उसका धीरे-धीरे कम होना, प्रेम का उदय होना, प्रेम की परिणति, विजय के बाद विलास का होना और तदनन्तर मानव में फिर पुराने संस्कार जाग्रत होना, यही क्रम है।" जिस चक्र (Cycle) का उल्लेख भट्ट जी ने किया है, वह निःसन्देह मनोवैज्ञानिक है। किन्तु नैतिक मन के महत्त्व को कम नहीं किया जा सकता। मानवी सभ्यता के विकास में इच्छाशक्ति, आत्मानुशासन और शिक्षा के आदिम मनोवृत्तियों को संयमित करके उसकी दासता से मुक्त हुआ जा सकता है। उपर्युक्त चक्र की स्वीकृति में मानवीय सभ्यता और संस्कृति के विकास की अस्वीकृति है। कदाचित पौराणिक कथा की सीमाएँ उपर्युक्त तथ्य को अपने में समेट नहीं सकीं।

विश्वामित्र, मेनका और उर्वशी की मानसिक स्थितियों तथा उनके अन्तर्द्वन्द्वों की गहराई में पैठकर अन्तरंग की छानबीन की गई है। उर्वशी इन्द्रलोक की सर्वाधिक सुन्दरी और विख्यात अप्सरा-कल्पना है। उसके नृत्य-गीत और सम्मोहन-शक्ति के आख्यानों से पुराण भरे पड़े हैं। सम्भवतः उसके विलासात्मक अतिरेक के विरोध में उसे घृणामयी के रूप में निरूपित किया गया है, जो मनोविज्ञान के अनुरूप है। मेनका आदर्शवादी और रोमैंटिक है, इसलिए, इसके कथन में गीति-तत्त्व अपेक्षाकृत अधिक मिलते हैं।

अभिनेयता की दृष्टि से 'मत्स्यगन्धा' की अपेक्षा इसकी आवयविक अन्विति (Organic unity) अधिक निखरी हुई है, यद्यपि प्रारम्भिक सेटिंग और दृश्य का समापन अपेक्षाकृत कम नाटकीय और प्रभावोत्पादक है। कोरस के अभाव में मत्स्यगन्ध की तरह इसमें संगीत समाविष्ट नहीं हो सका है।

नारी और नर की चिरन्तन समस्या (प्रेम) का जो समाधान भट्ट जी के उपर्युक्त दो नाटकों में नहीं मिल पाया था, वह 'राधा' में मिल गया। राधा उपचार-निरपेक्ष और प्रतिदान-शून्य प्रेम की प्रतीक है। राधा में न तो मत्स्यगन्धा के अतृप्त यौवन का आवेग है और न मेनका की अस्थिरता। उसमें निष्काम प्रेम-भावना है, जो अन्त में चलकर विवेक और कर्तव्यप्राण कृष्ण को प्रणत होने के लिए बाध्य करती है।

मध्यकालीन भक्तों में अनेक ने राधा को परकीया के रूप में देखा है—विशेष रूप से गौड़ीय वैष्णवों ने। चाहे मर्यादा के आच्छादनों से राधा को अनेक परतों में लपेटकर स्वकीया सिद्ध किया जाए, लेकिन उनकी प्रेम-पद्धति परकीया की ही है। भक्ति-भावना की सान्द्रता जितनी परकीयाभाव में दिखाई पड़ती है, उतनी स्वकीया में हो ही नहीं सकती। यह मनोवैज्ञानिक सत्य है। भागवत में भी 'जार-भाव' से उपासना का प्रतिपादन किया गया है। लोक में राधा सामान्यतः परकीया ही स्वीकार की गई हैं। भट्ट जी ने उनको इसी रूप में ग्रहण किया है। गौड़ीय वैष्णवों की भाँति राधा को इन्होंने भी महाभाव के रूप में ही देखा है। कृष्णदास कविराज ने 'चैतन्य चरितामृत' में काम और प्रेम का अन्तर बतलाते हुए लिखा है कि—

आत्मेन्द्रिय प्रीति इच्छा, तार नाम काम।
कृष्णेन्द्रिय प्रीति इच्छा, धरे प्रम नाम॥

राधा इसी प्रेम की प्रतीक हैं। राधा की साधना का महत्त्व प्रतिपादित करने के लिए वृन्दावन के कृष्ण को भी गीता दार्शनिक कृष्ण के रूप में अवतरित किया गया है, जो इन्द्रियजित और असंग हैं। इस गीति-नाट्य में भट्ट जी ने विवाह में कन्या की इच्छा, समाजोन्नति, स्व-उन्नति और राष्ट्र-उन्नति—धर्म के विविध रूपों को प्रसंगात समाविष्ट कर लिया है।

राधा के गीतिमय व्यक्तित्व में भट्ट जी के कविरूप की प्रौढ़ता स्पष्ट दिखाई देती है। राधा की पौराणिक गाथा को अपना आधार बनाते हुए भी उन्होंने उनके प्रेम में एक क्रमिक सघनता ले आने का सुन्दर प्रयास किया। उनका प्रेम सघन से सघनतर होता हुआ सघनतम की ऊँचाई पर पहुँच जाता है। राधा का एक आवेगमय क्षण देखिए—

वे यहाँ हैं, वे वहाँ हैं, हृदय में, विश्वास बल में,
कुसुम कलियों में, लता में, वृक्ष में, सरिता लहर में,
गगन में, पाताल में, भूधर-धरा—जीवन-मरण में।

नारद की अवतारणा दुहरे उद्देश्यों की पूर्ति करती है। एक तो वे उद्धव की भक्ति और ज्ञान-गरिमा का प्रतिनिधित्व करते हुए उन्हीं की भाँति परास्त होते हैं, दूसरे राधा की प्रेम-भावना में अवरोध डालकर उसे और भी प्रगाढ़ और रागारुण बना देते हैं। 'मत्स्यगन्धा' की टेकनीक को कुछ हद तक इसमें भी अपनाया गया है, जैसे प्राकृतिक सेटिंग, कोरस। वंशी-वादन की स्वर-माधुरी सारे वातावरण में एक करुण अनुभूति भर देती है। 'मत्स्यगन्धा' की अपेक्षा इसमें नाटकीय आरोह-अवरोह के क्षण कम हैं। अन्त में श्रीकृष्ण का लम्बा प्रवचन नाटकीय प्रभावान्विति को बहुत कुछ क्षीण बना देता है।

भट्ट जी के गीति-नाट्यों की सफलता उनके गीतिमय प्रौढ़ कवि, दुखान्त नाटकों के प्रति सहज रुचि और मनोवैज्ञानिक क्षणों की पहचान पर अवलम्बित है। जहाँ इन नाटकों में इनकी ये सहज विशेषताएँ इन्हें वैशिष्ट्य प्रदान करती हैं वहाँ अन्य नाटकों में ही इनकी बेड़ियाँ बन जाती हैं। पता नहीं, भट्ट जी गीति-नाट्यों के प्रति उदासीन क्यों हो गए?

रजत शिखर, शिल्पी और सौवर्ण

इधर हिन्दी के सुप्रसिद्ध कवि सुमित्रानन्दन पन्त, रेडियो में आ जाने पर, गीति-नाट्यों की सृष्टि की ओर उन्मुख हुए। अब तक उनके तीन गीति-नाट्य-संग्रह 'रजत शिखर', 'शिल्पी' और 'सौवर्ण' प्रकाशित हो चुके हैं। 'रजत शिखर' में छः, 'शिल्पी' में तीन और 'सौवर्ण' में तीन गीति-नाट्य संगृहीत हैं, जो आकाशवाणी के विभिन्न केन्द्रों से प्रसारित हो चुके हैं।

पन्त जी मुख्यतः प्रेम, सौन्दर्य और कल्पना के कवि हैं। कल्पना की प्रधानता के कारण ही छायावाद का प्रतिनिधित्व करने में वे सर्वाधिक सक्षम हैं। इनकी कल्पना या तो अतीत की स्मृतियों (वियोग-शृंगार) में रम सकी है अथवा भविष्य की रंगीन कल्पनाओं में (भावी पत्नी)। कल्पनाजीवी के लिए कोई तीसरा स्थान शेष भी तो नहीं है। 'ज्योत्स्ना' में स्वप्न, कल्पना, पवन, सुरभि आदि से इन्होंने जिस वायवी संसार का सृजन किया है, उसे हम देख चुके हैं। इन गीति-नाट्यों में उसका कुहासा फट नहीं पाया है। अधिकांश गीति-नाट्यों में वर्तमान का संघर्ष पृष्ठभूमि के रूप में ग्रहण किया गया है, लेकिन भविष्य की स्वर्ण-कल्पना इससे कट-सी गई है। दोनों के सम्बन्ध-स्थापन में कवि को बहुत कम सफलता मिल पाई है। वर्तमान संघर्षों में टिकना पन्त जी की कोमल प्रकृति और स्वप्नदर्शी कल्पना के लिए सम्भव नहीं है।

'रजत शिखर' संग्रह का प्रथम गीति-नाट्य 'रजत शिखर' है जो अन्तश्चेतना का शुभ्र प्रतीक है। इसमें मन की ऊर्ध्व और समतल स्थितियों का समन्वय स्थापित किया गया है। इसके पाँच पात्र अलग-अलग राग अलापते हैं—इनमें मनोविश्लेषक

सुखव्रत का स्वर सबसे ऊँचा और गूढ़ है। सुखव्रत अवचेतन का मर्म समझाते समय मनोविश्लेषण-शास्त्र का सारा ज्ञान उड़ेल देता है, फिर भी लगता है कि वह स्वयं अपने विचारों में साफ नहीं है। उसने फ्रायड, एडलर और युंग की विचारधाराओं की एक अजीब खिचड़ी पकाई है। अन्त में विस्थापितों से प्रभावित होकर युवक जीवन-स्वप्नों का नीड़ सजाने में संग्लन हो जाता है। 'फूलों का देश' सांस्कृतिक चेतना का धरातल है। इसमें अध्यात्मवाद-भौतिकवाद, आदर्शवाद-यथार्थवाद का समन्वय स्थापित किया गया है। कलाकार आध्यात्मिकता और आदर्श का प्रतीक है तथा वैज्ञानिक भौतिकता और यथार्थ का। कलाकार मनुज-हृदय के परिवर्तन की बात सोचता है और वैज्ञानिक 'जीवनोपाय का समुचित वितरण' चाहता है। उनकी काल्पनिक सदिच्छा (Wishful thinking) आशाप्रद वाद्यसंगीत से जुड़कर फलवती भी हो जाती है। इसे विभावना अलंकार का उदाहरण समझ सकते हैं। उसकी परिभाषा है—'क्रियाया: प्रतिषेधेऽपि फल व्यक्तिविभावना।' 'उत्तरशती' में भी आधारहीन बलवती आशा का सन्देश है, शुभ्र पुरुष गांधी जी का स्तवन है और 'शरत-चेतना' जो धरती पर सुख-श्री शान्ति का संचार करती है, हेमन्त, शिशिर, वसन्त आदि से अभिमंडित है।

'रजत शिखर' में पन्त जी की प्रतिभा का स्पर्श प्राय: नहीं है। यहाँ पर कवि, विचारक, चिन्तक सभी अपने नि:शक्त रूप (Spent-up form) में अनावृत्त हो उठे हैं। ऊर्ध्व चेतन के वात्याचक्र में पड़े हुए कवि को कोई ठोस मार्ग नहीं मिल पाया है। ठोस धरती यदि कहीं दिखाई पड़ी है तो कवि उससे कतराकर दूर चला गया है। नएपन के नाम पर 'नव' का अत्यधिक प्रयोग हुआ है, जैसे नव आशा, नव विश्वास, नव मानव, नव मनुजत्व, नव संस्कृति, नव युग, नव सौन्दर्य, नव प्रतीति, नव लीला, नव वसन्त, नव भू यौवन। इस संग्रह में है। नवीनता के नाम पर यह पन्त जी की सबसे जबरदस्त पूँजी है।

'रजत शिखर' के सभी काव्य-रूपक (यह शब्द स्वयं पन्त जी का है) प्रतीकात्मक हैं। इससे रंगमंच की दृष्टि से इनकी सफलता-असफलता पर विचार करना अधिक संगत नहीं है। लेकिन सभी रूपक आकाशवाणी के विभिन्न केन्द्रों से प्रसारित हो चुके हैं, अत: इनके रूपकत्व पर विचार करना आवश्यक हो गया है।

केवल प्रतीक पात्र सिद्धान्तों के पुतले बनकर रह गए हैं, मांसलता के अभाव में वे श्रोताओं या दर्शकों का भावात्मक अनुकूलत्व (Emotional response) प्राप्त करने में पूर्णतया असमर्थ हैं। सच पूछिए तो इस तरह के रूक्ष प्रतीकों से काव्य-रूपकों (Verse Drama) का उद्देश्य ही समाप्त हो जाता है। जबकि आज यह कहा जा रहा है कि नाटक केवल काव्य-रूपकों के रूप में ही जीवित रह सकता है; तब ऐसे काव्य-रूपक तो नाटकों के भविष्य का ही अन्त कर देंगे। कोरे सैद्धान्तिक कथोपकथन को वाद्य-संगीत और कोरस कहाँ तक नाटकीय बना सकते हैं!

पन्त जी के दूसरे काव्य-रूपक 'शिल्पी' में तीन काव्य-रूपक संगृहीत हैं—'शिल्पी', 'ध्वंस-शेष' और 'अप्सरा'। 'रजत शिखर' से कई अर्थों में यह सरल है क्योंकि यह हमारे जीवन के अधिक निकट है। 'रजत शिखर' तक पहुँचने के लिए अरविन्द की चक्करदार ऊर्ध्वमन की सीढ़ियों से गुजरना पड़ता है, जो सामान्य-जन के बूते के बाहर है। पर 'रजत शिखर' की भाँति 'शिल्पी' के काव्य-रूपकत्व पर भी प्रश्नवाचक चिह्न लगा हुआ है। लम्बे-लम्बे रूक्ष सैद्धान्तिक भाषणों में संघर्ष की अत्यधिक विरलता के कारण नाटकीय तत्त्वों का सर्वथा अभाव है। 'शिल्पी' को ही लीजिए। पहले दृश्य में शिल्पी की शिष्या गांधी, पटेल आदि की भंगिमाओं और गुणों पर जो प्रकाश डालती है वह नीरस और उबा देनेवाला हो गया है। द्वितीय दृश्य में पाँच-सात व्यक्तियों के दुरूह वक्तव्य हैं, जो एकरस तथा अरंगमंचोपयुक्त हैं। अन्तिम दृश्य में नाटकीय संघर्ष ले आने का प्रयास दिखाई पड़ता है, पर अन्त में सिद्धान्तों के भँवर-जाल में वह डूब जाता है। 'ध्वंस-शेष' दुरूहतर तथा 'अप्सरा' दुरूहतम हो जाता है। इनके माध्यम से जिस 'नवजीवन-निर्माण का स्वप्न' देखा गया है और जिस 'सौन्दर्य-चेतना' को जागरित करने का प्रयत्न किया गया है, वह सब कुछ वाक्-जाल में इस प्रकार खो जाता है कि श्रोता, दर्शक अथवा पाठक के पहले प्राय: कुछ नहीं पड़ता। काव्य-सौन्दर्य की दृष्टि से विचार करने पर दोनों संग्रह एक ऐसे कर्कश और घुटन पूर्ण वातावरण की सृष्टि करते हैं कि पाठक तथा दर्शक को उपलब्धि में शून्य ही हाथ लगता है।

'सौवर्ण' संग्रह का पहला काव्य-रूपक 'सौवर्ण' है। इसे पन्त जी ने 'संक्रमण कालीन मानव मूल्यों के विकास का प्रतीक रूपक' कहा है। दूसरे को अर्थात 'स्वप्न और सत्य' को—'आदर्श और वास्तविकता के बीच युग-संघर्ष द्योतक काव्य-रूपक'। तीसरा 'दिग्विजय' है जो उन्हीं के शब्दों में 'जीवन सत्य की बहिरन्तर विजय का काव्य-रूपक' है। अन्य काव्य-रूपकों की भाँति इनमें भी काल्पनिक भविष्य का निर्माण किया गया है। इनकी नाट्यशैली भी वही है—कोरस और अनाटकीय संवाद।

कल्पान्तर, दंगा, राम आदि

ये गिरिजाकुमार माथुर के गीति-नाट्य हैं। इनमें सबसे विशिष्ट 'कल्पान्तर' माना गया है। इसकी विशेषताओं का उल्लेख करते हुए बताया गया है कि इसने साहित्येतर विषयों से साहित्य का सम्बन्ध स्थापित किया है और साहित्यकार के लिए अनेक साहित्येतर दायित्वों की उद्भावना की गई है। किन्तु साहित्य पहले साहित्य होता है। उसके साहित्येतर मूल्यों का आकलन बाद की बात है।

"'टेकनोलाजी' युग की कविता विज्ञानमुखी होगी और विज्ञान ही आगे की कविता का नया आयाम बनेगा।" लेकिन कम-से-कम इस गीति-नाट्य में ऐसा

कोई नया आभास नहीं मिलता। प्राविधिक और वैज्ञानिक प्रतीकों (!) से उसे इतना अधिक भर दिया गया है गोया कवि अपने वैज्ञानिक ज्ञान का इजहार कर रहा हो। इन किताबी प्रतीकों से किसी का प्राविधिक ज्ञान संवृद्ध और सम्पुष्ट भले ही हो जाए पर सौन्दर्य-चेतना परिस्फुट नहीं होती। नाटककार ने स्वयं उन्हें अपनी अनुभूति का अनिवार्य अंग नहीं बनाया है।

इसका फल यह हुआ है कि यह गीति-नाट्य गीति और नाट्य दोनों से रिक्त हो गया है। पूरा-का-पूरा नाट्य सैद्धान्तिक और सूचनापरक हो गया है। यदि पूरे नाट्य में कोई मौलिक कथा ही सामने आती तब भी कोई बात थी। सच तो यह है कि प्रस्तुत नाट्य नाटक की बौद्धिक प्रक्रिया से गुजरा है, रचनात्मक प्रक्रिया से नहीं।

'दंगा' की फलश्रुति तो और भी रटी-रटाई है। इसका आधार भारत-विभाजन के समय होनेवाले साम्प्रदायिक दंगे हैं। इस समस्या को काफी मोटे तौर पर देखा गया है। और अन्त में इसका जो कारण बताया गया है उसे किसी किताब में पढ़ा जा सकता है, दैनिक अखबारों के सम्पादकीय में देखा जा सकता है, नेता के मंचीय भाषणों में सुना जा सकता है।

एक अखबारी सुर्खी की तरह नाटककार भी बता देता है कि दंगे फल हैं उस साम्राज्यवादी नीति के जो धार्मिक भेदभाव के आधार पर अपने पापों को सुरक्षित रखना चाहती है। 'राम' में सारा दायित्व राज्य पर लाद दिया गया है।

सृष्टि की साँझ और अन्य काव्य नाटक

सिद्धनाथ कुमार के गीति-नाट्य संग्रह 'सृष्टि की साँझ और अन्य काव्य नाटक' में पाँच गीति-नाट्य संगृहीत हैं—'सृष्टि की साँझ', 'लौह देवता', 'संघर्ष', 'विकलांगों का देश' और 'बादलों का शाप'। इन नाटकों में समसामयिक समस्याएँ गृहीत की गई हैं। 'सृष्टि की साँझ' में तृतीय महायुद्ध की आणविक लपटों के सन्दर्भ में नई चाँदनी का अवतरण चित्रित है। 'लौह देवता' में यांत्रिक अभिशाप के बीच से उगनेवाली सामाजिक व्यवस्था पर बल दिया गया है। 'संघर्ष' में बहिरन्तर के मध्य से कला को जीवनोन्मुखी होने का संकेत किया गया है। 'विकलांगों का देश' में 'विकलांगों का देश नहीं चाहिए हमें 'की ध्वनि है।

'बादलों का शाप' में सुविधाभोगी वर्ग के हाथों से जीवन के प्रतीक बादलों की मुक्ति-कामना व्यंजित है। कहने का अभिप्राय यह है कि प्रत्येक की परिणति एक प्रकार की आशावादिता में होती है। लेकिन प्रश्न यह है कि यह आशावाद (आशावाद का प्रयोग जान-बूझकर किया जा सकता है) वास्तविकता से किस हद तक मेल खाता है? क्या यह मनोवृत्ति संस्कृत नाटकों की सुखान्त परिणति की तरह का एक बना-बनाया फार्मूला नहीं है?

'सृष्टि की साँझ' में जिस व्यापक फलक पर आणविक युद्ध देखा गया है उसका पूरा निर्वाह नहीं हो पाया है। पात्रों को अर्थवान प्रतीकात्मकता भी नहीं मिल पाई है। इस पूरे प्रसंग में रेखा और अजय के प्रणय-व्यापार के माध्यम से चाँदनी की अवतारणा व्यापक फलक को व्यर्थ नहीं तो बहुत कुछ अर्थहीन बना देती है। गीति और नाट्य की दृष्टि से लेखक के अन्य गीति-नाट्यों की अपेक्षा यह अधिक सफल है। किन्तु चिन्तन की कचाई के कारण इसमें अपेक्षित प्रौढ़ता नहीं आ पाई है। शेष गीति-नाट्यों में संघर्ष गहरे आन्तरिक द्वन्द्व के कारण अधिक नाट्यपरक बन पड़ा है।

अन्धायुग

धर्मवीर भारती का 'अन्धायुग' गीति-नाट्य कई दृष्टियों से हिन्दी गीति-नाट्य-परम्परा में एक नया मोड़ उपस्थित करता है। इसके पूर्व हिन्दी में जो भी गीति-नाट्य लिखे गए वे एकांकी गीति-नाट्य थे। 'अन्धायुग' हिन्दी का एकांकी गीति-नाट्य न होकर पहला पूर्ण गीति-नाट्य है। यह पाँच अंकों में विभाजित है। वृत्त की दृष्टि से भी इसमें नयापन है। अभी तक हिन्दी गीति-नाट्यों में अतुकान्त छन्दों का प्रयोग होता रहा है, पर 'अन्धायुग' में मुक्तवृत्त का व्यवहार किया गया है। मुक्तवृत्त के प्रयोग के कारण यह रंगमंचोपयुक्त तथा भावाभिव्यंजना में अपेक्षाकृत अधिक समर्थ हो सका है।

इसके पूर्ववर्ती गीति-नाट्यों में व्यापक कथा-वस्तु नहीं ग्रहण की जा सकती थी, क्योंकि उनकी संकीर्ण सीमाओं में लघु कथा-वस्तु का समाहित होना ही सम्भव था। 'अन्धायुग' में अपेक्षाकृत विस्तृत कथा-वस्तु ग्रहण की गई है, जो अत्यन्त प्रख्यात तथा मार्मिक है। पर पात्रों की भावाभिव्यंजना, कथा में प्रतीकात्मकता की योजना तथा कला का रूप-विन्यास (Design) नाटककार की उर्वर कल्पनाशक्ति के परिचायक हैं।

रामायण काल की अपेक्षा महाभारत काल का नैतिक स्तर बहुत कुछ गिर गया था। युद्ध के समय अनैतिकता खुलकर खेल रही थी। युद्ध समाप्त होते-होते वह अपनी चरम सीमा पर पहुँच गई। इस अमर्यादापूर्ण और अनैतिक काल—महाभारत के अठारहवें दिन की सन्ध्या से प्रभासतीर्थ में कृष्ण-मृत्यु के क्षण तक—की कथा इस गीति-नाट्य में ग्रहण की गई है।

इस कथा के सहारे नाट्यकार ने युद्धजन्यं अर्धसत्यों, कुंठाओं, अन्धस्वार्थपरता, विवेकशून्यता आदि का उद्घाटन करते हुए इन्हीं के बीच उगती हुई मर्यादा, आस्था, कर्मपरता आदि की शुभ्र और मंगलमयी ज्योति का जो उल्लेख किया है वह अन्ध-गह्वर में भटकते हुए मानव के लिए निरन्तर सहायक सिद्ध होगी। यह ज्योति कथाकार की नवीन उपलब्धि नहीं है, बल्कि यह उसे गीता के अनासक्त कर्मयोग से प्राप्त हुई है। इस सत्य को इस कथा में गूँथ देना और उसके माध्यम

से उसे व्यापक बनाने का उपक्रम करना ही लेखक की नई देन कही जा सकती है। इसी को कृष्ण ने व्याध से कहा है—

लेकिन शेष मेरा दायित्व लेंगे
बाकी सभी
मेरा दायित्व वह स्थित रहेगा
हर मानव-मन के उस वृत्त में
जिसके सहारे वह
सभी परिस्थितियों का अतिक्रमण करते हुए
नूतन निर्माण करेगा पिछले ध्वंसों पर
मर्यादायुक्त आचरण में
नित नूतन सृजन में
निर्भयता के
साहस के
ममता के
रस के
क्षण में
जीवित और सक्रिय हो उठूँगा मैं बार-बार

सम्पूर्ण कथा को कुछ इस तरह के ताने-बाने से बुना गया है कि वह बहुत कुछ एकतान और अटूट बन गई है। कथावस्तु को गतिशील और अन्वितिपूर्ण बनाने के लिए धर्मवीर भारती ने मुख्यत: दो उपादानों का सहारा लिया है—कथा-गायन या कोरस का और प्रसंगानुकूल बदलते हुए टोन और लय का।

कथा-गायन या कोरस यूनानी नाटकों का अनिवार्य अंग था। अंग्रेजी नाटकों में टी. एस. ईलियट, आडेन आदि ने इसका प्रचुर प्रयोग किया है।[1] 'अन्धायुग' में कथा-गायन वस्तु-संघटन का एक अत्यन्त आवश्यक उपकरण है। कथा-गायन का दुहरा कार्य है। एक ओर यह कथा की पृष्ठभूमि तैयार करता है और मंच पर अभिनीत न होनेवाली घटनाओं की सूचना देता है तथा दूसरी ओर दृश्य-परिवर्तन को इंगित करता है। पर एक अंक के अन्त में जहाँ कथा-गायन की योजना की गई है और दूसरे अंक में प्रारम्भ में कथा-गायन कुछ उसी ढंग का हो गया है वहाँ गीति तथा कथा-गायन का पिष्टपेषण-सा होता है, जैसे प्रथम अंक का अन्तिम कथा-गायन और द्वितीय का आरम्भिक। लेकिन इस तरह की त्रुटि अन्यत्र नहीं आ पाई है।

1. लेखक ने अपने बचपन में रामलीला मंडलियों की लीलाएँ खूब देखी थीं। उनमें रंगमंच पर अभिनय होता था और अभिनय के बीच-बीच दाईं ओर तख्त पर बैठे हुए कथावाचक हारमोनियम पर रामायण की चौपाइयाँ पढ़ने लगते थे। कथा-गायन पर इसका स्पष्ट प्रभाव है।

अंकों के बीच आनेवाले कथा-गायन और उनके आदि-अन्त में आनेवाले कथा-गायनों में अन्तर है। पहले में प्राय: कथा-गायन संक्षिप्त तथा आगे घटनेवाली घटनाओं का बोधक होता है। दूसरे कथा-गायन की (अंकों के अन्त में आनेवाले कथा-गायन की) परिधि व्यापक और समापनपरक होती है। यह कथा को गतिशील और अन्वितिपूर्ण बनाने के अतिरिक्त पाठकों या दर्शकों के मन में प्रसंगोचित भाव की प्रतिष्ठा भी करती है। प्रथम अंक के प्रारम्भिक कथा-गायन का उदाहरण लीजिए—

टुकड़े-टुकड़े हो बिखर चुकी मर्यादा
उसको दोनों ही पक्षों ने तोड़ा है
पांडव ने कुछ कम कौरव ने कुछ ज्यादा

× × ×

यह अजब युद्ध है नहीं किसी की भी जय
दोनों ही पक्षों को खोना ही खोना है
अन्धों से शोभित था युग का सिंहासन
दोनों ही पक्षों में विवेक ही हारा
दोनों ही पक्षों में जीता अन्धापन
भय का अन्धापन, ममता का अन्धापन
अधिकारों का अन्धापन जीत गया
जो कुछ सुन्दर था, शुभ था कोमलतम था
वह हार गया...द्वापर युग बीत गया

इस कथा-गायन में तत्कालीन परिप्रेक्ष्य में आधुनिक जीवन-बोध भी उभारा गया है। मर्यादा का विघटित होना, विवेक की हार, भय और ममत्व के अन्धेपन की विजय, सुन्दर-शुभ-कोमल की पराजय का नाम महाभारत युद्ध की अन्तिम परिणति है। इसे युद्ध की परिणति भी कह सकते हैं। इन स्थितियों से उबरकर बाहर कैसे आया जाए, इसका उत्तर अन्धा युग देता है।

प्रथम अंक के अन्त का कथा-गायन पहले को पुष्ट करता है और कथा को आगे बढ़ाता है। संजय को तटस्थता और दिव्य दृष्टि का वरदान मिला था। किन्तु वह भी मोहनिशा में भटक गया। द्वितीय अंक का समापनपरक कथा-गायन दर्द-भरा चित्र उरेह देता है—

यह रात गर्व में
तने हुए माथों की
यह रात हाथ पर
धरे हुए हाथों की

गीति-नाट्यों की अभिनयात्मक सफलता बहुत कुछ ध्वनि पर निर्भर करती है। नाटककार संवादों के माध्यम से ध्वनि या टोन द्वारा भावनाओं का जो चित्र उपस्थित करता है, उससे नाटक की श्रृंखला जुड़ती है और पात्रों का चरित्र भी निखरता चलता है। यह टोन परिस्थितियों से नियंत्रित होती रहती है। एक ही समय परिस्थितियों की विभिन्नता के कारण विभिन्न व्यक्तियों की टोन में अन्तर होता है। भिन्न-भिन्न परिस्थितियों में एक ही व्यक्ति की टोन में काफी अन्तर दिखाई पड़ता है। यद्यपि टोन का प्रत्यक्ष सम्बन्ध रंगमंचीय पात्रों से होता है, तथापि नाटककार को भी इस प्रकार की नाटकीय स्थितियाँ प्रस्तुत करनी पड़ती हैं, जिसमें अभिनेता को टोन परिवर्तन का अवसर मिलता रहे। 'अन्धायुग' में इस प्रकार से विभिन्न टोनों के प्रयोग के लिए यथावसर नाटकीय स्थितियाँ प्रस्तुत की गई हैं। एक ही परिस्थिति में दो भिन्न-भिन्न व्यक्तियों की विभिन्न टोनों से नाटकीय क्रिया-व्यापार स्पष्ट हो जाता है। प्रथम अंक में पहले प्रहरी ने ज्यों ही गृद्धों की पंख-ध्वनि सुनी त्यों ही वह कह उठा, "लो सारी कौरव नगरी का आसमान गिद्धों ने घेर लिया। नरभक्षी हैं, ये गिद्ध भूखे हैं।" पहले प्रहरी के कथन से प्रत्यक्ष दृश्य-विधान का संकेत-भर मिलता है, पर दूसरे के कथन से भयग्रस्त वातावरण सजीव हो उठता है। (कोरस और एंटी कोरस के रूप में ग्रीक दुखान्त नाटकों से सुझाव लिया गया है। खास तौर से प्रहरी ग्रीक दुखान्त की देन है।) इस प्रकार का चित्रण टोन के परिवर्तन द्वारा ही सम्पन्न होता है। पहले अंक में ही किसी के पैरों की आहट पाकर धृतराष्ट्र का 'संजय' पुकारना ऐसा स्वर-कम्पन उत्पन्न करता है कि इससे धृतराष्ट्र की व्याकुलता और संशयग्रस्त मन:स्थिति का भी उद्घाटन हो जाता है। अश्वत्थामा के ब्रह्मास्त्र छोड़ने पर व्यास की टोन नाटकीय स्थिति (Dramatic situation) को तीव्रतर बनाती है। अश्वत्थामा जैसे पात्र की मन:स्थिति के कई स्तरों का उद्घाटन किया गया है। ऐसी स्थिति में उसकी भूमिका में उतरनेवाले अभिनेता का टोन परिवर्तन की कला में दक्ष होना अत्यन्त आवश्यक है।

इस तरह के गीति-नाट्यों के छन्द-विधान, लय और भाषा पर भी विचार कर लेना चाहिए, क्योंकि गीत-नाट्यों के संविधान के निर्माण में इनका महत्त्वपूर्ण स्थान है। जैसा पहले कहा जा चुका है, हिन्दी के गीति-नाट्यों में (निराला के 'पंचवटी प्रसंग' को छोड़कर) अभी तक अतुकान्त छन्द का प्रयोग होता रहा है, जो विभिन्न मन:स्थितियों को अपने में बाँध सकने में असमर्थ था। निराला के 'पंचवटी प्रसंग' में गीति-नाट्य में मुक्त छन्दों का जो प्रयोग हुआ है उसमें गीतिमयता के साथ चरित्र-निर्माण की अपूर्व क्षमता है। उसके बाद 'अन्धायुग' में ही इस छन्द को अपनाया गया है। अतुकान्त छन्दों में तुक न होने पर भी मात्राओं का जो बन्धन लगा रहता है उससे नाट्यकार की स्वतंत्रता बहुत कुछ सीमित हो जाती है, पर मुक्त छन्दों में नाट्यकार भावानुकूल छन्द-योजना करता है।

भावों की विविधता के साथ कविता की लय में भी परिवर्तन करना पड़ता है। भावगत सूक्ष्म छायाओं (Shades) को व्यक्त करने के लिए लय में वैविध्य ले आना आवश्यक होता है। टोन स्वर के वाल्यूम पर निर्भर करती है और लय संगीतात्मक प्रवाह पर। भिन्न-भिन्न संवेगों के प्रादुर्भूत होने पर लय में परिवर्तन ले आना स्वाभाविक होता है। भारती ने इस बात का ध्यान रखते हुए ग्रन्थ के निर्देश में लिखा है, "जैसे एक बार बोलने के लिए मुँह खोले किन्तु उसी बात को कहने में मन में भावनाएँ कई बार करवटें बदल लें तो उसे सम्प्रेषित करने के लिए लय भी अपने को बदल लेती है। कहीं-कहीं लय का यह परिवर्तन मैंने जल्दी-जल्दी ही किया है—उदाहरण के लिए पृष्ठ 79-80 पर संजय के समस्त संवाद एक विशिष्ट लय में हैं। पृष्ठ 81 पर संजय की यह लय अकस्मात बदल जाती है।"

गीति-नाट्य में भाषा का अत्यधिक महत्त्व है, क्योंकि भाव-प्रेषण का सूत्र इसी के हाथ में रहता है। इस सम्बन्ध में ईलियट का कहना है कि भाषा न तो इतनी प्राचीन होनी चाहिए कि उसकी बोधगम्यता ही सन्दिग्ध हो जाए और न बहुत आधुनिक। फ्रांसीसी नाटककारों की तरह आजकल के वार्तालाप से मिलती-जुलती होनी चाहिए। इसलिए अपनी शैली को उसने तटस्थ (Neutral) कहा है। इस तटस्थता का निर्वाह करने के लिए ही गीति-नाट्यों में उसने अतुकान्त छन्दों का प्रयोग नहीं किया। पर आधुनिक समस्याओं और अतीत की कथावस्तु में सामंजस्य स्थापित करने के लिए भाषा-सम्बन्धी कुछ इस प्रकार की सतर्कता बरतनी पड़ेगी जो दोनों युगों को व्यक्त करने में समान रूप से समर्थ हो सके। आज के पारिभाषिक शब्दों के प्रयोग को सचेष्ट होकर बचाना चाहिए। प्रतीकात्मक अर्थ को स्पष्ट करने के लिए 'वैयक्तिक मूल्य', 'अर्धसत्य' आदि शब्दों के व्यवहार में किसी को आपत्ति नहीं हो सकती किन्तु जब अश्वत्थामा यह कहता है—

वध मेरे लिए नहीं रही नीति
वह है अब मेरे लिए मनोग्रन्थि।

तब उसकी महाभारतकालीन पात्रता समाप्त हो जाती है। लेकिन इस तरह की शब्दावली का 'अन्धायुग' में प्रयोग बहुत कम ही मिलेगा।

अभी तक प्रधान रूप से 'अन्धायुग' के रूप-विन्यास की ही चर्चा होती रही है, किन्तु गीति-नाट्यों में चरित्र-चित्रण अपेक्षाकृत अधिक कुशलता की अपेक्षा रखता है। गद्य-नाटकों में नाटकीय स्थितियों और परिस्थितियों की नियोजना का जितना अवकाश मिलता है, गीति-नाट्यों में उतना अधिक नहीं मिल पाता। किसी विशेष परिस्थिति को उत्पन्न करने के लिए अनुकूल घटनाओं और परिवेशों का संघटन गीति-नाट्यकार के लिए सम्भव नहीं है। बाह्य दृश्य-विधान के स्थान पर मानसिक संघर्षों का चित्रण ही उसका प्रमुख लक्ष्य होता है। इन मानसिक स्थितियों के द्वारा

ही पात्रों का चरित्र उद्घाटित किया जाता है, पर इसे अच्छी तरह परखने के लिए यह आवश्यक है कि चरित्रों के मानसिक संघर्ष के साथ नाटक की कविता और क्रिया-व्यापार के सामंजस्य की जाँच कर ली जाए।

इस गीति-नाट्य के प्रमुख पात्र धृतराष्ट्र, अश्वत्थामा, गान्धारी, युयुत्सु और संजय हैं। इनके मानसिक संघर्षों के कई स्तरों का उद्घाटन करते समय इस बात का खयाल रखा गया है कि काव्यतत्त्व और क्रिया-व्यापार से पात्रों के मानसिक संघर्षों का सम्बन्ध टूटने न पाए। लम्बे गीति-नाट्यों में सर्वत्र काव्य-तत्त्व उसी प्रकार नहीं मिल पाता जैसे प्रबन्ध-काव्यों में। लम्बे गीति-नाट्य में काव्यतत्त्वों को इस दृष्टि से देखना पड़ता है कि उनमें नाटकीय सुसम्बद्धता (Dramatic relevance) है अथवा नहीं। नाटकीय सुसम्बद्धता से विरहित काव्य-तत्त्व का नाटकों में कोई स्थान नहीं है।

धृतराष्ट्र व्यक्तिवादी अधिपति है। व्यक्तिवाद मनुष्य को व्यक्तिगत स्वार्थों की ओर ले जाता है। व्यक्तित्ववाद व्यापक मानवीय मूल्यों की ओर उन्मुख करता है। विशेष ऐतिहासिक सन्दर्भ में ही उसकी पहचान होती है। इससे व्यक्ति अपने को भी गढ़ता है और समूह को भी। व्यक्तिवाद मनुष्य के आन्तरिक और सामूहिक मूल्यों को नष्ट कर व्यक्ति को संकीर्ण सीमा में बाँध देता है, वह भयग्रस्त और हिंस्र हो उठता है। भयग्रस्तता का ही विस्फोट अणुबम के रूप में हुआ।

धृतराष्ट्र के लिए नैतिकता का कोई बाह्य मापदंड नहीं था। उसकी नीति अपने महत्त्व तक सीमित थी। अन्ततः उसे भान होता है—

आज मुझे भान हुआ।
मेरी वैयक्तिक सीमाओं के बाहर भी
सत्य हुआ करता है
आज मुझे भान हुआ।
सहसा यह उगा कोई बाँध टूट गया है
कोटि कोटि-योजन तक दहाड़ता हुआ समुद्र
मेरे वैयक्तिक अनुमानित सीमित जग को
लहरों की विषम-जिह्वाओं से निगलता हुआ
मेरे अन्तर्मन में पैठ गया
सब कुछ बह गया
मेरे अपने वैयक्तिक मूल्य
मेरो निश्चिन्त किन्तु ज्ञानहीन आस्थाएँ।

युधिष्ठिर के अर्धसत्य (उसे असत्य कहना ही उचित है, क्योंकि सत्य आधा या तिहाई नहीं होता; वह या तो सत्य होगा अथवा असत्य) ने अश्वत्थामा की आस्था को इस तरह कुंठित कर दिया कि उसके मन में एक विचित्र मनोग्रन्थि पैदा हो

गई, जिसे सुलझाने का उसने जितना ही अधिक प्रयास किया उससे उतनी अधिक उलझन बढ़ती गई। अश्वत्थामा की इन उलझनों में—उसके वक्तव्यों में—प्राय: नाटकीय सुसम्बद्धता मिलेगी। विभिन्न प्रकार की मन:स्थितियों में भिन्न-भिन्न प्रकार के क्रिया-व्यापारों को गूँथा गया है। उसके मन में आशा-निराशा, क्षोभ-ग्लानि और कुंठाओं के अनेक तार बँधे हुए हैं। वह विमन्थित अन्तर्मन की विक्षोभ मूर्ति है। महाभारत काल की अनैतिकता उसमें पुंजीभूत-सी हो गई है। वह सामान्य मानसिक स्थिति में न रहकर बहुत कुछ असामान्य (Abnormal character) हो गया है। भारती ने उसके घनीभूत क्षणों को काव्यतत्त्वों से सन्निविष्ट कर अभिव्यक्ति दी है। अश्वत्थामा का प्रतिशोध केवल पांडवों के पुत्रों की हत्या तक ही नहीं सीमित है। मनोविकारों के इतने घनीभूत क्षणों में वह ब्रह्मास्त्र भी छोड़ देता है। अणु-युद्ध इन्हीं किन्हीं क्षणों में होता है। गान्धारी की स्थिति अश्वत्थामा से मिलती-जुलती है। वह अश्वत्थामा के वीभत्स कर्म को विस्तारपूर्वक सुनती है।

संजय आज के बुद्धिजीवी का प्रतीक है। वह शब्दों का शिल्पी है, तटस्थ है और यथार्थ का प्रवक्ता है। किन्तु कर्म से पृथक होने के कारण उसका अस्तित्व व्यर्थता के बोध में बदल जाता है।

युयुत्सु इस नाट्य का अत्यन्त करुण प्रसंग है। उसने अपने परिवार के विरुद्ध पांडवों की ओर से लड़कर न्याय का पक्ष लिया। लेकिन दोनों पक्षों से अपमानित होकर उसने आत्महत्या कर ली। कृष्ण के मरण के बाद अश्वत्थामा में एक आस्था जगती है। पर प्रेत युयुत्सु की आस्थाएँ नि:शेष हो जाती हैं। वह कृष्ण को कहता है—

वंचक था, कायर था, शक्तिहीन था वह
बचा नहीं पाया परीक्षित को या मुझको
चला गया अपने लोक,
अन्धे युग में जब-जब शिशु भविष्य मारा जाएगा
ब्रह्मास्त्र से
तक्षक डसेगा परीक्षित को
या मेरे जैसे कितने युयुत्सु
कर लेंगे आत्मघात
उनको बचाने कौन आएगा
क्या तुम अश्वत्थामा?

युयुत्सु की चिन्ता मानव-भविष्य की रक्षा के प्रति है। निश्चय ही उसका प्रश्न महत्त्वपूर्ण है। इसका उत्तर व्याध ने दिया है जो प्रारम्भ में उद्धृत किया जा चुका है।

आत्महत्या, संशय, विक्षेप, शाप से ग्रस्त तत्कालीन कथावस्तु का आधुनिक स्थितियों में तारतम्य बिठाना नाटककार का एक अत्यन्त महत्त्वपूर्ण कार्य है। द्वितीय

महायुद्ध के बाद जो युग आया है, क्या वह महाभारतयुगीन अमर्यादा और अनैतिकता से किसी प्रकार कम कहा जा सकता है? आज दुनिया को रक्तपात, कुरूपता, भयंकर निराशा और अन्धापन कितनी बुरी तरह घेरे हुए है! गूँगे सैनिक की मार्मिक व्यथा आज के परमाणु-युग पर कितना मार्मिक व्यंग्य है! तत्कालीन कथावस्तु को आज की समस्याओं से जोड़ने का कार्य मुख्य रूप से दोनों प्रहरी करते हैं। वे कहीं आज के शस्त्रास्त्रों की होड़ की ओर हमारा ध्यान आकृष्ट करते हैं तो कहीं निम्न वर्ग की अपरिवर्तित स्थिति की ओर। युधिष्ठिर के शासन के सम्बन्ध में प्रहरियों का वार्तालाप थोड़ा-बहुत आज के युग पर लागू है—

शासक बदले
स्थितियाँ बिलकुल वैसी ही हैं
इससे तो पहले ही के शासक अच्छे थे
अन्धे थे...
लेकिन वे शासन तो करते थे
ये तो सन्तज्ञानी हैं
शासन करेंगे क्या?

'अन्धायुग' में आधुनिकता को जिस केन्द्रीय वृत्ति से जोड़ा गया है वह है प्रभु की मृत्यु और व्यक्ति सामान्य का दायित्व। नीत्शे ने बहुत पहले घोषित किया था कि ईश्वर मर गया। वस्तुतः पूरा मध्यकाल ईश्वर और धर्म से बुरी तरह आक्रान्त था।

महाभारत काल में श्रीकृष्ण के चतुर्दिक जो प्रभामंडल उग आया था वह अपने में समस्त युग को समेट लेता है। श्रीकृष्ण को अलग कर देने पर पूरा-का-पूरा युग रिक्त प्रतीत होता है। प्रभु की मृत्यु मध्ययुगीन बोध की मृत्यु है। इसके बाद ही नए युग का प्रादुर्भाव होता है। श्रीकृष्ण के व्यक्तित्व की छाया में सभी बौने दिखाई पड़ते हैं। उनके ऊपर प्रभुता आरोपित कर दी जाती है। अश्वत्थामा, विदुर, धृतराष्ट्र, गान्धारी, संजय सभी प्रभु के व्यक्तित्व से आक्रान्त हैं। गान्धारी प्रभु को शाप देती है। प्रभु उसे स्वीकार करते हैं। अश्वत्थामा ब्रह्मास्त्र चलाता है, उसे भी वे अपनी कुशलता से निरस्त कर देते हैं। संजय उनके आगे प्रणत है। युयुत्सु उनके प्रभामंडल से चकित होकर युद्ध में न्याय का पक्ष लेता है। पांडवों के लिए तो वे स्वयं क्रिया-स्वरूप हैं।

जो कुछ होता है प्रभु करते हैं और भोगते हैं। युद्ध में बार-बार वे ही मरते हैं। वे गान्धारी का शाप लेते हैं और अभिशप्त अश्वत्थामा का पीप-मवाद भी। सभी लोग क्रमिक आत्महत्या करते हैं। युयुत्सु जो न्याय के लिए लड़ता है उसका भयानक अपमान होता है—जिस पक्ष से लड़ा था, वह पक्ष भी उसे अपमानित करने से बाज

नहीं आता। श्रीकृष्ण के मोहभंग की स्थिति में वह आत्महत्या कर लेता है। श्रीकृष्ण की मृत्यु के बाद तो पूरे युग का मोहभंग हो जाता है। एक युग परिसमाप्त होता है।

भारती ने प्रभु के दायित्व को व्यक्ति को दे दिया है। इस दायित्व को ये मूल्यपरक दायित्व की संज्ञा देते हैं। प्रश्न उठता है कि यह मूल्यपरक दायित्व क्या है? इस दायित्व के साथ वैयक्तिक स्वातंत्र्य भी जुड़ा हुआ है। भारती ने 'मानवमूल्य और साहित्य' में लिखा है, "...उसके साथ एक दायित्व भी है—मूल्यों की खोज, उनकी मानववादी सामाजिक व्याख्या और आचरण में इसकी सक्रिय परिणति। पाश्चात्य वैयक्तिकतावादी चिन्तकों की भाषा में यह वैयक्तिकता मूल्यों के ग्रहण और विकास की दिशा में स्व-संचालित गति है, जिसमें स्वातंत्र्य और दायित्व का आन्तरिक विकासोन्मुख समन्वय रहता है।"

'अन्धायुग' में जिस दायित्व की बात उठाई गई है वह एक आस्था को जन्म देती है। यद्यपि जीवन में वह आस्था पुनः भटक गई है। 'अन्धायुग' में युग के अन्धेपन का, घुटन, विवशता, लाचारी का जो चित्रण हुआ है वह हमें बुरी तरह झकझोर देता है। पर दायित्व की बात केवल बात बनकर रह जाती है। इसे पुराने नाटकों का भरतवाक्य कहा जा सकता है।

वस्तुतः कृष्ण की मृत्यु के साथ नाटक समाप्त हो जाता है। यदि नए दायित्व-बोध को अनपेक्षित ढंग से दूर तक घसीटा न गया होता तो नाटक की परिणति अनुत्तरदायित्वपूर्ण न होती। फिर भी अपनी आधुनिकता, नाटकीयता, शिल्प आदि की दृष्टि से स्वातंत्र्योत्तर नाटकों में कदाचित यह सर्वश्रेष्ठ हिन्दी नाटक है।

'उत्तर प्रियदर्शी' (1967) अज्ञेय का गीति-नाट्य है। देवानाम प्रिय अशोक अत्यन्त क्रूर सम्राट थे। कलिंग-विजय में उसने अपनी क्रूरता सिद्ध कर दी थी। नगर के बाहर उसने एक नरक बनवाया था। 'घोर' नामक क्रूरतम व्यक्ति उसका यम था। जो कोई भी नरक की सीमा में पहुँच जाता था उस पर सीमातीत अत्याचार होता था। राजा भी इससे मुक्त नहीं था।

एक दिन एक भिक्षु भिक्षाटन करता हुआ नरक की सीमा में घुस गया। भिक्षु को खौलते कड़ाह में फेंक दिया गया। कड़ाह ठंडा हो गया। 'घोर' के गणों ने देखा, भिक्षु कमल दल पर बैठा था। राजा उसे देखने स्वयं आया। भिक्षु ने उसे समझाते हुए कहा—

नरक तुम्हारे भीतर है वह! वहीं
जहाँ से निःसृत पारमिता करुणा में
उसका अघ घुलता है—स्वयं नरक ही गल जाता है।
एक अहन्ता जहाँ जगी—भवपाश बिछे, साम्राज्य बने—
प्राचीर नरक के वहीं खिंच गए :

जागी करुणा—मिटा नरक,
साम्राज्य ढहे, कट गए बन्ध,
आप्लावित ज्योति के कमल-कोश में
मानव मुक्त हुआ!

नरक की पहचान के अनन्तर नरक से मुक्ति इसका प्रतिपाद्य है। इसे भी एक काव्य-प्रयोग मानना चाहिए, नाट्य प्रयोग नहीं। थीम पिटी हुई है, भाषा अनाटकीय। अन्त में नमो बुद्धाय में परिणति भी अज्ञेय के रहस्यवाद के मेल में है।

'एक कंठ विषपाई' और 'उत्तर प्रियदर्शी' दुष्यन्त कुमार का उल्लेख गीति-नाट्य है। इसमें 'जर्जर रूढ़ियों और परम्परा के शव से चिपटे लोगों को मोह मुक्त करने लिए 'शिव-सती' की पौराणिक कथा ली गई है। किन्तु सम्भावित युद्ध को जिस करिश्मे से रोक दिया गया है वह अविश्वसनीय और वर्तमान सन्दर्भ में अर्थहीन हो गया है। अज्ञेय के उत्तर प्रियदर्शी में पारमिता करुणा एक रहस्य की सृष्टि करती है। यह प्रयोगधर्मी रंग-बोध-शून्य नाट्य है।

सामाजिक नाटक

हिन्दी के नाट्य-साहित्य को ऐतिहासिक कथानकों ने इतना अधिक घेर लिया है कि दूसरी दिशाओं में जाने के लिए उसे जैसे न अवकाश है और न प्रयत्न की इच्छा। इस दिशा में जो कुछ प्रयास किए गए हैं, उनमें जीवन की गहरी पकड़ का अभाव इस बात की सूचना देता है कि 'चलो इस ओर भी कुछ करते चलें' की प्रवृत्ति से परिचालित होकर नाटककारों ने कुछ लिख दिया है। सामाजिक समस्याओं के नाम पर नाटककारों ने या तो गांधी जी से प्रभावित सामाजिक-राजनीतिक विचारधारा के स्थूल रूपों को ग्रहण किया है या फिर पाश्चात्य शिक्षा के प्रभावों से उत्पन्न प्रेम और विवाह की स्थूल समस्याओं को। सेठ गोविन्ददास यदि पहली कोटि में आते हैं तो पृथ्वीनाथ शर्मा और अश्क दूसरी कोटि में। उदयशंकर भट्ट की स्थिति इन दोनों के बीच की है। इनके अतिरिक्त कुछ अन्य नाटककारों ने उनसे मिलती-जुलती समाज की कतिपय और समस्याओं को अपने नाटकों का विषय बनाया है।

सेठ गोविन्ददास

सेठ जी के अधिकांश नाटकों में उनका अपना ही व्यक्तित्व प्रतिफलित हुआ है। चाहे ऐतिहासिक नाटक हों, चाहे जीवनी-परक नाटक अथवा सामाजिक-राजनीतिक नाटक—सर्वत्र उनके जीवन को जाना-पहचाना जा सकता है। हाँ, सामाजिक नाटकों में उनका व्यक्तित्व और जीवन-दर्शन आवश्यकता से अधिक उभर आया है और इसका परिणाम यह हुआ है कि इन नाटकों में बँधाव आ गया है।

'गरीबी या अमीरी' की भूमिका के प्रारम्भ में उन्होंने जो कुछ लिखा है, उससे उनका जीवन-दर्शन स्पष्ट हो जाता है। "...अफ्रीका में मैंने जो कुछ देखा और वहाँ के भारतीयों के सम्बन्ध में सुना था, उसके आधार पर इस नाटक का विचार उठा था और यह सिनाप्सिस तैयार हुआ था, परन्तु इसके सिवा रूस की 'निहलिस्ट' कथाओं का भी इस विचार और सिनाप्सिस पर प्रभाव था। रूस के इतिहास में निहलिस्ट लोगों का एक विशेष स्थान है। रूस की लाल क्रान्ति के पहले कुछ सम्पन्न व्यक्ति

देश के लिए सर्वस्व का त्याग कर देश-सेवा में लगे थे। इनका काफी बड़ा और मजबूत संगठन था।...इनमें से अधिकांश ने अपनी सम्पत्तियों को इसलिए छोड़ा था कि वे उनका उपार्जन अनुपयुक्त मार्गों से हुआ मानते थे।"

सेठ जी स्वयं वैभव-सम्पन्न परिवार में पैदा हुए थे, पर देश-सेवा के लिए उन्होंने अपने वैभव-विलास को लात मार दी। रूसी निहलिस्टों की भाँति अनुपयुक्त मार्गों से उपार्जित वैभव को छोड़ देना ही इन्होंने श्रेयस्कर माना। इसलिए उपर्युक्त नाटक के लिए बाहर से हो सकता है कि इनको प्रेरणा मिली हो, पर स्वयं इनका जीवन ही प्रेरणा के लिए काफी था। अपनी मनोवृत्ति के अनुकूल इन्होंने गांधी-जीवन दर्शन को अपना लिया। किन्तु गांधी-जीवन-दर्शन को आत्मसात करनेवाले इस देश में कितने लोग हैं? अन्य लोगों की भाँति इन्होंने भी गांधी जी के व्यावहारिक आदर्शों को ही अपनाया। अत: स्वाभाविक था कि ये जीवन की गहराई में उतने न पैठ सके। मोटी समस्याओं में स्थूल हल के आगे बढ़ना इनके लिए सम्भव न था।

राजनीतिक दृष्टि से जहाँ ये गांधीवादी हैं वहाँ साहित्यिक दृष्टि से द्विवेदीयुगीन सात्त्विकता के कायल। इनकी कृतियों में विवेचन-विश्लेषण की वही सफाई मिलेगी, वही प्योरिटन मर्यादा मिलेगी। नाटकों के शीर्षक प्रेमचन्द की प्रारम्भिक कहानियों की याद दिलाते हैं—'सेवापथ', 'दुख क्यों?', 'अमीरी या गरीबी' आदि। जिस प्रकार 'बड़े घर की बेटी', 'पंच परमेश्वर', 'नमक हलाल' शीर्षक से उनके जीवन-मर्म का अनुमान किया जा सकता है, उसी प्रकार सेठ जी के सामाजिक नाटकों के शीर्षकों से भी।

'सेवापथ' में गांधीवाद का अनुगमन और त्याग सर्वश्रेष्ठ सेवापथ माना गया है। 'दुख क्यों?' का उत्तर है त्याग का अभाव। अन्त में सुखदा द्वारा त्याग के कारण ही दुख का शमन होता है। 'गरीबी या अमीरी' में गरीबी का वरण ही श्रेयस्कर सिद्ध किया गया है।

'गरीबी या अमीरी' का दूसरा नाम 'श्रम या उत्तराधिकार' इस नाटक के प्रतिपाद्य को और भी अच्छी तरह स्पष्ट कर देता है। दक्षिणी अफ्रीका के करोड़पति लक्ष्मीदास की पुत्री अपने पति के आदर्शों के अनुरूप श्रम को स्वीकार कर उत्तराधिकार को ठुकरा देती है। यही इस नाटक का मूल स्वर है जो स्वयं सेठ जी की जीवन-वंशी से मुखरित है। इनके अन्य सामाजिक नाटकों की मूल रागिनी भी सेवा, त्याग, तपश्चर्या, सत्य, अहिंसा से अनुप्राणित है।

इनके पात्र किसी-न-किसी उच्च आदर्श को अपने जीवन का चरम ध्येय मानते हैं। देशभक्ति, श्रम में विश्वास, और सेवा-व्रत इनके आदर्शात्मक त्रिभुज की तीन रेखाएँ हैं—सेवा-व्रत को इसकी आधाररेखा कहा जा सकता है। इस तरह के इनके प्रत्येक नाटक में एक तो सच्चा सेवाव्रती पात्र दिखाई पड़ता है और दूसरा

इसकी आड़ में यशोलिप्सा रूपी महत्त्वाकांक्षा की पूर्ति करनेवाला पात्र। 'सेवापथ' का दीनानाथ, 'दुख क्यों' की सुखदा और 'गरीबी या अमीरी' की अचला सच्चे सेवाव्रती पात्र हैं और उन्हीं नाटकों के श्रीनिवास, यशपाल और विद्याभूषण सेवा और स्वाभिमान की ओट में अपनी महत्त्वाकांक्षा की तृप्ति करनेवाले चरित्र। 'गरीबी या अमीरी' की अचला कहती है, "जिस सोने-चाँदी पर गरीबों के आँसुओं का जंग और जवाहर पर उनके खून के दाग हों, वे उसे क्यों छुवें? इस बार...इस बार इस अमीरी का सदा के लिए त्याग कर गरीबी का आलिंगन करूँगी। इस...इस दफा, इस उत्तराधिकार को हमेशा के लिए छोड़, श्रम को गले लगाऊँगी।...विभा बहन, हर नई पीढ़ी के लिए किसी-न-किसी चमकते हुए आदर्श की जरूरत है और उसे देखे बिना, उस ओर बढ़े बिना सुख नहीं मिलता!" अचला अपने जीवन को इन्हीं आदर्शों के अनुरूप ढाल लेती है। महत्त्वाकांक्षी पात्रों का नकाब उलट देने पर उनकी सूरत सर्वत्र पहचान ली जाती है। इनके इन आदर्शवादी पात्रों में गहरा द्वन्द्व—भौतिक या आध्यात्मिक—नहीं आ पाया है। कदाचित इसका मुख्य कारण यह है कि सेठ जी के जीवन में भी द्वन्द्व और संघर्ष की सघनता प्रवेश नहीं पा सकी है।

सेठ जी के पात्रों के नामकरण के मूल में भी उनका आदर्श झाँकता रहता है। दीनानाथ और गरीबदास नाम से ही उनके चरित्रों के आदर्शात्मक अंश बहुत कुछ स्पष्ट हो जाते हैं। शायद ये 'यथा नामो तथा गुण:' के हिमायती हैं, अन्यथा यशपाल यशलोलुप, श्रीनिवास सम्मान और प्रतिष्ठा का अभिलाषी, विद्याभूषण आत्माभिमानी, सुखदा सुख-दात्री, अचला आदर्शों के प्रति अविचल निष्ठावान न बन पाती।

इनके सामाजिक-राजनीतिक नाटकों का अन्त प्राय: करुण वातावरण में होता है, लेकिन यह करुणा उतनी तीखी नहीं है जो जी को कचोट ले। सेठ जी का जो जीवन-दर्शन उनके नाटकों में अभिव्यक्त हुआ है, उसके लिए वैसा करना आवश्यक भी नहीं था। यह करुणा जीवन के किसी-न-किसी उदात्त आदर्श से अनुप्राणित है। ऐसी स्थिति में पाठकों के सम्मुख वैयक्तिक करुणाजनक वातावरण की पृष्ठभूमि पर जो मंगलमय आदर्श प्रतिष्ठित हुआ है वह प्रमुख हो उठता है। अपने जीवन में अनेक संघर्षों को देखने के बाद भी उन्हें जो सुख-शान्ति मिली है वही उनके नाटकों के अन्त में भी प्रतिध्वनित हुई है। 'गरीबी या अमीरी' में उपसंहार का कार्य सुख-सन्तोष उत्पन्न करना ही है, अन्यथा टेकनीक की दृष्टि से नाटक पहले ही समाप्त हो जाता है।

पृथ्वीनाथ शर्मा और उपेन्द्रनाथ अश्क

पृथ्वीनाथ शर्मा और उपेन्द्रनाथ अश्क दोनों मध्यवर्गीय कलाकार हैं। आधुनिक शिक्षा के परिणामस्वरूप मध्यवर्ग के विचारों में, उनकी रहन-सहन में पर्याप्त उलट-

फेर हुआ है—विशेष रूप से प्रेम और विवाह के सम्बन्ध में। आधुनिक शिक्षित युवक-युवतियों के जीवन में प्रेम और विवाह सम्बन्धी अनेक प्रकार की रोमैंटिक धारणाएँ घर कर गई हैं और वे वस्तु-स्थितियों को नजरअन्दाज कर कल्पना की रंगीन बस्तियाँ बसाने लगे हैं। पर वास्तविक जीवन की कठोरताओं से टकराकर उनके हवाई महल और काल्पनिक बस्तियाँ चकनाचूर हो जाती हैं। वास्तविकता और रोमांस का यह विरोध ही इनकी रचनाओं का मेरुदंड है।

पृथ्वीनाथ शर्मा के 'दुविधा' नाटक को ही लीजिए। इसमें उच्च शिक्षा प्राप्त एक युवती के प्रेम और विवाह की समस्या है। इसकी नायिका सुधा का प्रेम भावुकतापूर्ण है, स्वप्न की रंगीन किरणों से बुना हुआ। उसका भावुक मन उत्तेजना की राह खोजता रहा है, आकाश के रुपहले तारों के पीछे भागता रहा है। इससे ऊबकर वह एकरस वैवाहिक जीवन से समझौता करने का निश्चय करती है। पर अन्त में उसकी जिन्दगी 'न खुदा ही मिला न विसाले सनम' को चरितार्थ कर हट जाती है अथवा 'दुविधा में दोऊ गए माया मिली न राम' का जीवन्त प्रतीक बनकर रह जाती है।

इसके कथानक में भी प्रेम का वही लोकप्रिय त्रिकोण है—दो पुरुष और एक नारी। ये सभी पात्र उच्च शिक्षा प्राप्त हैं—लन्दन रिटर्न्स। केशव बैरिस्टर है और विनय बेकार युवक—दोनों सुधा के प्रेमी हैं। पर केशव नारी की भावुकता को कुरेदकर उसे बरगलाने में परम आधुनिक है और विनय निराशाजन्य उद्विग्नता से ओत-प्रोत आत्माभिमानी प्रेमी।

अश्क के 'स्वर्ग की झलक' में विवाह सम्बन्धी रोमैंटिक धारणा पर व्यंग्य है। पर अश्क का व्यंग्य शर्मा जी के व्यंग्य की अपेक्षा अधिक व्यापक और गहरा है। कम-से-कम नाटककार ने इस दिशा में प्रयास अवश्य किया है जिससे उसमें गहराई और व्याप्ति का समावेश हो सके। यद्यपि 'दुविधा' में सुधा का द्वैध विशेष परिस्थितियों के कारण बना रहता है, फिर भी पाठक स्वयं किसी दुविधा में नहीं रहता। उसके सामने रोमैंटिक प्रेम का खोखलापन स्पष्ट हो जाता है। पर विवाह के चित्र की धुँधली लकीरें, उसकी स्पष्ट रूपरेखा प्रस्तुत नहीं कर पातीं। अश्व ने 'स्वर्ग की झलक' में कुछ ऐसी नाटकीय परिस्थितियाँ पैदा की हैं जो तथाकथित उच्चशिक्षा प्राप्त कुमारियों से विवाह करने की ललक पर तीव्र आघात करती हैं। 'स्वर्ग की झलक' को 'दुविधा' का अगला कदम कहा जा सकता है। 'दुविधा' में जहाँ रोमैंटिक प्रेम पर प्रहार किया जाता है वहाँ 'स्वर्ग की झलक' में रोमैंटिक प्रेम पर आधारित विवाह के खोखलेपन पर।

उच्च शिक्षा प्राप्त स्त्रियों से विवाह करने के मूल में जो मनोवृत्ति काम कर रही है वह या तो आर्थिक है या फिर रोमैंटिक, जिसमें बाह्य-प्रदर्शन और साज-सज्जा का प्राधान्य है। 'स्वर्ग की झलक' के रघुनन्दन को धर्मपत्नी के

रूप में दरजिन, रसोइया या गुड़िया नहीं चाहिए। उसे उच्च शिक्षा प्राप्त पत्नी चाहिए, क्योंकि समाज में उसका दर्जा ऊँचा हो गया है, क्योंकि अशोक की पत्नी बी. ए. है, राजेन्द्र की एम. ए., सत्य की एम. बी. बी. एस.। पर रघु का यह सपना अशोक के घर जाकर लड़खड़ा जाता है, राजेन्द्र के घर भूमि चूमने लगता है और कन्सर्ट पार्टी का आयोजन देखकर टूट जाता है। ज्यों ही उसके भ्रम का पर्दाफाश होता है, वह मामूली पढ़ी-लिखी रक्षा को अपनाने में ही अपना और अपने घर का कल्याण देखता है।

इस नाटक के सारे-के-सारे पात्र मध्यवर्ग के हैं जो ऊपर-ऊपर से भरे रहने परे भी कितने रीते हैं! अशोक और राजेन्द्र तो मध्यवर्गीय बाबुओं का जीवन्त कैरिकेचर हैं। अशोक अपने घर की प्रतिष्ठा बचाने के लिए झूठमूठ अपनी ग्रेजुएट पत्नी को बीमार बना देता है और अपने आमंत्रित अतिथि रघु को तन्दूर के पराँठे पर टरका देता है। पर कन्सर्ट में श्रीमान और श्रीमती अशोक दोनों का सम्मिलित होना तथा संयोग से रघु का इन्हें देख लेना—उनकी मध्यवर्गीय घरेलू प्रतिष्ठा पर अत्यन्त चुभता हुआ व्यंग्य है। राजेन्द्र को व्यक्तित्व नहीं मिल पाया है पर उसे मिल भी नहीं सकता था। रघु के यह कहने पर कि तुम दुर्बल हो, राजेन्द्र जो उत्तर देता है, वह सत्य के अत्यन्त निकट है। "तुम इसे दुर्बलता कहते हो, मैं इसे दूरदर्शिता समझता हूँ। पत्थर को समझाओ तो सिरदर्द लो, उससे टकराओ तो माथा फोड़ो।" कितनी विवशता भरी खीज है! वैसी परिस्थिति में उस भयानक कुंडली चक्र से छूट पाना सहज नहीं है।

'दुविधा' और 'स्वर्ग की झलक', दोनों की टेकनीक सुलझी हुई और साफ है। कथाएँ इकहरी, संवाद संक्षित पर प्रभावशाली, कथानक गतिशील और चरित्र की रेखाएँ स्पष्ट और उभरी हुई हैं। पर कई दृष्टियों से अश्क का नाटक पृथ्वीनाथ शर्मा के नाटक से भिन्न हो जाता है। अश्क नाटकीय स्थितियों (ड्रामैटिक सिचुएशन्स) के निर्माण में अत्यन्त कुशल हैं, जिससे उनके नाटकों में सजीवता और अभिनेयता अपने-आप आ जाती है। 'कन्सर्ट' में रघु और अशोक दम्पती का मिलन एक ऐसी ही स्थिति है। फिर 'दुविधा' की कथावस्तु उस विकसनशील पद्धति पर चलती है जो नाटकीय आदि, मध्य और अन्त को सीधी रेखा में मिला देती है। 'स्वर्ग की झलक' की कथावस्तु में कथा की घात-प्रतिघातात्मक परिपाटी गृहीत हुई है जो अपने-आपमें अपेक्षाकृत अधिक नाटकीय है। अन्त में भाई साहब के कथन ने नाटक को स्थूल परिसमाप्ति से बचाकर उसमें नया आकर्षण पैदा कर दिया है।

'छठा बेटा' अश्क का दूसरा सामाजिक व्यंग्य है। इसमें एक ओर तो सफेदपोश स्वार्थी मध्यवर्ग की नई पीढ़ी पर व्यंग्य है तो दूसरी ओर पुरानी पीढ़ी की छलनामयी आशा का निर्मम चित्रण। अवकाश-प्राप्त वसन्तलाल को उसके पाँच पुत्र—उच्च शिक्षा प्राप्त पुत्र—अपने पास नहीं रखना चाहते। ऐसी स्थिति में उसकी आशा खोए

हुए छठे पुत्र पर जा टिकती है। लेकिन क्या पता कि छठा पुत्र भी अपने भाइयों से भिन्न होगा!

बाद में वसन्तलाल को तीन लाख की लाटरी मिलने पर उनके पुत्रों का जो रंग बदलता है वह उनके वास्तविक रूप का बुरी तरह उद्घाटन करता है।

पर स्वप्न में वसन्तलाल के पुत्रों के बदले हुए रूप-रंग को जिस ढंग से चित्रित किया गया है वह बड़ा ही स्थूल हो गया है। देव का यह कथन कि परमात्मा की सौगन्ध, सौ रुपए के लिए तो आदमी सौ जूते खा सकता है अथवा यह कि 'चालीस रुपया मासिक के हिसाब से मात्र 420 रुपया...फिर यदि 100 जूते खाने के बदले सौ रुपया मिल जाए तो क्या बुरा है' जी. पी. श्रीवास्तव की याद दिलाता है। कैलाश का खड़ी चोटी के सम्बन्ध में जो तर्क है वह भी उसी प्रकार सस्ते मनोरंजन का विषय है। कहना न होगा कि इस नाटक में हास्य का सृजन सतह से ऊपर नहीं उठ पाया है। इसलिए व्यंग्य में वह तीखापन नहीं है जो जी को तिलमिला देता है; उसमें वह पैनापन नहीं है, वह धार नहीं है जो सड़े-गले फोड़ों को जड़ से साफ कर दे।

इस प्रकार के हल्के हास्य की सृष्टि को समझने के लिए आवश्यक है कि लेखक की तत्कालीन मानसिक स्थिति स्पष्ट कर ली जाए। भूमिका में उसने स्वयं लिखा है कि उस समय वह अनेक प्रकार की मानसिक परेशानियों से गुजर रहा था। इन मानसिक परेशानियों को दूर करने के लिए 'छठा बेटा' को जन्म दिया गया। प्राणिशास्त्रीय तथा मनोवैज्ञानिक दोनों दृष्टियों से विचार करने पर गर्भस्थ बालक का स्रष्टा की शारीरिक और मानसिक व्याधियों से आक्रान्त होना अनिवार्य-सा होता है। स्वस्थ व्यंग्य-विनोद के लिए स्वस्थ मस्तिष्क का होना प्राथमिक आवश्यकता है। मानसिक परेशानियाँ जितनी उलझनपूर्ण होंगी उसे दूर करने के लिए व्यंग्य और विनोद भी उतना ही हल्का होगा। 'स्वर्ग की झलक' लिखते समय कदाचित लेखक इस तरह की मानसिक परेशानियों में उलझा हुआ नहीं था। यही कारण है कि उसका व्यंग्य अपेक्षाकृत अधिक संयमपूर्ण और तीखा हो सका है।

टेकनीक की दृष्टि से यह स्वप्न-नाटक कहा जा सकता है, क्योंकि इसका मुख्य भाग स्वप्न में ही घटित होता है। स्वप्न की धुन्ध पड़ने पर छाया-प्रतिमाओं के सृजन का फिल्मी प्रयोग नाटकीय शिल्प की दृष्टि से नवीन और श्लाघ्य है।

'कैद और उड़ान' ('50) में दो स्त्रियों की जिन्दगी चित्रित है—एक उसकी जो बन्दिनी है, दूसरी उसकी जो उन्मुक्त है। समस्या पिटी हुई है। अप्पी विवाह की कारा में कैद है और अपने प्रेमी के विरह में दुखी। 'उड़ान' की माया पुरुष को झटककर देवीत्व से मुक्त होकर अपने पैरों पर खड़ी होती है। 'पैंतरे' फिल्मी जीवन पर आधारित साधारण नाटक है।

'अलग-अलग रास्ते' ('54) पहले 'आदिमार्ग' के नाम से एकांकी के रूप में लिखा गया था। बाद में इसी को 'अलग-अलग रास्ते' की शक्ल दी गई, इसमें

रानी और राज दो बहनों के अलग-अलग रास्तों को चित्रित किया गया है। रानी का विवाह धनी-मानी त्रिलोक से होता है और राज का प्रोफेसर मदन से। दोनों का जीवन दुखी है। वे अपने पिता के घर लौट आती हैं।

लड़कियों का पिता त्रिलोक को मकान और मोटर का प्रलोभन देता है और वह रानी को वापस ले जाने के लिए आता है। पर रानी कहती है, "आप जाइए,... पिताजी से मकान लीजिए, मोटर लीजिए, मुझे उस मकान-मोटर की कोई आवश्यकता नहीं।" किन्तु राज अपने उस पति के पास लौट जाती है जिसने दूसरा विवाह कर लिया है। इसकी समस्याएँ कैद और उड़ान की समस्याओं से भिन्न नहीं है।

अश्क के लिखे अब तक के नाटकों में 'अंजो दीदी' कदाचित सबसे अधिक प्रौढ़ रचना है—अपने कथ्य और नाटकीय विन्यास दोनों के कारण। वे मध्यवर्गीय परिवेश के नाटककार हैं। उनके प्रत्येक नाटक में प्राय: इसी वर्ग के परिवेश के विभिन्न आयाम दिखाई पड़ेंगे। अपने नाटकों में वे इस वर्ग की समस्याओं को लेते हैं। इस नाटक में जो समस्या उठाई गई है वह वर्ग विशेष की उतनी नहीं है जितनी स्वयं जीवन की। इसलिए इस नाटक की समस्या अपेक्षाकृत व्यापक और गहरी बन पड़ी है।

इसकी केन्द्रीय पात्र हे अंजो दीदी। वह बेहद अनुशासन प्रिय है—यहाँ तक कि वह हद पार कर जाती है। यह अनुशासनप्रियता यांत्रिक होने के कारण परिवार के प्रत्येक प्राणी को पुर्जे के रूप में ढालती जाती है। हर चीज का समय निर्धारित है, प्रात:काल उठने का, नाश्ते का, भोजन का, आराम का, हर चीज का सुनिश्चित सलीका है—उठने-बैठने का, नमस्कार-प्रणाम का, खेल-पढ़ाई का। इन सभी कामों मे उसे प्रमाद असह्य है। अंजो दीदी के साँचे में वकील साहब ढलकर भी नहीं ढल पाते। इसका परिणाम होता है आत्महत्या।

इस सारे माहौल में अंजो का भाई श्रीपत अंजो-विरोधी चरित्र है, यानी अंजो की यांत्रिकता का विरोधी। वह अंजो का मनोविश्लेषण करता हुआ कहता है, "...अंजो सख्त मॉबिड और जालिम थी, क्योंकि उसके नाना मॉबिड और जालिम थे। वह इस घर को घड़ी की तरह चलाना चाहती थी, पर वह न जानती थी कि घड़ी मशीन है और इनसान मशीन नहीं। जब इनसान मशीन बन जाएगा तो वह दिन दुनिया के लिए सबसे बड़े खतरे का दिन होगा...लेकिन मैं समझता हूँ, आज अंजो की सनक...उसके तिलिस्म को तोड़ना जरूरी है, ताकि इस घर के वासी अपनी-अपनी जिन्दगी जिएँ...।"

पर सवाल यह उठता है कि क्या श्रीपत की चर्या जिन्दगी है? क्या अंजो दीदी और श्रीपत जिन्दगी के दो अतिवादी छोर नहीं हैं? क्या अंजो दीदी का विरोधी रोल अदा करने में श्रीपत स्थान-स्थान पर अति नाटकीय नहीं हो जाता?

इन प्रश्नों के बावजूद इसकी मनोवैज्ञानिक गुत्थियाँ यथार्थ का जो भ्रम प्रस्तुत करती हैं, वे अर्थों की कई परतें खोलती हैं। पच्चीस वर्षों की अवधि को अत्यन्त कुशलतापूर्वक नाटकीय परिपार्श्व में समेट लिया गया है। घड़ी, टेबुल, उसी टेबुल पर दुबारा सोना आदि को प्रतीकात्मक अर्थ मिल गया है।

'भँवर', 'बड़े खिलाड़ी' और 'लौटता हुआ दिन' 'कैद और उड़ान' तथा 'अलग-अलग रास्ते' की परम्परा के नाटक हैं। इन नाटकों में अश्क ने अपने को दुहराया है। अपने को बार-बार दुहराना किसी भी साहित्यकार के चुकने का सबूत देता है।

समग्रत: अश्क के नाटकों की समस्या प्रेम और विवाह की समस्या है। अश्क की सृजन-प्रक्रिया से प्रतीत होता है कि उन्होंने कहीं कोई घटना देखी या पात्र देखा और उनके 'इर्दगिर्द नाटक का ताना-बाना बुन दिया। जाहिर है कि इस प्रकार का लेखन कहीं भी जीवन की गहराई में नहीं धँस पाता।

उनके नाटकों के कथानक और चरित्र एकरस और सपाट हो गए हैं, उनमें कहीं भी जटिल जीवन का बोध नहीं है। मंचन की दृष्टि से उनमें एक सुथरापन है। पर यही उनकी सबसे बड़ी कमजोरी भी है। यह सुथरापन उनके सपाट जीवनबोध को प्रतिच्छवि है। अश्क के सम्पूर्ण साहित्य की सबसे बड़ी कमजोरी है 'विजन' का अभाव। विजन की बात छोड़ भी दें तो जीवन के जटिल सन्दर्भों से वे कहीं नहीं जुड़ पाते। इसके लिए उनमें विचित्र प्रकार का ठंडापन आ गया है।

'अलग-अलग रास्ते' एकांकी की शकल में लिखे गए 'आदिमार्ग' का तीन अंकों में लिखा गया नाटक-रूप है। इसकी समस्याओं को आज की समस्याओं से नहीं बाँधा जा सका है। यदि ताराचन्द सोच-विचार से काम लेते, विवाह में वर-निर्वाचन के खयाल को ही प्राथमिकता देते तो क्या लड़कियों की जिन्दगी सुखी हो जाती? क्या जहाँ वर-निर्वाचन की पूरी छूट है वहाँ समस्या सुलझ गई है? ये अलग-अलग रास्ते नए नहीं हैं—समझे-बूझे, जाने-पहचाने हैं। 'अन्धी गली' अश्क का प्रयोगात्मक नाटक है। इसमें कई एकांकी हैं—अपने में पूर्ण; पर सब मिलाकर वे कई अंकों का नाटक बन जाते हैं। इसमें भारत-विभाजन के फलस्वरूप विस्थापित लोगों के विकृत मूल्यों को नाटकीय रूप दिया गया है।

उदयशंकर भट्ट

भट्ट जी के सामाजिक नाटकों में 'क्रान्तिकारी' और 'नया समाज' मुख्य हैं। 'क्रान्तिकारी' में सामान्य गांधीबादी आन्दोलनों के बीच-बीच उठनेवाले क्रान्तिकारी आन्दोलनों को चित्रित किया गया है। भारतीय स्वतंत्रता-संग्राम में इनके महत्त्व को अस्वीकार करना तथ्य को झुठलाना है। गांधीवादी आन्दोलनों को लेकर चलनेवाले

विषयों को छोड़कर इस नए विषय को कथावस्तु के रूप में ग्रहण करना भट्ट जी की दृष्टि से नएपन का द्योतक है।

क्रान्तिकारी जीवन की साहसिकता, अद्भुत देशभक्ति, अपूर्व त्यागनिष्ठा, रोमांचकारी अनुशासन-प्रियता आदि का चित्रण बहुत ही प्रभावशाली ढंग से किया गया है। पर क्रान्तिकारी आन्दोलन का जो आदर्श स्वरूप इस नाटक में प्रस्तुत किया गया है वह मानवीय संवेदना से बहुत कुछ रिक्त है।

दिवाकर सच्चे क्रान्तिकारी का प्रतीक है। उसकी अव्याहत चारित्रिक दृढ़ता, दलगत अनुशासन के नाम पर निर्मम बलिदान की अडिग आकांक्षा क्रान्तिकारी आन्दोलन का जीवन्त चित्र उपस्थित करती है। फिर भी वह जरूरत से ज्यादा वाचाल हो गया है। क्रान्तिकारी का संयम और गोपन उसमें प्रायः नहीं दिखाई पड़ता। पर पुलिस द्वारा उसके परिवार को जिस नारकीय यंत्रणा में झुलसना पड़ा उसमें उसका चरित्र तपे हुए सोने की भाँति और भी खरा हो जाता है। मनोहर सिंह का अन्तर्द्वन्द्व मनोवैज्ञानिक दृष्टि से युक्ति-युक्त बन बड़ा है। लेकिन वीणा को जो अतिशय भावुकतापूर्ण 'रोल' अदा करना पड़ा है वह स्वाभाविक नहीं कहा जा सकता। लगता है, एक पूर्व निश्चित योजना को पूर्ण करने के लिए उसे एक निश्चित साँचे में ढाल दिया गया है।

'क्रान्तिकारी' के संवादों में काफी जान है—विशेष रूप से दिवाकर के। पर दिवाकर के संवादों की बौद्धिकता, वक्रता, व्यंग्य, वैदग्ध्य एक ओर नाटक को प्राणवान बनाते हैं तो दूसरी ओर उसके क्रान्तिकारी चरित्र को कमजोर। पर सब मिलाकर संवाद काफी अच्छे बन पड़े हैं। रंगमंच पर इसे सफलतापूर्वक उतारा जा सकता है।

'नया समाज' में यद्यपि अन्त में नए नमाज के निर्माण का संकेत मिलता है फिर भी इसकी मुख्य समस्या प्रेम, विवाह और रोमांस की समस्या ही है। भट्ट जी ने नाटक की भूमिका में लिखा है कि "...पर बात केवल यही नहीं है कि यह नाटक जमींदारी प्रथा के उन्मूलन पर है; इसमें और भी है।..." सच पूछिए तो इसमें और अधिक है और जमींदारी प्रथा का उन्मूलन पर कम। जमींदारी प्रथा के उन्मूलन के कारण जमींदारों की आर्थिक स्थिति में जो परिवर्तन हुआ है और उसके फलस्वरूप उनके रहन-सहन, विचार, धारणा और सामाजिक सम्बन्धों को जो प्रबल धक्का लगा है वह नाटक की विषय-वस्तु के अन्तर्गत प्रायः नहीं आ सका है। इसलिए 'नया समाज' का कोई साफ नक्शा सामने नहीं उभर पाता। चन्दू-रीटा के रोमांस और कामना की यौन विकृतियों (Sexual Perversion) में अधिक उलझ जाने के कारण नए समाज की गहराई में उतरने के लिए नाटककार को अवकाश नहीं मिल पाया है।

मोहन राकेश—आधे-अधूरे

'आधे-अधूरे' को समझने का समारम्भ 'लहरों के राजहंस' के अन्तिम वाक्यों से ही क्यों न किया जाए! उसमें सुन्दरी कहती है, "तुम...! कितने-कितने बिन्दु खोजे हैं आज तक तुमने?...जाओ, कुछ और शब्द ढूँढ़ो...फिर भी वही-के-वही बने रहते हो तुम? वही...वही!" नन्द अनेक बिन्दुओं की तलाश करता है। फिर भी जहाँ-का-तहाँ लौट आता है। यद्यपि लौट आने का उल्लेख 'लहरों के राजहंस' में नहीं है, फिर भी सुन्दरी के कथन में लौटने के संकेत मिलते हैं।

नाटक की प्रस्तावना में, काले सूट वाला आदमी कहता है, "मैं वास्तव में कौन?—यह एक ऐसा सवाल है जिसका सामना करना इधर आकर मैंने छोड़ दिया है। जो मैं इस मंच पर हूँ, वह यहाँ से बाहर नहीं हूँ और जो बाहर हूँ...खैर, इसमें आपकी क्या दिलचस्पी हो सकती है कि मैं यहाँ से बाहर क्या हूँ? शायद अपने बारे में इतना कह देना ही काफी है कि सड़क के फुटपाथ पर चलते आप अचानक जिस आदमी से टकरा जाते हैं, वह आदमी मैं हूँ। आप सिर्फ घूरकर मुझे देख लेते हैं—इसके अलावा मुझसे कोई मतलब नहीं रखते कि मैं कहाँ रहता हूँ, क्या काम करता हूँ..."

आगे वह पुनः कहता है, "...एक विशेष परिवार, उसको विशेष परिस्थितियाँ! परिवार दूसरा होने से परिस्थितियाँ बदल जातीं, मैं वहीं रहता। इसी तरह सब कुछ निर्धारित करता। इस परिवार की स्त्री के स्थान पर कोई दूसरी स्त्री किसी दूसरी तरह से मुझे झेलती—या वह स्त्री मेरी भूमिका ले लेती और मैं उसकी भूमिका लेकर उसे झेलता। और यह निर्णय करना कठिन होता कि इसमें मुख्य भूमिका किसकी थी—मेरी, उस स्त्री की, परिस्थितियों की, या तीनों के बीच उठते हुए कुछ सवालों की।"

इन उद्धरणों से दो बातें स्पष्ट हैं—एक तो यह कि 'मैं कौन हूँ' जैसे सवाल को उसने छोड़ दिया है। दूसरी यह कि परिवार दूसरा होने पर, परिस्थितियों के दूसरा होने पर भी वह 'वही होता'। नन्द अनेक बिन्दुओं को खोजने पर भी अपने बिन्दु पर रहता है। क्या वही स्थिति इस काले सूटवाले आदमी को नहीं है? इसकी स्थिति तो और भी बदतर है। नन्द तो बिन्दुओं की खोज भी करता है किन्तु काले सूटवाला आदमी तो यह भी छोड़ चुका है। इसलिए यह अधिक ट्रेजिक है। यह ट्रेजिडी, अकेलापन इसकी आधुनिकता है।

नाटक के पूर्वार्द्ध में जिस परिवार को लिया गया है उसमें अजीब-सी घुटन मायूसी, अजनबियत छाई हुई है। पुरुष की आर्थिक स्थिति नहीं के बराबर है। उसके सारे आर्थिक प्रयास असफल हो चुके हैं। पत्नी की दृष्टि में वह पालतू और निकम्मा हो गया है। वह अपने घर में ही निर्वासित और 'आउट साइडर'

है। पुरुष और स्त्री के बीच बराबर किसी-न-किसी बाहरी आदमी का बना रहना भी इसके लिए दायी है।

पुरुष एक कहता है, "मैं इस घर में एक रबड़ स्टैम्प भी नहीं, सिर्फ एक रबड़ का टुकड़ा हूँ—बार-बार घिसा जानेवाला रबड़ का टुकड़ा। इसके बाद कोई मुझे वजह बता सकता है, एक भी ऐसी वजह, कि क्यों मुझे रहना चाहिए इस घर में?..."

"सचमुच महसूस करता हूँ। मुझे पता है मैं एक कीड़ा हूँ। जिसने अन्दर-ही—अन्दर इस घर को खा लिया है। अब पेट भर गया है मेरा। हमेशा के लिए भर गया है। और बच्चा भी क्या है जिसे खाने के लिए और रहता रहूँ यहाँ?..."

स्त्री कमाती है और घर को विचित्र ढंग से सँभालती है। उसका दावा है कि "जो दो रोटी मिल जाती है मेरी नौकरी से, वह भी न मिल पाती।"...वह बिन्नी से कहती है, "अब मुझसे नहीं होता, बिन्नी! अब मुझसे नहीं सँभलता।" दूसरे स्थान पर वह पुनः बिन्नी से कहती है, "यहाँ पर सब लोग समझते क्या हैं मुझे? एक मशीन, जो कि सबके लिए आटा पीस पीसकर रात को दिन और दिन को रात करती रहती है।"

पर न तो छोटी लड़की खुश है और न लड़का। लड़का कहता है, "जब नहीं निभता इनसे यह सब, तो क्यों निभाए जाती हैं इसे?"

बड़ी लड़की प्रकाश्य रूप से माँ के पक्ष में है। पर वह माँ के घर से कुछ ऐसी चीज ले गई है जो उसे घेरे रहती है, चैन की साँस नहीं लेने देती। मनोज के साथ उसका प्रेम-विवाह हुआ है, फिर भी दोनों में एक कटाव है। वह कहती है, "कि दो आदमी जितना ज्यादा साथ रहें, एक साथ हवा में साँस लें, उतना ही ज्यादा अपने को एक-दूसरे से अजनबी महसूस करें।" बड़ी लड़की अपने मायके में भी 'आउट साइडर' है और ससुराल में भी। छोटी लड़की गुस्ताख है तो लड़का शोख और घरेलू वातावरण से बुरी तरह प्रभावित।

महेन्द्र की स्थिति विचित्र है। वह न अपनी पत्नी को छोड़ सकता है और न एक साथ रह सकता है। वह अपनी पत्नी के कपड़े तार-तार कर देता है, उसे बन्द कमरे में पीटता है। फिर भी आश्चर्य तो यह है कि उसे प्यार करता है। महेन्द्र अपने मित्र जुनेजा के यहाँ गया हुआ था। वह उसे अपनी पत्नी को समझाने के लिए भेजता है और पत्नी है कि जगमोहन के साथ कहीं जाने को तैयार है। उत्तरार्ध में जुनेजा-सावित्री संवाद से आधे-अधूरेपन की स्थितियों पर प्रकाश पड़ता है। उनके पुनरावलोकन से वातावरण क्रमशः गम्भीर होता हुआ पुनः यथास्थिति की भास ही तक पहुँचा जाता है।

पुरुष चार यानी जुनेजा कहता है कि "स्त्री पुरुष को छुटकारा क्यों नहीं देती है? तुमने इस तरह शिकंजे में कस रक्खा है उसे कि अब वह अपने दो पैरों पर

चल सकने लायक नहीं रहा।" सावित्री का प्रत्यारोप है, "मैंने हमेशा हर चीज के लिए किसी-न-किसी का सहारा ढूँढ़ते पाया है। खास तौर पर आपको यह करना चाहिए या नहीं—जुनेजा से पूछ लूँ। वहाँ जाना चाहिए या नहीं जुनेजा से राय कर लूँ। कोई छोटी-से-छोटी चीज खरीदनी है, तो भी जुनेजा की पसन्द से। कोई बड़े-से-बड़ा खतरा उठाना है—तो भी जुनेजा की सलाह से। यहाँ तक कि मुझसे ब्याह करने का फैसला भी कैसे किया उसने? जुनेजा के हामी भरने से?"

सावित्री विवाह के उद्देश्य पर प्रकाश डालती है कि आदमी अपने अधूरेपन को भरने लिए घर बसाता है। इस तरह वह अपने को पूरा करता है और जिससे विवाह करता है उसको भी पूरा करता है। पर महेन्द्र न तो अपनी जिन्दगी को भरता है और न अपनी पत्नी की जिन्दगी को। वह दूसरों के खाली खाने को भरता है। दूसरों द्वारा इस्तेमाल किया जाता है।

सावित्री अपने लिए पूरा आदमी चाहती है—मुकम्मल आदमी। उसका कहना है कि महेन्द्र को आदमी बनाकर पा लेने की कोशिश भी उसने की है। इस प्रयास पर महेन्द्र के दोस्त उसे बिना हाड़-मांस का निरा-पुतला कहते हैं—बेचारा कहते हैं। सावित्री की नजरों में वह पहले से ही लिजलिजा और चिपचिपा आदमी रहा है।

जुनेजा महेन्द्र की स्थिति के लिए सावित्री को जिम्मेदार ठहराता है। सावित्री हर दूसरे-चौथे साल अपने को अलग करने, महेन्द्र से काट लेने का प्रयत्न करती रही—इसके लिए किसी-न-किसी अनुकूल अवसर और अनुकूल व्यक्ति की तलाश करती रही। सबसे पहले उसकी जिन्दगी में जुनेजा आया और वह जुनेजा की इज्जत करती रही। पर अब वही आदमी उसकी आँखों में गिर गया है।

इसके बाद वह शिवजीत के प्रति आकृष्ट हुई—उसकी उपाधियों के प्रति, उसके विदेश परिभ्रमण के प्रति। कुछ ही दिनों के बाद उसे महसूस हुआ कि शिवजीत दोगला किस्म का आदमी है। इसके अनन्तर उसके जीवन में जगमोहन का प्रवेश होता है। जगमोहन में खर्च की दरियादिली थी, टिपटाप रहने की आदत थी, जबान में मिठास थी। कुछ दिनों के अनन्तर उसकी भी शिकायत करने लगी।

पुरुष चार अपने एक वक्तव्य में इसकी मनोवैज्ञानिकता को स्पष्ट करता हुआ कहता है, "असल बात इतनी ही है कि महेन्द्र की जगह इनमें से कोई भी आदमी होता तुम्हारी जिन्दगी में तो साल-दो साल के बाद तुम भी यही महसूस करतीं कि तुमने एक गलत आदमी से शादी कर ली है। उसकी जिन्दगी में भी ऐसे ही कोई महेन्द्र, कोई जुनेजा, कोई शिवजीत या कोई जगमोहन होता जिसकी वजह से तुम यही सब सोचतीं, यही सब महसूस करतीं। क्योंकि तुम्हारे लिए जीने का मतलब रहा है कितना कुछ एक साथ होकर, कितना कुछ एक साथ पाकर और कितना कुछ एक साथ ओढ़कर जीना। वह उतना कुछ कभी तुम्हें किसी एक जगह नहीं मिल पाता, इसलिए जिस किसी के साथ भी जिन्दगी शुरू करतीं, तुम हमेशा इतनी ही

खाली, इतनी ही बेचैन बनी रहतीं। वह आदमी भी इसी तरह तुम्हें अपने आस-पास सिर पटकता और कपड़े फाड़ता नजर आता और तुम..."

इन सारी कोशिशों और असफलताओं के बावजूद उसने मनोज को मुहरा बनाया किन्तु वह उसकी लड़की को लेकर भाग गया। अन्त में जगमोहन के सामने उसने अपनी समस्त नारीजनोचित करुणा उड़ेल दी। किन्तु उसकी फलश्रुति में भी असफलता ही हाथ लगी।

पुरुष चार उसे अन्तिम धक्का देता है, "फिर भी तुम्हें लगता रहा कि तुम चुनाव कर सकती हो। लेकिन दाएँ से हटकर बाएँ, सामने से हटकर पीछे, इस कोने से हटकर उस कोने में—क्या सचमुच कोई चुनाव नज़र आया है तुम्हें? बोलो, आया है नजर कहीं?"

नाटक की प्रस्तावना में कहा गया है कि नाटक की वास्तविकता कुछ सवालों पर भी निर्भर करती है। वे सवाल हैं—व्यक्तित्व का न होना, सब कुछ को एक साथ ओढ़कर जीना, चुनाव करने की आकांक्षा। महेन्द्र की दयनीयता बहुत कुछ उसकी व्यक्तित्वहीनता और स्वतंत्र निर्णय की अक्षमता पर निर्भर है। सावित्री की असफलताएँ सब कुछ को ओढ़कर जीने में निहित हैं। चुनने की, वरण की स्वतंत्रता का उपयोग करके भी वह कुछ नहीं कर पाती!

इन प्रश्नों को स्थितियों और व्यक्तियों के अपने व्यक्तित्व से अलगाया नहीं जा सकता। ये सब मिलकर नई स्थिति पैदा करते हैं और इस स्थिति में सब-के-सब छोटी लड़की के शब्दों में मिट्टी के लोंदे होकर रह जाते हैं। कोई अपने को किसी से मुक्त नहीं कर पाता, किसी से जुड़ नहीं पाता। सारी स्थिति जुड़ने और छूटने के बीच स्थगित हो जाती है।

इधर की आधुनिकता-प्रधान कृतियों की एक मुख्य समस्या रही है—अलगाव से मुक्त होना। यह समस्या आज के परिवेश की मुख्य समस्या है, इसके कारण मनुष्य-मनुष्य के बीच मानवीय सम्प्रेषण समाप्त हो गया है। सम्प्रेषण का जो स्वरूप दिखाई पड़ता है वह व्यावसायिक है, यांत्रिक है। मनुष्य मनुष्य न होकर यंत्र का पुर्जा हो गया है—उसी की तरह घिसता हुआ, चूकता हुआ। वैयक्तिक अतिशयता के कारण व्यक्ति अपने को अतिक्रमित कर दूसरों से एकात्म नहीं हो पाता। मनोवैज्ञानिकों का कहना है कि मनुष्य की प्रेम करने की क्षमता समाप्त हो गई है।

लेकिन इस नाटक में महेन्द्र में प्रेम करने की अद्‌भुत क्षमता है। किन्तु क्या यही उसके अकेलेपन का कारण भी नहीं है? यदि वह इतना प्रेम न करता तो अपने को मुक्त कर सकता था? उसकी आन्तरिकता अपने मार्ग में खुद बाधा उपस्थित करती है। किन्तु इसके लिए आंशिक रूप से उसकी अपनी स्थितियाँ भी जिम्मेदार हैं। वह पूरा-पूरा प्रेम और घृणा के द्वन्द्व को भी नहीं झेल पाता है। अन्त में असहाय होकर घर लौट आता है।

डॉ. मदान ने इसके सम्बन्ध में लिखा है, "पुरुष चार पुरुष एक के लिए छुटकारा माँगने आया है। वह मिल भी जाता है, लेकिन उसकी नियति इस घर में लौटने में है। अगर लौटने में होती तो भी ठीक है; लेकिन नाटक में वह लौटता नहीं, उसे लौटाया जाता है। यह शायद इसलिए कि राकेश ने कालिदास और नन्द को घर से बाहर भेजकर आजमा लिया है कि बिन्दुओं की खोज का क्या नतीजा निकल सकता है। कालिदास या नन्द की नियति महेन्द्र में अभिशप्त है, आधुनिक मानव की नियति टूटे घर में लौटने में है।"

किन्तु कालिदास का घर से लौट जाना तो समझ में आता है। नन्द के लिए बिन्दुओं की खोज भी अपनी प्रासंगिकता रखती है। पर क्या महेन्द्र का घर लौटना आरोपित नहीं है? डॉ. मदान इस नाटक में स्थिति (सिचुशएन) को रेखांकित करते हैं और पिछले दो नाटकों में नियति को। किन्तु ध्यान देने पर ठीक इसका उल्टा प्रतीत होता है। इसमें ऐसी शक्तिशाली स्थितियाँ नहीं उभारी गई हैं जिनमें पड़कर मनुष्य घर लौटने के लिए अभिशप्त हो जाए। क्या सचमुच में वह मिट्टी का लोंदा बनकर नहीं रह जाता है?

प्रश्न उठता है, क्या आज के पुरुष की नियति महेन्द्र की नियति है? आधुनिकता के सन्दर्भ में दो बातें प्राय: कही जाती हैं—एक तो यह कि मनुष्य अपनी नियति के लिए अभिशप्त है और दूसरी यह कि उसे अपनी स्थितियों को पार करने के लिए निरन्तर प्रयत्न करते रहना चाहिए। इस तरह उसे स्थितियों की लम्बी शृंखला पार करनी पड़ेगी क्योंकि जिन्दगी स्थितियों की लम्बी कतार के अतिरिक्त और क्या है?

एक विशिष्ट नियति के लिए अभिशप्त होने का अभिप्राय यह नहीं है कि अपने को उसके हवाले कर देना। महेन्द्र अपने को नियति के हाथों सौंप देता है। यदि महेन्द्र के चारों ओर स्थितियों की ऐसी दीवार खड़ी कर दी जाती कि सिर टकराने के अतिरिक्त उसके सामने विकल्प न रहता तो भी कोई बात बनती। किन्तु यहाँ पर तो वह भी नहीं है। वह तो परिस्थितियों को बुलाता प्रतीत होता है कि परिस्थितियों, आओ, मुझे घेर लो जिससे मैं हाथ-पाँव न चला सकूँ। इसे आधुनिक मानव की नियति नहीं कहा जा सकता।

महेन्द्र का टूटे घर में वापस लौटना हमें एक सामान्य घटना लगती है। पाठकों के मन में अकेलेपन की आधुनिकता के प्रति कोई तीखा रोष नहीं उत्पन्न होता। जिस तरह नाटक के एक पात्र का दूसरे पात्र से संवाद होकर भी विसंवाद की स्थिति बनी रहती है उसी प्रकार से दर्शक रंगमंच पर सब कुछ देखकर भी अ-संवाद की स्थिति में क लौट आता है।

ऐसा क्यों है? महेन्द्र अपने निजी परिवेश से अलग हटकर बृहत्तर परिवेश से कहीं नहीं जुड़ पाता। कालिदास बृहत्तर परिवेश और समस्याओं से जुड़ता है। नन्द के विरोध में गौतम बुद्ध का व्यापक एवं गम्भीर परिवेश है। पर महेन्द्र का जो कुछ

अपना है वह शायद उतना भी अपना नहीं है कि उसके साथ तारतम्य की अनुभूति हो सके। वह बहुत कुछ लेखक के मस्तिष्क से उत्पन्न होता है और वहीं पर विलीन हो जाता है। वह कभी भी वास्तविकता की जमीन पर नहीं उतरता।

सावित्री की त्रुटि यह है कि वह एक साथ सब कुछ ओढ़ लेना चाहती है। यह उसका निषेधात्मक पक्ष है। क्या अपने अधूरेपन को भरना गलत है? क्या आदमी को पूरा नहीं होना चाहिए? माना कि आदमी कभी सम्पूर्ण नहीं हो सकता, पूरा भर नहीं सकता। किन्तु क्या उसे प्रयास भी नहीं करना चाहिए? क्या उसे अपरिग्रह को स्वीकार कर लेना चाहिए? किन्तु लेखक अपरिग्रह की दार्शनिकता की ओर हमारा ध्यान नहीं आकृष्ट करता। जिसे वह अधूरापन कहता है, वह अधूरापन भी नहीं है। इसे आत्मप्रवंचना का नाम दिया जा सकता है। इसी को अस्तित्ववादी दर्शन में 'बैड फेथ' कहते हैं। लेखक ने चुनाव या वरण का भी उल्लेख किया है। सावित्री चुनाव करके भी चुनाव न कर सकी। किन्तु इसके लिए चुनाव के सिद्धान्त का कोई दोष नहीं है; बल्कि चुनाव या निर्णय के प्रति भी वह आस्थावान नहीं रही। महेन्द्र की अपेक्षा सावित्री की अनास्था का चित्रण अधिक विश्वसनीय बन पड़ा है।

संरचना की दृष्टि से भी नाटक निर्दोष नहीं कहा जा सकता। नाटक की प्रस्तावना नाटकीय 'ट्रिक' बनकर रह जाती है। वह नाटक में थिगली की तरह सिली हुई प्रतीत होती है। पुरुष एक, दो, तीन और चार का प्रतीकात्मक विधान किसी विशिष्ट अर्थ-बोध का वाहक नहीं बन पाता। केवल सावित्री की दृष्टि में यह सिद्ध करने के लिए कि सभी पुरुष एक तरह के होते हैं, प्रतीक का यह विधान आडम्बर के अतिरिक्त और कुछ नहीं लगता।

अपनी इन त्रुटियों के बावजूद इस नाटक के माध्यम से राकेश ने एक क्रिया-समन्वित नाट्यभाषा को खोजा है। उनके पिछले दोनों नाटकों की भाषा में रोमानी काव्यमयता का पर्याप्त पुट है। किन्तु इसमें वे अपनी ही पूर्ववर्ती परम्परा से अलग हो जाते हैं। नाटक के पात्र चाहे मुक्ति की आकांक्षा रखते हुए भी मुक्त न हो सके हों किन्तु राकेश इसमें अपनी ही रूमानियत से मुक्त हो गए हैं।

लक्ष्मीनारायण लाल के कई सामाजिक नाटक हैं—रातरानी, दर्पन, मिस्टर अभिमन्यु, करफ्यू, अब्दुल्ला दीवाना आदि। इसमें 'अब्दुल्ला दीवाना' विशेष महत्त्वपूर्ण है।

अब्दुल्ला उन उच्चतर जीवन-मूल्यों का नाम है जिनकी हत्या कर दी गई है। हत्यारों में सत्ताधारी के साथ युवावर्ग भी है। इसके माध्यम से लेखक ने उन तमाम खोखले नारों—गरीबी हटाओ, प्रजातंत्र, समाजवाद, न्याय-कानून—को नंगा करने का प्रयास किया है। आज हमारे पास न कोई दिशा है, न दृष्टि। इसके अभाव में नया अवसरवादी अब्दुल्ला पैदा हुआ है। इस अब्दुल्ला का क्या हो? स्थिति भयावह और संत्रासपूर्ण है—

इस आजादी के गर्भ से पैदा हुआ नया तंत्र
जहाँ नहीं चलता आम आदमी का मंत्र।

पर लगता है, लाल के पास थीम तो है किन्तु नाटकोपयोगी क्रिया की भाषा नहीं है। उनके व्यंग्य बनावटी हो गए हैं। शायद व्यंग्य करना उनके बूते के बाहर है।

अन्य नाटककार

अन्य सामाजिक नाटकों में गोविन्दवल्लभ पन्त के 'अंगूर की बेटी', वृन्दावनलाल वर्मा के 'खिलौने को खोज', 'लो भाई पंचो लो', 'पीले हाथ' आदि, भगवती चरण वर्मा के 'और रुपया तुम्हें खा गया', हरिकृष्ण प्रेमी के 'ममता', राजा राधिकारमण प्रसाद सिंह के 'धर्म की धुरी', 'अपना पराया' और विष्णु प्रभाकर के 'डॉक्टर' का उल्लेख किया जा सकता है।

'अंगूर की बेटी' में मद्यपान का दोष दिखलाया गया है। इस नाटक में समाज की जो स्थूल समस्या उठाई गई है, उसमें जीवन की गहराई को खोजना व्यर्थ है। वृन्दावनलाल वर्मा के 'खिलौने की खोज' में ग्रामीण झगड़े, भूत-प्रेत की जो समस्याएँ उठाई गई हैं वे आत्यन्तिक रूप से स्थूल और सतही हैं। 'लो भाई पंचो लो' और 'पीले हाथ' इसीलिए नाटक हैं कि वे नाटक के रूप में लिखे गए हैं।

भगवतीचरण वर्मा के नाटक 'रुपया तुम्हें खा गया' में रुपये की उपासना पर व्यंग्य किया गया है। उनका कहना है, "आज का हर एक व्यक्ति रुपये को महत्त्व देता है। रुपये की शक्ति सुख-सुविधा को खरीद सकती है—ऐसा लोगों का खयाल है। और एक बार जब रुपये की शक्ति को स्वीकार कर लिया गया तब मानव उस रुपये का दास बन जाता है। आज के समाज में अधिकांश लोग इस रुपये की शक्ति के उपासक हैं और यही गलत मान्यता समाज के कल्याणकारी विकास में बाधक है।" मानिकचन्द तथा उसके परिवार के समस्त सदस्य रुपये के व्यामोह में इस बुरी तरह जकड़ गए हैं कि उसके बाहर उनकी गति नहीं है। इनकी मनोवैज्ञानिक स्थिति के चित्रण में लेखक ने काफी सूझ-बूझ से काम लिया है। मानिकचन्द बड़ा ही जीवन्त पात्र है।

सच पूछिए तो इस नाटक में दो विरोधी मनोवृत्तियों को चित्रित करने का प्रयास किया गया है। मानिकचन्द तथा उसके परिवार के अन्य सदस्य असन्तोष, हृदयहीनता और घोर भौतिकता के प्रतीक हैं तो डॉक्टर और किशोरीलाल कर्तव्य, प्रेम और भावना के प्रतीक। पिछले पात्रों को लेखक ने उन मान्यताओं का प्रतीक कहा है जो सत्य और शाश्वत हैं। पर डॉक्टर और किशोरीलाल को आदर्शवादी बनाने के कारण नाटक यथार्थ से थोड़ा दूर पड़ जाता है। समाज में ऐसे कितने लोग

हैं, फिर इस प्रकार के आदर्श पात्रों के निर्माण से नाटक की प्रभावान्विति में बहुत कुछ कमी आ जाती है। मानिकचन्द के आगे डॉक्टर और किशोरीलाल पादरी के उपदेश के समान रसहीन और व्यक्तित्वशून्य लगने लगते हैं।

मानिकचन्द की चोरी का दृश्य बीच में डालकर लेखक ने नाटकीय कौशल जरूर दिखलाया है जो नाटक की अभिनेयता को प्रभावपूर्ण बनाने में उचित योग देता है।

इधर हरिकृष्ण प्रेमी ने भी सामाजिक नाटक लिखने का प्रयास किया है। 'ममता' उनका ऐसा ही नाटक है। उनका कहना है, "लोग मुझे ऐतिहासिक नाटकों का प्रणेता मानते हैं। यह नाटक सम्भवत: उन्हें अपनी धारणा पर फिर से विचार करने का अवसर देगा।" प्रेमी जी मूलत: रोमैंटिक नाटककार हैं। ऐतिहासिक नाटकों में ऐतिहासिक परिवेश उनके आत्यन्तिक रोमांस को अनावृत्त नहीं होने देता। पर इस नाटक में उनकी भावुकता बेपर्द हो जाती है। इसकी वस्तु (कांटेंट) इतनी पिटी हुई है कि नएपन के लिए कोई अवकाश नहीं है। रजनीकान्त और लता के प्रेम की परिणति उसी प्रकार की है जिस प्रकार की उस कहानी की, जिसका अन्त इस वाक्य से होता है कि जैसा उनका राजपाट लोटा वैसा सात घर मुद्दई हो उसका भी लौटे।

चरित्र-चित्रण का ढंग भी पुराना है, संवाद भावुकतापूर्ण, लिजलिजे और बचकाने हैं। अच्छा हो, प्रेमी जी अपने क्षेत्र को छोड़कर नई दिशा अपनाने की कोशिश न करें।

'डॉक्टर' विष्णु प्रभाकर का मनोवैज्ञानिक-सामाजिक नाटक है। इसमें भावना और कर्तव्य का संघर्ष दिखाया गया है। अन्त में भावना के ऊपर संघर्ष की विजय होती है। इस प्रकार नाटक का पर्यवसान आदर्श में होता है। यों इसके लिए जिस कथानक का चुनाव किया गया है उसकी परिणति यही होती ही।

पर्दा डॉ. अनीला के नर्सिंग होम में उठता है। इंजीनियर सतीशचन्द्र शर्मा अपनी रोगी पत्नी को नर्सिंग होम में भरती कराना चाहते हैं। डॉ. अनीला शर्मा की परित्यक्ता पत्नी मधुलक्ष्मी है। अनीला को जब इस बात का आभास मिलता है तो वह मरीज को नर्सिंग होम से निकाल देने की आज्ञा देती है। सईदा के समझाने पर अन्तर्द्वन्द्व से भर उठती है। दूसरे अंक में डॉक्टर ऑपरेशन का निश्चय करती है। लेकिन उसका अन्तर्द्वन्द्व जारी है—मरीज को वह मार डाले या जिन्दा कर दे? गोपाल को देख उसके अन्तर्द्वन्द्व में स्वाभाविकता और सघनता आ जाती है। पर जब ऑपरेशन थिएटर में भी अन्तर्द्वन्द्व चलता रहता है तो उसकी स्वाभाविकता पर सवालिया चिह्न बन जाता है। ऑपरेशन थिएटर तक तो गनीमत है। यह ऑपरेशन टेबुल पर भी चलता रहता है। ऐसी स्थिति में या तो ऑपरेशन ही नहीं हो सकता और होगा तो मरीज जिन्दा नहीं रह सकता।

यही कारण है कि डॉक्टर अपने घर के लोगों का ऑपरेशन नहीं करता। ऑपरेशन करने के समय अनीला को किसी निश्चय पर पहुँच जाना चाहिए था।

इस अन्तर्द्वन्द्व को गोपाल की उपस्थिति से सघन और नेपथ्य की आवाज से मूर्त किया गया है। नेपथ्य की आवाज के अतिरिक्त उसका अन्तर्द्वन्द्व मूर्तित करने का अन्य उपाय नहीं था। ऐसी स्थिति में यह युक्ति स्वाभाविक और नाटकीय बन पड़ी है। ऑपरेशन करते समय इस आवाज का आना अमनोवैज्ञानिक है।

आदर्शवादी होते हुए भी नाटक का समापन आधुनिक जीवन के यथार्थ से स्वाभाविक ढंग से जुड़ गया है। जब शर्मा को मालूम पड़ता है कि डॉ. अनीला उसकी परित्यक्ता पत्नी है तो वह चिल्ला उठता है—'मधुलक्ष्मी!' इस पर दादा कहते हैं, "मधुलक्ष्मी मर चुकी है। यह डॉक्टर अनीला, और तुम्हारे लिए केवल डॉक्टर।"

कुछ और नाटक और नाट्य-प्रयोग

सन '60 के बाद हिन्दी नाटकों में प्रयोग का सिलसिला जारी रहा और कुछ बहुत अच्छे प्रयोगों द्वारा हिन्दी के अपने नाट्य-रूपों का अनुसन्धान किया गया। प्रयोग के लिए नाटकों का क्षेत्र अत्यन्त उर्वर है। पर कुछ महत्त्वपूर्ण प्रयोगों के अतिरिक्त अन्य प्रयोग केवल प्रयोग के लिए किए गए। उनमें न विषय की गहराई मिलेगी और न जीवन की व्यापकता। फिर भी इनसे नाटक की भाषा को एक नया आयाम मिला है।

नाटक के क्षेत्र में अपनी त्रुटियों के बावजूद मोहन राकेश ने अत्यन्त महत्त्वपूर्ण प्रयोग किए हैं। कुछ घिसे-पिटे प्रतीकों का प्रयोग करने के कारण उन पर उँगलियाँ उठाई गई हैं। पर समग्रतः जहाँ तक नाटकीय तकनीकों और नाट्यभाषा का सम्बन्ध है, उनका योगदान स्मरणीय रहेगा। उनके बड़े नाटकों का विवेचन पहले किया जा चुका है। किन्तु उनके लघु नाट्य-प्रयोगों का विवेचन भी अपेक्षित है।

'शायद', 'हंः' और 'छतरियाँ' उनके लघु नाटक हैं। पहले दो को वे बीज नाटक कहते हैं और तीसरे को पार्श्व नाटक। 'बीज' कहने का अभिप्राय है कि इनमें जो प्रयोग किये गए हैं वे नाटक के मूलभूत तत्त्व हैं। ये तत्त्व मूलतः भाषिक हैं। नाटक की भाषा अपनी नाट्यमानता के लिए प्रसिद्ध है। पर इस नाट्यमानता में कथ्य के अनुरूप गहरी अर्थवत्ता भी व्यंजित होनी चाहिए। वे नई रंगयुक्तियों, मौन, टूटे-फूटे वाक्यों, ध्वनि-बिम्बों आदि के माध्यम से सूक्ष्म-से-सूक्ष्म मनःस्थितियों को व्यक्त करते हैं। 'शायद' में ऐसे दम्पती की उदासीनता और ऊब को उजागर किया गया है जिन्हें कोई सन्तान नहीं है। राकेश ने इसमें एक प्रश्न उछाला है। शादी के पहले एक प्रकार की ऊब थी तो शादी के बाद दूसरे प्रकार की। यह ऊब क्यों? इससे छुट्टी पाने का क्या उपाय है? सन्तान, घूमना-घामना या क्या? इसका उत्तर है 'शायद'। यह नाटक 'आधे-अधूरे' के पहले लिखा गया था। इसी की प्रतिध्वनि उसमें सुनाई पड़ती है। ऊब 'हंः' में भी है। किन्तु इसका सन्दर्भ बदल दिया गया है। इसमें पापा की कई सन्तानें हैं—लड़का, लड़कियाँ। लड़का लन्दन में रहता है, लड़कियाँ पापा के शहर में। पर पापा को कोई नहीं पूछता। पापा-मामा बेहद बोरियत में जी रहे हैं। 'छतरियाँ' नया नाट्य प्रयोग है। इसमें संवाद नहीं हैं। शब्द

हैं। शब्द पार्श्व से आते हैं। आज मानव अपनी सहजता खो बैठा है। जीने के लिए उसे संविधान, वोट, वायुयान आदि की झूठी छतरियाँ चाहिए।

नरेश मेहता के 'खंडित यात्राएँ' ('62) में पुराने भूल्यों के विघटन और नए मूल्यों के न पाने का दर्द है। अत: नई पीढ़ी की यात्राएँ—जीवन-यात्राएँ खंडित हो जाती हैं। उनके पहले नाटक 'सुबह के घंटे' की तरह इस पर भी औपन्यासिकता हावी है। विनोद रस्तोगी के नाटकों—'नए हाथ' और 'बर्फ की दीवार'—में पीढ़ियों का अन्तराल ही चित्रित है। पहले में पुरानी पीढ़ी अपने अधिकार नए हाथों में सौंप देती है। दूसरे में पुरानी पीढ़ी के दबाव से नई पीढ़ी के पंख नुच जाते हैं, वह उड़ना भूल जाती है। पीढ़ियों के अन्तराल का एक दुस्साहिक प्रयोग रमेश बक्षी ने 'तीसरा हाथी' में किया है। इसमें बेटे का सामगान सुनने लायक है "मैं कब से कहना चाहता हूँ कि जो बाप कसाई हो उसका खून कर दिया जाए। नीच, नालायक, कुत्ते की औलाद!" इससे पता लगता है कि बक्षी स्वयं चौथा हाथी हैं।

विपिन कुमार अग्रवाल ने ऊलजलूल (एब्सर्ड) नाटक लिखे जिनमें 'तीन अपाहिज' विशेष चर्चित रहा। इसमें आजादी की व्यर्थता, भाषणबाजी की अर्थहीनता, एकता का ढकोसला आदि पिटे हुए विषयों को बेकेट शैली में प्रस्तुत किया गया है। एब्सर्ड नाटक परम्परावादी मंच को तोड़ते हैं। शम्भूनाथ सिंह की 'दीवार की वापसी', लक्ष्मीकान्त वर्मा का 'अपना-अपना जूता', रमेश बक्षी का 'भग्न स्तूप का अक्षत स्तम्भ' और मणि मधुकर का 'रस गन्धर्व' इसी प्रकार के नाटक हैं। अनुकृतमूलक इन नाटकों की परम्परा आते-आते चली गई। भारत-चीन युद्ध को लेकर शिवप्रसाद सिंह ने 'घाटियाँ गूँजती हैं' और ज्ञानदेव अग्निहोत्री ने 'नेफा की एक शाम' लिखा। किन्तु इनमें वस्तु तो हैं, नाट्य नहीं है।

मन्नू भंडारी, काशीनाथ सिंह, मृदुला गर्ग, भीष्म साहनी जैसे कथाकारों ने नाटक के क्षेत्र में भी प्रवेश किया। मन्नू भंडारी का 'बिना दीवारों का घर' अनुभूति की तल्खी लिये हुए है किन्तु उसमें जीवन की संश्लिष्टता नहीं है। काशीनाथ सिंह का 'घोणस' बुद्धिजीवियों पर व्यंग्य है। उसकी भाषा में नाट्यमानता की सम्भावनाएँ मौजूद हैं। भीष्म साहनी का 'हानूश' उनके कथाकार की छाया में पनप नहीं पाया है।

शंकरशेष के नाटक मंचन की दृष्टि से अधिक लोकप्रिय रहे हैं। 'बिन बाती के घर', 'बन्धन अपने-अपने', 'एक और द्रोणाचार्य', 'पोस्टर' आदि उनके नाटक हैं। इनमें पिछले दो नाटक अपनी नाट्यभाषा, मंचनोपयुक्तता और सामाजिक मूल्यों के कारण विशेष रूप से चर्चित रहे हैं। 'एक और द्रोणाचार्य' आज के गुरुओं की रामनामी उतारकर उन्हें नंगा कर देता है। नाटक के भीतर नाटक का समावेश एक आकर्षक प्रयोग है। 'पोस्टर' में आज की राजनीतिक विडम्बना की बखिया उधेड़ी गई है।

मुद्राराक्षस एक सशक्त नाटककार होने की प्रक्रिया में कहीं स्थगित हो गए हैं। वे मजदूर आन्दोलन से जुड़े होने पर भी 'काक्रोच' का 'तिलचट्टा 'के रूप में

नाट्य रूपान्तरण करते हैं, या 'मरजीवा' और 'योर्स फेथफुली' लिखते हैं। इसके माध्यम से पूँजीवादी व्यवस्था पर जो प्रहार किया जाता है वह सैद्धान्तिक बनकर रह जाता है। मुद्रा के पास नाट्य-भाषा है। पर उनके नाटकों में वस्तुनिष्ठ समीकरण (ऑब्जेक्टिव कोरिलेटिव) का अभाव है।

'उलझी आकृतियाँ' और 'दरिन्दे' हमीदुल्ला के नाट्य-संग्रह हैं। इनमें मूल्यच्युत परिवेश और विसंगत्यात्मक जीवन-संघर्षों का नाट्य-रूपान्तरण हुआ है। इनमें एब्सर्ड नाट्य-शैली का प्रयोग हुआ है।

सर्वेश्वरदयाल सक्सेना का 'बकरी' ('74) नाटक अपने कथ्य की सामयिकता तथा देशी नाट्य प्रयोग के कारण अनेक स्थानों पर मंचित और प्रशंसित हुआ है। स्वतंत्रता के बाद नेतृवर्ग ने गांधी जी के नाम पर अपना उल्लू सीधा किया है। लेखक के शब्दों में यह नाटक 'हमारी स्वतंत्रता की तलछट का चित्र है। यह तलछट जो समय बीतने के साथ गहरी होती जाती है।' गांधी जी के नाम पर 'बकरी मंडल' जैसी अनेक संस्थाएँ बनाकर उन लोगों ने जनता के धन को अच्छी तरह कानूनी ढंग पर लूटा है। किन्तु जहाँ-तहाँ इसकी भाषा असर्जनात्मक और कथ्य सतही हैं। इसका शिल्प मुख्यत: नौटंकी पर आधारित है और कुछ अन्य लोकनाट्य शिल्पों की भी सहायता ली गई है। किन्तु केवल सामयिक समस्याओं से जूझनेवाले नाटक क्या सभी साहित्य अल्पजीवी होते हैं? समसामयिक समस्याओं और नूतन-नाट्य प्रयोगों में अभिरुचि लेनेवाले लोगों में सुशील कुमार सिंह और सत्यव्रत सिन्हा उल्लेख्य हैं।

अभी हाल में दूधनाथ सिंह का एक महत्त्वपूर्ण नाटक 'यमगाथा' प्रकाशित हुआ है जो भारतेन्दु हरिश्चन्द्र, जयशंकर प्रसाद और जगदीशचन्द्र माथुर की नाट्य परम्परा की अगली कड़ी है। जगदीशचन्द्र माथुर का 'पहला राजा' का पृथु पहला आर्य राजा है तो 'यमगाथा' का पुरुरवा पहला अनार्य राजा। दोनों में एक बुनियादी फर्क यह है कि पहला राजनीति के थिएटर से सम्बद्ध है तो दूसरा 'राजनीतिक थिएटर' से। पहले में राजनीतिक समस्याओं की प्रस्तुति होती है तो दूसरे में दर्शकों को सोचने के लिए बाध्य किया जाता है। 'यमगाथा' में ब्रेश्ट की इस टेकनीक को लिया गया है किन्तु अपनी नाट्य परम्परा के मूल्य पर नहीं। इसमें भरत मुनि पात्र भी हैं और उनकी कैशिकी वृत्ति तथा भरतवाक्य भी हैं। अपने ढंग के नट-नटी भी हैं।

लेखक ने जो थीम ली है, वह प्रसिद्ध मिथकीय थीम है। पुरुरवा उर्वशी के प्रेमाख्यान से सभी परिचित हैं। किन्तु न तो यह कालिदास के नाटक की प्रेमकथा है, न रवि बाबू की शाश्वत नारी की प्रतीक उर्वशी और न दिनकर की उर्वशी का कामाध्यात्म। सारी कथा को सामयिक सन्दर्भों में, मानवीय धरातल पर, इस तरह पुन:सर्जित किया गया है कि पहले की सारी कथा में अजनबियत का समावेश हो जाता है। दर्शक उस पुरानी कथा को न पाकर सोचते हैं कि क्या यह सच है? लेखक इतने से ही सन्तुष्ट नहीं है। ऋषियों-मुनियों, देवताओं, यक्षों-गन्धर्वों के

सम्बन्ध में उनके पुराने संस्कार ध्वस्त होते हैं। ऋषियों-मुनियों के बारे में क. म. मुंशी की धारणा अच्छी नहीं। माथुर ने भी उनके षड्यंत्रों का पर्दाफाश किया है। किन्तु दूधनाथ सिंह ने उन्हें इस ढंग से पेश किया है कि उनके सम्बन्ध में दिमाग पर जमे हुए संस्कारों को धक्का जरूर लगता है और दर्शक अपने से ही प्रतिप्रश्न भी करता है।

भूमिका में दूधनाथ सिंह ने वैदिक साहित्य और पुराणों के जो संकेत दिये हैं, वे उनके नए अर्थापन को पुष्ट करते हैं। इस मिथक के कारण उनका नाटक वर्ग-संघर्ष, प्रतिबद्धता, नई व्यवस्था से सम्बद्ध होकर भी यांत्रिकता से मुक्त रहता है। आर्यों-अनार्यों का संघर्ष ऐतिहासिक सत्य बन चुका है। पुरुरवा, वसिष्ठ तथा उनसे सम्बद्ध लोग अनार्य हैं। इन्द्र, ऋषि-मुनि, गन्धर्व तथा नाभाग आदि आर्य हैं। आर्य अनार्यों का हर तरह शोषण करते हैं। उन्होंने यज्ञों को शोषण का हथियार बना लिया था, उनके लिए स्त्रियाँ विलास की सामग्री हैं। आर्य ग्रन्थों में बहुत कुछ ऐसा है जो ऋषिवर्ग की चाटुकारिता का द्योतक है। पर आर्यों-अनार्यों की स्पष्टत: दो श्रेणियाँ बना लेना तर्क-संगत नहीं लगता। दोनों संस्कृतियों का सामंजस्य भी होता रहा है। आर्य संस्कृति में सौन्दर्य का एक बड़ा भाग अनार्य संस्कृति का है।

इस मिथक के माध्यम से लेखक शोषण के विरोध में एक विचार प्रस्तुत करता है और उसे दर्शकों में संक्रान्त करना चाहता है। पुरुरवा कर्म भी है और विचार भी। इनके अतिरिक्त वह एक व्यक्ति भी है। इस ओर लेखक की दृष्टि नहीं गई है। पर सबसे महत्त्वपूर्ण मुद्दा तो विचारों को जन-जन में संक्रान्त करने का है। विशेष रूप से किसानों में वसिष्ठ तो विचार के मूर्तिमान रूप हैं। ऐसा करने पर भी वे हाड़-मांस के मनुष्य हैं। आत्मग्रस्त अहंवादी इन्द्र को सबसे बड़ा डर विचारों का ही है। वह जनता का सोचना ही बन्द करना चाहते हैं। ऋषि-मुनियों का बुद्धिजीवी वर्ग इन्द्र की चाटुकारिता में ही अपना अहोभाग्य समझता है। यह स्थिति आज भी बनी हुई है। ऐसे लोग न मंत्र-द्रष्टा हो सकते हैं और न साहित्य स्रष्टा।

पुरुरवा अपनी बलि देकर अग्नियाँ लाता है। सम्भवत: यह प्रमत्था-गाथा का प्रभाव है। उर्वशी का इस नाटक में नया जन्म हुआ है, जो बहुत संवेदनात्मक बन पड़ा है। उर्वशी पुरुरवा की 'अनहोनी कलाकृति' है, शक्ति है। कलाकृतियों का संस्कार उपभोक्ता समाज में सम्भव नहीं है। नारी को कलाकृति के रूप में देखना उच्चतर संस्कारों की अपेक्षा रखता है। पुरुरवा की मृत्यु आर्यों की फासीवादी प्रवृत्ति और प्रतिक्रियावादी ब्राह्मण संस्कृति के विरोध में होती है। अत: नाटक त्रासदी होकर भी त्रासदी नहीं है। त्रासदी तो विश्ववसु की होती है, फिर भी वह मूल्यवान है। भरत मुनि को जगह-जगह न घसीटा जाता तो अच्छा होता।

नाटक की भाषा पर जहाँ-तहाँ प्रसाद की छाया है! पर लेखक ने सर्वत्र ध्यान रखा है कि शब्दों में नाट्यमान संवेदना की कमी न होने पाए। मंच की व्याख्या जटिल

नहीं है। इसे खुले मंच पर भी खेला जा सकता है। प्रतीकों द्वारा लेखक ने भविष्य को प्रभावशाली ढंग से संकेतित किया है। जैसे बच्चों का प्रतीक। आयु स्वयं प्रतीक है। संवादों में काव्यात्मक नाट्य-बिम्ब संवाद को गति देते हैं। माथुर के 'कोणार्क' में ध्वनि का अतिरेक है लेकिन इस नाटक में ध्वनि-प्रयोग में संयम बरता गया है। फंटासी का प्रयोग नया है, सार्थक है। जुलूस एक रंगयुक्ति भी है और हत्यारों की एकजुटता का प्रतीकन भी। कोरस बीच-बीच में भी हैं और नाटक के अन्त में भी। अन्धकार-प्रकाश पर तो नाटक ही केन्द्रित है। सम्भवतः यह 'पोलिटिकल थिएटर' का पहला नाटक है। अतः इसके मंचन में अतिरिक्त सावधानी की अपेक्षा होगी।

परिशिष्ट

हिन्दी एकांकी

हिन्दी साहित्य के इतिहास में नाटकों की चर्चा करते हुए आचार्य रामचन्द्र शुक्ल ने एकांकी नाटकों के सम्बन्ध में लिखा है, "दो-एक व्यक्ति अंग्रेजी में एक अंक वाले आधुनिक नाटकों को देख उन्हीं के ढंग के दो-एक एकांकी नाटक लिखकर उन्हें बिलकुल नई चीज कहते हुए सामने लाए। ऐसे लोगों को ध्यान रखना चाहिए कि एक अंक वाले कई उपरूपक हमारे यहाँ बहुत पहले से माने गए हैं।" फिर तो शुक्ल जी की इस सूक्ति का भाष्य करते हुए लोगों ने अपने तर्कों का ताना-बाना यहाँ तक फैलाया कि हिन्दी एकांकी की एक लम्बी-चौड़ी परम्परा ही खड़ी कर दी।

इनके तर्कों को पुष्ट करने के लिए 'साहित्य-दर्पण' में एक अंक वाले कई नाटकों के उदाहरण भी मिल गए। विश्वनाथ ने दस रूपकों में से भाण, व्यायोग, ईहामृग, अंक और प्रहसन को एक अंक का ही माना है। इसी प्रकार उपरूपकों में गोष्ठी, नाट्यरासक, काव्य, प्रेखंण, रासक, श्रीगदित, विलासिका, हल्लीश और भाणिका भी एक अंक के हैं। भारतेन्दु हरिश्चन्द्र ने इन एक अंक वाले रूपकों में से भाण, नाट्यरासक, प्रहसन आदि की रचना भी की है। इन नाटकों में दृश्य के स्थान पर अंक लिख दिया गया है। यदि अंकों के स्थान पर दृश्य लिख दिया जाए तो इनका बाह्य ढाँचा बहुत कुछ एकांकी-सा हो जाए। भारतेन्दु के ढर्रे पर राधाचरण गोस्वामी, बालकृष्ण भट्ट, प्रतापनारायण मिश्र आदि ने भी एकांकियों की रचना की।

तो क्या इनको आज के एकांकी का पूर्व रूप मान लिया जाए? आज के एकांकी को उसकी परम्परा का अगला कदम स्वीकार कर लिया जाए? पूर्वाग्रह मुक्त होने पर उनका उत्तर नकारात्मक होगा। आधुनिक एकांकी के पीछे पुरातन तथाकथित एकांकियों की कोई प्रेरणा नहीं है। उन एकांकियों में आधुनिक एकांकी का रंग-निर्देश, क्रिया-क्षिप्रता, गतिशीलता, संकलन-त्रय, संवादों की चुस्ती, उद्देश्य, सांकेतिकता—सब कुछ का अभाव है। संस्कृत नाटकों की सारी कला-स्थूलता से बोझिल भारतेन्दुयुगीन कथित एकांकियों के विकास का रुक जाना सर्वथा स्वाभाविक था। मनोवैज्ञानिक संघर्षों के अभाव तथा यथार्थहीनता के दुर्बल पंखों पर आगे उड़ चलने की शक्ति उनमें नहीं थी।

भारतेन्दु-युग के अनन्तर जब लोगों का मन नाटक लिखने में न रमा तो एकांकी नाटकों की कौन चिन्ता करता? हाँ, बँगला, अंग्रेजी और संस्कृत नाटकों के अनुवाद खूब हुए। भारतेन्दु-युग में अंग्रेजों का प्रभाव बँगला के माध्यम से पड़ा। एकांकी की चलन तो तब हुआ जब शिक्षित मध्यवर्ग ने अंग्रेजी से सीधे सम्पर्क स्थापित कर लिया। सच पूछिए तो यह आधुनिक युग का पौधा है जो आधुनिक युग की मिट्टी और वातावरण से खाद-पानी लेकर पुष्ट हो रहा है।

अंग्रेजी एकांकी का आरम्भ

अंग्रेजी में भी एकांकी का प्रचलन बहुत बाद में हुआ; उसके प्रचलन का तो बड़ा रोचक और विचित्र इतिहास है। पाँच-छह दशक पूर्व लन्दन के रंगमंच के अधिकारी प्रेक्षागृह में पहले ही पहुँच जानेवाले सामाजिकों के मनोरंजनार्थ एक छोटे-मोटे नाटक का आयोजन कर दिया करते थे। इस आयोजन का मुख्य प्रयोजन था वास्तविक नाटक के आरम्भ होने के समय तक आगत सामाजिकों को अटकाए रखना और देर करके आनेवालों की प्रतीक्षा करना। इस प्रकार के नाटक को पट-उत्थानक (करटेन रेजर) कहा जाता था। अक्टूबर, 1903 में लन्दन के प्रसिद्ध थिएटर 'वेस्टएंड' में जो घटना घटी वह नाटक के प्रबन्धकों को विकल करनेवाली सिद्ध हुई। उस समय डल्यू. डल्यू. जैकब की कहानी 'दी मंकीज पॉ' का रंगमंचीय रूपान्तर, जो लुई पार्कर द्वारा प्रस्तुत किया गया था, पट-उत्थानक (करटेन रेजर) के रूप में खेला गया। इसका इतना अधिक प्रभाव पड़ा कि मूल नाटक को बिना देखे हुए ही बहुत से लोग चले गए। इसके फलस्वरूप प्रबन्धकों ने पट-उत्थानकों का खेलना बन्द कर दिया।

पट-उत्थानक के व्यावसायिक रंगमंच से बहिष्कृत होने का परिणाम अच्छा ही हुआ। वह एक नूतन नाटकीय विन्यास में पुनः लोगों के सम्मुख आया। शहर से निष्कासित होकर इसने गाँवों को अपना अड्डा बनाया। व्यावसायिक मंच की कृत्रिमता और पिटी हुई परम्पराओं से मुक्त होकर उसमें विषय-वस्तु की व्यापकता, कल्पना की रंगीनी और बौद्धिक तेजस्विता सन्निविष्ट हो गई। वहाँ पर तो अब कदाचित ही कोई गाँव हो जहाँ पर नाट्य मंडलियाँ न हों। पहले की एमेचर नाट्य मंडलियाँ लन्दन में अभिनीत किसी नाटक की नकल करती थीं, पर नए नाटकों ने एक ऐसे वातावरण का निर्माण किया कि लोगों ने इस आन्दोलन का अपूर्व स्वागत किया और अंग्रेजी साहित्य में एकांकी नाटकों ने अपना महत्त्वपूर्ण स्थान बना लिया।

हिन्दी एकांकी

अंग्रेजी एकांकी नाटकों के आदि स्रोत का पता लग जाने पर हम इस निष्कर्ष पर पहुँचते हैं कि एकांकी बड़े नाटकों का अंग कभी भी नहीं रहा। यह स्वतंत्र रूप

से जन्मा और कालान्तर में इसने अपनी टेकनीक भी बना ली। हिंदी में एकांकी नाटकों का आविर्भाव अपेक्षाकृत विलम्ब से हुआ। ऐसा होना स्वाभाविक भी था। जब हिन्दी-गद्य का विकास ही बहुत बाद में हुआ तब उसके विविध रूपों की सृष्टि विलम्ब से होती ही। डॉ. नगेन्द्र ने प्रसाद के 'एक घूँट' को हिन्दी का प्रथम एकांकी माना है। यद्यपि अपने नाटकों के टेकनीक में प्रसाद ने पूर्वी और पश्चिमी दृष्टियों के समन्वय की ओर ध्यान दिया है तथापि 'एक घूँट' आधुनिक अर्थ में एकांकी नहीं कहा जा सकता। संवाद, क्रिया, गत्वरता आदि की दृष्टियों से 'एक घूँट' का पल्ला पुरानी परिपाटी से अभी छूट नहीं पाया है। फिर भी शास्त्रीय विधानों को हू-ब-हू नकल न करने के कारण प्रसाद की खुली दृष्टि ने नव्यतर आदर्शों और नवीन टेकनीक की उपेक्षा नहीं की है। अतएव, हिन्दी एकांकी का विकास-क्रम निर्धारित करने के लिए 'एक घूँट' को प्रथम हिन्दी एकांकी मान लेना असंगत न होगा।

भुवनेश्वर प्रसाद

सन 1935 में भुवनेश्वर प्रसाद के 'कारवाँ' का प्रकाशन हिन्दी एकांकी के क्षेत्र में नया प्रयोग था। 'कारवाँ' में संगृहीत नाटकों की विषय-वस्तु और शैली दोनों पर पाश्चात्य विचार-धारा की स्पष्ट छाप है। जैसा प्राय: कहा जाता है कि वे शा और डी. एच. लारेन्स को बुरी तरह सम्मिश्रित (Confused) कर दिया है। इसका परिणाम यह हुआ है कि एक के प्रति भी ईमानदारी नहीं बरती जा सकी। उनके एकांकियों में नशा के सोद्देश्य व्यंग्य मिलेंगे, न लारेंस के शरीरी प्रेम की बुभुक्षा। उनके प्रत्येक एकांकी में एक अजीब नैराश्य (Frustration), मायूसी और लाचारी है। इनके प्रति लेखक की जो आक्रोशपूर्ण प्रतिक्रिया हुई है उसमें क्षोभ, खीज, नोच-खसोट अधिक दिखाई पड़ती है। यह क्षोभ कुछ इतनी गहराई से उत्पन्न होता है कि उसकी आवेगमयता उसके दृष्टिकोण को असन्तुलित बना देती है और जीवन के प्रति वह अतिशय निषेधात्मक हो उठता है।

इस क्षोभ का परिणाम यह हुआ कि किसी समस्या या मर्म के उद्घाटन में एक तीखापन आ गया है और यह तीखापन इनके नाटकों को विशेषता है। लेकिन इससे एक ओर जहाँ एकांकियों में प्रभावोत्पादकता की अभिवृद्धि हुई है वहाँ दूसरी ओर सन्तुलन बिगड़ गया है। सन्तुलन के बिगड़ जाने का एक और भी कारण है। यह पाश्चात्य मूल्यों के प्रति इतना अधिक मोहग्रस्त हो गया है कि पूर्वीय विचारणाओं से समझौता कर सकना उसके लिए दूर की वस्तु हो गई है।

सन 1933 में उसका पहला एकांकी प्रकाशित हुआ था—'श्यामा : एक वैवाहिक विडम्बना'; सन '46 में उनका सर्वाधिक महत्त्वपूर्ण एकांकी 'ताँबे के कीड़े'

प्रकाशित हुआ। जिस ऐंटी-थिएटर की चर्चा इधर की जाने लगी है उसकी शुरुआत 'ताँबे के कीड़े 'से होती है। यह फैंटेसी का यथार्थ है।

उसका कहना है, "भावुकता कलाकार के लिए विष है और हिन्दी नाटककारों का भोजन। पुरानी कहावत है, जो एक के लिए विष है, वही दूसरों के लिए भोजन।" कहना न होगा कि वह भावुकता के विरुद्ध है। जैसा पहले कहा जा चुका है, अपने प्रारम्भिक एकांकियों में वह भी पेटीकोट की शरण लेता है—बुलडाग कुत्ते के मुँह से हड्डी अलग करके। किन्तु 'ताँबे के कीड़े' बदले हुए परिवेश का एकांकी है। इसमें संयोग से अस्तित्ववादी और सम-सामयिक सवाल उठ खड़े हुए हैं। कौन-कौन यहाँ सदा अकेला नहीं रहा? किस-किसने अपने पड़ोसी का चेहरा पहचाना? किस-किसने अपनी आत्मा में जीवन के आदि मुहूर्त को सिसकते-सुबकते नहीं सुना?

इसमें कोई कथा नहीं है पर नए ढंग की कथावस्तु है, पात्र नहीं हैं पर थके-हारे अजनबी चरित्र हैं। सभी 'ग़ैर-रियाज़' शब्दों का प्रयोग करते हैं इसलिए ये शब्द अधिक अर्थवान हो गए हैं।

सारी एब्सर्डिटी के बीच सृजन के प्रति लेखक सतर्क है, "नहीं...नहीं, सँवारने का काम भी मेरा ही है। (धीरे से) मेरा सिर्फ काम है मथना, सृजन जिस बेरहम कानून से होता है, यह तुम जानो। आह, इस बालक के चेहरे पर तो झुर्रियाँ हैं! इसकी हँसी में तो मधुमक्खियाँ हैं!"

'खामोशी' (1957) आखिरी एकांकी है। इसमें धनी और गरीब व्यापारी मिलकर जनता की आवाज को खामोश कर देना चाहते हैं।

इसमें सन्देह नहीं कि भुवनेश्वर एक शक्तिशाली नाटककार थे। उन्हें नए नाटकों का अगुआ कहा जा सकता है जो अपने समय से आगे थे।

डॉ. रामकुमार वर्मा

डॉ. वर्मा हिन्दी एकांकी के जन्मदाताओं में से हैं। वे आदर्शवादी कलाकार हैं किन्तु इनकी आदर्शवादिता का मूलाधार है वास्तविकता। जीवन की वास्तविकताओं को कल्पना के सहारे वे आदर्शवादी मोड़ दे देते हैं। यथार्थवाद के नाम पर गन्दे, कुत्सित और वासनात्मक चित्र आँकना उन्हें वांछनीय नहीं है। यह आदर्शोन्मुखता इनके एकांकियों में प्रारम्भ से ही मिलती है।

इन्होंने मुख्य रूप से दो प्रकार के नाटक लिखे हैं—एक में रूपयौवन और प्रेम के प्रश्न उठाए गए हैं और दूसरे में, जो ऐतिहासिक हैं, उदात्त आदर्शों की स्थापना की गई है। पहले प्रकार के नाटकों को भी दो कोटियों में बाँट सकते हैं—पति-पत्नी की प्रेमपरक समस्याओं का चित्र उपस्थित करनेवाले एकांकी और परिवार के बाहर उत्पन्न प्रेम या सेक्स-सम्बद्ध एकांकी।

पति-पत्नी के बीच उठनेवाले संघर्षों को चित्रित करते हुए उन्होंने पत्नी को सर्वथा भारतीय आदर्शों से अनुप्राणित सिद्ध किया है। 'एक्ट्रेस' की प्रभातकुमारी उच्छृंखल पति द्वारा उपेक्षित हो जाने पर एक्ट्रेस के रूप में भी उसके प्रति आदर-श्रद्धा का भाव बनाए रखती है और अब भी अपने को पति की ही पत्नी समझती है। 'परीक्षा' की अल्पवयस्का पत्नी काफी अधिक उम्र वाले पति के प्रति सहज प्रेम और भक्ति करती हुई दीख पड़ती है। '18 जुलाई की शाम' की शिक्षित उषा एक रंगीन व्यक्ति के जाल फँसते-फँसते रह जाती है क्योंकि उसे ठीक समय पर अपने पति के गौरव का बोध हो जाता है। 'रेशमी टाई' की ललिता भी अपने उचक्के पति की सम्मान-रक्षा करती है। लेकिन आदर्शवाद का परिणाम यह हुआ है कि कथा को एक सुनिश्चित योजना का अनुवर्ती होना पड़ा है। इसलिए कथा की अपेक्षित स्वच्छदन्ता मारी जाती है। '18 जुलाई की शाम' एकांकी लीजिए। उषा जैसी भावुक और यौवनोन्माद से ग्रस्त लड़की का पति की महत्ता सुनकर परिवर्तित हो जाना सहज तो नहीं ही कहा जा सकता। उषा के अशोक के साथ देहरादून जाने से इनकार कर देने के बाद भी कथा का जो विकास किया गया है वह आदर्श की सीमा का अतिक्रमण कर देता है। पारिवारिक विषयवस्तु के बाहर भी जहाँ उन्होंने नारी को केन्द्र में रखा है वहाँ पुरुष को उसका रक्षक माना गया है। उदाहरण के लिए 'रजनी की रात' का उल्लेख किया जा सकता है।

इन एकांकियों की अपेक्षा उनके ऐतिहासिक नाटक अधिक सफल माने जाएँगे। यद्यपि इन एकांकियों में भी त्याग, उदारता, दया, क्षमा आदि उदात्त भारतीय आदर्शों को सम्मुख रखा गया है, फिर भी ऐतिहासिक पृष्ठभूमि में वे बहुत कुछ स्वाभाविक प्रतीत होते हैं। शिवाजी की चारित्रिक दृढ़ता, समुद्रगुप्त की क्षमा-तितिक्षा, औरंगजेब का पश्चाताप, एक आदर्श को ही प्रस्तुत करतें हैं।

आदर्शवाद के प्रति अत्यधिक मोह के कारण डॉ. वर्मा मध्यकालीन वातावरण के बाहर नहीं झाँक सके हैं। उनकी नारियाँ आज के जमाने में भी अतिशय भावुक (सेंटीमेंटल) हैं। नई शिक्षा और व्यक्तिवाद की पुकार से जैसे उनका कोई सम्पर्क ही नहीं हो पाया है। नई शिक्षा के प्रभाव को उन्होंने बहुत स्थूल अर्थ (फैशनपरस्ती) में लिया है। इसलिए मध्यवर्गीय शिक्षित महिलाओं को पात्र के रूप में ग्रहण करके भी वे उनकी नवीन समस्याओं से प्राय: अछूते से रहे हैं।

जहाँ तक टेकनीक का प्रश्न है, डॉ. वर्मा ने कथा के विकास को स्वाभाविक पद्धति पर चलाने की कोशिश की है पर विश्लेषण के प्रति उनके अध्यापक का अधिक सचेत होना एकांकियों की अपेक्षित गति का बाधक सिद्ध हुआ है। आदर्शवादिता को अति विस्तृत बनाने का परिणाम एकांकियों की गत्वरता को रुद्ध करता है। '18 जुलाई की शाम' को तो व्यर्थ में ही बहुत दूर तक घसीटा गया है। पर जिन

एकांकियों में मानसिक द्वन्द्वों को लिया गया है, वे शिल्प की दृष्टि से अच्छे बन पड़े हैं। जैसे 'औरंगजेब की आखिरी रात।'

सेठ गोविन्ददास

सेठ गोविन्ददास कर्मठ राजनीतिक कार्यकर्ता तथा सरस्वती के आराधक हैं। उनके ऊपर गांधीवादी विचारधारा की गहरी छाप है। इसलिए स्वाभाविक है कि उनके एकांकियों की विषय-वस्तु राजनीतिक-सामाजिक होती। पर ये समस्याएँ बहुत कुछ गांधीवादी विचारधारा की ऊपरी सतह का स्पर्श करती हैं, गांधी जी की गहन दार्शनिकता को उनके एकांकियों में स्थान नहीं मिल पाया है। सेठ जी चिन्तक की अपेक्षा कार्यकर्ता अधिक हैं, इसलिए उन्होंने गांधी-दर्शन की स्थूल समस्याओं को अपना वर्ण्य-विषय बनाया है। हिन्दू-मुस्लिम-समस्या, किसान जमींदार का द्वन्द्व, अस्पृश्यता की समस्या, हिंसा-अहिंसा, राजाओं की आदर्श प्रजा-वत्सलता आदि को उनके एकांकियों में गृहीत किया गया है।

सेठ जी ने टेकनीक सम्बन्धी कई प्रयोग किए। उन्होंने मोनोड्रामा भी लिखे हैं। इनमें एक तो संस्कृत के आकाशभाषित के ढंग का है और शेष में किसी वस्तु या प्राणी को सम्बोधित करता हुआ पात्र अपनी अभिव्यक्ति करता है। अकेले सेठ जी ने ही मोनोड्रामा लिखे हैं। मोनोड्रामा में केवल एक पात्र ही बोलता है, इसलिए पात्र का अन्त:संघर्ष जितना सघन और तीव्र होगा, मोनोड्रामा भी उतना ही सफल माना जाएगा। इन एकांकियों में भी सेठ जी ने गहनतर समस्याएँ नहीं ली हैं। काल-संकलन की बाधा दूर करने के लिए उन्होंने एकांकी के प्रारम्भ और अन्त में उपक्रम और उपसंहार का उपयोग किया है।

उदयशंकर भट्ट

उदयशंकर भट्ट ने जीवन को निकट से देखने का प्रयास किया है। उनकी दृष्टि में नाटकों में रस-संचार के अतिरिक्त किसी सुनिश्चित सामाजिक उद्देश्य का रहना परमावश्यक है। उच्च और मध्य वर्ग की जीवन-विडम्बनाओं को चित्रित कर उन पर गहरी चोट करना उनकी प्रमुख विशेषता है।

उनके प्रारम्भिक एकांकियों में उपर्युक्त प्रवृत्ति परिलक्षित होने लगती है। 'नेता', 'उन्नीस सौ पैंतीस', 'वर-निर्वाचन' आदि में मध्य वर्ग के नकली चेहरे को उतार फेंकने में उन्होंने बड़े ही कौशल से काम लिया है। नेतृवर्ग कितना परउपदेश कुशल है, इसे 'नेता' में उद्घाटित किया गया है। 'उन्नीस सौ पैंतीस' में आज की शिक्षा के खोखलेपन का पर्दाफाश हुआ है।

'स्त्री का हृदय' में संगृहीत एकांकियों में भी भीतर पैठकर मर्मोद्घाटन करने का प्रयास ही किया गया है। 'स्त्री का हृदय' में अंजना को ऐसी मनोवैज्ञानिक भूमियाँ दी गई हैं कि उसका चरित्र बड़ा ही मर्मस्पर्शी हो गया है। 'बड़े आदमी की मृत्यु' में बड़प्पन के खोखलेपन को उद्घाटित किया गया है। 'विष की पुड़िया' में अन्तिम 'स्ट्रोक' द्वारा—सौतेली बहन का मरणासन्न भाई के लिए बिल्ली के बच्चे का ले आना-एकांकी की अवसादमयता को बहुत सघन और वेदना को काफी गहन बना दिया गया है। पर जहाँ पर भट्ट जी ने समस्याओं के भीतर पैठने का प्रयत्न नहीं किया है, वहाँ का कथानक सपाट और चरित्र स्थूल हो गया है। 'दस हजार' एक ऐसा ही एकांकी है।

इधर स्वतंत्रता प्राप्त होने के बाद भी लोग पाश्चात्य सभ्यता और संस्कृति से चिपके हुए भारतीय जीवन-मूल्यों से अनास्थावान बने हुए हैं। 'पर्दे के पीछे' संग्रह के अधिकांश एकांकियों में परदे के अपर पार्श्व को उद्घाटित करने का प्रयत्न किया गया है। पाश्चात्य सभ्यता और पूँजीवादी व्यवस्था किस प्रकार हमारी संस्कृति का मूल्यांकन कर रही है—इस पर भट्ट जी की दृष्टि गई है। भट्ट जी न तो सांस्कृतिक पुनरुत्थानवाद में विश्वास करते हैं और न पाश्चात्य सभ्यता की अतियों में। वे नए-पुराने मूल्यों के सन्तुलन में ही जीवन की वास्तविकता देखते हैं।

'नई बात' इस संग्रह का पहला एकांकी है। आज श्रेष्ठता का एकमात्र मापक अर्थ है। इस आर्थिक श्रेष्ठता तथा तज्जन्य सामाजिक मर्यादा ने सांस्कृतिक मूल्यों को इस प्रकार ढँक लिया है कि वे हीन दृष्टि से देखे जाने लगे हैं। सुनन्दा, कुन्तल और किशोरीलाल कवि का मूल्य नहीं समझ पाते। उसकी महत्ता से अभिभूत सुनन्दा उसे सहायतार्थ कुछ नोट भेंट करती है। कवि उन्हें गरीबों में बाँट देता है। इसी को सब लोग नई बात कहते हैं। यह वर्ग उसका त्याग और औदार्य देखकर चकित हो गया। पर कवि की उदाराशयता का प्रमाण बहुत कुछ परम्पराभुक्त हो गया है। हाँ, इससे इतना अवश्य सिद्ध है कि गरीबों के पास ही हृदय होता है। लेकिन इस संकेत से कई और प्रश्न खड़े हो जाते हैं। निर्धनता की चक्की में पिसते हुए कवि-दार्शनिक भला कब तक इस प्रकार की साधना करते रहेंगे, उनके घर-परिवार के लोग तथा स्वयं कवि और विचारक प्रशंसा के द्राक्षारस में डुबकी लगाते रहेंगे? 'यह स्वतंत्रता का युग' पाश्चात्य शिक्षा-संस्कृति में पली हुई नवयुवतियों की काममूलक स्वच्छन्द प्रवृत्ति पर गहरा व्यंग्य है। 'मायोपिया' में विवाह न करनेवाली उच्च शिक्षाप्राप्त स्त्रियों की आत्म-प्रवंचना का पर्दाफाश किया गया है। 'पर्दे के पीछे' में कांग्रेसी देशसेवकों पर काफी चुभता हुआ व्यंग्य है। एक सेठ के शब्दों में, "ये हैं कांग्रेस के लोग। मेरे समान ही स्वार्थी और अर्थलोलुप। इनके भी वैसे ही ठाठ हैं—मकान, कोठी, मोटर, नौकर-चाकर, फिर मजा यह कि काम कुछ नहीं करते। व्यापार कोई नहीं करते...।'

रंगमंच की दृष्टि से भट्ट जी के नाटक सफलतापूर्वक अभिनीत हो चुके हैं। भाषा का सहज प्रवाह और संवाद की स्वाभाविकता इनमें सर्वत्र पाई जाती है। कुछ एकांकियों की घटनाओं और क्रिया-व्यापारों में सम्यक योग नहीं दिखाई पड़ता। इसलिए प्रभावान्विति त्रुटिरहित नहीं हो पाई है। उदाहरण के लिए 'पर्दे के पीछे' में कांग्रेस-कर्मियों का प्रसंग किरायेदार और इनकम टैक्स आफिसर के प्रसंग से प्राय: जुड़ नहीं पाया है। 'बाबू जी' में भोलानाथ और कान्ता का प्रसंग कथा-प्रवाह में कोई विशेष योगदान नहीं करता। पर इनके अधिकांश एकांकी वस्तु और शिल्प दोनों दृष्टियों से इनकी सजगता और जागरूकता के द्योतक हैं।

उपेन्द्रनाथ अश्क

अश्क उन एकांकीकारों में हैं जिन्होंने थोड़े ही दिनों में अपना विशिष्ट स्थान बना लिया। प्रारम्भ में अश्क ने मध्यवर्ग के पारिवारिक जीवन को अपने एकांकियों का वर्ण्य बनाया किन्तु बाद में उन्होंने जीवन के अन्य क्षेत्रों से भी अपने विषयों का चुनाव किया है।

यो पारिवारिक जीवन ही उनका मुख्य क्षेत्र है—इस क्षेत्र में उन्हें काफी सफलता मिली है। इस जिन्दगी को उलट-पुलटकर उन्होंने बारीकी से देखा है और उसकी असंगतियों पर जमकर प्रहार किया है। उदाहरण के लिए 'लक्ष्मी का स्वागत', 'पापी' और 'सूखी डाली' को ले सकते हैं। पहले दोनों नाटकों की रूपरेखा बहुत कुछ समान है। पहले में माँ-बाप की स्वार्थपरता और निर्दयता को मरणासन्न बच्चे की पृष्ठभूमि में बुरी तरह उघाड़ दिया गया है। ठीक इसी प्रकार मरणोन्मुखी पत्नी की असहायता पति और पत्नी की बहन की रंगरेलियाँ से और भी करुण हो उठती है। यद्यपि इन दोनों एकांकियों की विषय-वस्तु में कोई खास नवीनता नहीं दिखाई पड़ती तथापि पाठकों या सामाजिकों को अनुभूतिमय बनाने में लेखक को सफलता अवश्य मिली है। 'सूखी डाली' आज की सम्मिलित कौटुम्बिक प्रणाली पर चुभता हुआ व्यंग्य है। पर इसका फलक प्रथम दो नाटकों की अपेक्षा बड़ा है। इसमें पात्रों की मनोवैज्ञानिक स्थितियों को खूब सूक्ष्मता से परखा गया है। इसमें सन्निहित सांकेतिकता ने समस्त वातावरण को गम्भीर बना दिया है। इसे मैं अश्क का अत्यधिक प्रौढ़ एकांकी मानता हूँ।

इस मँजे हुए क्षेत्र के बाहर अश्क जी प्राय: लड़खड़ा गए हैं। वहाँ पर अपने को सँभालने के लिए उन्होंने किसी-न-किसी मोटे सिद्धान्त-सूत्र को पकड़ा है। इसके प्रमाण में 'वेश्या' और 'कामदा' को पेश किया जा सकता है। वेश्या में भी हृदय होता है, वह भी त्याग करना जानती है—यही चित्रित किया गया है। पर सारा-का-सारा चित्रण कोरी भावुकता (सेंटीमेंटेलिटी) पर आधारित होने के कारण

अपेक्षित गम्भीरता से अस्पृष्ट रह गया है। 'कामदा' में रोमैंटिक प्रेम-विवाह को जिस ढंग से रखा गया है वह बीते दिनों की बात है। इसका समाधान तो और भी स्थूल है।

इन एकांकियों के अतिरिक्त अश्क ने कुछ प्रहसन भी लिखे हैं, जैसे 'जोंक', 'आपस का समझौता' और 'विवाह के दिन'। इनके प्रहसन विशुद्ध विनोद हैं, इनमें किसी विशेष दृष्टिकोण को ढूँढ़ना लेखक के साथ अन्याय करना है। पर 'विवाह के दिन' को अश्क ने 'सामाजिक व्यंग्य' कहा है। इसमें 'सामाजिक' क्या है और व्यंग्य क्या है? परसराम की समस्या समाज की समस्या नहीं है, वह एक मूर्ख की समस्या भले ही हो सकती है। परसराम संस्कृत नाटकों के विदूषकों के समकक्ष रखा जा सकता है—न उनके ऊपर और न नीचे। व्यंग्य की दृष्टि से तो इसमें और भी कुछ नहीं है। यह न तो सामाजिक है और न व्यंग्य। इसे भी प्रहसन ही कहना चाहिए।

कथोपकथनों की स्पष्टता, सादगी और अर्थपूर्णता उनकी निजी विशेषताएँ हैं। वाक्य कहीं पर बोझीले और कथा की गति को अवरुद्ध करनेवाले नहीं हैं। कथोपकथन की दो मुख्य विशेषताएँ हैं—एक तो यह कि वह चरित्र को निखारता चले, दूसरी यह कि वह कथा को गतिशील बनाता चले। अश्क के कथोपकथन इन विशेषताओं से समन्वित हैं। जहाँ कहीं उनकी कथा-वस्तु की गत्वरता में विक्षेप आया है वहाँ पर भी कथोपकथन की सफाई में कमी नहीं आई है। यह कमी बहुत कुछ विश्लेषणात्मकता के आतिशय्य के कारण आती है, जो अश्क में प्राय: नहीं है।

अभिनेता के प्रति अश्क पहले ही से काफी सजग रहे हैं। पर लम्बे रंग-निर्देश अभिनेयता में कदाचित ही कोई योग देते हों। उल्टे ये मन को उबा देने में सहायता जरूर पहुँचाते हैं। रंगमंच की सादगी और व्यावहारिक निपुणता के कारण रंगमंच पर उनके एकांकी काफी सफल रहे हैं—विशेष रूप से एमेचर रंगमंच पर।

अन्य एकांकीकार

उग्र, सद्गुरुशरण अवस्थी, गणेशप्रसाद द्विवेदी आदि ने भी इस क्षेत्र में उल्लेखनीय कार्य किया है। भगवतीचरण वर्मा ने संख्या की दृष्टि से कम ही नाटक लिखे हैं पर उसमें एक कुशल शिल्पी की विशेषताएँ मिलती हैं। प्रसिद्ध नाटककार हरिकृष्ण प्रेमी ने मध्यकालीन शौर्य के आधार पर कुछ अच्छे एकांकियों की रचना की है। रेडियो विभाग ने लक्ष्मीनारायण मिश्र को भी इस क्षेत्र में उतरने को मजबूर किया और प्रसिद्ध उपन्यासकार वृन्दावनलाल वर्मा ने भी इस क्षेत्र में कलम की आजमाइश की है।

नए रंगमंच और प्रयोग की दृष्टि से जगदीशचन्द्र माथुर का 'भोर का तारा' विशेष रूप से उल्लेखनीय है। उनके व्यंग्य और विचार गहरे हैं। विष्णु प्रभाकर ने भी कुछ अच्छे एकांकी नाटकों की सृष्टि की है। विश्वम्भर मानव, भारती आदि ने

भी एकांकी लिखे हैं पर इधर नई पौध के लोगों का उतना आकर्षण नहीं दिखाई पड़ रहा है।

एकांकी का रचना-विधान

एकांकी अभी अल्पवयस्क रचना-प्रकार है, पर थोड़े ही दिनों में इसकी प्रौढ़ता के लक्षण प्रकट होने लगे हैं। इसकी स्वाभाविक मधुरिमा, आकर्षक व्यक्तित्व और अनलंकृत किन्तु अभिनव साज-सज्जा अत्यन्त मोहक सिद्ध हुई है। किसी भारी-भरकम आयोजन के बिना ही अति सरल ढंग से अभिनीत होने के कारण इसकी लोकप्रियता दिनोंदिन बढ़ती जा रही है।

एकांकी और कहानी

ऊपर-ऊपर से देखने पर ऐसा लगता है कि एकांकी नाटक की ही जाति का है पर दोनों में पर्याप्त विभिन्नता है। आधुनिक नाटक का अभिनय जहाँ एक घंटे से ढाई घंटे के भीतर हो जाता है, वहाँ एकांकी का अभिनय करने के लिए दस मिनट से एक घंटे का समय तक पर्याप्त है। एक प्रकार से नाटक और एकांकी का वही सम्बन्ध है जो उपन्यास और कहानी का। उपन्यास और नाटक यदि जीवन का सर्वांगीण चित्र प्रस्तुत करते हैं तो कहानी और एकांकी किसी जीवन-मर्म की अभिव्यक्ति। कहानी की भाँति एकांकी में भी एक केन्द्रीय भावना और एकोन्मुखता होती है। उपन्यास और नाटक में जहाँ अनेक प्रकार के क्रिया-व्यापारों तथा प्रवृत्तियों का सामूहिक प्रभाव पड़ता है वहाँ कहानी और एकांकी में एक ही केन्द्रीय भाव का एक प्रभाव (सिंगिल इफेक्ट)। इसके परिणाणस्वरूप कहानी और एकांकी की प्रभाव-जन्य संवेदनशीलता अधिक तीखी और जी कचोट लेनेवाली होती है।

किसी अन्य रचना-प्रकार की अपेक्षा एकांकी कहानी के अधिक समीप है। दोनों एक-दूसरे के निकट होते हुए भी दूर हैं। दृश्य होने के कारण एकांकी में क्रिया-व्यापार पर विशेष ध्यान देना पड़ता है जबकि कहानी के लिए यह अनिवार्य नहीं है। एकांकी का सारा व्यापार संवादों के माध्यम से व्यक्त होता है। उसमें विवरण-वर्णन और विश्लेषण के लिए कोई अवकाश नहीं रहता।

तत्त्व

सामान्यत: एकांकी में भी वे ही छह तत्त्व माने जाते हैं जो नाटक और कथा-साहित्य में। नाटकों की अपेक्षा एकांकी का लघुकाय ढाँचा अधिकाधिक तथा प्रासंगिक

कथावस्तुओं का निर्वाह एक साथ नहीं कर सकता। इसके लिए जीवन की कोई मार्मिक घटना, कोई असाधारण पहलू, कोई सघन क्षण, कोई विशेष परिस्थिति गृहीत होती है।

ऐसी स्थिति में स्वाभाविक है कि इसमें चरित्र-चित्रण का पूरा अवकाश न रहे। चरित्र के किसी एक विशेष पक्ष, उसकी विशेष मानसिक स्थिति अथवा उसकी विशेष परिस्थिति का चित्रण ही उसका मुख्य लक्ष्य होता है। एकांकियों के संवाद नाटकों की अपेक्षा संक्षिप्त और मर्मस्पर्शी होने चाहिए। ये संवाद दुहरे कार्य करते हैं; एक ओर तो ये पात्रों का चरित्र उद्घाटित करते हैं, दूसरी ओर कथा को गतिशील बनाते हैं। किसी भी पात्र के कथन में इन विशेषताओं का होना अत्यन्त आवश्यक है। पात्रों की संवाद-योजना, वेश-विन्यास, रीति-नीति-अंकन देश-काल के अनुसार होना चाहिए। एकांकियों में उतने ही समय या काल का समावेश करना चाहिए जिससे उसकी स्वाभाविकता बनी रहे। दो घटनाओं के बीच काल का कम-से-कम अन्तर रखना आवश्यक है।

एकांकियों को सोद्देश्य होना ही चाहिए। केवल रस-निष्पत्ति की दृष्टि से नाटक लिखने का जमाना लद गया, केवल मनोरंजन की दृष्टि से कुछ कहने के दिन बीत गए। आज की सामाजिक असंगतियों, जर्जर रूढ़ियों और घिसी-पिटी परम्पराओं पर जमकर प्रहार करना आज के एकांकी का मुख्य प्रयोजन है। इस प्रहार में जितनी शक्ति होगी अथवा जितना तीखापन होगा, एकांकी उतना ही जी कचोटनेवाला होगा। एकांकी की भाषा में एक तनाव, प्रौढ़ता और रागात्मक तार्किकता होनी चाहिए जिससे वह लेखक के भावों को अपेक्षित ढंग से प्रेषणीय बना सके।

कार्यावस्था

कार्यावस्था की दृष्टि से एकांकी के तीन भाग होते हैं—प्रारम्भ, विकास और चरमोत्कर्ष। कहानी के आरम्भ की तरह एकांकी का प्रारम्भ भी अधिक आकर्षक होना चाहिए। पर इसके आरम्भ के सम्बन्ध में नियम नहीं बनाए जा सकते। एक एकांकी का प्रारम्भ देखिए—

बड़ी बहू—(इन्दु के कन्धों पर अपने दोनों हाथ रखते हुए) आखिर कुछ कहो भी। क्या कह दिया छोटी बहू ने?

इन्दु—(चुप)

बड़ी बहू—क्या कह दिया उसने जो इतनी बिफरी हुई हो?

इन्दु—(क्रोध से) और क्या ईंट मारती?

—अश्क, सूखी डाली

आरम्भ के इस कथोपकथन में स्वयं इतनी नाटकीयता है कि सामाजिकों का ध्यान उधर तुरत आकृष्ट हो जाता है। इन्दु के कन्धों पर बड़ी बहू के हाथ रखने

का कार्य सपाट क्रिया है, पर वास्तविक क्रिया-व्यापार तो उसके कथोपकथन में निहित है। क्षणिक चुप्पी के बाद इन्दु का सहसा क्रुद्ध हो जाना जो विरोधात्मक क्रिया-व्यापार उत्पन्न करता है, उससे दर्शकों की साकांक्षता बढ़ जाती है। प्रारम्भ में ही इस साकांक्षता को पकड़ लेना लेखक की सफलता का द्योतक है। 'और क्या ईंट मारती?' में ईंट ही मारी गई है। प्रारम्भ में ही एकांकी की मूल समस्या का परिचय करा दिया जाता है, जो मुख्यत: संघर्षात्मक होती है।

एकांकी की दूसरी अवस्था उसके विकास की है। प्रारम्भ में उठाए गए संघर्ष को इसमें या तो व्याप्ति मिलती है या फिर उसके समाधान की ओर बढ़ा जाता है। 'सूखी डाली' में ऊपर-ऊपर से ऐसा ही किया गया है—इसमें पहले दृश्य में उठाए गए संघर्ष का प्रकाश्य-समाधान प्रस्तुत किया जाता है। किन्तु इस समाधान के पीछे भी गहरी व्यंजना छिपी हुई है जो अन्त में उद्घाटित होती है।

एकांकी की परिसमाप्ति और चरमोत्कर्ष को एक ही साथ घटित होना चाहिए और यहीं पर साकांक्षता भी पूरी ऊँचाई पर पहुँच जाती है। यदि कथा इसके आगे बढ़ी तो उसमें प्रभावहीनता आ जाएगी और एकांकी का अनुबन्ध ढीला पड़ जाएगा।

पर एकांकी का उपर्युक्त अवस्थाओं से गुजरना और उसमें चरमोत्कर्ष (क्लाइमेक्स) का होना अनिवार्य नहीं है। अन्तर्द्वन्द्व-प्रधान एकांकियों में दूसरी पद्धति अपनाई जाती है। इसमें अन्त:संघर्ष के तह पर तह खुलते हैं और यह बहुत कुछ मनोविश्लेषणात्मक होता है।

उदाहरण के लिए रामकुमार वर्मा का 'औरंगजेब की आखिरी रात' एकांकी देखा जा सकता है।

अन्विति-त्रयी

आज नाटकों के लिए अन्विति-त्रयी की अनिवार्यता नहीं मानी जाती। पर क्या यही एकांकी के लिए भी लागू है? सेठ गोविन्ददास ने उपक्रम और उपसंहार जोड़कर काल की अन्विति का प्रश्न हल कर दिया है किन्तु समय और क्रिया-व्यापार की अन्विति को वे अनिवार्य मानते हैं। एकांकी नाटकों में जो एकाग्रता और एकतानता दिखाई पड़ती है उनको देखते हुए अन्विति-त्रयी बहुत आवश्यक प्रतीत होती है। समय और स्थान के बिखर जाने से प्रभावान्विति का बिखर जाना आवश्यक है।

एकांकी का वर्गीकरण

एकांकी नाटकों के तीन प्रमुख भेद किए जा सकते हैं—पाठ्य एकांकी, दृश्य-एकांकी और ध्वनि एकांकी। फिर प्रत्येक को दो-दो कोटियों में विभाजित किया जा सकता है।

पाठ्य एकांकी के दो भेद हैं—परिसंवाद और पाठ्य एकांकी। दृश्य एकांकी को दो वर्गों में बाँट सकते हैं—गीति-नाट्य एकांकी और दृश्य एकांकी। इस तरह ध्वनि-एकांकी भी दो तरह का होता है—ध्वनि रूपक और ध्वनि नाटक। नीचे की तालिका-से यह वर्गीकरण स्पष्ट हो जाएगा—

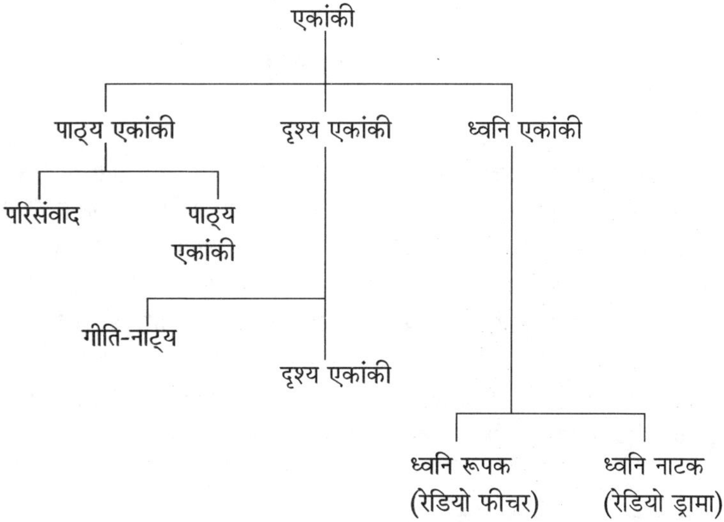

रेडियो-नाटक

प्रारम्भ में जिस प्रकार कहानियों को उपन्यासों का लघु रूप कहा जाता था, एकांकी को नाटकों का संक्षिप्त रूप माना जाता था, उसी प्रकार रेडियो-नाटक (ध्वनि-एकांकी) को रंग-एकांकी का भाई-बन्धु स्वीकृत किया जाता था। कालान्तर में जब कहानियों और एकांकियों ने शैलीगत विकास कर लिया तो लोगों को अपनी धारणाएँ बदलनी पड़ीं। वे यह कहते हुए देखे गए कि कहानी और उपन्यास की अलग-अलग जातियाँ. हैं, नाटक और एकांकी दो भिन्न-भिन्न रचना-प्रकार हैं। आज रेडियो-नाटक के विकसित शिल्प ने यह सिद्ध कर दिया कि रंग-एकांकी और रेडियो-नाटक दो असमान विधाएँ हैं, सादृश्य के स्थान पर उनमें असादृश्य अधिक है।

रेडियो-नाटक और एकांकी

संस्कृत के आचार्यों ने काव्य को दो कोटियों में विभाजित किया—दृश्य काव्य और श्रव्य काव्य। दृश्य काव्य को उन्होंने रूपक की अभिधा दी। पर रेडियो-नाट्य-शिल्प के कारण रूपक या नाटक को भी दो श्रेणियों में बाँटना पड़ेगा—दृश्य नाटक और श्रव्य नाटक।

रेडियो पर प्रसारित होनेवाले नाटकों के सभी प्रकार पिछली श्रेणी में रखे जाएँगे। एकांकी और रेडियो-नाटक की मुख्य विभाजन-रेखा यही है कि पहला दृश्य है और दूसरा श्रव्य। फिर भी रेडियो-नाटक श्रव्य होकर भी नाटक ही है। हाँ, जहाँ एकांकी का माध्यम रंगमंच है वहाँ रेडियो-नाटक का माध्यम ध्वनि।

इस माध्यम की भिन्नता के कारण दोनों की अपनी अलग-अलग सुविधाएँ-असुविधाएँ हैं।

रंगमंच पर अभिनेताओं में रूप, वाणी, मुद्रा, भंगिमाएँ आदि के साक्षात्कार से जो सामूहिक प्रभाव निष्पन्न होता है, केवल ध्वनि के माध्यम से उसकी उपलब्धि नहीं हो सकती। इसका तात्पर्य यह नहीं है कि रेडियो-नाटक एकांकी से हीन नाट्य विधान है। रेडियो-नाटकों को रंगमंच सुविधा तो नहीं है पर कई अर्थों में एकांकी

नाटकों की अपेक्षा वह अपने शिल्प के कारण अनेक और सुविधाओं को अपनी गहनता में समेट लेता है।

विषय की दृष्टि से जितने व्यापक विषय को रेडियो-नाटकों में प्रस्तुत किया जा सकता है उतने व्यापक विषय को एकांकियों में नहीं उपस्थित किया जा सकता है। एकांकियों के बन्धन रेडियो-नाटकों को स्वीकार नहीं हैं। संकलन-त्रय के लिए रेडियो-नाटकों में कोई स्थान नहीं है। आश्चर्य तो यह है कि एकांकियों के कतिपय बाधक तत्त्व इसके लिए साधक सिद्ध हुए हैं। आलोचकों ने नाटकों और एकांकियों से बेचारे 'स्वगत' को लगभग बहिष्कृत कर दिया है। पर रेडियो-नाटकों में जाकर जैसे इसे अपना उचित स्थान मिल गया। स्वप्न, विक्षेपावस्था आदि को नाटकों, एकांकियों में प्रदर्शित नहीं किया जा सकता है। वातावरण निर्माण में तो रेडियो-नाटक ने एकांकियों को बुरी तरह पछाड़ दिया है। प्लेटफार्म की भीड़-भाड़, फेरीवालों के शोरगुल, कुली के पुकारने की आवाज, यात्रियों की चीख-पुकार, कनाडियन इंजिनों के भोंपू आदि को रेडियो-नाटकों में बड़े ही प्रभावोत्पादक ढंग से प्रस्तुत किया जा सकता है। एकांकियों में दूसरे स्थान की महत्त्वपूर्ण घटनाओं को, जो नाटकीय कथानक से अच्छी तरह सम्बद्ध हैं, केवल सूचित किया जा सकता है। पर रेडियो-नाटकों में उन्हें उपस्थित करने में कोई कठिनाई नहीं है।

इस तरह रेडियो-नाटकों ने संस्कृत नाट्य-शास्त्र के अर्थोपक्षेपकों—विष्कम्भक, चूलिका अंकास्य, अंकावतार और प्रवेशक—के झंझट से भी अपने को मुक्त कर लिया है।

शिल्प-वैशिष्ट्य

रेडियो-नाट्य-शिल्प को ध्वनि-शिल्प भी कहा जा सकता है। सम्पूर्ण नाटक का नियंत्रण तीन प्रकार की ध्वनियों से होता है—शब्द-ध्वनि, वाद्य-ध्वनि और प्रभाव-ध्वनि (Sound-effect)। शब्द-ध्वनि के माध्यम से संवादों को श्रोता तक पहुँचाया जाता है, वाद्य-ध्वनि से दृश्य-परिवर्तन के अतिरिक्त अपूर्ण कथा को पूर्ण और पात्रों के आगमन और निष्क्रमण को संकेतिक किया जाता है और प्रभाव-ध्वनि का मुख्य प्रयोजन वातावरण का निर्माण करना है।

शब्द-ध्वनि रेडियो-नाट्य का प्राणतत्त्व है, इसलिए नाटककार को शब्द-ध्वनि की पूरी परख होनी चाहिए। उसे इस बात की जानकारी होनी चाहिए कि श्रोतव्य अर्थपूर्ण होने के साथ-साथ श्रुति-सुखद, सहज-ग्राह्य और प्रभावोत्पादक हो। सामान्यत: संवाद के वाक्य लम्बे न हों तो अच्छा है क्योंकि उसे सँभालने में प्रसारक के श्वासावरोध की आशंका है और इससे ध्वनि की प्रभावोत्पादकता के बिखर जाने का भी भय बना रहता है।

संवादों का स्वर सामान्य (Normal tone) होना चाहिए। नाटकों में रंगमंच पर अभिनेता के सम्मुख दर्शकों का समुदाय होता है। इसलिए उनके स्वर में कुछ तेजी भी दिखाई पड़ सकती है, क्योंकि बात तो करता है वह अपने साथी अभिनेता से, पर उसका अभिप्राय होता है उसे दर्शकों तक पहुँचाना। रेडियो-नाटक के कलाकारों के सामने समूह नहीं, व्यक्ति होता है। फिर माइक के अत्यधिक स्वरग्राही (Sensitive) होने के कारण अपनी फुसफुसाहट तक को श्रोताओं तक पहुँचा सकने में वह समर्थ है।

संवादों की ध्वनियों द्वारा चरित्रों का चारित्रिक वैशिष्ट्य अंकित किया जाता है। कुशल नाटककार ध्वनि में प्रतीकत्व का समाहार भी करता है, जिससे चरित्रगत विशेषताओं को स्पष्ट करने में अधिक सुविधा मिलती है। पात्रों का स्वर-वैभिन्न्य रेडियो-नाटक की सफलता के लिए बहुत आवश्यक है अन्यथा उसमें एकरागता आ जाएगी। नाटककार को भिन्न-भिन्न चरित्रों की भाषा-शैली में इस तरह का पार्थक्य रखना चाहिए कि प्रत्येक पात्र की टोन, लय, ध्वनि दूसरे से थोड़ी-बहुत भिन्न हो जाए।

वाद्य-ध्वनि से तात्पर्य है वाद्य-संगीत का। दृश्य-परिवर्तन के समय संक्षिप्त वाद्य-ध्वनि प्रस्तुत की जाती है। प्रभाव-ध्वनि का मुख्य प्रयोजन वातावरण निर्माण होता है। पीछे इसका उल्लेख किया जा चुका है। नाटककार को इस बात का बराबर ध्यान रखना चाहिए कि कहीं वाद्य-ध्वनि और प्रभाव-ध्वनि स्वयं साध्य न हो जाएँ।

प्रकार

शिल्पी की दृष्टि से रेडियो-नाटक के प्रकार हैं—नाटक, रूपक, फैंटेसी, रेडियो-रूपान्तर, मोनोलॉग, संगीत-रूपक और झलकियाँ।

रेडियो-नाटक रंगमंचीय नाटकों की अपेक्षा कहीं अधिक सूक्ष्मतर तत्त्वों और जीवन-मर्मों को अपना वर्ण्य-विषय बनाता है। जिस प्रकार एकांकी के रंगमंचीय उपकरण एक विशेष जीवन-मर्म को व्यंजित करने के लिए ही गृहीत होते हैं उसी प्रकार रेडियो के समस्त उपकरण—ध्वनि, संगीत आदि—भी सूक्ष्मतर जीवन-मर्मों को व्यंजित करने के साधन हैं। नाटक (रेडियो-नाटक) अन्य प्रकारों की अपेक्षा एकांकी के निकट है। रेडियो-रूपक-रेडियो फीचर का अनुवाद है। इसका क्षेत्र बहुत व्यापक है। नाटक की भाँति इसका कोई रूप नहीं स्थिर किया जा सकता। विषयानुसार यह अपना रूप बदलता रहता है। इसके माध्यम से सूचना प्रसार आदि को रोचक ढंग से प्रस्तुत किया जाता है। फैंटेसी एक अतिशय कल्पना-प्रधान नाटक ही है। मोनोलॉग या एक पाली नाटक में आद्यन्त एक ऐसा पात्र बोलता है जो अनेक प्रकार के अन्तर्द्वन्द्वों में उलझा हुआ हो। झलकियों में भिन्न-भिन्न लघु-लघु विनोदात्मक दृश्य प्रस्तुत किये जाते हैं। इनका प्रयोजन श्रोताओं का मनोरंजन करना है। संगीत-रूपक में रूपक

संगीत और लयात्मक गीति के माध्यम से प्रस्तुत किया जाता है। रेडियो-रूपान्तर में कहानी, रंग-एकाकी, उपन्यास आदि को इस तरह रूपान्तरित किया जाता है कि उन्हें रेडियो के माध्यम से नाटकीय ढंग से प्रसारित किया जा सके।

हिन्दी के रेडियो-नाटक

हिन्दी रेडियो-नाटक अपने विकास की दो अवस्थाएँ पार कर चुका है। पहली अवस्था में तो पूरे रंगमंचीय नाटक रंगमंच की सारी स्थूलताओं के साथ प्रसारित होते थे। 1936 ई. में पहला हिन्दी रेडियो-नाटक ऑल इंडिया रेडियो से प्रसारित हुआ जिसमें रंग-संकेत, दृश्यान्तर, अन्तराल सब-के-सब रंगमंचीय ढंग के थे। चतुरसेन शास्त्री का 'राधाकृष्ण' रेडियो के लिए लिखा गया पहला नाटक माना जाता है। रंग-एकांकी के आविर्भाव के साथ ही रेडियो-नाटकों में भी नया मोड़ आया और ये एकांकी रेडियो पर प्रसारित होने लगे। माइक के माध्यम से रंग-एकांकियों को प्रसारित करने में जब कठिनाई का अनुभव हुआ तो ऐसे एकांकियों की रचना की जाने लगी जो रंगमंच पर सफलतापूर्वक अभिनीत भी हो सकें और रेडियो से प्रसारित भी। रामकुमार वर्मा और अश्क ने इस तरह के कई नाटक लिखे। यह रेडियो-नाटक के विकास की दूसरी अवस्था है। आज रेडियो-नाटक रंग-नाटक से बिलकुल पृथक हो गया है। आज के रेडियो-नाटक टेकनीक को देखते हुए यदि द्वितीय अवस्था के नाटकों की समीक्षा की जाए तो वे सामान्यत: असफल सिद्ध होंगे।

आज कुछ ऐसे लेखक भी दिखाई देने लगे हैं जो केवल रेडियो के लिए ही नाटक लिखने लगे हैं। विष्णु प्रभाकर ने अपनी पुस्तक 'प्रकाश और परछाईं' में लिखा है, "तो हमने तीन बातें कहीं। एक यह कि रेडियो और रंगमंच के लिए अलग-अलग लिखें..." इस पुस्तक में सब-के-सब रेडियो-नाट्य संगृहीत हैं। नए माध्यम की बारीकी को समझने का प्रयास विष्णु ने बराबर किया है। परिणामस्वरूप उनके रेडियो-नाटकों में बराबर निखार आता गया है। रेडियो से सम्बद्ध होने के कारण भी उन्हें इस नए माध्यम की सम्भावनाओं का निकट से अध्ययन करने का अवसर मिला है। उक्त संग्रह में 'लिपस्टिक की मुस्कान' और 'युग-सन्धि' में ध्वनि-परिवर्तन और संवेगात्मकता का पूरा ध्यान रखा गया है। इसलिए ये नाटक काफी सफल हुए हैं। इस संग्रह का पहला नाटक 'सीमा-रेखा' राजनीतिक वाद-विवाद का रूप धारण कर लेने के कारण भावात्मकता का स्पर्श करने में बहुत कुछ असमर्थ हो गया है। विष्णु प्रभाकर के अतिरिक्त हरिश्चन्द्र खन्ना, सिद्धनाथ कुमार, रेवती शरण शर्मा आदि ने भी रेडियो-नाटक के टेकनीक की दृष्टि से अनेक अच्छे नाटक लिखें हैं।

रेडियो में न रहकर भी अश्क ने श्रव्य-माध्यम से कुछ ऐसे नाटक भी लिखे हैं जो रेडियो पर सफलतापूर्वक प्रसारित किए जा चुके हैं। 'छठा बेटा', 'पर्दा उठाओ :

पर्दा गिराओ' ऐसे ही नाटक हैं। अश्क की सफलता का सर्वाधिक श्रेय इनके तीखे व्यंग्यों और चुस्त संवादों को है। अमृतलाल नागर ने इस दिशा में सीमित पर स्तुत्य प्रयास किया है। उनका 'सेठ बाँकेमल' अनेक बार प्रसारित हो चुका है। अमृतलाल नागर अपनी शैली में बेजोड़ हैं। उनका व्यंग्य इतना तीखा और मर्मस्पर्शी होता है कि समाज के विगलित अंगों पर कड़ी चोट करता है। रेडियो-नाटकों के क्षेत्र में उनकी सफलता असन्दिग्ध है।

रेडियो पर प्राय: वे ही गीति-नाट्य प्रसारित किए गए हैं जिनका उल्लेख गीति-नाट्यों के प्रसंग में एक अलग अध्याय में किया जा चुका है। उनमें से अधिकांश नाटक अनाकर्षक ही रहे हैं। किसी में काव्यत्व की अतिशयता है तो किसी में उसकी नितान्त कमी। नाटकत्व तो बहुत कम नाटकों में है। गीति-नाट्यों के लिए रेडियो-मंच में अनेक सम्भावनाएँ निहित हैं। गीति-नाट्यों में अन्तर्निहित अन्तर्द्वन्द्वों को—सूक्ष्मातिसूक्ष्म अन्तर्द्वन्द्वों को—ध्वनि, ध्वनि-प्रभाव, वाद्य-संगीत आदि के सहारे बड़ी ही कुशलता से प्रसारित किया जा सकता है।

अतिकल्पनाओं (फैंटेसीज) के लिए भी रेडियो का माध्यम अत्यन्त उपयुक्त है। पर गीति-नाट्यों की भाँति अतिकल्पनाएँ भी बहुत कम लिखी गई हैं। इसके लिए तो रेडियो ही एकमात्र शरण भूमि है, क्योंकि रंगमंच से इसका कोई मेल नहीं बैठता। इस प्रकार के नाटक लिखनेवालों में गिरिजाकुमार माथुर, सिद्धनाथ कुमार और रामचन्द्र तिवारी के नाम विशेष रूप से उल्लेखनीय हैं।

मोनोलॉग या एकपात्री नाटक तो संख्या में और भी कम लिखे गए हैं। मोनोलॉग में एक से अधिक भावनाओं का द्वन्द्व चित्रित किया जाता है। इन भावनाओं में प्राय: परस्पर विरोध दिखाई पड़ता है। इस प्रकार के नाट्य-लेखकों में विष्णु प्रभाकर और कर्तार सिंह दुग्गल का नाम लिया जा सकता है।

पुराने लेखकों में रामकुमार वर्मा, उदयशंकर भट्ट, लक्ष्मीनारायण मिश्र, जगदीशचन्द्र माथुर आदि ने भी रेडियो पर प्रसारित होनेवाले नाटकों की रचना की है।

सच पूछिए तो हिन्दी रेडियो-नाटक अभी प्रारम्भिक अवस्था में है। इसकी अपेक्षित प्रगति में जो कमी दिखाई पड़ रही है उसके तीन प्रमुख कारण हैं। एक तो रेडियो की दृष्टि से नाटक लिखनेवालों की बहुत कमी है, दूसरा यह कि रेडियो-नाट्य की टेकनीक से लोग कम परिचित हो सके हैं, तीसरा यह कि ऑल इंडिया रेडियो ने बी.बी.सी. की तरह अभी तक इसके लिए स्वतंत्र विभाग नहीं खोल रखा है।

फिर भी रेडियो माध्यम की सम्भावनाओं को देखते हुए हम निराश नहीं हैं। धीरे-धीरे इस दिशा में हम अग्रसर हो रहे हैं, इस नए माध्यम की शक्ति पहचान रहे हैं, इसके टेकनीक का अभ्यास कर रहे हैं, विदेशी रेडियो से बहुत कुछ सीख रहे हैं। ऐसी स्थिति में वह दिन दूर नहीं है जब हमारे रेडियो स्टेशन अनेक प्रकार के श्रेष्ठ रेडियो-नाटकों से हमारा मनोरंजन करने में समर्थ हो सकेंगे।

रंगमंच

हिन्दी रंगमंच की शुरुआत पारसी रंगमंच से हुई, इसका उल्लेख किया जा चुका है। इसके नाटक और मंच अतिरंजनापूर्ण और 'मेलोड्रैमेटिक' होते थे। पाठकों को चमत्कृत करना उनका चरम उद्द्देश्य होता था। नाटकों में दृश्यों की बहुलता, गीतात्मक संवाद, गीतों की भरमार, नृत्य योजना आदि का नियोजन दर्शकों के अनुरूप होता था। अलग-अलग कम्पनी के अपने अभिनेता थे। उनकी भूमिकाओं को दृष्टि में रखकर ही नाटक लिखे जाते थे।

यद्यपि अपने परवर्ती काल में पारसी रंगमंच बदलने लगा था, फिर भी उसकी सपाटता और कुरुचिपूर्णता नहीं जा सकी। भारतेन्दु तथा उनके युग के रंगमंच पारसी रंगमंच की प्रतिक्रिया के फलस्वरूप आया।

अपने 'नाटक' में अपनी प्रतिक्रिया व्यक्त करते हुए उन्होंने लिखा है, "काशी में पारसी नाटक वालों ने नाचघर में जब शकुन्तला नाटक खेला और उसमें धीरोदात्त नायक दुष्यन्त खेमटेवालियों की तरह कमर पर हाथ रखकर मटक-मटककर नाचने और 'पतरी कमर बल खाय' यह गाने लगा तो डॉ. थिबो, बाबू प्रमदा दास मित्र यह कहकर उठ आए कि "अब देखा नहीं जाता। ये लोग कालिदास के गले पर छुरी फेर रहे हैं।" सन 1903 में 'हिन्दी प्रदीप' के सम्पादकीय में पारसी थिएटर की कड़ी आलोचना की गई। 'राम-वनगमन' (1910) की भूमिका में इसकी ओर संकेत करते हुए लिखा गया है, "पारसी लोग जो हिन्दू सम्बन्धी नाटक खेलते हैं, उसकी भाषा प्राय: उर्दू होती है व भाव भी प्राय: हिन्दुओं के विरुद्ध ही होता है।"

भारतेन्दु हरिश्चन्द्र के समय में ही कानपुर में कुछ नाट्य मंडलियाँ स्थापित हुईं पर वे अकाल में ही काल के गाल में समा गईं। सन 1898 ई. में प्रयाग में 'रामलीला नाटक मंडली' स्थापित की गई। 1908 ई. में माधव शुक्ल ने इसका पुनरुद्धार किया। इस मंडली ने 'राणा प्रताप' और माधव शुक्ल का 'महाभारत' आदि नाटकों को सफलतापूर्वक रंगमंच पर उतारा।

इस सम्बन्ध में काशी की नाट्य-मंडलियों का विशेष महत्त्व है, क्योंकि ये अन्य मंडलियों की अपेक्षा अधिक काल तक जीवित रहीं। यों हिन्दी में नाटक खेलने

की शुरुआत काशी में ही हुई। शीतला प्रसाद त्रिपाठी कृत 'जानकी मंगल' सन 1868 ई. में खेला गया। इसमें भारतेन्दु हरिश्चन्द्र ने लक्ष्मण की भूमिका निभाई थी। सन 1908 ई. में स्थानीय हिन्दू स्कूल में राधाकृष्ण दास का 'राणा प्रताप' खेला गया। उस नाटक को देखने के लिए काशी के प्रसिद्ध नगर सेठ बीसू जी के पौत्र बाबू कृष्णदास साह भी गए हुए थे। बाबू कृष्णदास उस नाटक से इतने अधिक प्रभावित हुए कि दूसरे दिन हरिदास माणिक और धर्मदत्त शास्त्री को बुलाकर 'राणा प्रताप' के अभिनय के सम्बन्ध में उनसे परामर्श किया। उनका विचार था कि उसका अभिनय कहीं शहर में किया जाए। अर्थाभाव के कारण उन्होंने इसके अभिनय में असमर्थता व्यक्त की। फिर इस सम्बन्ध में काशी के श्रीमन्तों की एक सभा बुलाई गई और एक नाट्य मंडली की स्थापना की गई। इसको नाम रखा गया 'नागरी नाट्य कला प्रवर्तक मंडली'। इसके नाम पर 'नागरी प्रचारिणी सभा' के नाम का प्रभाव स्पष्ट दिखाई पड़ता है। 'नाट्य-कला प्रवर्तक' का कदाचित अभिप्राय यह था कि पारसी नाट्य कला से दूषित अभिनेयता का प्रवर्तन। बाद में पारस्परिक मतभेद के कारण यह मंडली दो मंडलियों में विभाजित हो गई—नागरी नाटक मंडली और भारतेन्दु नाटक मंडली। नागरी नाटक मंडली ने पं. सुधाकर द्विवेदी की देख-रेख में कार्य करना आरम्भ किया। कृष्णगढ़-नरेश की सहायता से इस मंडली ने कबीर चौरा में एक रंगमंच का निर्माण भी किया है, समय-समय पर यह मंडली कोई-न-कोई नाटक खेलती रहती है।

अब आइए इस बात का लेखा-जोखा लगा लें कि इन अव्यवसायी नाट्य-मंडलियों ने कितना पारसी रंगमंच को छोड़ा और कितना नए मंच के निर्माण में अपना जोड़ा। पारसी थिएटर की अतिरंजनाओं को भड़कीली साज-सज्जा, बात-बात में नृत्य-गान, हाव-भाव आदि को इन अव्यवसायी मंडलियों ने आंशिक रूप में छोड़ दिया। एक नई सांस्कृतिक रुचि के निर्माण के लिए ऐसा करना आवश्यक भी था। पारसी रंगमंच की विरासत को सहसा छोड़ देना न तो इन मंडलियों के हित में होता और न जनता के ही हित में। जनता पारसी रंगमंच की इतनी अधिक अभ्यस्त हो चुकी थी कि उसकी चित्तवृत्ति को दूसरी दिशा में क्रमशः ही मोड़ा जा सकता था। इन अव्यवसायी मंडलियों के पास इतना धन भी न था कि अपने पैसे से बराबर नाटक खेलती रहतीं। नाटक खेलने में जो व्यय होता था उसका कुछ अंश उन्हें दर्शकों से भी प्राप्त करना होता था। ऐसी स्थिति में पारसी थिएटर कम्पनियों की नाट्य परम्परा से सर्वथा अपना सम्बन्ध-विच्छेद कर लेना इनके लिए सम्भव न था।

पारसी थिएटर के बाह्य उपकरणों को अंशों में ग्रहण करते हुए भी इस नाटकों की आत्मा उससे भिन्न थी। विषय-वस्तु के चुनाव तथा उसके प्रतिपादन के ढंग में अव्यवसायी मंडलियों ने जो दृष्टिकोण अपनाया, वह गम्भीर और स्वस्थ था। उर्दू की शोखी और बाजारू गानों के लिए वहाँ कोई स्थान नहीं था। इनका हास्य भी

मर्यादित और संयमपूर्ण था। इन मंडलियों द्वारा जो सर्वाधिक महत्त्वपूर्ण कार्य हुआ, वह था परिष्कृत रुचि का निर्माण।

इन अव्यावसायिक मंडलियों के समाप्तप्राय हो जाने पर स्कूल और कॉलेज के रंगमंचों पर नाटक खेले जाने लगे। पर डेढ़ दिन चलने वाले इन रंगमंचों से कोई स्थायी लाभ नहीं हो सकता था। फिर भी हिन्दी रंगमंच को जिन्दा बनाए रखने का श्रेय इनको दिया जा सकता है। स्कूल-कॉलेज के वार्षिकोत्सवों के अवसर पर खेले जानेवाले नाटकों में मंचीय प्रौढ़ता नहीं आ पाई। इन नाटकों के आयोजकों को रंग-शिल्प के अधुनातन उपकरणों का ठीक-ठीक पता नहीं रहता और न तो वे इस दिशा में प्रयास ही करते हैं ध्वनि-प्रभाव, पार्श्व-संगीत, प्रकाश-परिवर्तन, दृश्य-बन्ध आदि की योजना चलते ढंग से कर दी जाती है। इसके फलस्वरूप नाटकों में अपेक्षित प्रभावान्विति नहीं आ पाती है।

हिन्दी रंगमंच की चर्चा तब तक अधूरी समझी जाएगी जब तक 'इप्टा' और 'पृथ्वी थिएटर' की देन का आकलन न कर लिया जाए। इप्टा अव्यवसायी संस्था है। इसके नि:स्वार्थ कर्मी सदस्यों ने खुले थिएटर (ओपेन एअर थिएटर) का बड़ा ही सफल प्रयोग किया है। इस रंगमंच पर खेले गए नाटकों को काफी लोकप्रियता भी मिली है। किन्तु अपने सीमित साधनों के फलस्वरूप इसका अपेक्षित प्रसार-प्रचार न हो सका।

प्रसिद्ध अभिनेता पृथ्वीराज कपूर ने 'पृथ्वी थिएटर' के माध्यम से हिन्दी को एक रंगमंच देने का प्रयास किया है। यद्यपि एक प्रकार से यह व्यावसायिक संस्था थी तथापि पृथ्वीराज को इसके लिए कम त्याग नहीं करना पड़ा। घाटा सहकर भी अपनी पक्की धुन और मिशनरी लगन के कारण वे अपने कार्य से विरत नहीं हुए। उनका रंगमंच चलता-फिरता रंगमंच था। देश के विभिन्न भागों का दौरा करके उन्होंने अपने नाटकों का प्रदर्शन किया। उन्होंने केवल चार नाटकों को—पठान, दीवार, गद्दार और कलाकार को—रंगमंच पर उतारा। देश-भर में लोगों ने उनकी मुक्तकंठ से प्रशंसा की। सवाक चित्रपटों की अपेक्षा इन नाटकों में जो स्वाभाविकता, सरलता और अयांत्रिकता थी उसकी जितनी प्रशंसा की जाए, थोड़ी है। अपने अभिनय से पृथ्वीराज ने उन्हें और भी चमका दिया था। पृथ्वीराज की वह कला जो चित्रपटों की सीमाओं के कारण बहुत कुछ संकुचित हो गई थी, थिएटर के रंगमंचों पर अपनी पूरी ऊर्जस्विता में प्रकट हुई। 'पठान' में एक ही दृश्य-बन्ध (सेटिंग) थी। इसी पर पूरा नाटक अभिनीत होता था। इस दृश्य-बन्ध पर गढ़ी का अहाता था, इसमें सामने की ओर बुर्ज पर चढ़कर शत्रुपक्ष की गतिविधियों का निरीक्षण किया जाता था। दाईं और बाईं ओर एक-एक दरवाजे थे। बाईं ओर का दरवाजा अन्त:पुर से सम्बद्ध था और दाईं ओर का दरवाजा गली में खुलता था। गढ़ी के इस दृश्य-बन्ध (सेटिंग) पर खाँ साहब की युवावस्था से वृद्धावस्था तक की सारी क्रियाओं का अभिनय किया

जाता था। अपने नाटकों में उन्होंने नृत्य का विधान तो किया पर संगीत उड़ा दिया था। नृत्य और संगीत भारतीय जीवन से इस प्रकार बँधे हुए हैं कि इनसे किनारा करना स्वाभाविक नहीं है। यथार्थवाद के नाम पर इनका गला घोंटना अपनी परम्परा से अपरिचित होने का सबूत देना है। पर 'पृथ्वी थिएटर' की सबसे बड़ी कमजोरी रही पृथ्वीराज के व्यक्तित्व की महाप्राणता। यदि पृथ्वीराज़ के व्यक्तित्व को अलग करके देखा जाए तो इस रंगमंच की सारी कला-व्यवस्था बहुत कुछ निष्प्राण और महत्त्वहीन प्रतीत होने लगती है।

हिन्दी रंगमंच की स्थापना के लिए इधर जो सरकारी प्रयत्न हुए हैं उनका उल्लेख इसलिए भी आवश्यक है कि उनसे कुछ खास हाथ नहीं लग सका। उत्तर प्रदेशीय सरकार ने काशी में रंगमंच स्थापित करने का निश्चय किया था। 'नटराज' के रूप में उसे जन्म देने का प्रयास भी किया गया। इसके तत्त्वावधान में दो नाटक खेले भी गए पर उनको औसत से कम सफलता मिली। 'नटराज' का मुख्य ध्येय था एक स्थायी रंगमंच की स्थापना, पर आज तो 'नटराज' का स्वयं पता नहीं है।

दिल्ली की 'संगीत नाटक अकादमी' की ओर लोगों की आशाभरी दृष्टि लगी रही है पर उसने रंगमंच की स्थापना के लिए क्या कदम उठाया? इसके लिए कौन सी योजना बनाई? इनका उत्तर केवल नकारात्मक ही होगा। यदि वह इस दिशा में ध्यान देती और पहले कुछ नगरों और गाँवों में अस्थायी रंगमंच ही स्थापित कर देती तो भी रंगमंच की रूपरेखा कुछ स्पष्ट हो पाती।

नाटक का सिद्धान्त पक्ष

यद्यपि आज की नई परिस्थितियों में नाटक के नव-नव रूपों और प्रयोगों को देखते हुए नाटक के सिद्धान्त पक्ष का विवेचन किंचित भिन्न रूप से करना होगा तथापि हम अपने प्राचीन महर्षियों की मीमांसाओं को नजरअन्दाज नहीं कर सकते हैं। उनके ग्रन्थों में दीर्घकालीन चिन्तन के फलस्वरूप जो गहन सैद्धान्तिक विवेचन मिलता है उसका आज भी मूल्य है, उसके आलोक में ही हम नव-निर्माण का स्वप्न देख सकते हैं। पर नाट्य-सिद्धान्तों के सम्बन्ध में एक समय के बाद हमारे देश का चिन्तन बन्द हो गया किन्तु यूरोप में नाट्य-सृजन और नाट्य-सिद्धान्त का चिन्तन साथ-साथ चलता रहा है यद्यपि यूरोप की नाट्य-सिद्धान्त की चर्चा भी घूम-फिर कर अरस्तु के नाट्य-सिद्धान्तों का ही चक्कर लगाती रही है। फिर भी पश्चिम की नवीनतम मान्यताओं के ग्राह्य तत्त्वों को इस विवेचन में नहीं भूलना होगा।

नाटक-रचना के सिद्धान्त

संस्कृत ग्रन्थों में नाटकों के तीन भेदक तत्त्व माने गए हैं—वस्तु, नेता और रस।[1] रूपकों के दस भेद इन्हीं तत्त्वों के आधार पर किए जाते हैं। अरस्तु ने नाटक के त्रासदी के—छः तत्त्व माने हैं—कथानक, चरित्र-चित्रण, पद-रचना, विचार-तत्त्व, दृश्य-विधान, गीत। इनमें से कथानक, चरित्र-चित्रण और विचार-तत्त्व अनुकरण के विषय हैं, दृश्य-विधान माध्यम है, और पद-रचना तथा गीत अनुकरण की विधि। अरस्तु के समय तक इनका उपयोग प्रत्येक त्रासदीकार ने किया था, अतः अरस्तु इन्हें त्रासदी के छह अनिवार्य अंग मानते हैं।[2]

वस्तु

वस्तु के दो भेद होते हैं—आधिकारिक और प्रासंगिक। आधिकारिक कथावस्तु का सम्बन्ध 'अधिकारी' से है। 'अधिकारः फलस्वाम्यम' अर्थात फल का स्वामित्व

1. वस्तु नेता रसस्तेषां भेदकः—दशरूपक।
2. अरस्तु का काव्य-शास्त्र—डॉ. नगेन्द्र, महेन्द्र चतुर्वेदी, पृ. 66

'अधिकार' है और उस फल का स्वामित्व प्राप्त करनेवाला पात्र 'अधिकारी' कहलाता है। जिस कथावस्तु का सम्बन्ध इस अधिकारी या नायक से होगा वह आधिकारिक कही जाएगी। मुख्य कथावस्तु की प्रसंगानुकूल सहायता पहुँचानेवाली कथा प्रासंगिक (गौण) कही जाती है।

प्रासंगिक कथा-वस्तु के भी दो प्रकार हैं—पताका और प्रकरी।[1] वह कथा-सानुबन्ध कथा—जो काफी दूर तक चलती रहती है, पताका कहलाती है और जो कुछ ही दूर तक चलकर समाप्त हो जाती है, प्रकरी कही जाती है। पताका कथावस्तु के नायक को पताका-नायक कहते हैं। वह नायक का अभिन्न सखा होता है पर गुण में उससे कुछ कम होता है। स्कन्दगुप्त में मालव का कथा पताका है और पताका-नायक है बन्धुवर्मा।

वस्तु के उपर्युक्त भेद नायक या अधिकारी की दृष्टि से किए गए हैं। इतिवृत्त की दृष्टि से कथा के तीन प्रकार होते हैं—प्रख्यात, उत्पाद्य तथा मिश्र। प्रख्यात इतिवृत्त इतिहास-पुराण से ग्रहण किया जाता है, उत्पाद्य में वृत्त कवि-कल्पित होता है, मिश्र में प्रख्यात और उत्पाद्य दोनों का मेल होता है। प्रख्यात इतिवृत्त में ऐतिहासिकता को अक्षुण्ण रखते हुए कवि अपनी कल्पना के अनुसार उसमें आवश्यकतानुसार परिवर्तन कर सकता है। नाटक में अपेक्षित प्रभाव ले आने के लिए उसे अपनी कल्पना का उपयोग करना ही पड़ेगा अन्यथा वह सृजन क्या करेगा? सर्जना के मूल में यह कल्पना हो तो है। कवि-कल्पित इतिवृत्त का आधार या प्रेरणा-स्रोत प्राय: वास्तविक होता है—हाँ, वह प्रख्यात—ऐतिहासिक-पौराणिक नहीं होता। मिश्र की पृष्ठभूमि प्रख्यात होती है, किन्तु उसका अधिकांश कवि-कल्पित होता है।

अरस्तु ने 'कथानक' को त्रादशी में अत्यधिक प्रमुखता दी है। उसने लिखा है, "अत: कथानक त्रादसी का प्रमुख अंग—यह मानो त्रासदी की आत्मा है।" चरित्र-चित्रण को उसने गौण स्थान दिया है। उसका यहाँ तक कहना है कि बिना चरित्र-चित्रण के त्रासदी का निर्माण हो सकता है, पर बिना कथानक के नहीं। चरित्र-चित्रण की अपेक्षा कथानक के संघटन को वह अधिक कठिन समझता है। कथानक की महत्ता प्रतिपादित करते हुए उसने यह भी एक तर्क दिया है कि राग-तत्त्व का सन्निवेश प्राय: घटनाओं में रहता है। पर अरस्तु का कथानक सम्बन्धी यह विचारणा बहुत से परवर्ती नाटककारों और आलोचकों को मान्य न हो सकी। उन्होंने स्पष्ट रूप से नाटक में चरित्र-चित्रण को अधिक गौरवपूर्ण बतलाया।

अरस्तु कथानक के दो भेद मानता है—सरल और जटिल। सरल कथानक का घटना-चक्र सीधा और इकहरा होता है जब कि जटिल कथानक स्थिति-विपर्यय, आकस्मिक घटना आदि के सन्निवेश के कारण दुहरा होता है। उनके 'काव्य-शास्त्र' में आधिकारिक और प्रासंगिक कथावस्तु का कोई स्पष्ट उल्लेख

1. सानुबन्ध पताकाख्यं प्रकरी च प्रदेशभाक्।—दशरूपक, 1113

नहीं है। हाँ, इतिवृत्त को उन्होंने भी दन्त-कथा-मूलक, कल्पनामूलक और इतिहास-मूलक माना है। डॉ. नगेन्द्र के मतानुसार, "अरस्तु की अपेक्षा भारतीय मनीषियों की इतिहास विषयक धारणा अधिक व्यापक और लचीली थी, इसलिए उन्होंने इतिहास का व्यापक रूप में ही प्रयोग किया। वास्तव में दोनों के मूल मन्तव्यों में भेद नहीं है—दोनों प्रसिद्ध या ख्यात कथाधार को ही महत्त्व देते हैं; अतः भारतीय काव्य-शास्त्र की शब्दावली में अरस्तु के अनुसार त्रासदी की कथा का आधार सामान्यतः प्रसिद्ध या ख्यात ही होना चाहिए—'उत्पाद्य' का वे निषेध नहीं करते, किन्तु अधिक काम्य 'प्रसिद्ध' ही है।[1]

कार्यावस्था

नाटक में कार्य (व्यापर-शृंखला) की पाँच अवस्थाएँ होती हैं—आरम्भ, प्रयत्न, प्राप्त्याशा, नियताप्ति और फलागम। 'आरम्भ' में नायक फल-प्राप्ति के लिए अत्यन्त उत्सुक दिखाई पड़ता है, 'प्रयत्न' में वह उसे पाने के लिए शीघ्रता से उद्योगशील होता है। 'प्राप्त्याशा' में प्राप्ति की आशा कभी रहती है, कभी नहीं रहती है; यह ऐसी द्वन्द्वात्मक स्थिति है जिसमें फल-प्राप्ति की आशा के साथ विघ्न की आशंका भी बनी रहती है। 'नियताप्ति' में प्राप्ति का निश्चय हो जाता है। समग्र फल की प्राप्ति 'फलागम' नामक अवस्था में होती है।

अरस्तु ने कार्य-व्यापार को दो भागों में बाँटा है—"प्रत्येक त्रासदी के दो भाग होते हैं—संवृति और विवृत्ति, या निगति। कार्य-व्यापार के बाहर की घटनाएँ प्रायः उसके अपने किसी भाग से संयुक्त होकर संवृति की सृष्टि करती हैं, शेष विवृत्ति होती हैं। संवृत्ति से मेरा तात्पर्य ऐसे समस्त कथा-भाग से है जिसका विस्तार कार्य-व्यापार के आरम्भ से उस प्रसंग तक होता है जहाँ कथा नाटक के उत्कर्ष की ओर मोड़ लेती है। विवृत्ति का विस्तार इस परिवर्तन के आरम्भ से (कथा के) अन्त तक होता है।"[2] भारतीय कार्यावस्थाओं की प्रथम तीन अवस्थाएँ संवृत्ति के अन्तर्गत आएँगी तो अन्तिम दो अवस्थाएँ विवृत्ति के।

इसके आधार पर पाश्चात्य नाट्यशास्त्र में वस्तु की पाँच अवस्थाएँ मानी गई—1. आरम्भ, 2. विकास, 3. चरमसीमा, 4. निगति और 5. परिसमाप्ति। भारतीय पाँच कार्यावस्थाओं से ये प्रायः अभिन्न हैं। निगति कथानक का वह उतार है जहाँ से अरस्तु की विवृत्ति आरम्भ हो जाती है। यही भारतीय नियताप्ति भी है जहाँ से कथानक मोड़ लेता है।

---

1. डॉ. नगेन्द्र, महेन्द्र चतुर्वेदी, 'अरस्तु का काव्य-शास्त्र', भूमिका, पृ. 69-701
2. वही, पृ. 48

अर्थ-प्रकृति

नाटक का उद्देश्य है अर्थ, धर्म और काम के त्रिवर्गों में कभी एक, कभी दो और कभी तीनों की प्राप्ति। दूसरे शब्दों में इसे यों कहा जा सकता है कि नाटक इन त्रिवर्गों में से कभी एक की, कभी दो की और कभी तीनों की कामना करता है। इस कामना की प्राप्ति के लिए पाँच अर्थ-प्रकृतियाँ मानी गई हैं—बीज, बिन्दु, पताका, प्रकरी और कार्य। वह अपनी कार्य-सिद्धि के लिए बीज बोता है। अत: बीज कथा के आरम्भ में स्वल्प मात्रा में निर्देशित वह तत्त्व है जो अन्त में फल का कारण होता है। बिन्दु में नायक अपने 'बीज' का अभिसिंचन करता है। शास्त्रीय अर्थ में जो बात निमित्त होकर अवान्तर कथा को प्रधान कथा से अविच्छिन्न रखते हुए उसको आगे बढ़ाती है, बिन्दु कही जाती है। पताका और प्रकरी का उल्लेख किया जा चुका है। कार्य नाटक का वह साध्य है जिसके लिए सारे प्रयत्न किए जाते हैं।

यहाँ अर्थ-प्रकृति के सम्बन्ध में कई प्रश्न खड़े हो जाते हैं। अर्थ-प्रकृति में अर्थ शब्द के किस अर्थ का द्योतक है? अर्थ-प्रकृति तथा कार्यावस्थाओं का स्पष्ट पार्थक्य क्या है? धनिक ने 'अर्थ-प्रकृति' की व्याख्या करते हुए लिखा है कि ये रूपक के नायक की प्रयोजनसिद्धि के स्पष्ट हेतु हैं। पर कार्य जो स्वयं प्रयोजन है उसका हेतु क्या है? वह स्वयं तो उसका हेतु नहीं हो सकता। रामचन्द्र-गुणचन्द्र ने प्रधान उपाय के सहकारी—सैन्य, कोश, दुर्ग, सामादि उपाय, द्रव्य, गुण, क्रिया, प्रभृति को कार्य कहा है।[1] अभिनव गुप्त का भी यही मत है।[2] 'कार्य' का यह अर्थ लेने पर इसकी संगति बैठ जाती है।

अब अर्थ-प्रकृति और कार्यावस्था की विभाजक रेखा ढूँढ़नी चाहिए। किसी आचार्य ने अर्थ को रूपक के वाच्य के रूप में गृहीत किया था और इसके आधार पर रूपक के इतिवृत्त को पाँच खंडों में विभाजित किया था। पर अभिनव गुप्त ने यह कहते हुए आपत्ति उठाई कि फिर पंचसन्धियों का क्या प्रयोजन रह जाएगा? पंच-सन्धियाँ भी तो इतिवृत्त के स्पष्ट आवयविक खंड हैं। सन्धियाँ भी पाँच होती हैं—मुखसन्धि, प्रतिमुखसन्धि, गर्भसन्धि, विमर्शसन्धि और निर्वहणसन्धि। पहले में आरम्भ अवस्था और बीज अर्थ-प्रकृति का, दूसरे में प्रयत्न अवस्था और बिन्दु अर्थ-प्रकृति का, तीसरे में प्राप्त्याशा अवस्था और पताका अर्थ-प्रकृति का, चौथे में नियताप्ति अवस्था और प्रकरी का और पाँचवें में फलागम अवस्था तथा कार्य अर्थ-प्रकृति का संयोग होता है। ऐसी स्थिति में अर्थ-प्रकृति को क्या माना जाए? सच पूछिए तो नाट्य-ग्रन्थों के विविध मत हमें इस सम्बन्ध में किसी निष्कर्ष पर नहीं पहुँचा पाते।

---

1. नाट्य-दर्पण, पृ. 47
2. अभिनव भारती, तृतीय भाग, पृ. 16

पर अर्थ-प्रकृतियों में पताका और प्रकरी का सन्निवेश हमें इसके सम्बन्ध में स्वतंत्र रूप से विचार करने का निर्देश करता है। ये दोनों प्रासंगिक कथाएँ हैं जो मुख्य कथा को गति देती हैं। बीज, बिन्दु और कार्य आधिकारिक कथा की विकासात्मक अवस्थाएँ हैं। इन विकासात्मक अवस्थाओं के समानान्तर अरस्तु का पूर्णता सिद्धान्त रखा जा सकता है।

अरस्तु ने कथा-वस्तु के मूल गुणों में पूर्णता कथानक का दूसरा मुख्य गुण माना है। "त्रासदी ऐसे कार्य की अनुकृति है जो समग्र एवं सम्पूर्ण हो जिसमें एक निश्चित विस्तार हो, क्योंकि ऐसी पूर्णता भी हो सकती है जिसमें विस्तार का अभाव हो। पूर्ण वह है जिसमें आदि, मध्य और अवसान हो। आदि वह है जो किसी हेतु का परिणाम नहीं होता; पर जिसके पश्चात स्वभावतः कुछ विद्यमान या घटित होता है। इसके विपरीत अवसान उसे कहते हैं, जो स्वयं तो अनिवार्यतः या नियमतः किसी अन्य घटना का सहज अनुवर्ती होता है, पर जिसका अनुवर्ती कुछ नहीं होता। मध्य वह है जो स्वयं किसी घटना (या घटनावली) का अनुगमन करता है और अन्य घटना (या घटनावली) उसका अनुगमन करती है।"[1] अरस्तु के आदि, मध्य और अवसान से बीज, बिन्दु और कार्य की आश्चर्यजनक समता है। अतः हम इस निष्कर्ष पर पहुँचते हैं कि अर्थ-प्रकृति उस वस्तु-योजना का अंग है जिसके आधार पर नाटक अपने प्रयोजन की सिद्धि करता है। दूसरे शब्दों में कहा जा सकता है कि यह नाटक के वृत्त से सम्बद्ध है अथवा नाटक का बहिरंग है। कार्यावस्थाएँ नायक की मानसिक विकास की विभिन्न अवस्थाओं की सूचक हैं। उसे नाटक का अन्तरंग भी कहा जा सकता है। ये सन्धिया वे बन्द हैं जहाँ से नाटक मोड़ लिया करता है।

यहाँ पर यह प्रश्न पूछा जा सकता है कि इन नियमों का अनुवर्तन करनेवाले कितने नाटक लिखे गए? इसका उत्तर प्रसाद के नाटकों की वस्तु-योजना में विस्तारपूर्वक दिया जा चुका है। यहाँ पर उसका उल्लेख चर्वितचर्वण से अधिक नहीं होगा।

अभिनय और संवाद की दृष्टि से

अभिनय की दृष्टि से कथावस्तु दो प्रकार की होती है—दृश्य और सूच्य। दृश्य-कथा रंगमंच पर अभिनीत होती है। सूच्यकथा की सूचना मात्र दी जाती है। सूच्यकथाओं को अर्थोपक्षेपक अर्थात अर्थ को आक्षिप्त करनेवाला कहते हैं। ये पाँच होते हैं—विष्कम्भक, प्रवेशक, चूलिका, अंकास्य तथा अंकावतार। विष्कम्भक और प्रवेशक दोनों में भूत वा भविष्य की कथाएँ सूचित की जाती हैं। पहले में सूचना देनेवाले पात्र मध्यम श्रेणी के होते हैं और दूसरे में निम्न श्रेणी के। प्रवेशक का प्रयोग प्रथम अंक के प्रारम्भ में नहीं हो सकता पर विष्कम्भक के लिए यह निषेध नहीं है। नेपथ्य से दी

1. डॉ. नगेन्द्र, महेन्द्र चतुर्वेदी : अरस्तु का काव्यशास्त्र, पृ. 23

गई सूचना को चूलिका कहते हैं। अंक के अन्त में अगले अंक में घटित होनेवाली घटना की सूचना अंकास्य है। पिछले अंक के अन्त में दिखाई देनेवाले पात्र जब आगे के अंक में अभिनय करते हैं तो इसे अंकावतार कहा जाता है।

संवाद की दृष्टि से वस्तु तीन तरह की होती है—सर्वश्राव्य (सबके सुनने योग्य), नियत-श्राव्य (नियत लोगों के सुनने के लिए), अश्राव्य (स्वगत)।[1]

अन्विति-त्रयी

पाश्चात्य नाट्य-शास्त्र में काल, स्थान और क्रिया की अन्वितियों को बहुत अधिक महत्त्व दिया गया है। महाकाव्य की चर्चा करते समय अरस्तु ने लिखा है कि..."त्रासदी को यथासम्भव सूर्य की एक परिक्रमा (एक दिन) या इससे कुछ अधिक समय तक सीमित रखने का प्रयत्न किया जाता है, परन्तु महाकाव्य के कार्य-व्यापार में काल की सीमा का कोई बन्धन नहीं है। यद्यपि पहले त्रासदी में भी (काल-विषयक) वैसी ही स्वतंत्रता थी जैसी महाकाव्य में।[2] कुछ विचारकों का मत है कि अरस्तु ने यूनानी नाटक की एक प्रथा का उल्लेख मात्र किया है। अरस्तु ने अपनी ओर से कोई नियम निर्धारित नहीं किया है। पर बाद में फ्रांसीसी नव क्लासिक लोगों ने इन्हें नाटक का अनिवार्य तत्त्व मान लिया। समय की अन्विति का तात्पर्य यह है कि नाटक में 24 घंटे की अवधि तक का ही दृश्य उपस्थित किया जाए। स्थान की अन्विति का मतलब यह है कि नाटक में ऐसे स्थानों पर क्रिया-व्यापार न होने चाहिए जहाँ अपेक्षित समय में पात्र गमनागमन न कर सकें। यदि नाटक की एक घटना दिल्ली में घटित हो रही है और दूसरी लन्दन में तो यह नाटकीय मंच की सीमाओं को देखते हुए सामाजिकों को विश्वसनीय नहीं हो सकती। क्रियान्विति का अभिप्राय यह है कि मुख्य क्रिया-व्यापार से असम्बद्ध कोई क्रिया-व्यापार नाटक में समाविष्ट नहीं हो सकता है।

अभिनव गुप्त ने भी कुछ इसी तरह की व्यवस्था देते हुए बतलाया है कि नाटक के एक अंक में 'एक दिवस प्रवृत्त' के कार्य दिखाए जाएँ। एक दिवस के बाद की क्रियाओं को अर्थोपक्षेपकों द्वारा सूचित करा देना चाहिए। भरत ने अर्थोपक्षेपकों पर भी समय का प्रतिबन्ध लगा दिया है। उनके मतानुसार अर्थोपक्षेपकों द्वारा भी एक वर्ष तक की ही कथा सूचित की जा सकती है।

पर ये नियम पूर्व-पश्चिम में कहीं पर दूर तक मान्य न हुए। भारत में इस तत्त्व पर कभी भी जोर नहीं दिया गया। पश्चिम की अन्विति-त्रयी के सम्बन्ध में डॉ. जानसन ने 'एसे ऑफ ड्रामेटिक पोइजी' में लगभग 100 वर्ष बाद लिखा है कि

1. विस्तार के लिए देखिए, 'प्रसाद : नाटक की नई दिशा' का स्वगत प्रकरण।
2. डॉ. नगेन्द्र, महेन्द्र चतुर्वेदी : अरस्तु का काव्यशास्त्र, पृ. 18

सम्भवत: नाटक को अधिक विश्वसनीय बनाने के लिए इन अन्वितियों को मान्यता दी गई। आलोचकों की दृष्टि में समय, स्थान और क्रियाओं की ऐसी नियोजना करनी चाहिए कि वे दर्शकों को असम्भावित न प्रतीत हो। दर्शक नाट्यशाला में बैठे रहते हैं और उनकी आँखों के सामने राजदूत दूर-दूर की यात्राएँ करके लौट आते हैं, निर्वासित भटकते हैं और देखते-देखते निर्वासन की अवधि समाप्त कर वापस चले आते हैं, युद्ध की तैयारियाँ होती हैं, युद्ध भी होता है और फिर सन्धि का दृश्य प्रस्तुत दिखाई पड़ता है। इन प्रत्यक्ष असंगतियों के कारण नाटक की प्रभावान्विति बिखर जाती है। इसी प्रकार यदि एक घटना रोम में घटती है, दूसरी मिस्र में तो यह भी दर्शकों की कल्पना में नहीं समाहित हो सकेगी।

जानसन ने आगे बतलाया है कि सच तो यह है कि दर्शक यह जानता है कि वह नाटक देखने आया है। रंगमंच रंगमंच है, अभिनेता केवल अभिनेता है। वह जब जानता है कि यहाँ (रंगमंच पर) न रोम है, न मिस्र, तो फिर स्थान की अन्विति की आवश्यकता?

सच तो यह है कि इन अन्वितियों पर इतना जोर देकर पाश्चात्य नाट्य-शास्त्रियों ने दर्शकों को जैसे कोरा मूर्ख समझ लिया था। जानसन ने इनके सम्बन्ध में जो निष्कर्ष निकाले हैं वे अत्यन्त महत्त्वपूर्ण हैं। आजकल तो एकांकी नाटकों तक में इन अन्वितियों की यथार्थता सिद्ध होती जा रही है; फ्लैश बैक की नई टेकनीक ने भी उन्हें पंगु कर दिया है। वास्तविकता का भ्रम उपस्थित करने में यदि और कोई विशेष अवरोध नहीं पड़ता तो अन्वितियों की उपादेयता का प्रश्न भी बेकार हो जाता है।

नेता—चरित्र-चित्रण

इसको दृष्टि में रखते हुए संस्कृत के आचार्यों ने स्वभाव भेद से चार प्रकार के नायक माने हैं—धीरललित, धीरप्रशान्त, धीरोदात्त और धीरोद्धत। धीरललित ललित-कलाओं का प्रेमी रसिक व्यक्ति होता है। धीरप्रशान्त शान्त प्रकृति का, धीरोदात्त उच्च कुल का गम्भीर, वीर और उदार होता है। धीरोद्धत्त अहंकारी, दम्भी, ईर्ष्यालु और उद्धत होता है। नायिकाएँ तीन प्रकार की मानी गई हैं—स्वकीया, परकीया और गणिका।

वर्गीकृत चरित्र विधान के कारण कीथ ने स्पष्ट ही कहा है कि चरित्र-चित्रण के लिए भारतीय नाटकों में यथेष्ट अवकाश नहीं है। नायक का उच्चवर्गीय तथा राज-परिवार का या राजा होने के कारण नाटकों में सामान्य जीवन का चित्रण सम्भव न था। रस-दृष्टि के कारण ही भारतीय आचार्यों को यह सीमा स्वीकार करनी पड़ी क्योंकि विशेष प्रकार के पात्र ही विशेष प्रकार की रस-निष्पत्ति में सहायक हो सकते हैं।

नैतिकता से बँधे रहने के कारण अरस्तु का नायक भी विख्यात, समृद्ध और गुण-सम्पन्न होता है। उसके अनुसार त्रासदी में मानव का भव्यतर चित्रण होता है। इस सम्बन्ध में अरस्तु का कथन है, "एक तो इससे यह स्पष्ट कि भाग्य-परिवर्तन के अंकन में किसी सत्पात्र का सम्पत्ति में पतन न दिखाया जाए—इससे न तो करुणा का उद्बोधन होगा, न त्रास का, इससे तो हमें आघात ही पहुँचेगा। साथ ही उसमें किसी दुष्ट पात्र के विपत्ति से सम्पत्ति में उत्कर्ष का चित्रण नहीं रहना चाहिए क्योंकि त्रासदी की आत्मा के इससे प्रतिकूल और कोई स्थिति नहीं हो सकती। इसमें त्रासदी का एक गुण भी विद्यमान नहीं है। इससे न तो नैतिक भावना का परितोष होता है, न करुणा और त्रास का उद्बोधन ही। किसी खल पात्र का पतन दिखाना भी संगत नहीं है—इस प्रकार के कथानक से नैतिक भावना का परितोष तो अवश्य होगा परन्तु करुणा या त्रास का उद्बोधन नहीं हो सकेगा। क्योंकि करुणा तो किसी निर्दोष व्यक्ति की विपत्ति से ही जागरित होती है और त्रास समान पात्र की विपत्ति से।...अब इन दो सीमान्तों के बीच का चरित्र रह जाता है—ऐसा व्यक्ति जो अत्यन्त सच्चरित्र और न्यायपरायण तो नहीं है, फिर भी जो अपने दुर्गुण या पाप के कारण नहीं, वरन अपनी कमजोरी या भूल के कारण दुर्भाग्य का शिकार हो जाता है। यह व्यक्ति अत्यन्त विख्यात एवं समृद्ध होना चाहिए।"[1]

इससे स्पष्ट है कि अरस्तु का आदर्श नायक एक विशेष प्रकार का होना चाहिए यह सामान्यतः सच्चरित्र हो लेकिन अपने स्वभावगत दोष के कारण दुर्भाग्य का शिकार हो। केवल ऐसी स्थिति में ही नैतिकता और त्रास-करुणा का बन्धन अस्खलित बना रह सकता है। इस तरह कहना न होगा कि अरस्तु के नायक की भी कुछ ऐसी ही सीमाएँ हैं जो भारतीय नाटक के नायकों की हैं।

आधुनिक युग में चरित्र-चित्रण का विधान आमूल-चूल बदल गया। अब नायक प्रत्येक स्थिति में अभिजात वर्ग का नहीं होता, वह हमारे समाज का जाना-पहचाना प्राणी होता है। वह अपने सामाजिक जीवन में अनेक परिस्थितियों से संघर्ष करता हुआ अथवा उनके अनुसार अपने को ढालता हुआ दिखाई पड़ता है। इब्सन के नाटकों ने चरित्र को यथार्थवादी दिशा दी। मनोविज्ञान के आविर्भाव के कारण मनुष्य के अवचेतन मन के स्तर-पर-स्तर उद्घाटित किए जाने लगे। फिर भी आज वर्गीय पात्रों की कमी नहीं है। हाँ, आज वर्ग का रूप बदल गया है। किसान, मजदूर, नेता, क्लर्क, प्रोफेसर, डॉक्टर किसी-न-किसी वर्ग से ही सम्बद्ध हैं। आज उच्च या अभिजात वर्ग के अतिरिक्त मध्यवर्ग और निम्नवर्ग के पात्र भी नायक होते हैं। यथार्थवाद—मुख्यतः समाजवादी यथार्थवाद—वर्गीय प्रवृत्ति का द्योतक है। व्यक्तिवाद के विकास के साथ-साथ चरित्रों की वैयक्तिक विशेषताओं की छानबीन भी आज के चरित्र की एक प्रमुख प्रवृत्ति है।

1. डॉ. नगेन्द्र, महेन्द्र चतुर्वेदी : अरस्तु का काव्य शास्त्र, पृ. 33

रस-तत्त्व और विरेचन का सिद्धान्त

भारतीय नाट्यशास्त्र के भेदकों में रस भी एक है, पर इसका स्थान इतना प्रमुख है कि इसे काव्य की आत्मा कहा गया। सामाजिकों को रस से उद्रिक्त करना नाटकों का प्रमुख लक्ष्य रहा है। विभिन्न मतवादियों ने रस को अपने घेरे में बाँधने की चेष्टा की है पर यह है विशुद्ध साहित्यिक दृष्टिकोण। भारतीय नाटकों में वस्तु और नेता साधन हैं किन्तु रस साध्य है। इस सम्बन्ध में अपना मत व्यक्त करते हुए आचार्य नन्ददुलारे वाजपेयी ने कहा है कि "भारतीय नाटक रस या भावानुभूति को मुख्य तत्त्व मानता है, चरित्र-निर्देश उसके लिए अपेक्षाकृत गौण वस्तु है और वस्तु-विकास और भी ऊपरी तथ्य है। ठीक इसके विपरीत पश्चिमी नाटक वस्तु या कथानक को नाटक का सर्वप्रमुख तत्त्व मानता है और चरित्र-चित्रण को दूसरा स्थान देता है (यद्यपि इन दोनों की प्रमुखता के प्रश्न को लेकर भी वहाँ पर्याप्त मतभेद है)। रसात्मक आस्वाद या सौन्दर्य-बोध को पश्चिमी नाटककार बहुत दिनों तक स्वतंत्र तत्त्व मानते ही न थे। इसका कारण यह है कि काव्य की रसात्मक या सौन्दर्यविधायिनी सत्ता की स्वतंत्र प्रतीति पश्चिम में बहुत बाद को हुई और काव्यानुभूति एक विशिष्ट आध्यात्मिक तथ्य है, यह निर्णय तो और भी नया है।...भारत में इस सिद्धान्त की स्थापना द्वारा काव्य के आनन्दात्मक (सौन्दर्यमूलक) स्वरूप की अभिज्ञता बहुत पहले हो चुकी थी। इसलिए भारतीय नाटककार रस को नाटक की आत्मा मानकर अन्य तथ्यों को उसका अनुवर्ती साधक या सहायक मानते रहे हैं।"[1]

अरस्तु का विरेचन-सिद्धान्त भी आस्वाद्य की समस्या से ही सम्बद्ध है। विरेचन की प्रक्रिया द्वारा अतिरिक्त उद्वेगों का जो शमन होता है और भावों का जो संस्कार होता है वह दर्शकों को ऐसी सुखात्मक स्थिति में ला खड़ा करता है जिससे वे उनके मनोमुकुर में विशदीभूत हो जाते हैं और वे सुखात्मक अनुभूति उपलब्ध करने में समर्थ होते हैं। यह स्थिति भारतीय आचार्यों द्वारा प्रतिपादित रसानुभूति से बहुत भिन्न नहीं है। त्रासदी का मुख्य ध्येय भी यही है। फिर भी भारतीय रस-सिद्धान्त अपने-आप में एक अभावात्मक स्थिति है। अर्थात अपने-आपमें इसमें आनन्दोद्रेक की क्षमता नहीं है। इससे दुख के अभाव की स्थिति उत्पन्न होती है। "...अत: दुख के अभाव का अर्थ हुआ आत्मा की क्षतिपूर्ति-अथवा चेतना के अपकर्ष का निराकरण। यह स्थिति भी निश्चय ही अनुकूल है; परन्तु आत्मा की वृद्धि अथवा चेतना के उत्कर्ष के समकक्ष तो वह नहीं हो सकती। अरस्तु द्वारा प्रतिपादित विरेचन-जन्य प्रभाव और भट्टनायक-अभिनव के रस में यही अन्तर है और यह अन्तर साधारण नहीं है—'क्षतिपूर्ति' और 'लाभ' का अन्तर है।"[2]

---

1. नन्ददुलारे वाजपेयी : आधुनिक साहित्य, पृ. 228-229
2. डॉ. नगेन्द्र, महेन्द्र चतुर्वेदी : अरस्तु का काव्यशास्त्र, भूमिका, पृ. 104-105

पर क्या आज की बदली हुई परिस्थितियों में पुराने सिद्धान्तों को ज्यों-का-त्यों माना जा सकता है? क्या आज भी नाटक का चरम साध्य रस ही है? आज भी कथानक; चरित्र-चित्रण आदि केवल रसानुभूति के उपकरण मात्र हैं? स्पष्ट ही इनके उत्तर नकारात्मक हैं। आज के बदले हुए जमाने में हमारे हृदय और बुद्धि में बहुत कुछ परिवर्तन हो गया है, हमारे नैतिक मूल्य तेजी से बदल रहे हैं। जीवन के पुराने मूल्य बहुत कुछ धुँधले पड़ गए हैं। नए विज्ञान और मनोविज्ञान के प्रकाश में आज के मानव को गहराई में पैठने की सुगमता प्राप्त हो गई है।

इन परिवर्तनों के फलस्वरूप नाटक में ही नहीं, साहित्य के अन्य रचना-प्रकारों में उनकी विषय-वस्तु, चरित्र-चित्रण, रूप-शिल्प, सौन्दर्यबोध में—नए-नए रंग-ढंग दिखाई दे रहे हैं। प्रकृतिवाद, यथार्थवाद, समाजवादी यथार्थवाद, मनोवैज्ञानिक यथार्थवाद आदि से नई-नई रचनाओं का श्रृंगार किया जाने लगा। इब्सन और शा ने समस्या-नाटकों और वैचारिक नाटकों को जन्म देकर लोगों को आश्चर्यचकित कर दिया। पर आज शा के जन्म-स्थान में ही उसके नाटकों का अवमूल्यन आरम्भ हो गया है। अब नाटक में संगीत-विधान की उपयोगिता की चर्चा की जाने लगी है, स्वगत को भी अपनाया जा रहा है, उसके काव्यात्मक पक्ष पर बल दिया जा रहा है। दूसरे शब्दों में यह कहा जा सकता है कि एक प्रकार से अपेक्षाकृत स्थिर मानवीय तत्त्वों की ओर बढ़ने का उपक्रम किया जा रहा है। यह ठीक है कि आज के संवेगों में पहले से अन्तर आ गया है, इसलिए नाटक की रचना-पद्धति तथा उसमें अभिव्यक्त भावानुभूति को नए ढंग से सज्जित करना पड़ेगा—पर इसके द्वारा भी रसानुभूति ही जागरित की जाएगी। पूर्व-पश्चिम के क्लासिकल नाटकों की श्रेष्ठता का यह मूल रहस्य है।